VERLAG
FRITZ
MOLDEN

KRÄUTERPFARRER HERMANN-JOSEF WEIDINGER

HEILKRÄUTER
ANBAUEN – SAMMELN – NÜTZEN – SCHÜTZEN

MIT 40 FARBBILDERN
NACH AQUARELLEN VON ADOLF BLAIM
UND 16 SCHWARZWEISSABBILDUNGEN

VERLAG FRITZ MOLDEN
WIEN–MÜNCHEN–ZÜRICH–NEW YORK

Die Schwarzweißabbildungen wurden dem Werk „Ortus Sanitatis"
aus dem Jahre 1511 entnommen.

1. Auflage
1.–20. Tausend

Copyright © 1981 by Verlag Fritz Molden
Wien–München–Zürich–New York
Verlegt von Molden Verlag Wien Gesellschaft m.b.H.
Alle Rechte vorbehalten
Schutzumschlag und Ausstattung (unter Verwendung einer
Photographie von Wilfried Vas): Hans Schaumberger, Wien
Redaktion: Brigitte Werner, Helga Zoglmann
Technische Betreuung: Franz Hanns
Schrift: Palatino
Satz: RSB Fotosatz Gesellschaft m.b.H., Wien
Reproduktion und Druck der Farbtafeln: C. & E. Grosser, Linz
Druck des Textteiles und Bindearbeit: Carl Ueberreuter, Korneuburg
ISBN 3-217-01207-0

Inhalt

Anhang

MEINEM BUCHE ZUM GELEIT

Unsichtbare Macht
Es gibt Dinge zwischen Himmel und Erde . . .

Galia mag mich nicht mehr

„. . . nicht mit Begeisterung . . . Aber wenn ich dir helfen kann . . . Ja!
. . . Was bleibt mir anderes übrig? . . . Gut. Morgen nachmittag? . . .
Aber erst um 16 Uhr."

Tags zuvor war meine goldgelbe Collie-Junghündin Galia acht Monate
alt geworden. Und heute ruft mich aus der Nähe von Stockerau ein
Priesterkollege an. Er sei sehr im Streß. In seinen freien Stunden hätte er
gerne ein Lebewesen, einen Hund, um sich. Ob ich ihm Galia geben
würde. Er hatte die Junghündin vor einigen Monaten gesehen.

Ich züchte seit Jahren schottische Schäferhunde, Collies. Und das hat
so begonnen: Im Jahre 1953, im August, kam ich nach 16jähriger
Missionsarbeit aus China zurück. Auf Wunsch des Staatssekretärs Mon-
tini, dem späteren Papst Paul VI., hatte ich die Auslandschinesen in aller
Welt besuchen sollen, um sie auf das chinesische Presseapostolat der
katholischen Kirche aufmerksam zu machen. Im Auftrag des damaligen
Internuntius Erzbischof Antonio Riberi auf Formosa hatte ich dieses
Presseapostolat in China gegründet und später auf Formosa fortgesetzt.
Wah Ming, „Licht über China", hieß es, und es besteht heute noch. Mehr
als 1 000 Publikationen über die verschiedensten Themen wurden veröf-
fentlicht. Durch politische Veränderungen in Festlandchina hatte sich
notgedrungen die Aktivität auf die portugiesische Überseeprovinz
Macao, auf die englische Kronkolonie Hongkong und auf Nationalchina
(Formosa = Taiwan) beschränkt. Nun sollte aber auch den auf der ganzen
Welt verstreuten Chinesen geholfen werden, ihren Volkscharakter zu
bewahren und sich durch geeignete Literatur weiterzubilden. Die Reise
brachte mich über Kanada in die Vereinigten Staaten, wo ich Kontakt mit
den dort lebenden Chinesen aufnehmen konnte. In Vancouver hatte ich
ein Treffen chinesischer Hochschulprofessoren geleitet. Bei einem kurzen
Urlaub in meiner Heimat Österreich erkrankte ich schwer und mußte
zwei Operationen über mich ergehen lassen. Es war kaum daran zu
denken, meine Reise fortzusetzen, die über Belgien, Holland, Portugal,
Frankreich nach Australien, auf die Philippinen nach Manila, in das
Königreich Siam nach Bangkok und dann weiter über Macao, Hongkong
nach Formosa hätte führen sollen, wo sich in Taipeh unser Pressezentrum
befand. Die Krankheit machte allen diesen Plänen ein Ende. Nun war ich in
Österreich – schwer krank. Die Genesung ging nur langsam voran.

Aber ich wollte nicht aufgeben. Eine Pfarre wurde mir angeboten. Es war der kleine Ort Harth mit kaum 150 Einwohnern, wozu noch drei andere Ortschaften gehörten – insgesamt 700 Seelen. Der Pfarrhof war groß und alt, die Pfarre arm. Nur ein großer Garten von 7 500 m^2 war dem Pfarrer zur Benützung überlassen. Und ich nahm an. So kam ich nach Harth. Durch die Missionsarbeit gesundheitlich geschwächt und auch nervlich stark angegriffen, litt ich furchtbar darunter, von den auswärts liegenden Orten abends allein zu meinem Pfarrhof heimzugehen. Die einbrechende Dunkelheit machte mir große Angst. Ich fing an, rascher zu gehen. Ich lief. Schweißgebadet kam ich daheim an. Ein mir bekannter Arzt riet mir, einen Hund anzuschaffen – einen Collie. Ich kannte die Rasse kaum. Ich hatte lediglich in China die Lassiefilme gesehen. Die Treue dieser Rasse begeisterte mich, und so kam ich über Umwegen zu meinem ersten kleinen Collie, einer Hündin. Raja hieß sie. Sie war noch lange mein Begleiter, auch als die Angst bereits weg war. Die Gemeinschaft mit dem Lebewesen Hund hatte mir neue Kraft, neue Sicherheit gegeben. Hatte mir die Angst genommen. Als der erste Hund nach neun Jahren einging, schenkte mir jemand einen zweiten. Wieder einen Collie. Später fing ich an zu züchten. Und so wurde ich zum Colliezüchter, was sich bald herumsprach. Vielen alten und einsamen Menschen konnte ich einen treuen Gefährten abtreten.

Das Ferngespräch mit Stockerau war beendet. Morgen würde der Hund abgeholt werden. Jedesmal, wenn ein Hund meinen Pfarrhof verläßt, leide ich an dieser Trennung. Hunde sind eben Lebewesen; ich habe sie alle lieb. Und die Trennung tut mir weh. Mehr als hundertmal habe ich dies erlebt. So will ich auch heute noch mit meiner kleinen goldgelben Freundin Galia einen Spaziergang machen. Ich gehe über den Hof zur Unterkunft der Hunde. Ein freudiges Gebell ist die Begrüßung. 25 Collies jubeln. Nur einer darf mit mir gehen, Galia. Ich lasse sie heraus, erwarte ihre freudige Begrüßung. Und erlebe eine Enttäuschung. Die Begrüßung bleibt aus. Der Hund meidet mich, weicht mir aus, verkriecht sich. Ich gehe ihm nach. Er ist offensichtlich traurig. Erst nach längerer Beschäftigung mit ihm wird er wieder zutraulich. Was war geschehen?

Der Hund konnte mein Telefongespräch weder gehört noch verstanden haben. Dennoch leidet er eindeutig darunter, daß er von mir gehen muß. Haben Hunde einen eigenen Sinn, dies zu spüren? Der Schweizer Dr. Hans Räber, der sich eingehend mit diesen Fragen beschäftigte, kam zu dem Schluß: Nein. Hunde können es nicht verstehen, aber sie merken es an den Veränderungen, die an dem betroffenen Menschen vor sich gehen. Seine Stimme ist anders geworden. Er selber merkt es nicht, der Hund mit seinem feinen Gehörsinn aber nimmt es wahr. Der Mensch, der unter der Trennung leidet, sondert Angstschweiß ab. Er merkt es nicht, die feine Nase des Hundes aber riecht es. Nur so läßt sich diese

Veränderung im Benehmen des Hundes, der von seinem Züchter abgegeben werden soll, erklären. Hunde sind Lebewesen, dem Menschen treu ergeben, von ihm abhängig. Der Mensch sorgt für sie, und sie belohnen das durch ihre Liebe, Treue und Ergebenheit. Zwischen zwei Wesen wirkt eine unsichtbare Macht.

Und wir Menschen, Kinder unserer Zeit, sehen über so vieles hinweg, ignorieren das Leben um uns. Finden uns allein wichtig, sind der Mittelpunkt der Welt und dabei todunglücklich. Sicher gibt es Wertstufen, die zu beachten sind. Zuerst kommt der Mensch. Der Mitmensch, mein Nächster, den ich so lieben soll wie mich selbst. Wenn ja, wie kann ich ihn dann übersehen? Und auch das Tier ist ein Geschöpf des gleichen Schöpfers, ob in der Wildnis oder in der Lebensgemeinschaft mit dem Menschen. Und die Pflanzen und Kräuter? Auch sie leben, sind nicht nur da. Viele von ihnen machen den Körper und den Geist des Menschen heil, gesund und tüchtig, das Leben zu bewältigen. Wir nennen sie deshalb Heilkräuter.

Über sie und über die Kraft in ihnen: dieses Buch. Für Sie persönlich.

Der „Fürst aller aromatischen Kräuter"

Ich war unterwegs zu einem Hausbesuch in meiner Pfarre. Durch das offene Tor trat ich in den Hof. Mein Weg hätte mich eigentlich in die Wohnung führen müssen. Ich aber ging geradeaus, in den Hof hinein. Dieser glich einem Blumenmeer. Überall standen Töpfe, Kistchen, und selbst eine alte Schubkarre war über und über mit hängenden Begonien beladen. Mein Herz schlug höher. Blumen erfreuen mich immer. Bei ihrem Anblick freue ich mich auch über die Menschen, die sie gepflanzt haben, die sie pflegen. Der Kontakt mit Pflanzen gibt dem Menschen einen unsichtbaren Halt. Er stellt ihm eine Aufgabe, wird ihm zur Verpflichtung. In jede Wohnung gehören einige Pflanzen, in Töpfen, in Kistchen, auf der Veranda, im Fenster. Pflanzen sind ein ehrliches Aushängeschild: hier leben Menschen, die das Leben achten. Die sich selbst nicht „das Allerwichtigste" sind, die Zeit für etwas anderes haben. Jede Pflanze repräsentiert eine unsichtbare Welt hinter der Kulisse des Sichtbaren. Pflanzen haben eine unsichtbare Macht. So gehe ich durch den „Blumenhof" und freue mich. Das schönste Präludium für meinen Priesterbesuch.

Doch auf einmal halte ich an, bleibe stehen, vor einem großen Blumentopf aus Kunststoff. *Rosmarinus officinalis* schießt es mir durch den Kopf, der Echte Rosmarin. Ein Halbstrauch mit schmalen Blättern, am Rande umgeschlagen. Die ganze Pflanze riecht intensiv kampferähnlich. Ein Einwanderer aus den Mittelmeergebieten, wo er auf Trockenheiden und Macchien gesellig mit dem Echten Salbei, dem Thymian und dem

13

Lavendel gedeiht, alles hervorragende Heilpflanzen. Der Lieblingsplatz des Rosmarins ist alter Lavaboden, in der Nähe erloschener Vulkane. Dort gedeiht er prächtig. Aber was ich hier sehe, ist alles andere als prächtig. Hoch emporgeschossen steht ein verhältnismäßig starkes Stämmchen vor mir, ohne Seitentriebe, ohne Verästelungen. Mich erbarmt diese Pflanze. Irgend etwas stimmt hier nicht. Die Pflanze leidet. Sie kann es nicht sagen, aber ich verstehe sie trotzdem. Ich trete an sie heran, strecke meine beiden Hände aus und gehe in die Knie. Dann richte ich mich langsam auf. Die Innenflächen meiner beiden Hände berühren die Blattspitzen, von unten nach oben. Dann schüttle ich beide Hände tüchtig ab. Mehrere Male wiederhole ich die gleiche Geste. Dann sind meine Hände ganz schwer geworden. Ich muß zum Brunnen gehen und sie kalt abwaschen. Alle Schwere ist wie verflogen, als das brunnenfrische Naß über meine Hände plätschert. Ich schüttle sie noch einmal fest und trockne sie mit meinem Taschentuch ab.

Warum ich dies alles tat? In dem Haus gibt es vier Töchter, zwischen zehn und zwanzig Jahren. Heidi, die Älteste, hat im Vorjahr von einer Hochzeit, zu der sie mit ihrem Freund Roman geladen war, das Rosmarinzweiglein heimgebracht, in feuchtem Sand an schattiger Stelle eingeschlagen und feucht gehalten. Das Zweiglein hat Wurzeln getrieben und wurde in einen Topf gepflanzt, einen Kunststofftopf. Dieser schirmt die Strahlen ab. So bewahrt er zwar die Pflanze im Topf vor der Einwirkung eventuell ungünstiger Erdstrahlen, was ein Vorteil ist. Weniger vorteilhaft ist aber die Tatsache, daß Kunststoff auch die Strahlen und elektrischen Strömungen, die sich beim Wachstum der Pflanze entwickeln oder erzeugt werden, nicht nach außen leitet. Die Pflanze leidet. Sie kann sich nicht voll entfalten, verzweigt und verästelt sich nur sehr zögernd. Schießt in die Länge, der Sonne entgegen. Dazu ist noch in diesem besonderen Fall des Rosmarins zu bedenken, daß er ursprünglich auf Böden wächst, die durchlässig sind und Strahlen sehr wohl ableiten. Die Pflanze lohnt es dort mit üppigem Wachstum. Ein herrlich wohlriechender Strauch, dicht übersät mit hellvioletten Blüten. Genährt von der starken Sonne des Südens wird sie ein Loblied an den Schöpfer. Nicht umsonst sagen die Südländer: „Der Rosmarinbusch singt auf der Heide." Er singt nicht nur, er heilt auch den kranken Menschen, belebt den Gesamtorganismus.

Seit diesem Hausbesuch sind zwei Monate vergangen. Ich komme zufällig wieder an dem Haus vorbei. Der Rosmarinstrauch freut sich über meinen Besuch. Ich spüre es. Staunend stehe ich vor ihm, erkenne ihn kaum, so sehr hat er sich verändert. Vom schlanken Burschen von damals ist nichts mehr zu sehen. Dreigabelig steht er da, auf dem besten Weg, ein reichverzweigter Halbstrauch zu werden. Ich „behandle" ihn noch einmal. Er dankt mir still, lächelt mich an. Ich träume nicht. Wir reden ja miteinander, auch wenn meine Lippen dabei geschlossen bleiben, so spricht doch mein Herz. Der Rosmarin antwortet. Wir lieben einander.

Ich bin durchaus nicht übergeschnappt. Halte nichts vom „Wunder", mit dem man oft marktschreierisch hausieren geht. Ich glaube nur an ein Wunder: an die Auferstehung Jesu Christi. Und dieser Glaube gibt meinem Leben einen tieferen Sinn, sagt mir, daß nichts verlorengeht am Ende des irdischen Daseins, daß das Leben mit dem Sterben nicht aufhört, sondern jenseits des Irdischen in einer anderen Dimension erst beginnt. Dort, wo nur noch Harmonie herrscht, ohne Ende, ohne Zeitdruck, ohne Disharmonie der Leidenschaft. Ich glaube auch an die Wunderheilungen, die die Kirche als solche erklärt hat. Aber da mein ganzes Leben, das Leben eines jeden Menschen, das Werden im Mutterleib, das Denken, das Sprechen, etwas Wunderbares ist, bin ich sehr sparsam mit dem Wort „Wunder". Viele, die es so leicht im Munde führen, meinen damit nur Aberglaube, und das ist es auch. Das Wort „Aberglaube" gilt jedoch als rückständig. Deshalb gebrauchen sie dieses Wort nicht. „Wunder" hingegen ist großartig, erhebend und schmeichelt der eigenen Eitelkeit. Deswegen ist das Wort „Wunder" heute modern. Nicht alles, was modern ist, muß man nachmachen. Man soll sein eigenes Leben leben, seinen eigenen Typ vervollkommnen, das eigene Ich entwickeln. Man soll eine Persönlichkeit werden, unabhängig von Schulbildung oder Beruf. Unsere Zeit braucht mehr denn je Persönlichkeiten. Jede Pflanze ist etwas Eigenes, hat etwas Eigenes und vermittelt etwas Eigenes. Dies gilt vor allem für die Heilpflanzen.

Vor Einbruch der kalten Jahreszeit habe ich „meinen Rosmarinstock" noch einmal besucht. Er hat sich weiter entwickelt, ist das geworden, wofür ihn viele Heilkräuterfreunde halten. Und so nennen sie ihn auch: „Fürst aller aromatischen Kräuter". Und wir gingen als echte Freunde auseinander. Wir werden uns wiedersehen. Denn ich liebe „meine" Pflanzen, auch wenn sie anderen gehören. Liebe kennt ja keine Grenzen. Und Pflanzen, Blumen und Kräuter sind für alle da. Von ihnen geht eine unsichtbare Macht aus, die auch von uns auf sie zurückwirken kann.

Wo wohnt das Glück?
Heilkräutern auf der Spur

„Zu jedem guten Werk bereit"

Zwischen zwei Klöstern da bin ich daheim. In meinem alten Pfarrhof gibt es nicht viel Komfort. Die Räume sind groß und im Winter schwer zu heizen. Ein Teil der Mauern geht in das 13. Jahrhundert zurück. Im

17. Jahrhundert wurde das ganze Gebäude, das früher ein Schlößchen war, barockisiert. Seit der Zeit hat sich nicht viel geändert. Die alten Gewölbe strömen Gelassenheit, Ruhe und Sicherheit aus. Wenn im Kamin das Holz knistert, da wird es heimelig. Ich bin gerne daheim. Ich gehe aber auch gerne fort, zu den Leuten, aber auch in die Wälder. Ich streife über Raine, Heiden und ausgefahrene, kaum noch benützte Feldwege. Stapfe durch sumpfige Auen, klettere Böschungen und Hänge hinauf. Auf meinem alten Hut steckt eine Trockenblume. Der schnürlsamtene Rock hält allen Stacheln der zahlreichen Stauden stand. Und die ausgetretenen Lederschuhe tragen mich überall hin, zu meinen Kräutern. Ja, ich lebe noch auf einem Stück gesegnetem, ruhigem und friedvollem Land.

Zwischen zwei Klöstern da bin ich daheim. Sie liegen in fast entgegengesetzter Richtung nur eine Gehstunde entfernt von meinem Pfarrhof, Geras und Pernegg: „Zwischen Geras und Pernegg liegt Harth mitten drin." Beide haben eine ehrwürdige Geschichte, die sie eng miteinander verbindet. Wenn die Chronik erzählt, werden vergangene Jahrhunderte lebendig: Die Babenbergermark wurde im 11. und 12. Jahrhundert nach Norden erweitert. Im Zuge dieser Kolonisierung wurden 1153 von den Grafen von Berenegge, Verwandten der Babenberger, zwei Klöster unter einem Abt gegründet. Chorherren des Prämonstratenserordens wurden in Geras angesiedelt, Chorfrauen desselben Ordens in Pernegg, in der Nähe der Burg. Der Zielsetzung des Ordens entsprechend war die Aufgabe: Seelsorge für die Siedler, Erziehung und kulturelle Hilfe. Dem Wahlspruch des Ordens gemäß, „Ad omne opus bonum parati" (Zu jedem guten Werk bereit), wurde die doppelte Klosterstiftung bald zu einem geistlichen und kulturellen Brennpunkt für die Gegend.

Der Ordensvater ist Norbert von Xanten, Sohn eines alten rheinischen Grafengeschlechtes. Schon in jungen Jahren wurde er Kanoniker und Kaplan des deutschen Kaisers Heinrich V. Später faßte er den Entschluß, Gott auf bessere Weise zu dienen und wurde 1118 Wanderprediger, Friedensstifter unter Verfeindeten und schließlich Klostergründer in Prémontré, Diözese Laon, Nordfrankreich. Kirche und Reich aber riefen ihn bald aus der Stille des Klosters heraus. Er wurde Erzbischof von Magdeburg, Ausgangspunkt für die Mission bei den Wenden im Osten Deutschlands. Der deutsche König Lothar von Supplinburg bestellte Norbert zum Berater und Begleiter als Reichskanzler auf seiner Romfahrt. Norbert starb im Jahre 1134.

Das bewegte Leben dieses Mannes, seine rastlose Tätigkeit auf vielen Gebieten sind bis heute die Leitlinien seines Ordens: „Zu jedem guten Werk bereit." Das heißt, tätig sein, wann und wo es das Reich Gottes erfordert. Und nach den von Gott gegebenen Interessen und Fähigkeiten. Also Rechtfertigung und Auftrag zugleich. Für jedes Mitglied des Ordens. Auch für mich, einen geistigen Sohn des heiligen Norbert.

Wieder bin ich unterwegs, Heilkräutern auf der Spur. Mehr als 220 kenne ich, sammle sie auch zum Großteil. Die seltenen lasse ich stehen, behüte sie, vermehre sie. Damit sie weiterwachsen und auch andere Menschen, die das Erleben der Natur brauchen, erfreuen können. Da ist zum Beispiel das Gefleckte Knabenkraut, die häufigste Orchidee in Europa, auch Kuckucksblume, Nagwurz, Ragwurz oder Salep genannt. Da die Pflanze aber selten ist und außerdem unter strengstem Naturschutz steht, darf sie nicht gesammelt werden. Ich freue mich jedesmal, wenn ich eine kleine Kolonie des Knabenkrautes antreffe. Meine Freude aber ist noch größer, wenn im nächsten Jahr mehr Exemplare dastehen. Man muß lernen, Pflanzen zu finden, sich daran zu erfreuen und sie stehenzulassen. Heilkräuter können einem gehören, man muß sie aber nicht besitzen. So sehe ich das jedenfalls.

Zwischen den Waldviertler Flüssen Thaya und Kamp ist mein „Heilkräuter-Revier". Heute durchstreife ich den Pernegger Wald. An der alten Nikolai-Kapelle vorbei, überquere ich den Eibenbach. Mannshoch steht hier die Waldengelwurz, die Heilsame. Oft dicht daneben der Wasserschierling, der Todbringer. Oben am Fuchsberg sonnt sich das Tausendguldenkraut in schattiger Rückendeckung halbstarker Fichten. Und unten im Mostengraben glänzen in der prallen Sonne die milchrahmigen Wedel des Mädesüß. Ich möchte noch den Wechselberg hinaufsteigen. Dort muß der Dost in voller Blüte stehen. Ich spüre es. Er ruft mich. Da und dort habe ich bereits vereinzelt einige Exemplare entlang der Waldwege gesehen und ihren starken aromatischen Geruch in vollen Zügen genossen. Ich stehe oben auf dem Wechselberg. Ich bin dem „Ruf der Heilkräuter" gefolgt. Die „Wellenlänge" stimmt. Sie war mir immer sichere Führerin zu „meinen Kräutern". Auch heute. Da stehe ich in der Domäne des Wilden Majorans, des Dostes. Die Sonnenstrahlen spielen auf dem Meer von rosa Farbe unter dem herrlichen Blau des hochsommerlichen Himmels.

Ich bin überglücklich. Ich bin allein und dennoch in Gesellschaft vieler. Sie alle, die Kräuter und Sträucher, die Gräser und Bäume, gehören zu mir. Ich gehöre zu ihnen. Und alle zusammen sind wir Eigentum des Schöpfers. Wir gehören ihm. Beseeligender, befreiender Gedanke. Unten auf der Bundesstraße rauschen die Autos vorüber. Und drinnen sitzen Menschen. Sie eilen dahin mit ihren Sorgen. Drüben donnert die Eisenbahn vorbei. Töne aus einer anderen Welt, die mich nicht berührt. Ich trage meine eigene Welt in mir, die Welt der Glückseligkeit. Mich erfüllt Friede, erfüllt mich ganz. Mein ganzes Ich betet: lobt und dankt dem Schöpfer, bittet um Vergebung für mich und alle Menschen. Die Heilkräuter um mich jubeln. Alle anderen Pflanzen stimmen ein. Harmonisch, unendlich beglückend, erhebend ist ihre Melodie: Lobpreis an den Schöpfer, Symphonie der Glückseligkeit. Himmel auf Erden!

Ich schrecke auf. Die Zeit. Für mich stand sie still. Und steht noch still. Ein fragender Blick auf die Uhr. Ich hatte auf sie vergessen. „Dem Glücklichen schlägt keine Stunde." Mittag ist längst vorbei. Fünf Stunden bin ich unterwegs bei meinen Heilkräutern. Ohne Hunger und Durst. Nun muß ich aber heim. Verpflichtungen warten auf mich. Unterwegs sinniere ich weiter: Harth, ursprünglich der Sommersitz der Pröpste beziehungsweise der Äbte von Pernegg, ist heute mein Pfarrhof, mein Wohnsitz, mein Daheim.

Und meine Gedanken wandern weiter. Bin ich auch auf dem richtigen Weg? Die Antwort geben mir zwei Stellen aus der Heiligen Schrift: „Nicht ihr habt mich erwählt, sondern ich habe euch erwählt und dazu bestimmt, daß ihr euch aufmacht und Frucht bringt und daß eure Frucht bleibt." (Johannesevangelium 15,16.) Das ist die eine Stelle jener Schrift, die froh macht, weil sie „Frohbotschaft", Evangelium ist. Der andere Passus lautet: „Laßt euch nicht irreführen, meine lieben Brüder; jede gute Gabe und jedes vollkommene Geschenk kommt von oben, vom Vater der Gestirne, bei dem es keine Veränderung und keine Verfinsterung gibt. Aus freiem Willen hat er uns durch das Wort der Wahrheit geboren, damit wir gleichsam die Erstlingsfrucht seiner Schöpfung seien." (Jakobusbrief 1,16–18.)

Sie geben mir Halt, diese zwei Schriftstellen, festigen die Liebe zu den Heilkräutern in mir und sagen mir, daß ich eine Sendung zu erfüllen habe und dabei am Glück des Herzens nicht vorübergehe. Für mich eine Frohbotschaft. Evangelium.

Wo wohnt das Glück?

„Wozu hilft denn das?"

Ich stehe am Bachrand neben einer alten Silberweide mit oftmals abgeschnittenen Ruten, die aber immer wieder hartnäckig nachgewachsen sind, mit zerborstenem Stamm, aus dem, unter dem geschäftigen Trippeln einer Schar von Ameisen, die aus dem hohlen Inneren dem Licht zustreben, das „Weidenmehl" rieselt. Neben der Weide bahnt sich unten im Graben das Wasser den Weg, das eine Vielzahl von Pflanzen angelockt hat. Da steht unter anderem protzig und breit die Brunnenkresse mit ihrem schief gewachsenen, saftigen, hohlen Stengel und den gefiederten dunkelgrünen Blättern. Als Krönung trägt sie kleine, weiße Doldenträubchen. Gleich einer verschreckten Braut, die aus der gehetzten Welt flüchtet, steht sie da in der Einsamkeit. Auf der anderen Seite der Weide, am Rand eines vom Wasser bizarr geformten vorspringenden Felsstückes, hängt die Bachnelkenwurz mit ihren nickenden Blütenköpfchen, ein würdiges Mitglied der großen Familie der Rosengewächse. Ich bücke mich und pflücke eine ab. Nelkenartiger Geruch strömt mir entgegen.

Dann gehe ich weiter, überquere den wackeligen, morschen Bachsteg. Auf dem Weg zu einem aufgelassenen alten Kalksteinbruch mit dem zerfallenen Kalkofen kommen mir einige Spaziergänger entgegen. Ich kenne sie nicht, sie mich auch nicht. Ich grüße sie. „Wozu hilft denn das?" fragt mich einer, anstatt den Gruß zu erwidern. „Die Pflanze enthält in der Wurzel Gerbstoff und wird in der Volksmedizin gegen Durchfall und Magenkrampf verwendet", gebe ich wissend zur Antwort. „So", sagt der Mann. Und sie gehen weiter.

Nicht nur bei diesem „Kräutergang" wurde ich gefragt: „Wozu hilft denn das?" Ich höre sie oft, diese Frage, wenn von Kräutern die Rede ist. Und ehrlich gesagt bin ich im ersten Augenblick immer wieder schockiert. Ist es nicht an sich ein großes Geschenk, wenn ich mich erfreuen darf, wenn ich innerlich ein wenig lockerer werden, mich von der Ichbezogenheit lösen kann beim Anblick einer Pflanze? Muß immer gleich nach Vorteil und Profit gefragt werden? Sicher sollen wir auf unsere Gesundheit bedacht sein, wofür ja auch der Schöpfer mit der breiten Palette von Heilkräutern sorgt. Sich freuen an der Begegnung mit einem lieben bekannten oder unbekannten Kräutlein gehört zu den inneren Erlebnissen. Und da der Schöpfer jedem Geschöpf durch den Mund des Menschen einen Namen gegeben hat, ist es eine edle Aufgabe für mich und für uns alle, viele Pflanzen beim Namen nennen zu können. Der Name der Pflanze ist das eine. Hinter jedem Namen aber liegt vieles andere verborgen. Es ist eine schöne Aufgabe, Näheres über die Pflanze zu erfahren: zu welcher Gattung sie gehört, welche Blüten sie hat und nicht zuletzt welche geheimnisvollen Kräfte in ihr schlummern, die der Mensch sich bei bewußter und sorgfältiger Anwendung zunutze machen kann. Erst wenn man sich ein wenig vertieft hat in das „Kräuter-Schauen", tut sich eine neue, eine ungeahnte Welt auf. Wir gewinnen neue Erkenntnisse, wir bereichern unser Leben. Das Wissen um diese Kräfte erweitert unseren geistigen Horizont. Für mich sind die Begegnungen mit Kräutern „geistige Ferien". Jedesmal kehre ich reicher vom „Kräuteln" heim, auch wenn ich kein einziges Kraut gesammelt habe. Nachdem ich einige Stunden einsam durch Heide und Wald gegangen bin, habe ich immer das Gefühl, als hätte man mich aus dem Himmel vertrieben und ich müßte wieder zurückkehren in die rauhe Wirklichkeit des Lebens.

Darf ich Sie, lieber Leser, einladen, in diesem Sinne die Kräuter zu sehen und auch dieses Buch zu lesen, damit es Ihnen ein neues Wissen und das Rüstzeug vermittle, um in Ihrem Kontakt mit Kräutern innerlich reicher zu werden. Erweitern Sie Ihr Wissen in jeder Richtung: im botanischen Sinn, im Sinn der Anwendung der Pflanzenheilkunde, aber verlernen Sie vor allem die Freude nicht. Suchen Sie die Freude, die Freude am Leben.

Die kleine Notburga zeigt mir voll Freude das Geschenk ihrer Tante. Die Freude ist berechtigt. Auf ihrer emporgehobenen Hand hält sie es mir zum Ansehen hin: *Leontopodium alpinum*, denke ich. „Ein herrliches Geschenk", sage ich zu dem Kind. In feinziseliertem Rahmen aus hochkarätigem Gold liegt auf himmelblauem Email ein prächtiger Edelweißstern. Meine Augen schauen. Mein Herz erfreut sich. Der Zauber der Alpenwelt, der begehrliche Wunsch jedes Bergsteigers, von kleiner Mädchenhand gehalten. Vor meinen Augen, noch bevor ich etwas sagen kann, rutscht dem Mädchen das prächtige Medaillon, das es an einem feinen goldenen Kettchen um den Hals trägt, aus der Hand. Im gleichen Augenblick reißt das Kettchen und fällt zu Boden. Etwas winziges Glänzendes springt zuerst weg, rollt dahin und bleibt liegen. Ich bücke mich. Kaum kann ich es mit den Fingern aufheben, so klein ist es. Ein winziges goldenes Kettenringlein.

Ein winziges Kettenringlein macht sich selbständig! Das Kettchen reißt, ein Glied löst sich, eine kunstfertige Hand muß es wieder einfügen in das Ganze. Nur im Ganzen kommt das Glied zum Tragen, erfüllt es seinen Zweck. Losgelöst gehört es zu einem beschädigten Gegenstand, erfüllt seine Aufgabe nicht mehr.

Alles in bezug auf das Ganze sehen: im Leben, in der Familie, in der Gemeinschaft. Und nicht als Teilstück! Darauf kommt es an. Darum geht es. Auch die unendliche Welt der Pflanzen gehört zum Ganzen.

So ist es mit den einzelnen Kräutern, die in diesem Buch behandelt werden. Sie sind alle nur Teilstücke. Kleine winzige Ringlein, wertvoll, wenn sie eingegliedert werden: in das Ganze der Schöpfung. Wenn wir das so sehen, dann werden wir bemüht sein, die Heilkräuter kennenzulernen, über ihren Heilwert und ihre Anwendung alles zu erfahren. Wir werden schauen, suchen, uns freuen, bewundern, anbauen, sammeln, zubereiten, anwenden, schützen, andere beraten und anderen helfen lernen. Wir werden herauswachsen aus der Engstirnigkeit, aus der Verbohrtheit der eigenen Probleme. Die Griesgrämigkeit und Unzufriedenheit mit uns und über uns selbst wird schwinden. Wir werden hineinwachsen in die unendliche Schar alles Geschaffenen, jener kleinen Ringlein, die zusammen eine unendliche Kette bilden.

Sich selber ein wenig vergessen, an die vielen anderen denken, die einen auch brauchen. Das ist es, worum es geht!

. . . und eine Handvoll Probleme

„Das Gras wachsen hören." Wenn dieser Ausspruch gebraucht wird, will man damit sagen, daß der Mensch, von dem man dies sagt, sich äußerst klug dünkt. Nicht von mir ist die Rede. Mein Kontakt mit der Natur ist ein ganz anderer. Diese Redensart wird meist nur ironisch verwendet, und zwar für Menschen, die sich besonders schlau vorkommen. Im „Gylfaginning", Kapitel 27 der „Jüngeren Edda", ist dieser Ausdruck zu finden, in dem von Heimdall, dem treuen Wächter der Götter, die Rede ist. Wortwörtlich heißt es dort: „Er bedarf weniger Schlaf als ein Vogel und sieht sowohl bei Nacht als bei Tag hundert Rasten weit; er hört auch das Gras in der Erde und die Wolle auf den Schafen wachsen."

Es ist nicht leicht, über Dinge zu sprechen, die den alltäglichen Rahmen sprengen. Auf eine Fernsehsendung, in der in Wort und Bild dargestellt wurde, wie ich mit den Fingerspitzen unter bestimmten Umständen die Heilkräuter orten könne, war die Reaktion sehr stürmisch. Die einen kommen voll Vertrauen mit ihren Leiden, andere wieder, und das vor allem schlichte Bäuerinnen, meinen, „er muß ein Hexer sein, wenn er so etwas kann". Und die dritte Art gehört zu denen, wo auch ich einstimme: „Es gibt Dinge zwischen Himmel und Erde . . ." – „Möglich ist es schon . . ." Die Sache mit den Strahlen und den Wellen ist noch zuwenig erforscht, aber „wer es hat, der hat es". Und ich füge hinzu, ich bin auch dankbar, daß ich das, was ich habe, habe. Meine Sorge ist nur, daß ich es richtig und so oft wie möglich zugunsten der Menschen einsetzen kann. Es geht mir darum, nicht an der Oberfläche der Alltäglichkeit zu bleiben, sondern in die Tiefe des Seins von Mensch, Tier und Pflanze einzudringen. Ein ganzer Komplex von Problemen und Fragestellungen ist noch offen. Nicht irreal, sondern realistisch will ich an die Sache herangehen. Hier nun einige Auszüge aus einem Rundfunkinterview:

„Man spricht in letzter Zeit immer wieder von einem Heilkräuterboom, Kräuter werden immer öfter zur Heilung von Krankheiten herangezogen. Ist das auch mehr als eine Modeerscheinung?"

„Sehen Sie, alles muß irgendwie einmal beginnen, es muß locker werden, es muß aufgerissen werden. Und ein Boom, finde ich, ist etwas sehr Gutes, wenn dann Menschen am Werk sind, die weiterarbeiten, die diese Hellhörigkeit der Masse erkannt haben und sie auch im guten Sinne wieder zum Wohl des Menschen, für sein körperliches und seelisches Leid, gebrauchen und Abhilfe schaffen. Und ich sehe hier nicht eine Eintagsfliege, sondern ein inneres Bedürfnis des Menschen nach gesundem Leben, nach Achtung vor seinem Körper."

„Sie bezeichnen sich selbst als Empiriker: Wie vertragen sich nun Ihre Erkenntnisse mit den wissenschaftstheoretischen Erkenntnissen der Medizin?"

„Ich habe mehrere Ärzte, Medizinalräte, die mich beraten, die ich frage. Anderseits fragen mich auch Ärzte, was ich machen würde oder was ich mache bei bestimmten Krankheiten. Und ich finde, daß wir sehr gut miteinander auskommen, weil einer den anderen achtet. Und gerade diese Achtung vor dem Wissen des anderen, vor seiner Einstellung, ist notwendig, damit ein gutes Verhältnis gewahrt bleibt. Und dieses gute Verhältnis ist da, weil ich ja die innere Einstellung habe: Hut ab vor dem Mediziner."

„Herr Pfarrer Weidinger, welche Chancen geben Sie nun der Heilkräuterkunde für die Zukunft?"

„Das wird zum Großteil von der Heilkräuterkunde selbst abhängen. Wenn sie solide und ernsthaft arbeitet, so daß sie sich glaubwürdig macht, wenn sie nicht Geschäfte sucht, wenn sie nichts übereilt, weil sie die Erfahrung von mehr als 4 000 Jahren hinter sich hat und die neuen Erkenntnisse mit hineinnimmt, dann hat sie die größte Chance, auch jetzt und in der Zukunft mitwirken zu können und auch mitreden zu dürfen."

Verteidige, was der Schöpfer dir gab: Wei Shi-tzoi
Auf den Spuren des Konfuzius

Rundherum gibt es auch noch etwas

Sieben Jahre lang hatte ich mich bemüht, ehrlich bemüht, schwer gearbeitet, wie ein Besessener studiert. Dann war es soweit. Ich konnte nicht nur chinesisch reden, mich verständigen, lesen, schreiben. Ich bildete mir sogar ein, das chinesische Volk ein wenig zu verstehen.

So stand ich in einer Schulklasse und unterrichtete, Geographie. „Welche sind die wichtigsten Staaten der Erde?" lautete meine Frage. Mak Leung-tzao gab mir und der ganzen Klasse die Antwort: „Auf der Welt gibt es China, das Reich der Mitte, und rundherum auch noch etwas wie Amerika und Deutschland."

Die Chinesen haben immer ein starkes Nationalgefühl besessen. Sie lieben ihr unendlich großes Land, ihre Heimat, ihre Geschichte. Und diese geht weit zurück, sehr weit. Schon vor 600 000 Jahren, im älteren Paläolithikum, existierte in der Provinz Shensi der Lantian-Mensch. Zur gleichen Zeit setzt man heute die Ko-ho-Kultur der Provinz Shansi an.

„Die Vergangenheit möge der Gegenwart dienen", schrieb Mao Tse-tung. Diese Vergangenheit, vor allem aber das unendliche Land mit seinen sympathischen, liebevollen Menschen zog mich an. Als junger Mann, als Zwanzigjähriger. Und so entschloß ich mich nach dem Mittelschulstudium, in das „Land des Konfuzius" zu gehen, Chinamissionar zu werden. Ich wurde es und studierte in China weiter.

Wei Shi-tzoi nannte man mich. „Verteidige, was der Schöpfer dir gab", heißt das. 16 Jahre war ich dort. Und wäre nicht weggegangen, wenn ich nicht auf einer Reise im Dienste der Mission schwer erkrankt wäre. Und so in Österreich, meinem Heimatland, bleiben mußte.

In den ersten Tagen des Maimonats 1938 ging ein junger Bauernbursch mit seinem Vater über die eigenen Felder im niederösterreichischen Waldviertel nahe der südmährisch-tschechischen Grenze. Der Vater war leidend. Er stützte sich auf einen Stock. Der Bursch hielt ein Leinensäckchen in der Hand. Während beide, Vater und Sohn, der eine 59, der andere 20, über ihre Felder und Wiesen schritten, blieben sie da und dort einen Augenblick stehen. Der Vater lockerte mit seinem Stock die Erde auf. Der Sohn bückte sich, griff nach einer Handvoll Erde und gab sie in das Säckchen. Einen halben Tag waren sie unterwegs. Der Vater sprach von seiner Liebe zum Bauerntum. Der Bursch hörte zu und schwieg. So waren sie über alle Rieden gegangen: die Grabenwiesen, die Harthwiesen, die Spielfeldäcker und die Stockäcker. Dann kam der Große Acker und das Petreinerfeld an die Reihe. Von hier aus sah man über die unsichtbare Grenze hinweg weit hinein nach Südmähren, wo damals auch noch Deutsche lebten. Am Schrankenacker war Endstation. Unterdessen war auch das Säckchen voll geworden, voll mit Heimaterde.

Wenige Tage später kniete dieser Bursch an der Schwelle der alten Bauernstube. Die Mutter, ein abgerackertes Bauernweib, mit vielen Schwielen und Gichtknoten an den abgearbeiteten Händen, segnete den Sohn, indem sie ihm ein Kreuzzeichen auf die Stirne machte. Sie weinte still. Schluchzend nur brachte sie die Worte heraus: „Heinrich, bleib brav." Hinter ihr stand der Vater. Er weinte nicht, er war nur ganz ernst geworden. Der Vater mit seiner schweren Hand, die gewohnt war, den Pflug zu halten, den die zwei Pferde über den Acker zogen, und die Sense fest und sicher zu führen, stand ruhig da. Nach außen hin wenigstens. Dann fuhr auch der Daumen seiner rechten Hand über die Stirne des Knienden. „Mit dem Hute in der Hand, kommt man durch das ganze Land." Das war alles, was mir der Vater zum Abschied zu sagen hatte. Denn der Bursch an der Schwelle des Elternhauses, der gleichzeitig an der Schwelle zum Leben stand, war ich. Am Nachmittag brachte mich mein um elf Jahre älterer Bruder, der die Bauernwirtschaft übernehmen sollte, zum Bahnhof. Noch in derselben Nacht gelangte ich mit der Bahn über den Brenner und nach dreimonatigem Sprachstudium fuhr ich mit dem Schiff „Conte Biancomano" („Graf Weißhand") nach China.

Und das Säckchen Ackererde? Ich streute es im Garten unseres Missionsstudienhauses in Hongkong aus. Ein bißchen Heimaterde auf rotem Lößboden! Sentimentalität? Nein! Für mich war es mehr. Ein Stück Heimat in der Fremde, Verbundenheit zu dem Boden, der mich nährte. Ich betreibe keinen Kult. Alles hat Sinn.

Wenn jede Kunst versagt
Heilkräuter noch ein Hoffnungsanker

Der Schneider auf der Hochschule

Chinesisch-Japanischer Krieg von 1936 bis 1945. Auf der „Insel der Glückseligkeit" in Macao, der portugiesischen Überseeprovinz in China. Der Krieg geht zu Ende, in Europa und auch in Asien. Immer wieder kommen Flüchtlinge vom Festland. Die Missionsstation der Salesianer Don Boscos, „Maria von der Unbefleckten Empfängnis", kann in ihrer Handwerkerschule die vielen Buben kaum noch unterbringen, die am Eingangstor darum bitten und betteln, oft mit erhobenen Händen, manchmal am Boden kniend und herzzerreißend weinend. Das ist kein Manöver, kein Trick, sondern die Verzweiflung junger Herzen.

So kam auch Yao Tzi-tak zu uns. Er war damals zwölf Jahre alt. Den Vater hatte man auf der Flucht erschossen. Die Mutter war verhungert, weil sie alles ihren beiden Kindern gab. Tzi-tak hatte noch eine Schwester, Tzi-mou. Sollte ihr Name ein Hohn sein? „Die Muttersinn hat." Der Name des Buben: „Einer, der anständig ist." Tzi-mou kam zu den Schwestern. Tzi-tak wurde vorerst in die Krankenabteilung der Handwerkerschule geschickt, zu mir. Der arme Bub war total ausgehungert, mit einem mächtigen Bauch und gänzlich verschwollenen Füßen: „Beriberi"-Krankheit infolge Mangels an Vitamin B_1. Auch alle Zähne waren locker. Es war ein weiter Weg, bis der Bub wieder halbwegs in Ordnung war. Zuerst mußte innerlich gereinigt werden. Rizinusöl half die Unmengen von Spulwürmern abtreiben. Die Früchte der „Baummelone" brachten den Magen in Ordnung. Junge Bambussprossen regelten den Stoffwechsel und regten das Kreislaufsystem an. Ungeschälter Reis behob den Vitaminmangel. Und bald saß er jeden Nachmittag in der Schneiderwerkstatt, nachdem er vormittags fünf Stunden in der Schule gewesen war. Intelligent, lernbegierig und vor allem herzensgut, wurde er bald Musterschüler. Dann meldete er sich als Taufanwärter. Augustinus wollte er heißen. Bald hieß er so und machte seinem Namen alle Ehre. Und nach einigen Jahren eifrigen Lernens konnte er sogar in englischer Sprache die Prüfungen bestehen, um auf der Universität Hongkong für das Lehrfach zu inskribieren.

Wenn ich heute zurückdenke, muß ich sagen: ohne die Anwendung der Heilkräuter hätte es das schwerkranke Flüchtlingskind nie geschafft, Schneider und später Lehrer zu werden. Für ihn waren die Heilkräuter ein wahrer Hoffnungsanker. Wenn jede Kunst versagt . . .

„Meiner Schwester geht es besser. Ihr Rat hat geholfen. Wir haben wieder Hoffnung und werden keine Mühe scheuen." Ein Anruf aus Deutschland, an einem Sonntag, spätabends. Er ist nicht der einzige Anruf an diesem Abend.

„Die alte Wunde heilt wieder ab. Die Schmerzen haben nachgelassen. Die Geschwulst ist zurückgegangen. Aber ich mache die Behandlung weiter!" Dies schreibt ein 40jähriger Mann, ein Arbeiter aus dem Burgenland.

Und dann sitzt Hansi vom Kobenzl vor mir, 16 Jahre alt, Insasse eines Kinderheimes: „Bartter-Syndrom", sagt die Ordensschwester, die ihn zu mir gebracht hat, und fügt hinzu: „Eine Insuffizienz der Nieren, es gibt auf der Welt nur zirka 40 Menschen, die dieses Leiden haben. Eine seltene Krankheit. Und kein Arzt kann helfen." Ob hier Kräuter noch helfen? Gott gebe es. Ich bete darum. Hansi gefällt mir. Er ist Sonderschüler und schwerhörig. Ein guter Kerl. Ich möchte ihm helfen.

Und diese Frau? „Seit der Geburt des dritten Kindes will es nicht mehr richtig gehen. Ich bin so darnieder. Keiner kann mir helfen."

Ich bewundere die Menschen, die so unendlich großen Glauben an die Kraft der Heilkräuter haben, und freue mich, wenn ich Handlanger sein kann. Ein kleiner Handlanger nur, damit Menschen weniger leiden müssen und glücklicher werden. Damit sie den Frieden wiederfinden und nachts die Augen schließen können.

Wenn jede Kunst versagt . . .

Nein! Das ist nicht der Sinn der Heilkräuteranwendung und auch nicht der Sinn meiner „Kräuterberatung". Ich kann in manchen Fragen beraten, informieren, in Zweifelsfällen Rat geben, hie und da neue Wege und Möglichkeiten aufzeigen. Und ich kann zum Arzt schicken. Das tue ich, sooft es notwendig und angezeigt ist. Ich möchte nur den gesundheitlichen Interessen dienen. Ich nehme keinen Groschen.

So kommen jeden Tag Stöße von Briefen, eine Unzahl von Anrufen. Heilkräuter sind eben auch noch im letzten Fünftel des 20. Jahrhunderts ein Hoffnungsanker für viele.

Geschwür an der Gebärmutter mußte nicht operiert werden

„Im Juni hat der Arzt zum zweiten Mal bei mir ein kleines Geschwür an der Gebärmutter festgestellt. Im August/September sollte der Eingriff gemacht werden. Ich wurde, ohne vorher untersucht zu werden, für den Eingriff vorbereitet; der Arzt fand aber kein Geschwür mehr vor und war vollkommen durcheinandergebracht.

In der Zeit von Juni bis September habe ich regelmäßig Schafgarbe und Frauenmantel gebrüht und dreimal täglich getrunken.

Jetzt war ich wieder beim Frauenarzt, der Untersuchungsbefund war einwandfrei. Ich bin glücklich und so überzeugt, daß die Wirkkraft der Heilkräuter die Quelle der Gesundheit ist.

I. P., Hamburg."

Johanniskrautöl hilft bei Hautentzündungen

„Das Ekzem meines Vaters weitete sich auf dem ganzen Körper bis auf den Bauch aus, die Haut wurde feuerrot und wie Pergamentpapier. Brennesseltee verträgt er wegen seinem Magen nur in ganz geringer Menge. Er begab sich in ärztliche Behandlung. Einige Spritzen und Tabletten wurden ihm verabreicht, aber was ihm vor allem, auch nach ärztlicher Meinung, geholfen hat, war die tägliche Einreibung des ganzen Körpers mit Johanniskrautöl. Obwohl diese Behandlung wegen des Geruches nicht sehr angenehm ist, hat ihn dieses Öl völlig ausgeheilt. Die Haut ist wieder empfindsam, weich und auch farblich ganz normal.

M. S., Steiermark."

Ein nüchterner Realist findet zur Naturheilung

„. . . wie ich, ein nüchterner Realist, zu dem vor einem Jahrzehnt noch verlachten Hang zur Naturheilung kam:

Als Betriebselektriker eines großen Unternehmens im Tennengau, Salzburg, bekam ich zu Weihnachten 1970 Besuch eines jungen Ehepaares aus Wien. Die Frau war alles andere als festlich gestimmt. Nur das Versprechen, mich zu besuchen, hatte sie bewogen, die Fahrt nach Salzburg anzutreten. Eine schmerzhafte Kieferentzündung, akut nach Ausfall einer Zahnplombe, verdarb ihr begreiflicherweise jede Feststimmung. Guter Rat war teuer, in der entlegenen Gegend zu den Feiertagen einen Zahnarzt aufzutreiben, war schier unmöglich, da schon damals die Herren Fachärzte wie kleine Götter nach Sympathie (sprich zahlende Privatpatienten!) behandelten. In unserer Not wandte ich mich an unsere betagte Kantinenwirtin um Schmerztabletten.

Nach ihrer Frage um die Ursache meines Verlangens riet sie mir, mit dem Auto schnell in die eis- und schneefreie Salzachklamm am Paß Lueg zu fahren und dort einige Farnblätter zu besorgen, welchen Rat ich schnellstens befolgte. Diese wurden von unserer helfenden Freundin mit den Händen zerrieben, in einen sauberen Waschlappen gefüllt und kurz in kochendheißes Wasser getaucht. Dieses Kräuterkissen wurde von unserer Besucherin mit viel Skepsis, aber in ihrer schmerzhaften Verzweiflung im Wurstigkeitsstandpunkt auf die schmerzhafte Stelle gehalten.

Schlagartig ließen die Schmerzen nach, und nach kaum zehn Minuten eilte die Patientin auf die Toilette: Eine unglaubliche Menge mit Eiter vermischtes Blut spuckte sie in den Ausguß. Nachher eine kräftige

Spülung mit heißem Kamillentee, und schon am selben Abend aß – nein, fraß! – die bereits schmerzfreie Besucherin, nachholend, was sie in zwei Tagen gehungert hatte. Dieselbe Methode wandte ich in Zukunft bei Otitis (Ohrenentzündung) meiner Kinder mit gleichem Erfolg an."

Bei Rotlicht ist es zu spät
Gesund bleiben ist leichter als gesund werden

„Da" und „weg" und andere kleine Wörter

Ich atmete tief ein. Die Lungen waren voll frischer Morgenluft, obwohl ich im Auto saß, das durch den großen Wald rollte. Es war kurz nach 6 Uhr. Schon eine Stunde vorher war ich mit meinen Collies über die Felder gestapft, was mir sehr gut getan hatte. Jetzt muß ich achtgeben, denn es geht steil bergab. Der Wagen nähert sich einer schmalen Holzbrücke, wo ich nach einer scharfen Kurve in die Bundesstraße einzubiegen habe.

Kein Verkehr, ich biege ein. Da, ein schwarzer Knäuel mitten auf der Straße. Ich gehe vom Gas weg. Der Knäuel bewegt sich. Es ist ein Iltis, ein wunderschönes Exemplar. Er bleibt stehen und schaut mich an. Auch ich schaue ihn an. Ich sollte Gas geben, tue es aber nicht. Ich warte ab, bis der Iltis sich bewegt und im verschneiten Straßengraben verschwindet.

„Da sein" und „weg sein" sind zwei kurze Wörter. „Da" und „weg", sie sind ausschlaggebend, positives oder negatives Vorzeichen zu „sein", gemeinsam über Wert oder Unwert bestimmend. Auf sie kommt es an! Da sein: Das ist der Zeitraum unserer irdischen Pilgerschaft. Wir nennen es Leben. Und dieses Leben ist bedroht. Von vielen Krankheiten, leichten und schweren, oft sehr schweren. Ich lerne alle diese „Variationen" in meinen Beratungen, im Kontakt mit den Menschen kennen. Ich weiß es genau: Heilkräuter können viel, aber sie können nicht alles. Obwohl ich sie liebe, sind sie mir keine Garantie dafür, wie lange ich auf dieser Welt bleiben werde. Das hängt zum Teil auch von mir selbst ab. Weg sein: Das ist der Tod. Der Tod ist eine Wirklichkeit, und die Benützung der Kräuter mit ihrer Heilkraft kann ihn nicht wegwischen. Wenn man von Heilkräutern schreibt, liest oder redet und wenn man sie so liebt, wie ich sie liebe, dann ist es wichtig, daß man dabei realistisch bleibt.

Jeder Tag zählt in meinem Leben

22 629 Tage bin ich heute, da ich dies schreibe, auf der Welt. Ich war vor kurzem 63 und freue mich über jeden Tag, den der Herr mir schenkt.

Aber ich will den Tod nicht ausklammern, ganz einfach deswegen nicht, weil ich ihn nicht ausklammern kann. Und weil ich mich auf das ewige Leben freue. Jeder Tag ist schön, den der Herr mir schenkt. Und ich freue mich darüber. Ich will jeden Tag IHM, meinem Schöpfer, und der Menschheit, meinen Brüdern und Schwestern, meiner großen Familie, zur Verfügung stehen und für sie da sein. Ich zähle mein Leben nach Tagen. Bis zum letzten auf dieser Welt. Dann, wenn das neue Leben beginnt, braucht keiner mehr zählen, braucht keiner mehr messen. Dann fallen alle Maße weg. Aber jetzt will ich ganz im Leben stehen.

Bei Rotlicht ist es zu spät

Jede Krankheit kann mit einer langen Kette verglichen werden, einer langen Kette von Sünden und Verfehlungen gegen den eigenen Körper. Verfehlungen verschiedener Art: Übermäßigkeit, Nachlässigkeit, Überheblichkeit, Bequemlichkeit, Rücksichtslosigkeit, Gedankenlosigkeit, Unterlassungen, Eitelkeit. Und wie unsere Sünden auch heißen mögen oder heißen. Oft leuchten kleine Rotlichter auf, Warnsignale. Und werden übersehen.

Da kommt ein junger Mann zu mir, Ende der Zwanzig, Akademiker. „Bitte, Herr Pfarrer, retten Sie meine linke Niere, die rechte wurde mir vor kurzem operativ entfernt. Wissen Sie, ich war vollständig gesund. Da auf einmal kam es, wie ein Blitz aus heiterem Himmel. Ich mußte feststellen, daß ich Blut im Harn hatte. Der Arzt ließ mich von seiner Ordination gar nicht mehr heimgehen. Ich wurde sofort in das Krankenhaus überstellt. Die rechte Niere war vollständig kaputt und wurde operativ entfernt. Gleich nach meiner Entlassung aus dem Krankenhaus wollte ich zu Ihnen kommen. Haben Sie kein Kräutlein für meine noch gesunde Niere?"

Vorbeugen ist leichter als heilen!

Was der Mann mir da erzählte, stimmt nur zum Teil und verrät so richtig die Sorglosigkeit, in der viele Menschen dahinleben, dahindösen. Jeder kranke Körperteil wehrt sich. Er spricht zu uns. Um es zu hören, müssen wir uns beobachten, müssen auf uns schauen, aber nicht mit übertriebener Ängstlichkeit, nein, sondern mit Sorgfalt, mit Fürsorge, mit Behutsamkeit, mit Gewissenhaftigkeit. In diesem konkreten Fall: Der Urin war sicher nicht klar, sondern getrübt, nicht goldgelb, sondern aschgrau. Jedes Übel in der Entwicklung erkannt, läßt sich meist noch unter Kontrolle halten, abwenden, vielleicht sogar ohne Operation.

Gesund bleiben ist leichter als gesund werden

Es ist die Aufgabe der Heilkräuter, zum gesunden Leben beizutragen, vorzubeugen, im Anfangsstadium zu heilen. Sicherlich haben Heilkräuter schon manchem Menschen in schwerer und schwerster Krankheit und auch bei langwierigen Leiden geholfen. Aber bei Rotlicht ist es meist schon zu spät. Wir haben nur ein Leben und dürfen es nicht ins Spielkasino tragen. Gleich beim ersten Aufblinken eines Signals, das auf Krankheit hinweist, gehören Heilkräuter eingesetzt. Da wirken sie am besten.

Und weil die Katastrophe dann nicht eintritt, nehmen wir von der „Heilung" wenig Notiz, übersehen häufig den Erfolg „häuslicher Kur". Aber als Vorbeugung hat sie ihren Sinn.

Dieses Buch zeigt die Heilkraft von 40 Kräutern auf. Hunderte von Anwendungsmöglichkeiten werden angeboten, Ratschläge gegeben, Hinweise aufgezeigt, Tips verraten. Alles ist erprobt und in der Erfahrung bestätigt. Jeder nehme das für ihn Brauchbare. Aber er nehme es. Bitte!

Heilkräuter anbauen

Die Sonne auf Erden

Ein lautloses Lächeln im leuchtenden Antlitz. Es fehlt nur die Sprache, dann würden sie plaudern, die orangegelben Scheiben mit braunseidener Mitte.

Man kommt des Weges, sieht vor sich ein blühendes Feld. Man bleibt stehen, Tausende Sonnen, vom Himmel gerissen, sind vor einem ausgebreitet. Es sind Sonnenblumen. Aus den heißen Gebieten Amerikas sind sie ursprünglich als Zierpflanzen nach Europa gekommen. Wegen ihres hohen Ölgehaltes werden sie heute feldmäßig angebaut. Dieses Öl wird nicht nur leber- und gallenleidenden Menschen für den täglichen Gebrauch in der Küche empfohlen, sondern auch als Fiebermittel verwendet. In der pharmazeutischen Industrie werden die Blüten verarbeitet und daraus eine Droge hergestellt, die gegen Malaria eingesetzt wird. Mit armdickem Stamm und bis zum oberen Ende verzweigt, steht sie da, die mächtige Blume des Feldes. Mit einem rauhen Haarkleid sind alle Teile der Pflanze bedeckt. Als Krönung tragen Stamm und Zweige an ihren Enden die großen Blumen, die völlig zu Recht ihren Namen haben: Sie sind in Wahrheit leuchtendgelbe, strahlende Sonnen.

Warum ich das schreibe? Ich will Sie einstimmen auf das Buch, das vor Ihnen liegt.

Wir sind zu abgebrüht. Wir haben keinen Sinn mehr für kleine Erlebnisse des Alltags, für die tausend Freuden, die uns jeden Morgen erwarten. Wir genießen nicht mehr den Augenblick, wir hetzen in die Zukunft. Der abgehetzte Mensch aber ist nicht glücklich. Nur der, der stehenbleiben kann auf seinem Weg, der um sich schaut und betrachtet, der aus der Vergangenheit schöpft, in die Zukunft blickt und die Gegenwart nützt, der ist kein Durchgänger durchs Leben, sondern ein Wanderer. Ein Wanderer, der vieles erlebt, der auf dem Rücken einen Rucksack trägt, den er anfüllt mit tausend kleinen lieben Dingen. Dieser Rucksack aber ist sein Gedächtnis, seine Erinnerung – die Herzensbildung.

Im Urwald blüht der erste Weizen

Die Kornkammern Amerikas produzieren heute Unmengen von kostbarem Rohmaterial für das tägliche Brot. Auch in Mitteleuropa wird viel Weizen angebaut. Aber es war nicht immer so, weder in Amerika noch bei uns. Einmal wurde begonnen, einmal mußte der mächtigen Mutter Erde der Boden abgerungen werden. Bäume mußten gefällt, der Boden gelockert werden. Das war ursprünglich harter Hände Arbeit. Dann zog man Tiere als Helfer heran, hauptsächlich Rinder und Pferde. Später kamen die Maschinen. Und heute rattert der Traktor über die Felder. Tief schneiden die Pflugscharen in die Erde. Der Boden wird gelockert, gesäubert, er wird bestellt, es wird gesät. Die Frucht keimt, wächst, blüht und reift. Aber es war nicht immer so. Damals, als zum ersten Mal irgendein wertvolles Gewächs, das dem Menschen zur Nahrung dienen sollte, so weit war, daß man es ernten und essen konnte, damals hat es begonnen. Ich will nicht eine Welle der Nostalgie, eine Welle fruchtlosen Heimwehs nach vergangenen Zeiten und Gebräuchen heraufbeschwören. Ich will nur hinführen zum richtigen Verständnis dessen, was dieses Buch bringt: Heilkräuter anbauen. Sicher muß der Bauer auf Ertrag schauen, aber ist es nur der Ertrag, der zählt? Ist es nicht mehr? Ist es nicht das stille Miterleben des Werdens der Pflanze, das abhängig ist von der Witterung, von günstigen oder ungünstigen Jahreszeiten? Wir können es zum Teil beeinflussen: durch Pflege, durch Düngung, durch Auswahl des Saatgutes. Aber wachsen muß die Pflanze allein. Die Kraft, die der Schöpfer in die Erde hineingelegt hat, die Kraft, die er dem menschlichen Geist gegeben hat – gemeinsam ringen sie dem Boden den Ertrag ab.

Vom Bruder Gärtner zum Kräuterbauern

Es ist ein weiter Weg vom ersten Weizenfeld der Urzeit bis zum Ackerbau von heute. Es ist aber auch ein weiter Weg vom Heilkraut in der Wildnis bis zum feldmäßigen Anbau der Heilkräuter, ja bis zur „Kräuterfarm". Dieser Weg führt über die Klöster, die Heimstätten der Kultur.

Der Heilkräuteranbau ist so alt wie das Ackerland, als der Mensch vom

Jäger und Sammler zum planmäßigen Bauer von Wildpflanzen wurde. Erst viel später kam der Garten. Garten stammt von dem gotischen Wort *gairdan* und heißt umgürten. Garten war und ist jenes Stück Land mit einer Umzäunung, das nahe dem Haus liegt und zu ihm gehört. Nur der Eigentümer selbst hatte das Recht, den Garten zu betreten, jedem anderen war das Eindringen in das umfriedete Pflanzland verboten; es galt als Hausfriedensbruch. Die Entwendung einer Sache aus dem umfriedeten Land, also aus dem Garten, wurde bereits zur Zeit der Völkerwanderung strenger bestraft als Diebstahl auf dem freien Felde. Die Gärten waren vor allem zweckgebundene Nutzflächen. Erst später wurden „Lustgärten" angelegt. Die Klostergärten des Mittelalters waren einfache, nüchterne Gartenanlagen, auf Ertrag ausgerichtet. Diese Klostergärten hatten immer die Form eines Rechteckes; vom Gärtnerhaus aus führte der Hauptweg durch die Mitte, an beiden Seiten schmale, lange Beete. Walafridus Strabo, Abt des Benediktinerklosters Reichenau am Bodensee, hat in seinem Gedicht „Hortulus" eine solche Anlage genau beschrieben, und er zählt auch die 23 wichtigsten Pflanzen auf, die in den Klostergärten angebaut wurden.

Der Klosterbruder Gärtner wurde zum Lehrmeister der bäuerlichen Menschen. Er vermittelte ihnen das Wissen um die Heilkraft der Pflanzen, aber auch die Kunst, diese anzubauen, zu hegen, zu vermehren und zu ernten. So kamen die Heil- und Gewürzkräuter aus dem Klostergarten in die Bauerngärten. Schon Kaiser Karl der Große hat in seinen Vorschriften zur Bepflanzung der Gärten seiner Landgüter („Capitulare de villis imperialibus") den Anbau von Küchen- und Heilkräutern angeordnet: „Es bekommt wohl dem Magen, fördert die Verdauung, bringt dem Leib eine gute Farb, macht fröhlich und stärkt alle innerlichen Glieder."

Später haben auch die Gärten ihr Angesicht geändert. Vom Kräutergarten ging man zum Ziergarten über. Und so wurde der Garten ein Platz der Erholung und der Ruhe.

Es ist also ein weiter Weg vom ersten Kräuteranbau bis zum Kräuterbauern, bis zu dem Menschen, der Kräuter feldmäßig anbaut, sie selbst verwertet oder verkauft. Für mich aber ist jeder ein Kräuterbauer, der ein Heil- oder Küchenkraut selbst betreut. Ob er es in einem Blumentopf zieht oder auf Großflächen anbaut. Er braucht die Beziehung zur Pflanze, und diese ist etwas Lebendiges. Sie hat Leben, und sie gibt auch die Kraft fürs Leben weiter. Wir nennen es die Heilkraft.

Im kleinsten Garten hat immer noch ein Heilkraut Platz

Heilkräuter und Gewürzkräuter lassen sich in jedem Garten ziehen, selbst im allerkleinsten Garten, auch im winzigen Vorgarten. Auf einem

Quadratmeter kann man 18 verschiedene Kräuter pflanzen. Diese Fläche muß nicht quadratisch sein, sie kann auch ein Rechteck darstellen oder ein Band, ein Streifen sein. Auch als Einfassung von Beeten können Heilkräuter verwendet werden. Heilkräuter und Gewürzkräuter, wenn sie vernünftig abgeerntet werden, sind ein netter Schmuck für den Garten und tragen viel zu dessen Buntheit bei.

Zur Anlage eines Kräutereckes soll man sich Zeit lassen. Zuerst soll man überlegen, soll sich Fragen stellen: Welche Lage ist geeignet? Welcher Pflanze taugt viel Sonne, wenig Sonne, etwas Schatten oder tiefer Schatten? Welche Pflanzen kann ich unter Bäume setzen oder in Töpfen ziehen? Befassen Sie sich mit diesen Fragen eingehend. Lesen Sie dieses Buch. Und Sie werden vieles finden, was Ihnen neue Wege weist.

Heilkräuter sammeln

„Kren hab ich daheim, Meerrettich will ich"

Mein Onkel ist 92 Jahre alt geworden. Er war sein Leben lang ein „Dürrling". Im hohen Alter aber war er geradezu eingetrocknet. Die Haut glich einem runzeligen Lederfleck. Josef Neustifter hieß er, war Hafnermeister und Keramiker wie schon sein Vater. Von ihm hatte er den Betrieb übernommen: vier Gesellen, drei Hilfsarbeiter und zwei Lehrbuben. Seine Mutter war die Tochter des Schloßgärtners von Riegersburg. Und dort spielt die Geschichte, die ich erzählen will. Anfang der achtziger Jahre des vorigen Jahrhunderts – mein Onkel hatte gerade mit der Hafnerlehre begonnen – kommt ein Bäuerlein aus Raabs an der Thaya nach Riegersburg. Ausgezehrt, schmächtig von Gestalt, hüstelnd und auf dem Rücken einen leeren Zwilchrucksack. Die Linke hält ein blaues Schneuztuch mit weißen Streifen. Und immer, wenn den schmächtigen Körper ein heftiger Hustenanfall zu erschüttern droht, fährt die Linke mit dem Schneuztuch zum Mund. Dies geschieht sehr häufig. Die Rechte umklammert einen Gehstock aus Wacholderholz mit selbstgekrümmtem Bogen. Der Weg war lang. Von Raabs nach Riegersburg sind es immerhin rund 30 Kilometer.

So steht das Raabser Bäuerlein keuchend, schwitzend und hüstelnd endlich vor dem Riegersburger Schloßgärtner, dem Großvater meines Onkels. Der nur deswegen mein Onkel war, weil er 1896 meine Tante, die Schwester meines Vaters, meine Taufpatin Amalia, geheiratet hat.

„Einen Rucksack voll Meerrettich brauch ich. Wenn S' mir den geben täten, und so gut wär'n. Ich brauch ihn, sagt unser junger Arzt, der's ja wissen muß, weil er aus der Wienerstadt kommt, er, der Arzt. Einen Honig, ein Eidotter und Meerrettich, gerissen, soll ich abmischen, auf einen Leinenfleck aufstreichen und auf die Brust auflegen. Weil ich die Schwindsucht hab, Herr Gärtner."

Der Gärtner geht mit dem leeren Rucksack des Bauern in den Schloßgarten und gräbt unten an der Böschungsmauer Meerrettich aus. Oben vor dem Gärtnerhaus sitzt der Bauer und wartet.

„Da haben S' Ihren Meerrettich. Kosten tut er nichts. Sie armer Teufel. Geht er so weit her."

Ist es die beachtliche Menge Meerrettich im Rucksack? Ist es das „Kosten tut er nichts"? Jedenfalls, der Bauer ist zufrieden und vergißt für ein Weilchen aufs Hüsteln. „Dann sag ich halt tausendmal Vergeltsgott", sagt er nur freudestrahlend und setzt seinen alten, abgegriffenen Hut wieder auf. Greift nach dem Rucksack, bindet ihn auf, schaut hinein.

Was jetzt kommt, kann kaum beschrieben werden: Enttäuschung, Zorn und maßlose Scham.

„Haben Sie nicht alle beinander! Geben S' mir da an Kren. Den hab ich selber haufenweise daheim in Raabs im Garten. An Meerrettich will ich."

Der Sinn der lateinischen Bezeichnungen

Meerrettich oder Kren? Beinwell oder Schwarzwurz? Königskerze oder Wollblume? Das sind nur einige Beispiele von vielen. *Armoracia lapathifolia* = Kren = Meerrettich; *Symphytum officinale* = Beinwell = Beinwurz, fälschlicherweise auch Schwarzwurz genannt. Schwarzwurz = Schwarzer Rettich = *Raphanus sativus*, eine Gemüsepflanze, deren eßbare Wurzel bis zu 50 cm Länge erreichen kann, hat ganz andere Heilkräfte als Beinwell. Beinwell ist ein spezielles Heilkraut zur Behandlung von Geschwüren und Knochenbrüchen. Der Schwarze Rettich wirkt bei Bronchitis, Keuchhusten, Rheumatismus, Erkrankungen der Harnorgane und Leberkoliken. Königskerze = *Verbascum thapsiforme* wird in manchen Fachbüchern Wollblume genannt. Man wird dort vergeblich Königskerze suchen. Im Index der lateinischen Bezeichnungen aber wird man *Verbascum* finden. Hier bietet der lateinische Name die Plattform der Verständigung. Als Freund der Heilkräuter, sei es beim Anbauen, beim Sammeln, beim Nützen und beim Schützen, ist es notwendig, die lateinischen Bezeichnungen nicht zu übersehen. Im Zweifelsfalle sucht man immer nach der lateinischen Bezeichnung. Das gleiche gilt beim Einkauf von Pflanzen und Sämereien. Hier kann man wahrhaftig „seine Wunder" und Überraschungen erleben, sichert man sich nicht durch den klaren Begriff ab. Die lateinischen Bezeichnungen sind eine zweckmäßige Notwendigkeit und werden dem Leser manchen unnötigen Ärger und oft peinliche Verwechslungen ersparen.

Christi Kreuzblut = Johanniskraut = *Hypericum perforatum.*

Die Zeit steht still. Ein Buch liegt vor mir auf dem Tisch. Meine Hand bewegt die Blätter. Und ich lese: „Als sie (die Soldaten) aber zu Jesus kamen und sahen, daß er schon tot war, zerschlugen sie ihm die Beine nicht, sondern einer der Soldaten stieß mit der Lanze in seine Seite, und sogleich floß Blut und Wasser heraus. Und der, der es gesehen hat, hat es bezeugt, und sein Zeugnis ist wahr. Und er weiß, daß er Wahres berichtet, damit auch ihr glaubt." So steht es im Johannesevangelium Kapitel 19, Vers 33–35.

Dem sorgfältigen Beobachter des Johanniskrautes kann es nicht entgehen, daß die Blätter der Blumenkrone und die Kelchblätter viele schwarze Punkte aufweisen. Zerreibt man die Blätter, so tritt ein roter Farbstoff aus. Das gläubige Christenvolk des Mittelalters setzte roten Farbstoff gleich mit Blut. Und es konnte nur das Blut Christi sein, das für uns Menschen zur Erlösung vom Kreuzesstamm floß. Da aber das Blut Christi unsere Seele gesunden ließ, muß Christi Kreuzblut unseren Leib gesund machen und uns von Krankheiten heilen.

Das gleiche Kraut heißt auch Hartheu und gehört zu jenen drei Kräutern, die den Teufel in die Flucht schlugen. Belegt wird dies durch einen alten Vers:

> „Dosten, Hartheu, weiße Heid
> Thun dem Teufel alles Leid."

Hartheu wächst als „Warnung vor dem Bösen" an Hecken, Rainen, Hügeln und Lichtungen, mit einem Wort überall dort, wo der Mensch einsam ist und somit dem Einfluß des Bösen ausgesetzt. Dies wieder ist eine Anlehnung an die „Versuchung Jesu in der Wüste". Hartheu ist kein gutes Heu, kein weiches, kein süßes, sondern „armer Leut" Futter für ihr Vieh: hartes, mageres Heu, Hartheu. Johanniskraut wird es genannt, weil eine alte Legende erzählt: „Nachdem des Vorläufers heiliges Haupt der Rache der gottlosen Herodias geopfert worden war und ihr dasselbe in einer Schüssel liegend vorgezeigt wurde, durchstach sie mit einer goldenen Haarnadel in unersättlichem Hasse und teuflischer Mordlust die Zunge, welche ehedem ihre Schandtaten so freimütig gerügt hatte. Aber es geschah, daß aus dem roten Gliede Blut spritzte, das, zur Erde fallend, eine Blume hervorrief, welche seitdem zur ewigen Erinnerung an diese Greueltat wächst." So erzählt die alte Legende. Und vergangene Zeiten werden lebendig. Ich spüre den Pulsschlag von Menschen, die dachten, die bangten, die litten, die liebten. Die Brücken suchten. Die Brücken bauten von der Welt, in der sie lebten, zum Sinn der Schöpfung. Zum Sinn des Lebens, des Leides, der Liebe. Hinweg über den Unsinn des Hasses, den Unsinn der Sinnlosigkeit.

Darum noch einmal die Frage: Wozu die vielen Volksnamen? Alles, was ich diesbezüglich finden konnte, habe ich gesammelt und aufgeschrieben. Es gibt sicher noch einiges mehr. Die Volksnamen sind ein Juwel ersten Ranges, sind echtes Volksgut. Sie sind ein goldener Schlüssel zum Verstehen der Menschen, die vor uns lebten. Wenn man hören mag, sprechen Jahrhunderte. Eine Sprache des Herzens. Das sind die Volksnamen.

Heilkräuter nützen

Fliegenmaden und Pflanzenheilkraft

Der Beinwell wurde schon vor urdenklichen Zeiten bei Erkrankungen der Gebeine, der Knochen, benutzt. Die moderne Wissenschaft hat diese Heilkraft bestätigt. Ein schlichtes Tier, eine Fliegenmade, stand dabei Pate. Um das Jahr 1950 machte ein Arzt Versuche und stellte sich die Frage: Welcher Stoff im Beinwell bewirkt die Heilung? Neben Gerbstoffen, Spuren von Alkaloiden und Schleim fand er einen besonderen Stoff, das Allantoin. Es ist dies derselbe Stoff, den Fliegenmaden absondern, wenn sie auf eine eitrige Wunde angesetzt werden und somit die Reinigung der Wunde viel schneller herbeiführen als der Einsatz anderer medizinischer Mittel. Fliegenmaden scheiden nämlich Allantoin aus. Allantoin löst die Wundsekrete auf, bringt sie in Fluß und leitet so die Heilung ein. Fliegenmaden als „Wundenheiler" einzusetzen, ist nicht sehr ästhetisch, nicht jedermanns Sache. Die Natur aber hat dem Menschen schon längst das gleichwertige „Wundheilmittel" geschenkt, in der Gestalt einer Pflanze. Ein anderer Wissenschaftler sagt: „Wieder einmal hat die exakte Forschung zeigen können, daß eine altgerühmte, aber in Vergessenheit geratene heimische Pflanze ganz besondere Vorzüge besitzt."

Und auch dieses Buch will hinweisen auf die wertvollen Dienste von Heilpflanzen, die entweder in Vergessenheit geraten sind oder zuwenig benützt werden. Beide verdienen es, beachtet und benützt zu werden. Sie verdienen einen Platz im Hausgarten; viele von ihnen können und sollen feldmäßig angebaut werden. Dieses Buch will ein bescheidener Leitfaden sein, Heilpflanzen richtig anwenden zu lernen.

Der „Milchdieb" als Krankentröster

So war es früher: Wenn die Sonne im Osten aufstieg, da rückten sie aus, die Bauern, mit der Sense auf dem Rücken. Das Kuhhorn hing im

Schurzbund, und drinnen steckte der Wetzstein. Sie gingen auf ihre Wiesen, zum Grasmähen.

„Beim fallenden Tau hat der Bauer mehr Schneid", so hörte ich meinen Vater sagen, als ich noch ein kleiner Bub war. Er meinte damit die Sense, die feuchtes Gras, taufeuchtes vor allem, leichter schneidet, mit weniger Kraftaufwand, als von der Sonne ausgedörrtes, steifes, hartes.

Und dann wurde die Mahd hingelegt. Wie Striche lagen sie da, die Grasschütten. Hinterdrein mußte die Magd oder die Bäuerin „Grasstreuen": das gemähte Gras gut auseinanderschütteln, damit es an der Sonne in den nächsten Tagen gut trocknen konnte und zum Heu wurde. So war es damals, als ich noch ein Bub war.

So ist es heute: Der Bauer fährt mit dem Traktor auf die Wiese und läßt den Mähbalken hinunter. In einem einzigen Arbeitsgang wird gemäht und zum Trocknen ausgebreitet. Wo früher die Sense tagelang mit starker, schwieliger Hand geführt werden mußte, vollbringt die Maschine die gleiche Arbeit in wenigen Stunden. Aber so oder so, der Effekt ist der gleiche. Die blühende Wiese muß sterben. Gräser und Kräuter werden abgemäht, werden zu Heu, zu Futter für die Tiere.

Aber die Wiese lebt weiter. Die Kraft, die im Boden steckt, bringt neues Wachstum hervor. Die Wiese lebt weiter.

Erst nach der ersten Mahd kommt in den Wiesen der Gemeine Augentrost hervor. Mit seinen kleinen, hellviolett gestreiften, im Schlund gelbpunktierten Rachenblüten steht er da wie einer, der verschmitzt mit den Augen zwinkert, einer, der Bescheid weiß. Schon vor langer Zeit suchte man in den Pflanzen das „Signum", das Zeichen, das der Schöpfer ihnen mitgegeben hatte, um dem Menschen zu zeigen, gegen welches Weh ihre Heilkraft dienen sollte. Man meinte damals, aus der Form oder Farbe der Pflanze die Verwendungsmöglichkeiten ableiten zu können. So gebrauchte man Jahrhunderte hindurch den Augentrost zur Linderung von Augenentzündungen. Seine rundlichen, scharf gezähnten Blätter bedeckten früher oft ganze Gebiete und verdrängten die saftigen Gräser und Kräuter, die schmackhafte Weide fürs Vieh. Die Bauern hatten ihn nicht gerne in ihren Wiesen und nannten ihn „Milchdieb". Heute ist der Augentrost eher selten geworden und gehört jener Gruppe von Heilkräutern an, die zwar gerne und mit Erfolg in der Volksmedizin verwendet werden, aber in ihrer Existenz bedroht sind. Eine bäuerliche Wetterregel meint: „Blüht Augentrost recht reich, kommt ein strenger Winter gleich." Ob das stimmt? Eines aber stimmt sicher, daß der „Milchdieb" bei vielen Augenkrankheiten auch heute noch eingesetzt wird. So wird der „Milchdieb" zum Krankentrost. Zum Augentrost!

Von allen Heilpflanzen lassen sich Kräutertees herstellen. Oft werden nur einzelne Teile einer Pflanze verwendet. Bei manchen Pflanzen kann man mehrere Teile der Pflanze nützen, gleichzeitig oder getrennt. Ja, manchmal haben die einzelnen Teile der gleichen Pflanze verschiedene Wirkungen und Anwendungsmöglichkeiten. Dabei muß man sich genau nach den Vorschriften richten. Experimentieren kann unangenehme Folgen nach sich ziehen. Und da es dabei um die eigene oder um die Gesundheit anderer Menschen, z. B. Familienangehöriger, geht, darf man sich auf keine Versuche einlassen. Erfahrungen kann und soll man sammeln, aber nach der Anleitung von Fachleuten. Sollte dieses Buch für Sie noch Fragen offenlassen, schreiben Sie mir, oder fragen Sie beim Ankauf von Heilkräutern Fachleute wie Apotheker, Drogisten und Betreuer von Reformhäusern. Vergessen Sie aber nicht, daß Sie keiner so gut kennt und so gut Bescheid über Sie, Ihre Gesundheit und Ihre Krankheit weiß wie Ihr Hausarzt. Wenn Sie mehrere verschiedene Heilkräuter für einen einzigen Tee verwenden, dann sollte es nur nach einem erprobten Rezept geschehen. Man nennt dies Kräutermischungen. Jeder einzelne Bestandteil ist in einem bestimmten Mischverhältnis darin vertreten. Die Angabe erfolgt entweder in Gramm oder in Teilen. Sind Teile angegeben, dann müssen Sie sich die Frage stellen: Wieviel brauche ich für eine Kur? Will ich oder soll ich nach kurzer Unterbrechung die Kur wiederholen? Wie viele Tassen soll ich pro Tag trinken? Und: Wieviel brauche ich für eine einzige Tasse? Als Richtlinie kann ich ganz allgemein sagen, daß Sie für eine drei Wochen dauernde Kur, mit drei Tassen pro Tag, 100 Gramm Mischung brauchen.

Heilkräuter schützen

Wanderlied einer Einsamen

Unlängst erreichte mich ein Brief von der Witwe eines Akademikers. Was die Frau schreibt, ist die Seele, der Geist, den ich dem Buch mitgeben wollte. Ob es mir gelungen ist? Kräuterbücher! Heilkräuterbücher! Genug auf dem Büchermarkt, um Verwirrung zu stiften. Einige sehr solide geschrieben. Wenige, in denen die Seele einbezogen ist, um die Heilwirkung der Kräuter auf den Körper zu unterstützen. Die Heilung muß auch von innen heraus geschehen.

Die Frau schreibt:

„Von Kindheit an habe ich Tiere, Blumen, Sträucher und Bäume am meisten geliebt. Sie waren für mich ein Gottesbeweis. Danke, lieber Gott, für die Schönheit dieser Blume, für die Pracht dieses alten Baumes und für die Farben und Blüten der Sträucher. Das ist mein Wanderlied.

Es bringt mir viel Leid, daß heute so vieles sinnlos vernichtet wird. Noch Jahre später erinnere ich mich schmerzlichst an die wehrlosen Opfer. Mit Theodora, meiner zehnjährigen Enkelin, besuche ich laufend viele ,grüne Freunde'. Wir beobachten ihr Wachsen, ihr Blühen und freuen uns auf neue, junge Pflanzen, wenn der Samen gut ausreifen konnte. Nur zu oft aber gibt es Tränen, weil die Blume abgerissen, weggeworfen oder ausgegraben wurde.

Ein mir bekannter 84jähriger Mann besuchte z. B. täglich auf dem Kreuzberg eine Kuhschelle, die schon im späten Winter blühte. Er hatte jedesmal über eine Stunde Fußmarsch zurückzulegen. Er war völlig fassungslos, als er sie eines Tages dann abgerissen und weggeworfen fand.

Mein Sohn ist alkoholkrank. Er wurde von allen aufgegeben; verloren. Ich habe immer versucht, ihm zu helfen und das Ärgste zu verhindern. Es ist nicht besser geworden. Eine Folge von Demütigungen und Quälereien. Sie ließen mich fast verzweifeln. Wie kann ich ein Problem lösen, das unlösbar ist?

Ellen, die 32jährige Tochter meiner Freundin, hat ihr von Alkohol und Drogen zerstörtes Leben in der Donau beendet. Vorher noch schrieb sie an ihre Mutter: ,Gott gebe mir die Gelassenheit, Dinge hinzunehmen, die ich nicht ändern kann; den Mut, Dinge zu ändern, die ich ändern kann, und die Weisheit, das eine vom anderen zu unterscheiden.'

Die Weisheit konnte aber auch ich nicht finden. Und dann war es vor allem Regal, mein Collie-Rüde, und die ersten Schneeglöckchen in meinem Garten, die mich vor der letzten Verzweiflung bewahrten. Regal wich nicht mehr von meiner Seite und sprang sofort zu, wenn er mich bedroht glaubte.

Jetzt höre ich die Stimme des Schöpfers wieder, der durch den Gesang der Vögel, die Liebe und Treue meines Hundes und durch all die Anzeichen im neuen Frühling zu mir spricht.

Bitte, Herr Pfarrer, ich weiß, Sie haben keine Freizeit! Ich erwarte keine Antwort. Aber bitte, schließen Sie mich in Ihr Gebet ein. Gott möge mir neue Kraft geben, durchzuhalten.

Ihre D. G."

Und ich fand Zeit, der Frau noch in der gleichen Nacht zu antworten.

Paragraphen oder Gewissen?

Wozu Naturschutzgesetze? Gesetze auf dem Papier oder im Herzen? Seltene, wertvolle Pflanzen müssen erhalten bleiben, dürfen nicht ausgerottet werden. Diese Gesetze sollten in des Menschen Herz geschrieben sein. Sie sind jene Gesetze, die am wirkungsvollsten sind, wenn sie beachtet werden. Leider aber sind sie in vielen von uns heute verschüttet. Diese ungeschriebenen Gesetze im Menschen sind aber dennoch Wirklichkeit. Ihre Einhaltung würde uns helfen, das Gleichgewicht der Welt zu bewahren.

Und da sind noch die geschriebenen Gesetze. In unserem Fall Naturschutzgesetze, ein Konglomerat von Paragraphen und Artikeln. Gut, daß es sie gibt. Sie müssen da sein, müssen beachtet werden. Das „Zuwiderhandeln" wird gesetzlich verfolgt. „Weil Strafe droht": Das ist die äußere Macht, die die innere Armut des einzelnen Menschen bezwingen soll.

Wenn ich also in diesem Buch auch auf gesetzliche Bestimmungen hinweise, so soll dies eine Hilfe für den Leser sein, die Pflanzen zu schützen. Und nicht nur, weil das Pflücken oder Ausgraben in einzelnen Fällen „verboten" ist, sondern weil es jedem Menschen ein Anliegen sein sollte, die Heilkräuter im eigenen Interesse zu schützen, aus eigenem Antrieb.

Vandalentum moderner Nomaden

Karl Korab ist nicht nur ein bedeutender Maler der Gegenwart, sondern auch ein feinfühliger Hörer der inneren Stimme, mit dem Werden und Gedeihen in der Natur engstens verbunden.

Er kommt gerne zu mir in meinen alten Pfarrhof. Ich freue mich jedesmal über seinen Besuch. Noch mehr über das Gespräch, das – wie könnte es anders sein – nicht an der Oberfläche bleibt, sondern in die Tiefe geht. Was er mir erzählt hat, gebe ich hier wieder.

Karl Korab stand eines Tages am Manhartsberg vor der Knospe eines Frauenschuhs. Er freute sich darüber. Er wollte dabeisein, bei ihrer Entwicklung, bei ihrem Erblühen. Und so ging er öfter in den Wald hinaus. Beglückt verfolgte er das Werden der Pflanze. Eines Tages wurde er daran gehindert, die Pflanze zu besuchen. Er war nicht dabei, als draußen am Waldesrand am Manhartsberg der Frauenschuh erblühte.

Und als er später hinauskam, da war es geschehen. Schon von weitem schreckte ihn das laute Getue von Menschen, die zwar die Einsamkeit der Natur brauchen, dort aber nicht still sein können. Sie lagen im Schatten einer Eiche. In der prallen Sonne schmorte ihr Auto. Und auf der Kühlerhaube lag der Frauenschuh. Abgerissen. Hingeworfen. Die Schönheit war vergilbt.

Innerlich tief verletzt, erlebte Karl Korab das Vandalentum moderner Nomaden. Er sagte kein Wort. „Die Freundin am Manhartsberg" hatte ihre Pracht vergeuden müssen, war das Opfer menschlicher Sinnlosigkeit geworden.

Pflanzen schützen muß gelernt werden, muß aus dem Innersten kommen. Dann können die Pflanzen weiterleben, werden nicht aussterben.

Viele nennen es Vorwort

Der Sekundenzeiger eilt. Der Minutenzeiger läuft. Und der Stundenzeiger hinkt hinterdrein. Aber auch er erreicht sein Ziel: die volle Stunde. Dann hinkt er weiter . . .

Und die Gruppe steht noch immer da in meinem Garten. Die Leute nennen ihn Pfarrgarten, weil er zum Areal des Pfarrhofs gehört. Sie sagen auch, er sei schön und gepflegt. Ich halte von dieser Aussage nicht viel. Für mich ist er ein Naturgarten, und ich habe meine Freude daran. Die Sommergäste der Umgebung kommen gerne, manche sogar von weit her. Sie alle muß ich führen, auch heute die beachtliche Gruppe von vierzehn Männern und Frauen: ein Apotheker, ein Botaniker aus der Großstadt, eine Gräfin aus Bayern, ein Grundbesitzer aus dem Marchfeld, ein Schlossermeister, Hausfrauen, Lehrer und Lehrerinnen, eine Ärztin und eine Diplomschwester. Sie alle stehen nun im Pfarrgarten zu Harth im Kreis um mich, den Kräuterpfarrer, herum.

„Das Gänseblümchen war eine alte germanische Heilpflanze. In der nordischen Mythologie der Göttin Ostera, der Göttin des Frühlings, geweiht, wurde ihm die Heilkraft gegen alle Erkrankungen des zu Ende gehenden Winters zugeschrieben. Anders ist die Deutung in der christlichen Legende: Da soll es aus den Tränen Mariens gesprossen sein, die sie auf der Flucht nach Ägypten vergossen hat. Im Jahre 1793 drohte dem Gänseblümchen die behördliche Ausrottung, weil es angeblich von Bauernmägden zur Abtreibung verwendet worden war. Doch diese amtliche Verordnung blieb offensichtlich in der Schublade liegen, denn heute finden wir *Bellis perennis*, das Gänseblümchen, in jedem Garten. Die jungen Blätter der Grundrosette und die noch harten, grünen Blütenknospen kann man fast das ganze Jahr hindurch sammeln. Der Geschmack ist angenehm-nußartig. Die gehackten jungen Blätter, mit Schnittlauch oder Bärlauch, Zwiebel, etwas Quendel oder anderen Würzkräutern auf dem Butterbrot oder zusammen mit Feldsalat, Bibernelle und Sauerampfer zum Salat gemischt, geben eine gesunde Abwechslung in der Küche. Schon im Mittelalter benützte man Gänseblümchensalat zur Stuhlregulierung. Auch für die Leber soll er gut sein. Wenn man im Frühling einige Wochen hindurch täglich das kleingehackte Kraut unter Salate und Topfen gemischt ißt, macht man die beste und billigste Blutreinigungskur. Der frische Saft des blühenden Krautes, mit Honig gesüßt, ist ein beliebtes Hausmittel bei Erkrankungen der Atemwege. ‚Wer getrocknete Gänseblümchen bei sich trägt, die am Johannistag mittags zwischen 12 und 13 Uhr gepflückt wurden, dem geht keine wichtige Arbeit schief', so steht es in einem alten Zauber- und Sympathiemittel-Büchlein."

75 Minuten lang haben die drei Zeiger meiner Armbanduhr Nachlaufen gespielt. Keiner hat den anderen eingeholt. Und die Gruppe meiner Gäste steht noch immer bei mir. Manches habe ich ihnen in dieser Zeit über die Heilkräuter in meinem Garten erzählt. Als bunte Palette stehen sie da, eng zusammengedrängt, friedfertig, in echter Lebensgemeinschaft: Löwenzahn, Gundelrebe, Ehrenpreis, Schafgarbe, Wohlriechendes Veilchen, Frauenmantel. Hineingesät zwischen Gräser verschiedenster Art.

„Wie arm ist doch ein englischer Rasen", sagt spontan die Diplomschwester aus Köln. Sie hat mir den Satz aus dem Mund genommen, und so kann ich fortsetzen: „. . . und so arm ist der Mensch, der die Natur in ihrer friedlichen Gemeinschaft stört und alles ausrottet, was er ‚Unkraut' nennt."

Steril wie der englische Rasen im Vorgarten einer Herrenvilla scheint mir auch der Mensch zu sein, der nicht nach unten und um sich blickt und nicht bemerkt, was da alles wächst und blüht und reift; der die Kräfte übersieht, die der Schöpfer ihm in den Heilpflanzen auf Schritt und Tritt geschenkt hat – zur Gesundung seines Leibes und zur Freude seines Geistes.

Deswegen habe ich dieses Buch geschrieben: damit wir die Heilpflanzen nicht nur kennenlernen, sondern sie auch bewußt vermehren. Wir wollen sie anbauen, sammeln, nützen, schützen. Gesunden Menschenverstand, Liebe zur Natur und ein bißchen Interesse an dem, was um uns herum wächst, und das Verlangen, Heilkräuter zu hegen und zu nützen – das ist alles, was Sie brauchen, damit Ihnen dieses Buch wertvoll wird.

Harth, zu Maria Lichtmeß 1981   Hermann-Josef Weidinger

HEILKRÄUTER
ANBAUEN – SAMMELN – NÜTZEN – SCHÜTZEN

Alant, Echter
Inula helenium
Korbblütler
ausdauernd

Volkstümliche Bezeichnungen

Alantwurz, Aletwürze, Alttee, Altwurz, Brustalant, Darmwurz, Edelherzwurz, Edelwurz, Galantwurzel, Glockenwurz, Gottesauge, Großer Heinrich, Heilwurz, Helenenkraut, Krätzenwurz, Odenkopf, Odinskopf, Olant, Oltwurz, Schlangenwurz, Ulenkwurz, Wodanshaupt.

Namenerklärung

Der Name Alant kommt aus Spanien, wo die Pflanze *Ala* genannt wird.

Kulturgeschichte

In ganz alten Schriften heißt die Pflanze *Helenae lacrymae* (= Tränen der Helena); die Sage berichtet, daß sie aus dem Boden wuchs, wo die Tränen der Helena beim Tode des Kanopos hinfielen. Die Mönche des Mittelalters bereiteten Wein aus Alant zu, den sie sogar gegen Pest und gegen Vergiftungen bzw. Schlangenbisse verwendeten. Während der Alant also früher als „Wundermittel" in hohem Ansehen stand, ist seine Bedeutung heute – zu Unrecht – stark zurückgegangen.

Herkunft

Ursprünglich in Westasien beheimatet, findet sich der Alant heute in ganz Europa bis in den hohen Norden.

Fundort

In Mitteleuropa wurde der Alant früher in Kloster- und Bauerngärten als Arznei-, Gewürz-, Färbe- und Zierpflanze kultiviert und verwilderte dann von dort aus. Alant kann daher, allerdings selten, auch an feuchten Standorten gefunden werden.

Merkmale

Der Alant ist ein großer Verwandter der Margerite mit sehr großen (6 bis 8 cm Durchmesser) leuchtend gelben *Blütenköpfen*, die einzeln oder in einer endständigen, lockeren Doldentraube stehen. Die *Blätter* können bis zu 50 cm lang werden. Sie sind länglich, ungleich gezähnt, mit auffallend filziger Unterseite. Die *Stengelblätter* sind ungestielt und umgreifen den *Stengel*, der dick, oben zottig behaart und einfach oder verzweigt ist. Der *Wurzelstock* ist stark entwickelt, lang, fauststark, auch knollig verdickt, faserig, mit oft fingerdicken, mehr oder weniger verzweigten *Wurzeln*, sitzt senkrecht im Boden und ist innen weiß und außen braun. Die Pflanze kann eine *Höhe* von 2 m erreichen. Der *Geruch* der Wurzel ist schwach veilchenartig, der *Geschmack* bitter.

Verwechslungen

Die getrocknete und zerkleinerte Wurzel des Echten Alant kann leicht mit anderen Wurzeldrogen verwechselt werden. Deshalb ist sie in dunklen, gut schließenden Glasgefäßen, gut leserlich beschriftet, aufzubewahren. *Inula helenium* = Echter Alant darf nicht mit *Helenium autumnale* = Sonnenbraut, auch aus der Familie der Korbblütler, einer robusten Staude, verwechselt werden. Diese ist eine häufige Zierpflanze, die auch als Heilpflanze verwendet wird, und hat kleinere Blütenköpfchen und kleinere, unterseits nicht filzige Blätter.

Blütezeit

Juni bis September. Hauptblütezeit Juli bis August.

Samenreife

Wenn die Früchte sich zu bräunen beginnen, das kann schon ab dem Monat Juli sein.

Erntezeit

Bei größeren Kulturen erfolgt die Ernte der Wurzeln im Herbst zur Zeit der Vegetationsruhe, also frühestens Ende September.

Ernte- und Sammelgut

Der Wurzelstock, der bis 3 kg wiegen kann, *Rhizoma Helenii, Radix Helenii* bzw. *Radix Inulae (Enulae)*, wird von den zweijährigen Pflanzen geerntet.

Ernte- und Sammelvorschriften

Die Wurzelstöcke werden entweder mit dem Spaten ausgegraben oder mit einem Rodepflug gehoben und herausgepflügt, dann von der Erde gesäubert. Nach der Entfernung der Krautreste wird der Wurzelstock gereinigt. Bei der Auswahl des Feldes zur Zeit des Anbaues sind leichtere Böden den lehmigen vorzuziehen, weil die Reinigung des Erntegutes einfacher ist und ein Waschen unter Umständen unterbleiben kann. Die sauberen Wurzeln werden dann geteilt und in starke Stücke geschnitten, um ein Trocknen zu erleichtern.

Anbau

Alant braucht einen tiefgründigen, vor allem die Feuchtigkeit haltenden Boden, der im Jahr vorher mit Stallmist gedüngt wurde. Stauende Nässe muß vermieden werden. Eine sonnige Lage ist günstig für die Wurzelbildung, der Alant gedeiht aber auch im Halbschatten, sogar in rauhen Lagen. Die Vermehrung kann sowohl durch Aussaat als auch durch Stockteilung geschehen. Ausgesät wird im Spätherbst oder im Frühjahr in ein Freilandsaatbeet oder unmittelbar ins Freiland. Der Samen darf nur leicht mit Erde bedeckt werden. Bei der Aussaat im Spätherbst erfolgt das Auflaufen der Saat erst im kommenden Frühjahr; bei der Frühjahrsaussaat keimt der Samen innerhalb von 4 Wochen. Bei Stockteilung müssen die Nebentriebe des Wurzelstockes im Spätherbst geschnitten werden. Auspflanzung im Abstand von 50 mal 60 cm. Ein- bis zweimaliges Durchhakken ist notwendig. Dies darf aber nicht zu spät geschehen, denn die Pflanzen wachsen sehr rasch und stehen bald so dicht, daß man nicht mehr arbeiten kann; sie lassen aber auch kein Unkraut mehr aufkommen. Legt man Wert auf eine erstklassige Wurzelbildung, dann müssen die Blütenstengel rechtzeitig ausgepflückt werden.

Saatgut

Die selbstgeernteten reifen Blütenköpfe müssen zur Nachreife und Trocknung flach ausgebreitet werden. Die Samen können dann durch Klopfen und leichtes Reiben vom Blütenboden getrennt werden. Die Früchte sind klein, kantig, kurz stäbchenförmig, schwach gekrümmt, oft taub und von brauner Farbe. Ihre Größe schwankt zwischen 2,7 und 5 mm Länge und 0,5 bis 1 mm Durchmesser. Das Tausend-Korn-Gewicht beträgt 1,6 g.

Erträge

Von 1 ha erhält man 12 bis 24 t frische Wurzeln, das sind 4 bis 7 t Wurzeldroge. Der Saatgutertrag schwankt zwischen 100 und 150 kg. Die Pflanzung bei feldmäßigem Anbau länger als 2 Jahre zu belassen, ist nicht rentabel. Sollte aus irgendeinem Grund, eventuell wegen zu frühem Wintereinbruch, die Wurzelernte im Herbst nicht mehr durchgeführt werden können, dann sollte auf alle Fälle im darauffolgenden Frühjahr geerntet werden.

Für den Hausbedarf

Der Alant sollte in keinem Hausgarten fehlen, wobei ein mit Kompost vermischter Lehmboden am geeignetsten ist.

Krankheiten und Schädlinge

Die Alantblätter können manchmal von der Kräuselkrankheit befallen werden, ringeln sich dann ein und werden vom äußeren Rand nach innen schwarz. Ferner kann man bisweilen eine Viren-Mosaik-Erkrankung feststellen. An den Blättern entstehen scharfbegrenzte Flecken, und dadurch bleiben die befallenen Pflanzen in der Entwicklung zurück. Erhebliche Fraßschäden an den Beständen können auch die Raupen eines Wicklers verursachen. Auch Blattlausbefall ist nicht selten.

Wirkstoffe

Der Wurzelstock enthält ein stark duftendes ätherisches Öl, das auch „Kampferöl" genannt wird, sowie Inulin, einen Stoff, der bei den Korbblütlern die gleiche Funktion als Reservestoff-Kohlehydrat hat wie Stärke bei anderen Pflanzenfamilien, aber nicht aus Traubenzucker aufgebaut ist und daher von Diabetikern gut vertragen wird. Der höchste Inulingehalt mit zirka 40 bis 45% ist in den Herbstmonaten zu verzeichnen. Daneben enthält die Wurzel auch noch geringe Mengen von harzigen Stoffen, ferner Azulen, Pektin und Bitterstoffe.

Heilwirkung

Der Alant ist ein bewährtes Hustenmittel und findet in vielen fertigen Hustensäften, Hustenpastillen und Hustenpillen Verwendung. Die Blätter wirken schleimlösend und auswurffördernd. Die in der Wurzel enthaltenen Bitterstoffe sind verdauungsfördernd, nierenanregend und stärken die Abwehrkräfte des Körpers. Die Alantdroge muß richtig dosiert werden, denn zu große Gaben können Erbrechen verursachen! Alant ist auch leicht wurmtreibend. Die „Alantstärke", das Inulin, schmeckt süßlich und kann als Zuckerersatz bei Diabetes verwendet werden. Es ist in manchen Diabetikernährmitteln enthalten. Achtung: „Inulin" darf nicht mit „Insulin" verwechselt werden (Insulin = Pankreashormon zur Behandlung des Diabetes).

In der Heilkunde

Chronische Hustenzustände mit Beeinträchtigung des Allgemeinbefindens, Bronchialkatarrhe, darunter auch der chronische Husten älterer Menschen, können mit Alant behandelt werden. Weiters ist Alant ein gutes Mittel gegen Appetitlosigkeit, bei Magenschwäche und gegen Sodbrennen.

Als Hausmittel

Ein leichter Absud der zerkleinerten Wurzel wird zu Waschungen bei Hauterkrankungen, Hautunreinheiten und zu Umschlägen bei Hautjucken verwendet. Der Alanttee (5 bis 8 g auf ¼ l Wasser, eßlöffelweise genommen) regt den Stoffwechsel an, hilft gegen Magenschwäche, Darmverschleimung, Darmentzündung, Durchfall sowie bei Erkrankungen des Atmungsapparates. Darüber hinaus hat der Alant auch eine blutreinigende und blutbildende Wirkung.

In der Tiermedizin

Bei kranken Haustieren wird Alanttee oder eine aus Alant hergestellte Salbe zur Behandlung von Wunden und Verletzungen sowie Hauterkrankungen erfolgreich angewandt. Rinder und Pferde, die ab und zu Alanttee zu trinken bekommen, sind widerstandsfähiger gegen fiebrige Erkrankungen. Alantpulver, das man dem Futter beimischt, wird bei Appetitmangel verwendet, und zwar 30 bis 40 g bei Pferden, 35 bis 80 g bei Rindern. Man kann aber auch die kleingeschnittene Wurzel ins Futter mischen.

In der Homöopathie

Die homöopathische Essenz kommt bei Reizhusten und schmerzhaften Menstruationsbeschwerden zur Anwendung und bringt Erleichterung.

In der Küche

Die frische Alantwurzel kann als Gemüse für Zuckerkranke verwendet werden. Das Kauen der frischen, gut gereinigten Wurzel vor den Hauptmahlzeiten wird zur Appetitanregung empfohlen.

Für die Körperpflege

Erkrankte, unreine Hautstellen können mit Alantsalbe behandelt werden. Dazu wird die gut gereinigte und feingeschnittene Wurzel mit etwas Wasser und unter ständigem Umrühren zu Brei gekocht. Dann wird Schweineschmalz beigefügt und gut verrührt. Die noch warme Mischung durch ein Tuch seihen, in Tiegel füllen und kühl aufbewahren.

Auszüge

Alanttinktur wird immer vor den Mahlzeiten eingenommen, und zwar gegen Magenschwäche, Appetitlosigkeit und Verschleimung der Atmungsorgane. Diese Tinktur wird folgendermaßen zubereitet: 50 g Alantwurzeln (fein geschnitten), 20 g Wermut, 30 g Tausendguldenkraut und 50 g süße Orangenschalen werden in 1½ l 75%igem Branntwein durch 10 bis 12 Tage bei guter Zimmerwärme angesetzt, schließlich abgeseiht und auf 42% verdünnt. Der Rückstand wird ausgepreßt. 3mal täglich werden 15 bis 20 Tropfen eingenommen. Ein kleines Likörglas *Alantwein*, vor den Hauptmahlzeiten eingenommen, hilft bei Appetitlosigkeit, Magenschwäche und allgemeiner Körperschwäche nach Operation oder längerer Krankheit. 40 g Alantwurzeln werden gewaschen, in Scheiben geschnitten, mit 50 g 80%igem Weingeist übergossen und 24 Stunden stehengelassen. Anschließend mit 1 l Weißwein an der Sonne oder in Herdnähe 3 bis 4 Tage lang ansetzen, dann auspressen und durch ein Leinentuch abseihen.

In der pharmazeutischen Industrie

Das in der Alantwurzel enthaltene Inulin wird als *Inula helenium* als Zuckerersatz in der diätetischen Behandlung der Zuckerkrankheit verwendet. *Extractum Helenii* wird als Pillenmasse für Hustenpillen geschätzt. *Fertigpräparate:* Asthma-Tee Hevert, Eupatal, Lophyptan, Klosterfrau Melissengeist.

Aus meiner Erfahrung

Im Mai, Juni oder Juli gepflückte frische Alantblätter wirken heilend, wenn man sie auf Wunden oder nässende Flechten auflegt.

Nicht übersehen

Alanttee, über einen längeren Zeitraum getrunken, behebt Nierenträgheit.

Naturschutz und gesetzliche Bestimmungen

Der aus den Hausgärten ausgewanderte Alant ist verwildert eine Seltenheit. Da die Sammelleidenschaft besonders auf seltene Objekte gerichtet ist, sind solche zufällig gefundenen Stücke besonders gefährdet. Stehenlassen, muß hier die Parole lauten. Er darf nicht sterben. Auch andere sollen sich daran freuen können!

Aus meiner Kräuterapotheke

Bei Husten, Bronchialkatarrh und Lungenerkrankungen: Alantwurzel 3 Teile, Thymian 2 Teile, Lungenkraut 1 Teil. So wird der Tee zubereitet: 2 Teelöffel der Drogenmischung werden mit ¼ l kaltem Wasser 2 Stunden lang angesetzt und kurz aufgekocht. Nach dem Abseihen trinkt man von diesem Tee täglich 2 bis 3 Tassen.

ECHTER ALANT
Inula helenium

ARNIKA
Arnica montana

BALDRIAN
Valeriana officinalis

BASILIENKRAUT – BASILIKUM
Ocimum basilicum

BEINWELL – BEINWURZ
Symphytum officinale

Arnika
Arnica montana
Korbblütler
ausdauernd

Volkstümliche Bezeichnungen

Allerleikraut, Altvatermark, Berghopfen, Bergverleih, Bergwohlverleih, Bergwurz, Bluttrieb, Donnerblume, Engelkraut, Fallkraut, Feuerblume, Gamsbleaml, Gamswurz, Gelbstern, Hannasblume, Hansblumen, Hundstod, Johannisblume, Kathreinwurz, Konnesblume, Kraftrose, Kraftwurz, Laugenkraut, Leopardwürger, Lungenwurz, Magdalenenkraut, Marienkraut, Mitterwurz, Mönchskraut, Mutterwurz, Ochsenauge, Ochsenblume, Ochsenwurz, Römische Gemswurz, Sankt Luciuskraut, Schnupftabakblume, Sonnenwirbel, Sternblume, Stickkraut, Verfangkraut, Wilder Wegerich, Wolf, Wolferlei, Wolfsblume, Wohlverleih, Wundkraut.

Namenerklärung

Der Name Arnika ist erst im Mittelalter aufgekommen; das lateinische Wort *montana* bedeutet „bergbewohnend".

Kulturgeschichte

Die Pharmakopöen erwähnen die Pflanze erstmals um 1600, und die Ärzte verordneten die Arnika bei fieberhaften Erkrankungen, bei Blutungen, Epilepsie, Lähmungen und Gicht. Auch als Aphrodisiakum fand sie Verwendung. Einen Arnika-Auszug in Bier nahmen jene ein, die sich verhoben oder gestoßen hatten. Neuere Forschungen haben ergeben, daß schon die Römer um die Heilkraft der Arnika wußten.

Herkunft

Als Heimat der Arnika gilt das Bergland Süd- und Mitteleuropas, wo sie auf Grasland bis in eine Höhe von 2 500 m wächst, auch auf moorigen Wiesen Nordwestdeutschlands.

Fundort

Nur auf kalkarmen, sauren Böden, in magerem Grasland (Wiesen und Weiden) und auf Heiden; die Arnika ist düngerfeindlich und daher ein Magerkeitszeiger; sie ist vor allem im Bergland ab zirka 500 m bis über 2 000 m heimisch. Auch auf nicht zu nassen Torfböden (entwässerte Hochmoore, Flachmoore) bis in die Ebene kann man sie finden; sie ist widerstandsfähig gegen Kälte und braucht intensives Licht.

Merkmale

Die grundständige *Blattrosette* besteht aus 2 oder 3 Blattpaaren. Der flaumig behaarte *Stengel* trägt normalerweise 1 oder 2 Paar kleiner gegenständiger, sitzender, längsgeäderter, ganzrändiger *Blätter* und ein (oder auch mehrere) Blütenköpfchen mit einem Durchmesser von 6 bis 8 cm. Die *Blüten* sind orangegelb, außen zungenförmig, innen röhrenförmig. Der knapp unter der Oberfläche kriechende *Wurzelstock* ist außen braun, innen weiß und treibt dickliche Wurzelfasern in die Tiefe. Die Pflanze erreicht eine *Höhe* von 20 bis 50 cm, ihr *Geruch* ist aromatisch und der *Geschmack* schwach bitter.

Verwechslungen

Sehr leicht mit vielen anderen gelbblühenden Korbblütlern möglich, z. B. mit Ochsenauge, Gemswurz-Arten, Wiesenbocksbart und Alant-Arten. Die Arnika soll aber ohnehin nicht wild gesammelt werden, da sie unter strengem Naturschutz steht.

Blütezeit

Je nach Standort von Juni bis August.

Samenreife

Ende Juli, Anfang August.

Erntezeit

Die Blüten erntet man im 2. Jahr, die Wurzel ab dem 3. Jahr. Die Blätter und Blüten sind während der Blütezeit, die Wurzelstöcke ab September zu ernten.

Erntegut

Vor allem werden die Blütenköpfchen (*Flores Arnicae*) gesammelt, gelegentlich auch der

Wurzelstock *(Rhizoma Arnicae)*, selten das ganze Kraut *(Herba Arnicae)*.

Erntevorschriften

Die Blütenköpfe werden vom Stengel abgezupft und die Blätter seitlich abgebrochen. Erst nach dem Trocknen werden die Zungenblüten aus den Blütenkörbchen herausgezupft. Im Handel sind aber auch ganze Blütenköpfe *(Flores Arnicae cum calycibus)* erhältlich, jedoch ist die Droge ohne Kelch wertvoller. Die Wurzelstöcke werden gelockert, aus der Erde gezogen und dann gründlich gereinigt. Die Trocknung kann auf zweierlei Art erfolgen: Blätter und Blüten im Schatten, die Wurzel in der Sonne. Künstlich trocknet man die Wurzel bei Temperaturen bis zu 70 °C, die Blüten am besten bei 40 bis 50 °C. Während der Lagerung muß die getrocknete Droge immer wieder kontrolliert werden, da sie dazu neigt, Feuchtigkeit anzuziehen.

Anbau

Die Pflanze benötigt zu ihrem guten Gedeihen feuchten, torfhaltigen Boden in höheren und sonnigen Lagen. Kalkhaltigen Untergrund verträgt Arnika nicht. Die Vermehrung erfolgt durch Aussaat der frischen Samen, gemischt mit Grassamen, im Verhältnis 1:3 gegen Ende des Sommers. Das ist die Einstreukultur. Eine neuere Methode ist der Anbau in Reinkultur, am besten in frisch umgeackertes Grünland (Wiesen und Weiden), aber auch nach Grassamenanbau kann Arnika kultiviert werden. Die Aussaat erfolgt gleich nach der Saatguternte ins Freiland, Keimung nach 2 bis 3 Wochen. Im kleinen Stil sät man im kalten Kasten aus, und zwar in Laub- und Rasenerde, vermischt mit etwas Sand. Den Rest des Jahres bleiben die Keimlinge sehr klein und überwintern auch ohne Deckung sehr gut. Im folgenden Jahr wachsen sie bei guter Feuchthaltung und Pflege kräftig heran. Im Herbst des nächsten Jahres können sie aus dem Kasten in normale Gartenerde verpflanzt werden. Unkrautfrei halten! Im 3. Jahr erreichen die Pflanzen eine stattliche Höhe und blühen, feucht gehalten, sehr reich. Die Vermehrung durch Teilung der Wurzelstöcke älterer Pflanzen muß bis Ende Mai abgeschlossen sein. Öfteres Hacken des Bodens und ausreichende Bewässerung der geteilten Pflanzen bringen Erfolg. Es ist zu beachten, daß Arnika keinerlei Düngung verträgt, vor allem sind die im Handel erhältlichen Düngemittel äußerst schädlich.

Saatgut

Das durchschnittliche Tausend-Korn-Gewicht beträgt 1,43 g. Bei zu feuchter Lagerung verliert das Arnikasaatgut rasch seine Keimfähigkeit; bei trockener Lagerung bleibt die Keimfähigkeit 1 Jahr lang erhalten. Im Fachsamenhandel findet man gelegentlich Arnikasaatgut.

Erträge

Von der Wurzeldroge *Radix Arnicae* erhält man etwa 30 bis 40 kg pro a, von den Blütenköpfen *Flores Arnicae cum calycibus* etwa 5 bis 10 kg pro a.

Für den Hausbedarf

Die Arnika gehört in Gebieten, wo sie nicht von Natur aus vorkommt, zu den heiklen Pfleglingen im Garten. Versuchsweise kann man Arnika im Hausgarten in die Wiese einsäen; zu empfehlen ist die Herbstaussaat. Die Pflanze gedeiht in normaler, kalkfreier Gartenerde, ist aber äußerst empfindlich gegen Düngung und leidet unter trockenem, warmem Klima.

Krankheiten und Schädlinge

Die Pflanze kann von verschiedenen parasitären Pilzen befallen werden. In den Blütenköpfchen der Arnika leben wie bei vielen Korbblütlern häufig Insektenlarven. Die Laubblätter leiden oft unter Käfer- und Falterraupenfraß.

Wirkstoffe

Ätherisches Öl (mit Azulen), Bitterstoffe (Arnicin), Gerbstoffe. Arnika enthält auch Inulin und die Farbstoffe Xantophylle und Flavonoide, weiters Cholin. Diese Wirkstoffe sind vorwiegend in den Blüten und im Wurzelstock, in geringeren Mengen auch in den Blättern enthalten.

Heilwirkung

Arnika wirkt entzündungshemmend, heilungsfördernd bei Wunden, kreislaufanregend und nervenstärkend.

In der Heilkunde

Äußerlich: bei Wunden, Blutergüssen, Hauterkrankungen (Furunkulose und Phlegmonen), Verstauchungen; stark verdünnt zum Gurgeln bei Halsentzündungen. Innerlich angewendet wird die kreislauffördernde Arnika bei Angina pectoris, Erkrankungen der Herzkranzgefäße und bei Magenstörungen. Wegen allfälliger Nebenwirkungen ist jedoch auf die genaue Dosierung zu achten.

Als Hausmittel

Bei Verletzungen aller Art. Arnikatinktur verdünnt (1 Eßlöffel auf 1 Tasse Wasser) wirkt als Umschlag bei Schnitt- oder Quetschwunden blutstillend und aufsaugend. „Arnikageist" gilt als vorzügliches Einreibemittel bei rheumatischen Beschwerden, bei Gicht und Hexenschuß. Als Tee verwendet, hilft Arnika gegen Husten, Heiserkeit und zur Anregung der Nerven. Ein Aufguß der Arnikawurzel (10 g auf ¼ l Wasser) findet gegen Durchfall Verwendung.

In der Tiermedizin

Bei Freßunlust oder Neigung zu Koliken mischt man das getrocknete und zu Pulver zerstoßene Kraut dem Viehfutter bei. Gefressen wird das Arnikakraut wegen des starken Geruches nur von Ziegen. Zur Wundbehandlung eignet sich auch bei den Tieren die verdünnte Arnikatinktur bestens.

In der Homöopathie

10 bis 15 Tropfen der homöopathischen Verdünnung werden 3mal täglich bei Blutarmut, Nervosität, Rheuma usw. angewendet, wobei die Essenz sowohl aus den Wurzeln wie auch aus der frischen Pflanze hergestellt werden kann.

In der Küche

Frische Arnikablätter können in geringen Mengen zur Belebung und Förderung des Blutkreislaufes Salaten beigemischt werden.

Für die Körperpflege

Wegen seiner belebenden Wirkung findet Arnikaöl als Haaröl Verwendung. Dazu werden Arnikablüten mit Olivenöl übergossen und 10 Tage in der Wärme oder an der Sonne stehengelassen.

Auszüge

Für die *Arnikatinktur* werden frische oder auch getrocknete Blüten in 90%igem Alkohol 2 Wochen lang angesetzt.

In der pharmazeutischen Industrie

Alle Arten von Arnikadrogen werden verarbeitet. *Fertigpräparate:* Arnica-Kneipp, Arnikamill, Arnicorin, Arniflor, Blend-a-med Fluid.

Aus meiner Erfahrung

Nach Durchnässung des Körpers ist eine Arnikaeinreibung äußerst wirksam. Bei Krampfadern hilft regelmäßiges Einreiben sichtlich. Bei Magenverstimmung einige Tropfen Arnikageist mit 1 Eßlöffel Wasser einnehmen.

Nicht übersehen

Bei innerlicher Anwendung ist genauestens auf die Dosierung zu achten. In zu großen Dosen eingenommen ist Arnika giftig! Auch äußerlich angewendet, kann es zu mehr oder weniger starken Reizungen bei zu hoher Konzentration, zu langer Einwirkung oder Überempfindlichkeit kommen.

Naturschutz und gesetzliche Bestimmungen

Die Wildpflanze steht in der Bundesrepublik Deutschland, in der Schweiz und in Österreich unter strengem Naturschutz.

Aus meiner Kräuterapotheke

Zur Kräftigung des Herzens, bei Durchblutungsstörungen der Herzkranzgefäße (Koronar-Insuffizienz): Arnikablüten 3 Teile, Himbeerblätter 2 Teile, Wohlriechendes Veilchen (Blütenköpfe) 1 Teil. 2 Teelöffel der Mischung mit ¼ l kochendem Wasser überbrühen, 15 Minuten ziehen lassen und abseihen. Wichtig ist, daß man bei den obengenannten Störungen täglich 2 Tassen auf den ganzen Tag aufgeteilt trinkt, und zwar schluckweise.

Baldrian
Valeriana officinalis
Baldriangewächse
ausdauernd

Volkstümliche Bezeichnungen

Augenwurz, Balderbracken, Ballerian, Bertram, Bullerian, Danmark, Dreifuß, Hexenkraut, Jörgenskraut, Katzenbuckel, Katzenkraut, Katzenwargel, Katzenwurz, Katzenwurzel, Maria-Magdalena-Wurzel, Marienwurzel, Menten, Mondwurz, Rattenwurz, Sankt Georgskraut, Sankt Jürgenskraut, Speerkrautwurzel, Spickwurz, Stinkwurz, Tammarg, Tannemark, Theriakwurzel, Tollerjan, Viehkraut, Walderian, Waldspeik, Wendelwurzel, Wendwurzel, Wielandskraut, Wildfräuleinkraut, Wundwurz, Zahnwurzel.

Namenerklärung

Der Name Baldrian ist durch eine Lautverschiebung von v nach b aus Valeriana entstanden. Dieses Wort wurde wahrscheinlich von dem lateinischen *valeo* = ich bin wertvoll abgeleitet und erst im 10. Jahrhundert bekannt. Es ist aber auch möglich, daß der Name Baldrian auf den germanischen Gott Baldur zurückgeht.

Kulturgeschichte

Die Pflanze, deren Wurzel seit eh und je gebraucht wurde, ist in der Sage eng mit der germanischen Götterwelt verbunden. So hatte die Göttin Hertha bei ihren Ritten auf einem Hirsch immer einen Baldrianstengel bei sich. Die dänische Bezeichnung Wielandskraut weist auf den Götterschmied Wieland hin. Weit verbreitet war der Glaube, daß Baldrian Böses wenden könnte, daher betrachtete man die Pflanze als Schutz gegen Dämonen und Hexen. Baldrian war also eng mit Zauberei verbunden und fand auch als Liebesmittel Verwendung. Seine nervenberuhigende Wirkung entdeckte man erst im 17. Jahrhundert.

Herkunft

Außer im äußersten Norden und Süden kommt die Pflanze in ganz Europa vor, findet sich aber auch in Nordasien.

Fundort

Der Baldrian kommt wild in verschiedenen Unterarten vor. Am häufigsten ist er an Bachrändern, in Gräben, unter Gebüschen, auf nassen Wiesen und in lichten Wäldern anzutreffen; es gibt aber auch eine Unterart, die an felsige, trockene Hänge angepaßt ist.

Merkmale

Der kantige, hohe *Stengel* ist gefurcht, hohl und gerade und trägt eine endständige Doldenrispe. Die *Blüten* sind weiß bis dunkelrosa, fünfzählig und klein. Die gegenständig sitzenden *Laubblätter* sind mit 11 bis 21 Fiedern versehen. Der braune *Wurzelstock* ist stark verzweigt und sehr dick. Die Pflanze erreicht eine *Höhe* von 50 bis 150 cm. Der frisch geerntete Baldrian hat fast keinen *Geruch*, erst nach dem Trocknen entwickelt er den charakteristischen Baldriangeruch, für den Katzen eine besondere Vorliebe zeigen. Auch deshalb ist die Droge stets dicht verschlossen aufzubewahren. Der *Geschmack* ist leicht bitter und kampferartig, manchmal sogar scharf.

Verwechslungen

Eventuell mit dem Wasserdost, auch Kunigundenkraut genannt, möglich, der auf ähnlichen Standorten vorkommt, aber ganz anderen Blattschnitt hat.

Blütezeit

Von Anfang Juni bis Ende Juli, je nach Standort auch bis Ende August.

Samenreife

September bis Oktober.

Erntezeit

Ähnlich wie bei der Zuckerrübe zeigt sich bei Baldrian noch im Herbst eine starke Wurzelentwicklung; dennoch darf die Ernte nicht zu weit hinausgeschoben werden, weil gefrorener Boden das Roden unmöglich macht. Durch nasse Witterung werden die Erntearbeiten erschwert und dadurch die Gestehungskosten der Droge erhöht. Man kann jedoch auch im Frühjahr vor Vegetationsbeginn ernten. Untersuchungen haben ergeben, daß in den Monaten November bis Februar die Wurzeln des Baldrians ihren höchsten Wert an Wirkstoffen haben.

Ernte- und Sammelgut

Wurzelstock, *Radix Valerianae* bzw. *Rhizoma Valerianae.*

Ernte- und Sammelvorschriften

Für die Rodung verwendet man einen Pflug ohne Streichblech, also am besten einen Kartoffelrodepflug. Kartoffelschleudern haben sich nicht bewährt. Da die Wurzeln flach ausgebreitet im Boden verlaufen, sollte nicht tief gepflügt werden. Die Wurzelstöcke werden laufend aufgesammelt, gut abgeklopft, ausgeschüttelt und durch Abdrehen mit der Hand vom Kraut befreit. Die Reinigung und weitere Verarbeitung der Wurzelstöcke kann zu einem späteren Zeitpunkt vorgenommen werden; allerdings muß eine frostfreie Lagerung in Scheune, Schuppen oder Keller gewährleistet sein. Sowohl das Austreiben wie auch eine starke Erwärmung der Wurzelstökke muß vermieden werden. Die Wurzelstöcke werden mit einem Messer oder kleinem Beil geteilt und dann unter fließendem kaltem Wasser gewaschen. Die ideale Trocknungstemperatur für Baldrian ist 35 °C. Im Kleinanbau wird auf natürliche Weise getrocknet, wobei die Wurzeln auf Böden ausgebreitet oder auf Schnüre gereiht und aufgehängt werden.

Anbau

Der Baldrian bevorzugt feuchte, tiefgründige, kiesige und sandige Humus- oder Moorböden. Auf höhergelegenen trockenen Böden ist der Wurzelertrag zwar mengenmäßig geringer, jedoch wirkstoffmäßig wertvoller. Schwere, bindige Böden sind zu vermeiden, weil sich die Wurzeln nicht gut entwickeln können und ihre Reinigung bei der Ernte sehr erschwert wird. Zur Vermehrung benutzt man am besten den Samen wildwachsender Pflanzen. Im Herbst wird in Kästen gesät, und zwar in 20 cm Reihenabstand, ohne die Samen mit Erde zu bedecken; dann leicht anwalzen. Baldrian ist ein Lichtkeimer. Hinsichtlich der Vorfrucht ist der Baldrian ziemlich anspruchslos. Hohe Erträge werden erzielt, wenn Baldrian nach reichlich mit Stallmist gedüngten Kartoffeln angebaut wird. Auch Hülsenfrüchte gelten als günstige Vorfrucht. Die vegetative Vermehrung ist beim Anbau des Baldrians zur Drogengewinnung ungeeignet. In niederschlagsreichen Gegenden ist eine einjährige Kultur möglich, während in trockenen Lagen eine Kultur über 2 Jahre notwendig ist. Um eine üppige Wurzelbildung zu erreichen, müssen alle Blütentriebe ausgeschnitten werden! Da die Samen nicht gleichzeitig reif werden, sollen die Trugdolden geschnitten werden, sobald sie sich gelblich-braun zu färben beginnen. Lieber nachreifen lassen. Fallen die Samen nämlich aus, wird der Baldrian zu einem lästigen Unkraut.

Saatgut

Das Tausend-Korn-Gewicht schwankt zwischen 0,57 g und 0,62 g. Frisches Saatgut verwenden, denn nach einjähriger Lagerung wurde eine Abnahme der Keimfähigkeit von 9 bis 97% festgestellt. Die Keimprüfung ist 28 Tage lang bei Wechseltemperatur und Licht durchzuführen.

Erträge

An lufttrockener Droge kann man etwa 3 bis 6 t pro ha erwarten. Der durchschnittliche Saatgutertrag ist etwa 30 kg pro ha, aber es können auch völlige Mißernten auftreten.

Für den Hausbedarf

Bei schattigem, ziemlich feuchtem Standort, am besten unter Gehölzen in normaler, nahrhafter Gartenerde stellt der Baldrian keine besonderen Ansprüche.

Krankheiten und Schädlinge

Wie alle Pflanzen so kann auch der Baldrian von den verschiedensten Parasiten befallen werden: Echter und Falscher Mehltau; Rostpilze; Wurzelfäule; Larven von Blattwespen und Schmetterlingen; Blattläuse, Zikaden und Wanzen. Bei großflächigem erwerbsmäßigem Anbau – und erst dann kann man ja von Schädlingen sprechen – kann es dabei zu Massenauftreten kommen. Die Bekämpfung ist, wie bei allen Heilpflanzen, sehr problematisch, da man ja die Droge möglichst frei von unerwünschten Inhaltsstoffen erhalten will.

Wirkstoffe

Der Wurzelstock enthält ätherisches Öl (darin Isovaleriansäureester und viele andere Bestandteile), Alkaloide und Valeriansäure. Vor wenigen Jahren konnten weitere Inhaltsstoffe, die sogenannten Valepotriate, isoliert werden, die vor allem als beruhigend gelten. Außerdem finden sich im Baldrian auch Gerbstoff und Glykoside.

Heilwirkung

Der Baldrian ist beruhigend in jeder Hinsicht: nervenstärkend, herzberuhigend, schlaffördernd, aber auch krampflösend, schmerzlindernd, magenstärkend.

In der Heilkunde

Unentbehrlich bei allen nervösen Störungen, Magen- und Darmkrämpfen und bei Schlaflosigkeit. Baldriantee, am Abend schluckweise getrunken, garantiert ruhigen Schlaf. Auch bei jeder Art von nervösen Zuständen sind Baldriantee oder Baldriantinktur zu empfehlen. Äußerlich kann man einen Aufguß aus Baldrian für Waschungen und Umschläge bei Unterleibsbeschwerden verwenden.

Als Hausmittel

Bei Augenschwäche und müden Augen ist eine Abkochung der Baldrianwurzel in Wasser sehr zu empfehlen. Einige Tropfen der verdünnten Tinktur in die Augen geben.

In der Tiermedizin

Bei Krämpfen aller Art, Verdauungsstörungen, Kolik und Magenverstimmung gibt man den Tieren Baldriantee oder Baldrianpulver ein. Dieses Pulver wird aus der zerstoßenen Wurzel hergestellt und je nach der Größe der Haustiere dosiert (20 bis 60 g). Die Tinktur gibt man tee- bis eßlöffelweise ein.

In der Homöopathie

Die homöopathische *Tinctura Valeriana*, 3mal täglich 15 bis 20 Tropfen mit Zuckerwasser eingenommen, wird bei Nervenschwäche, Erregungszuständen, nervöser Schlaflosigkeit, hysterischen Anfällen, Kopfschmerzen, Hexenschuß, Kreuzschmerzen, nervösen Herzbeschwerden, Magenkrämpfen, Ohnmachtsanfällen und bei Störungen in den Wechseljahren mit Erfolg benützt.

In der Küche

Bis jetzt keine Verwendung bekannt.

Für die Körperpflege

Ein Baldrianbad wirkt beruhigend, entspannend und schlaffördernd. 100 g Baldrianwurzel werden mit 1 l Wasser 10 Stunden lang ausgezogen, die abgeseihte Flüssigkeit kommt ins Badewasser. Man kann aber auch 250 g Baldriantinktur nehmen. Eine Kompresse aus Baldrianabsud glättet Fältchen im Gesicht, besonders um die Augen und in den Mundwinkeln.

Auszüge

In ¾ l 75%igem Alkohol werden 25 g kleingeschnittene Baldrianwurzeln angesetzt und 14 Tage lang an die Sonne gestellt. Dann durch ein Leinentuch abseihen und den Rückstand auspressen. Die ausgepreßten Baldrianwurzeln mit ½ l destilliertem Wasser übergießen, einige Stunden stehenlassen, durchseihen und den Rückstand nochmals auspressen. Mit dieser Flüssigkeit den alkoholischen Auszug verdünnen.

In der pharmazeutischen Industrie

Aus der Baldrianwurzel wird das ätherische Öl gewonnen, das die Grundlage der Tinktur (Baldrian-Tropfen), für *Oleum Valerianae* (Baldrianöl) und andere wichtige pharmazeutische Präparate darstellt. *Fertigpräparate:* Baldrian-Dispert, Baldiparan, Hovaletten, Recvalysat, Valamane.

Aus meiner Erfahrung

Bei Kopfschmerzen wird frisches Baldriankraut samt Wurzeln zerstoßen und als Kopfumschlag aufgelegt. Wer unter Schlafstörungen leidet, ist gut beraten, wenn er vor dem Schlafengehen einen Aufguß aus Baldriankraut und Hopfenblüten (1 Teelöffel Baldrian, 2 Teelöffel Hopfenblüten mit ¼ l kochendem Wasser übergießen) trinkt.

Nicht übersehen

Als Droge wird gelegentlich auch das ganze Baldriankraut (*Herba Valerianae*) verwendet. Man sammelt für diesen Zweck die jungen, beblätterten Stengel vor der Blüte. Hohle Stengelteile werden längs gespalten.

Naturschutz und gesetzliche Bestimmungen

„Gesetzliche Bestimmungen" zum Schutz der Pflanzen wurden in dieses Buch nicht nur als eine Warnung aufgenommen, damit man der Bestrafung entgeht, damit man keine „Scherereien" hat, wie man bei uns in Österreich sagt. Nein, es geht mir dabei um den Menschen, wenn ich von Naturschutz spreche. Der Vandale zerstört nicht nur die Natur, Gottes wunderschöne Schöpfung, und hebt sie aus dem Gleichgewicht, wenn er die Pflanze zerstört, verstümmelt oder sie sogar entwendet. Nicht nur das, er zerstört auch ein Stück des kostbaren Menschseins in sich selbst. Wer die Natur verachtet, verachtet sich selbst. Und diese Achtung möchte ich schützen. Darum geht es mir. Und vielen anderen auch.

Aus meiner Kräuterapotheke

Bei nervösen Reizzuständen, Schlaflosigkeit, nervösem Herzklopfen, nervöser Unruhe, Platzangst und Menschenfurcht: Es gibt zwei Arten der Teezubereitung: 1. Baldrianwurzel 5 Teile, Melissenblätter 3 Teile, Erdbeerblätter 1 Teil. 1 Eßlöffel dieser Teemischung mit ¼ l kochendem Wasser überbrühen und 2 Stunden stehenlassen, abseihen und langsam trinken. Die erste Tasse morgens nach dem Aufstehen, die zweite Tasse eine Stunde nach dem Mittagessen und die dritte Tasse eine Stunde vor dem Schlafengehen. Der Tee sollte jedesmal frisch zubereitet werden. 2. Man nimmt nur Melissenblätter 3 Teile und Erdbeerblätter 1 Teil. 1½ Teelöffel der Mischung werden mit ¼ l kochendem Wasser übergossen, 15 Minuten ziehen lassen und abseihen. Kurz vor dem Trinken wird 1 Eßlöffel Baldriantinktur hinzugefügt. Diese Teemischung hat sich besonders bei seelischer Verkrampfung gut bewährt und überall dort, wo eine Entspannung notwendig ist.

Basilienkraut – Basilikum

Ocimum basilicum
Lippenblütler
einjährig

Volkstümliche Bezeichnungen

Balsam, Basilge, Basilien, Basilkraut, Bienenweide, Braunsilge, Hirnkraut, Hirtenbasilie, Josefskräutlein, Königsbalsam, Königskraut, Krampfkräutel, Nelkenbasilie, Pfefferkraut, Suppenbasil.

Namenerklärung

Der Name stammt aus dem Griechischen und bedeutet Königskraut.

Kulturgeschichte

Das Basilikum war schon bei den alten Kulturvölkern bekannt und wurde von ihnen vielseitig verwendet. So fanden sich in den Grabkammern der Pyramiden Kränze aus dieser königlichen Pflanze als Grabbeigaben. In der römischen Kaiserzeit galt Basilikum als ein sehr geschätztes Heilkraut. Nach Mitteleuropa wurde es erst im 12. Jahrhundert gebracht und als Heil-, Gewürz- und Zierpflanze bald verbreitet.

Herkunft

Das Basilienkraut war ursprünglich im tropischen Asien beheimatet, von wo es schon früh über den Orient in die Mittelmeerländer kam.

Fundort

Da das Basilienkraut bei uns nicht einheimisch ist, findet man es nur dort, wo es angebaut ist.

Merkmale

Die Pflanze bildet einen kleinen Strauch, weil die aufrechten *Stengel* an der Basis verzweigt sind. Die *Blüten* sind weiß, rosa oder bläulich und sitzen in Scheinquirlen an den Stengelspitzen und an den Zweigenden. Die *Blätter* sind hellgrün, weich, lang gestielt, länglich oval und oft etwas gezähnt. Sie variieren in ihrem Aussehen, je nach den klimatischen Bedingungen ihres Standortes. Die *Wurzeln* sind dünn verzweigt. Die *Höhe* der gesamten Pflanze schwankt zwischen 20 und 60 cm.

Der *Geruch* ist intensiv würzig, der *Geschmack* leicht pfeffrig.

Verwechslungen

Da das Basilienkraut in unseren Breiten wildwachsend nicht vorkommt und nur garten- und feldmäßig angebaut wird, sind Verwechslungen praktisch nicht möglich.

Blütezeit

Basilikum blüht von Ende Juni bis in den September hinein.

Samenreife

Im mitteleuropäischen Klima kommen die Basilikumsamen kaum zur Reife.

Erntezeit

Das Kraut soll vor dem Aufblühen gepflückt werden. Bei feldmäßigem Anbau ist unter günstigen Bedingungen ein zweiter Schnitt möglich.

Ernte- und Sammelgut

Im eigenen Garten sollte man laufend die frischen, jungen Triebe pflücken. Beim Großanbau wird das ganze Kraut geerntet.

Ernte- und Sammelvorschriften

Der Schnitt des Krautes kann mit der Sichel oder mit dem Grasmäher erfolgen. Da das Erntegut sehr druckempfindlich ist, empfiehlt es sich, es gleich nach dem Schnitt in Holzsteigen oder Körben zur Trocknung zu transportieren. Diese erfolgt auf natürliche Weise im Schatten. Bei Drogengewinnung im großen sollte eher bei künstlicher Wärme von 30 °C getrocknet werden, um den Trocknungsprozeß des sehr empfindlichen Krautes zu beschleunigen.

Anbau

Das Basilikum verlangt einen humusreichen, sandigen und fruchtbaren Lehmboden. Am besten gedeiht es nach gut mit Stallmist gedüngten Hackfrüchten, vor allem nach

Kartoffeln. Sein hoher Nährstoffbedarf läßt sich auch durch eine Mineraldüngung befriedigen, die vor der Aussaat oder vor dem Auspflanzen in den Boden eingearbeitet werden muß. Die Aussaat erfolgt im März oder April in einen halbwarmen Frühbeetkasten. Pro a braucht man 6 bis 8 g Saatgut. Kleinere Mengen können auch in Töpfen vorgezogen werden. Pikieren ist ratsam, da es die Wurzelbildung fördert. Erst wenn die Spätfröste vorbei sind, also ab Mitte Mai, kann man Basilikum ins Freiland pflanzen. Der Reihenabstand beträgt zwischen 20 und 30 cm. Die Pflanzen müssen etwas tiefer in den Boden gesetzt werden, als sie ursprünglich im Saatbeet gestanden sind, um ihnen einen besseren Halt zu geben. In geschützten und wärmeren Lagen ist es möglich, Basilikum gleich an Ort und Stelle zu säen, jedoch nicht vor Mitte Mai. Der Samen darf nur leicht mit Erde bedeckt werden. Nach 10 bis 14 Tagen läuft die Saat auf, doch entwickeln sich die jungen Pflanzen anfangs nur langsam. Der Boden muß öfter aufgelockert werden, denn das Heilkraut verlangt einen sehr lockeren Boden. Unkrautbekämpfung ist wichtig. Bei anhaltender Trockenheit muß reichlich gegossen werden. In naßkalten Jahren sollte auf die Gartenkultur verzichtet und die Pflanze lieber in Blumentöpfen auf der Fensterbank gezogen werden.

Saatgut

Es empfiehlt sich, das Saatgut zu kaufen, das vorwiegend aus Südeuropa importiert wird, wo die Pflanze des günstigen Klimas wegen ausreifen kann.

Erträge

Die Erträge an Krautdroge bewegen sich zwischen 1,6 und 3 t pro ha. Bei zwei Schnitten können etwa 4 t pro ha und auch mehr erzielt werden. Die Saatguterträge sind, wenn überhaupt möglich, nicht lohnend.

Für den Hausbedarf

Basilikum, die Gewürzpflanze, läßt sich auch im Blumentopf oder Fensterkasten ziehen. Wichtig ist eine gute Erdmischung gemäß den Bedürfnissen der Pflanze. Für den Garten gibt es Basilikum als reine Zierpflanze mit dunklen Blättern, die für Heilzwecke nicht verwendbar ist. Man kann sich das Heilkraut auch im eigenen Gärtlein ziehen. Basilikum verträgt kein frisches Brunnenwasser. Nur mit abgestandenem Wasser gießen.

Krankheiten und Schädlinge

Blattfleckenpilze treten beim Basilikum verhältnismäßig häufig auf, und es ist darauf zu achten, daß man die kranken Pflanzen entfernt. Schnecken können auch beträchtlichen Schaden verursachen. Besonders die jungen Pflanzen müssen vor ihnen geschützt werden. Deshalb streut man von Zeit zu Zeit Schneckenkörner zwischen die Reihen. Die an Basilikumbeständen auftretenden Blattläuse werden von Marienkäfern und deren Larven dezimiert.

Wirkstoffe

Im Basilikum konnten an Heil- und Wirkstoffen folgende Stoffe festgestellt werden: ätherisches Öl, das Kampfer enthält, Lineol, Gerbstoff, ein Glykosid und saures Saponin. Die Zusammensetzung des ätherischen Öles variiert jedoch je nach dem Anbaugebiet.

Heilwirkung

Basilikum wirkt appetitanregend, verdauungsfördernd, blähungstreibend, milchvermehrend, hustenstillend, nervenberuhigend, schlaffördernd sowie schweißtreibend.

In der Heilkunde

Basilienkraut wird mit gutem Erfolg angewendet bei Appetitlosigkeit, nervöser Unruhe und Schlaflosigkeit. Als krampflösendes Mittel sowie bei Blähungen und bei Stuhlverstopfung wird es gerne eingesetzt. Es fördert auch die Milchsekretion der stillenden Mütter. Bei Nierenerkrankungen, Blasenkatarrh und bei Weißfluß wirkt es heilend. Der Basilientee wird folgendermaßen zubereitet: Man überbrüht 1 bis 2 Teelöffel getrocknetes Basilienkraut mit ¼ l kochendem Wasser, läßt 10 Minuten ziehen, seiht ab und trinkt je nach Bedarf 1 Tasse. Nach 3 Wochen soll eine Pause von mehreren Tagen eingelegt und dann die Teekur wiederholt werden, um einen guten Erfolg zu erzielen.

Als Hausmittel

Äußerlich angewendet, hilft der Aufguß von Basilienkraut als Gurgeltee bei Halsentzündungen sowie als Umschlag bei eiternden Wunden. Erleichterung bei Schnupfen gewährt ein Aufziehen des pulverisierten Krautes in die Nase.

In der Tiermedizin

Bei Koliken reibt man die Pferde mit einem alkoholischen Auszug des Basilienkrautes ein. Für den Imker ist Basilikum unerläßlich, denn das Kraut ist eine hervorragende Bienenweide. Um die Bienenstöcke sollte viel Basilienkraut wachsen, und auch mit Honig gesüßter Basilientee eignet sich wegen seiner wertvollen Eigenschaften als Bienentränke: die Insekten gewinnen dadurch Abwehrkräfte gegen die Bienenruhr.

In der Homöopathie

3mal täglich 10 Tropfen des homöopathischen Präparates *Basilicum*, dil D1, bringt Erleichterung und Heilerfolg bei allen Erkrankungen, gegen die das Basilienkraut auch in der Heilkunde Verwendung findet.

In der Küche

Basilikum ist als Küchengewürz sehr beliebt. Das gilt sowohl für die frischen Blätter als auch für das getrocknete Kraut. Dabei ist jedoch zu beachten, daß mit dem frischen Kraut sehr sparsam umgegangen werden muß (nicht mitkochen!), weil der Gehalt an ätherischen Ölen, der für das intensive Aroma verantwortlich ist, sehr hoch ist. Das getrocknete Kraut verliert leider sehr an Würze, ist aber trotzdem eine vielseitige Bereicherung für die Küche, auch im Winter. Vor allem Sommergemüse und Tomatengerichte sowie die meisten italienischen Speisen bekommen durch Basilikum ihren ganz speziellen Geschmack.

Für die Körperpflege

Ein Absud aus Basilienkraut und Hirtentäschelkraut wird zu Waschungen bei Hautentzündungen und Rötungen der Haut gebraucht. Zur Parfümherstellung findet das aus dem frischen Kraut gewonnene ätherische Öl Verwendung.

Auszüge

Das mit heißem Wasser überbrühte Kraut wird abgeseiht und die nun weichen Blätter in Weißwein 24 Stunden angesetzt. Gläschenweise getrunken, hilft der *Basilienwein* gegen Verstopfung und Magenbeschwerden.

In der pharmazeutischen Industrie

Die Drogenbezeichnungen sind *Herba Basilici*, (Basilienkraut) und *Oleum Basilici* (das aus dem Kraut gewonnene ätherische Öl). *Fertigpräparate:* Carminativum-Hetterich, Carvomin, Gastrol, Urologicum, Tuben-Tee.

Aus meiner Erfahrung

Das getrocknete Basilienkraut kann man nur 12 Monate lang aufheben, wenn man es in Gefäßen gut verschlossen hat. Die Heilkraft bleibt erhalten.

Nicht übersehen

Bei der Verwendung von Basilikum sind keine Nebenwirkungen zu befürchten. Deshalb sollte man Basilikum viel mehr verwenden. Es eignet sich hervorragend zu Mischtees mit Salbei, Rosmarin und Estragon.

Naturschutz und gesetzliche Bestimmungen

In Süditalien und Südfrankreich kommt Basilikum gelegentlich verwildert vor. In Indien ist es heimisch. Da heute die Welt klein geworden ist und durch den organisierten Tourismus diese Gebiete verhältnismäßig leicht erreichbar sind, möchte ich eindringlich daran erinnern, daß man auch im Ausland, in der Fremde, Pflanzen schonen soll. Auch hier gilt die Grundregel: Freuen an dem, was vor mir steht, und nicht nur an dem, was ich in der Hand halte.

Aus meiner Kräuterapotheke

Bei Appetitlosigkeit, Magenverstimmung, nervöser Unruhe, Schlaflosigkeit und Schwindelanfällen hat sich folgende Teemischung bewährt: Basilienkraut 3 Teile, Melisse 2 Teile, Ysop 1 Teil. Man nimmt 2 gehäufte Teelöffel der Kräutermischung, übergießt sie mit ¼ l kochendem Wasser, läßt sie 15 Minuten stehen und seiht sie ab. Man trinkt ungesüßt je nach Bedarf 1 Tasse. Will man jedoch eine Kur machen, dann sollte der Tee 3 Wochen hindurch getrunken werden, und zwar täglich 2mal 1 Tasse. Dann aussetzen und die Kur noch einmal 3 Wochen lang durchführen.

Beinwell – Beinwurz
Symphytum officinale
Rauhblattgewächse
ausdauernd

Volkstümliche Bezeichnungen

Beinbruchwurzel, Beinheil, Glotwurzel, Hasenbrot, Hasenlaub, Heilwurzel, Himmelsbrot, Honigblum, Hundszunge, Kuchenkraut, Lotwurz, Milchwurz, Schärzwurz, Schmalzwurz, Schmerwurz, Schwarze Waldwürze, Schwarzwurz, Soldatenwurzel, Speckwurz, Wallwurz, Wottel, Zottle, Zukkerhaferl.

Namenerklärung

Der Beinwell leitet seinen Namen vom mittelhochdeutschen *wallen* (= „Strömen des Blutes" im Körper) ab. Der lateinische Name *Symphytum* kommt von *sympho* = zusammenfügen, was erklärt, warum die Pflanze als Heilmittel bei gebrochenen Knochen gepriesen wurde.

Kulturgeschichte

Schon im Altertum war der Beinwell als Heilmittel bei Wunden bekannt und galt als Wundermittel. Im Laufe der Jahrhunderte verlor das Kraut seine Bedeutung, bis zu Beginn unseres Jahrhunderts ein schottischer Arzt die Wirksamkeit der Wurzel wissenschaftlich überprüfte und tatsächlich die wundheilende Wirkung bestätigen konnte.

Herkunft

Der Beinwell ist wildwachsend in Süd- und Mitteleuropa und in Westasien anzutreffen.

Fundort

Weit verbreitet und häufig auf nassen, nährstoffreichen Standorten, vor allem in tieferen Lagen: auf feuchten Wiesen, in Gräben, entlang von Bach- und Seeufern, an Waldrändern.

Merkmale

Der Beinwell hat große, mehr als 20 cm lange, vorn zugespitzte, narbige und auffallend rauhhaarige *Blätter*. Besonders stark behaart sind die auf der Blattunterseite deutlich hervortretende Mittelrippe und der Blattrand.

Die *Stengelblätter* sitzen einzeln ungestielt am Stengel. Die *Blüten* sind blauviolett, gelblich oder manchmal sogar weiß. Sie haben eine schmalglockige Form, hängen endständig in einseitigen, eingerollten Trauben. Die *Stengel* sind steif, aufrecht und rauh. Die rübenförmige *Wurzel* ist mehrjährig und reicht mit ihren Verästelungen tief in den Boden. Sie ist außen dunkelbraun bis schwarz, innen hellgelb bis weiß. Die Pflanze erreicht eine *Höhe* von 30 bis 100 cm. Der *Geruch* ist sehr schwach bis mild würzig. Der *Geschmack* ist pikant, kampferartig, schwach klebrig und zusammenziehend.

Verwechslungen

Der oberflächliche Beobachter kann unter Umständen den Beinwell mit anderen Rauhblattgewächsen verwechseln, so z. B. mit der Gemeinen Ochsenzunge, die nur 30 bis 60 cm hoch wird und nicht glockige, sondern trichterige, blauviolette Blüten mit weißem Schlund und schmälere Blätter hat. Die Beinwurz, die wegen der schwarzen Wurzel manchmal auch Schwarzwurz genannt wird, darf nicht mit der Spanischen Schwarzwurzel verwechselt werden, die zwar ein wohlschmeckendes Gemüse abgibt, aber keinen Heilwert besitzt.

Blütezeit

Von Mai bis August.

Samenreife

Da das Kraut im allgemeinen während der Blüte geerntet wird, kommt es nicht zur Samenreife. Es ist aber ohnehin die Vermehrung durch Teilung älterer Pflanzen oder durch sogenannte Wurzelschnittlinge üblich und auch zu empfehlen.

Erntezeit

Die Wurzeln werden im Frühjahr oder im Herbst geerntet, die jungen Blätter fast den ganzen Sommer hindurch und die Blüten vom Sommer bis zum Herbst.

Ernte- und Sammelgut

Die Wurzel *(Radix Symphyti)*, das Kraut *(Herba Symphyti)* und die Blüten *(Flores Symphyti)*. In der Apotheke erhält man die Wurzel, geschnitten oder pulverisiert, unter der Bezeichnung *Radix Consolidae majoris*.

Ernte- und Sammelvorschriften

Je nach Winterausgang zwischen März und April oder dann im Oktober oder November ist die Heilkraft der Wurzeln am höchsten. Wenn die Wurzel im Frühjahr geerntet wird, soll die Pflanze noch nicht blühen. Die Wurzeln werden ausgegraben oder ausgepflügt. Sie händisch aus der Erde zu ziehen, ist nicht möglich, da sie zu tief sitzen. Zur Trocknung schneidet man die Wurzel der Länge nach in einige Stücke. Die Trocknung sollte am besten künstlich bei 40 bis 60 °C erfolgen, eventuell im Backrohr. Diese Art der Trocknung empfiehlt sich auch für das Kraut, da vor allem die Stengel sehr wasserhältig sind. Angeschimmelte Pflanzenteile, vor allem die Wurzeln, dürfen nicht mehr verwendet werden, weil sich der wertvollste Heilstoff, das Allantoin, sofort zersetzt.

Anbau

Trotz des häufigen Vorkommens in der freien Natur wird der Beinwell auch gezielt angebaut. Dabei unterscheiden wir zwei Arten der Kultivierung. Beim Feldanbau kommt vor allem Furchenbepflanzung in Frage, ähnlich wie beim Kartoffelanbau, allerdings mit größerem Pflanzenabstand. Denn da der Beinwell mehrjährig ist, werden die Wurzelstöcke sehr groß. Im übrigen sind sie, einmal angebaut, sehr schwer auszurotten. Der Boden soll eine höhere Bodenfeuchtigkeit aufweisen, tiefgründig und frei von Steinen sein, welche die Erntearbeiten erschweren würden. Die Mischkultur ist eine sogenannte Einstreukultur, das heißt, die Beinwurz wächst verstreut in einem Wiesengelände. Dann kann sie allerdings nur händisch mit Hilfe eines Spatens geerntet werden. Die bei der Ernte als Abfallprodukte anfallenden kleineren Wurzeln können entweder sofort an Ort und Stelle in eine seichte Pflanzgrube gegeben oder zur Bepflanzung einer neuen Feldkultur verwendet werden. Die Mischkultur kann ohne weiteres auf wertloserem Grünland erfolgen. Wichtig ist nur die Bodenfeuchtigkeit. Man kann die Wiese ruhig als Weide benutzen, am besten für Schafe, die die rauhen Beinwellblätter stehenlassen.

Saatgut

Vermehrt wird der Beinwell praktisch nur durch Wurzelstücke oder Wurzelschnittlinge.

Erträge

Die Kultivierung von Beinwell liefert gute Erträge, wenn der Boden tiefgründig und feucht ist. Der Bedarf an Beinwelldrogen ist in letzter Zeit stark gestiegen.

Für den Hausbedarf

Ich selbst pflanze in meinem Pfarrgarten gerne Beinwell. In lockerer Gartenerde gedeiht diese Pflanze ausgezeichnet, und so habe ich eine wertvolle Heilpflanze jederzeit griffbereit.

Krankheiten und Schädlinge

Beinwell gilt wie alle Wildpflanzen als wenig krankheitsanfällig und wird nur selten von Schädlingen heimgesucht.

Wirkstoffe

Die Wurzel enthält vor allem Allantoin, ferner Asparagin, Inulin, Schleim, Gerbstoff, Harz, Gummi, Zucker, die Blätter Alkaloid und Cholin.

Heilwirkung

Der im Beinwell in so großer Menge enthaltene Heilstoff Allantoin wirkt knochenbildend und zellbildend und ist ein ausgezeichnetes Wundheilmittel. Das Cholin fördert die Durchblutung der Haut, wirkt adstringierend und entzündungshemmend, erweichend bei Geschwülsten und narbenbildend.

In der Heilkunde

Aus frischen, geschnittenen Wurzeln oder aus getrockneten, pulverisierten Wurzeln wird mit heißem Wasser ein dicker Brei hergestellt, der bei Rißwunden, Quetschungen, Blutergüssen, rheumatischen Muskelverspannungen, Brandwunden und bei Phantomschmerzen gute Heilerfolge bringt. Innerlich angewendet als Ansatz (2 Teelöffel kleingeschnittene Wurzel mit ¼ l kochendem Wasser überbrühen und 2 Stunden ziehen lassen) wirkt die Pflanze lindernd bei Bronchialkatarrh, Magenkrämpfen, Durchfall und Grippe. Der Beinwellabsud ist ein ausgezeichneter Schleimlöser. Zur Wundbehandlung empfiehlt sich die Beinwelltinktur, die auch gegen häßliche Narbenbildung angewendet werden kann. Für die Behandlung der heute so weit verbreiteten Zahnfleischerkrankungen, vor allem bei Parodontose, empfiehlt sich mehrmals täglich eine Pinselung mit Beinwelltinktur.

Als Hausmittel

Die bei Mensch und Tier so hilfreiche Schwarzwurzelsalbe ist ein wahres Hausmittel. Die frischen Wurzeln werden gereinigt, zerkleinert und in reinem Schweinefett ausgelassen. Man filtriert noch heiß durch ein Leinentuch und preßt den Wurzelrückstand gut aus. Bei kühler Aufbewahrung, auf keinen Fall in einem Metallgefäß (am besten geeignet ist ein Porzellantopf), hat die Salbe 1 Jahr Haltbarkeit. Die Salbe zieht den Schmutz aus der Wunde und wirkt so gegen Blutvergiftung.

In der Tiermedizin

Tinktur, Salbe und Brei aus Beinwell sollten in keinem Bauernhaus fehlen, da das Kraut seine wundheilenden Eigenschaften auch bei den Haustieren voll entfaltet. Bei Rheumatismus, vor allem bei Hunden, kann der Beinwell ebenfalls mit Erfolg eingesetzt werden.

In der Homöopathie

Die homöopathische Tinktur wird aus der frisch zerriebenen Wurzel und auch aus dem ganzen blühenden Kraut gewonnen. Sie dient zur Behandlung von Magen- und Zwölffingerdarmgeschwüren. Die Tinktur eignet sich auch, 6fach mit Wasser verdünnt, für Umschläge zur Nachbehandlung von Knochenbrüchen und anderen Knochenverletzungen. 20 Tropfen Tinktur auf ½ Tasse Wasser wird zur Mundspülung bei Erkrankungen und Entzündungen im Bereich des Mundes angewandt.

In der Küche

Die jungen Blätter des Beinwells kann man als „Wildgemüse" dämpfen und wie Spinat zubereiten. In der Schweiz taucht man die Blätter der blühenden Pflanze in Omelettenteig und bäckt sie in heißem Fett heraus.

Für die Körperpflege

Bei Hautentzündungen oder unreiner Haut wird ein Pflaster aus Wurzeln und frischen Blättern aufgelegt.

Auszüge

Zur inneren Stärkung bei Lungenblutungen, bei Blutverlust nach schweren Operationen sowie bei Blutarmut wird in der Volksheilkunde vielfach der *Beinwurz- oder Schwarzwurzelwein* verwendet. Dazu nimmt man 2 bis 5 Stück frische oder getrocknete Wurzeln, schneidet sie und setzt sie in 1 l Weißwein 5 bis 6 Wochen an. Gläschenweise trinken. Auch die *Beinwurztinktur* wirkt hervorragend: Man schneidet 200 g Beinwurzwurzeln klein und setzt diese in 1 l 90%igem Weingeist 3 Wochen an. Dann abseihen und auspressen. Der ausgepreßte Saft wird nun mit ¼ l abgekochtem, ausgekühltem Wasser verdünnt und zum Einreiben oder als Umschlag gebraucht. Bei innerlicher Anwendung gibt man 20 Tropfen der Tinktur auf 1 Stück Zucker.

In der pharmazeutischen Industrie

Gebrauchsfertige Umschlagpasten aus frischen Symphytum-Wurzeln sind das Kytta-Plasma und der Beinwell-Balsam. Weiters sind folgende *Fertigpräparate* im Handel erhältlich: Arthrodynat, Rephastasan, W-Emulgat Fink.

Aus meiner Erfahrung

Beinwell ist, in Wein gesotten, innerlich gebraucht, ein hustenmilderndes, kräftigendes und schleimlösendes Mittel bei Katarrhen und Verschleimung der Atemwege.

Nicht übersehen

Bei innerlicher Anwendung ist Vorsicht geboten, da Beinwell leberschädigende Wirkung haben kann. (Lebergift!) Beinwell ist nicht für alles ein Wundermittel.

Naturschutz und gesetzliche Bestimmungen

Liebe baut auf Achtung auf. Achtung wieder hat als Grundlage das Erkennen der Werte. Die Geschichte lehrt, daß der Mensch in seinem Unverstand es fertiggebracht hat, einmal häufig vorkommende Pflanzen und Tiere zu dezimieren und auszurotten. Und dies in ganz kurzer Zeit. Deswegen: Beinwell in der freien Natur kennen- und liebenlernen. Wenn möglich selber anbauen und benützen. Denn ich konnte feststellen, daß von 10 Personen kaum 2 dieses Heilkraut kennen.

Aus meiner Kräuterapotheke

Zur Unterstützung der Abheilung von Geschwüren, offenen Beinen, chronischen Eiterungen, Knochenbrüchen und schmerzenden alten Narben: Beinwellwurzel 3 Teile, Brennessel 2 Teile, Ringelblumenblüten 1 Teil. Aus dieser Mischung wird ein Kräutertee zubereitet:

½ l Wasser kochen, 2 Eßlöffel Teemischung hinzufügen und 2 Stunden ziehen lassen. Dann abseihen und auf den ganzen Tag verteilt zimmerwarm und schluckweise trinken. Den Kräuterrückstand kann man am Abend noch einmal mit 3 l kochendem Wasser übergießen, temperieren lassen und dann darin ein Fußbad nehmen. Es empfiehlt sich, 2 Eßlöffel Kräuteressig hinzuzufügen. Während der Teekur soll man scharfe Gewürze und Speisen meiden. Ebenso Alkohol und starken Bohnenkaffee.

Benediktendistel
Cnicus benedictus
Korbblütler
einjährig

Volkstümliche Bezeichnungen

Beelingskraut, Benediktdistel, Benedikten-
flockenblume, Benediktenkarde, Benediktenkraut, Benediktenwurz, Bernhardinerwurzel,
Bernhardskraut, Bitterdistel, Bornkraut,
Bornwurz, Echte Heidedistel, Gesegnete-
distel, Heildistel, Kardobenedikte, Kardobenediktenkraut, Magendistel, Spinndistel,
Spinnendistelkraut, Spinnsamen.

Namenerklärung

Für die Benediktendistel gibt es zwei Na-
menerklärungen: Von dem lateinischen Wort
benedictus abgeleitet, wird sie auch Gesegne-
tedistel genannt. Sie kann ihren Namen aber
auch im Zusammenhang mit den Benedik-
tinermönchen bekommen haben, die diese
Pflanze zu Heilzwecken anbauten.

Kulturgeschichte

Ihre Verbreitung in Mitteleuropa fand die
Benediktendistel zur Zeit der Klostergrün-
dungen. Im Mittelalter meinte man, die
Pflanze habe, vor allem bei Neumond, magische Kräfte. So versuchten junge Mädchen,
mit Hilfe dieses Krautes die Wahl unter ihren
Freiern zu treffen. Derjenige sollte der Richtige sein, dessen Name auf jenen Stengel
geheftet war, der frisch austrieb.

Herkunft

Ursprünglich im Orient beheimatet, wurde
sie früher viel in Europa kultiviert und ist
heute im europäischen Mittelmeergebiet auch
wild zu finden. In Mitteleuropa nur kultiviert
und ganz selten verwildert.

Fundort

Die einjährige Pflanze ist verhältnismäßig
anspruchslos; die Böden müssen nicht besonders nährstoffreich sein, doch zieht sie sonnige, warme Lagen vor.

Merkmale

Die distelartige Pflanze besitzt einen aufrechten, eckigen, behaarten, verzweigten *Stengel*
und trägt blaßgelbe *Blüten* in einer Blütenkro-
ne. An den Zweigen sitzen die von Laubblättern umhüllten gelben Blütenköpfe. Die *Stengelblätter* sind zottig, behaart und klebrig. Die
grundständigen *Blätter* sind gestielt und läng-
lich-lanzettlich, am Rand grob gezähnt und
stachelspitzig. Die Distel erreicht eine *Höhe*
von 30 bis 80 cm. Der *Geruch* ist schwach
aromatisch; der *Geschmack* sehr bitter.

Verwechslungen

Die Benediktendistel, *Cnicus benedictus*, kann
namenmäßig leicht mit dem Benediktenkraut, auch Benediktenwurz oder Echte Nelkenwurz, *Geum urbanum*, genannt, dem sie
aber überhaupt nicht ähnlich sieht, verwechselt werden.

Blütezeit

Juni bis August.

Samenreife

Die Samen reifen ab September bis in den
Oktober hinein. Die Reife ist durch eine
Färbung der Früchte erkennbar.

Erntezeit

Sobald sich die Blüten öffnen, also etwa
Anfang Juli, erntet man die Blätter und krau-
tigen Zweigspitzen. Es lohnt sich nicht, auf
eine zweite Ernte zu warten; empfehlenswerter ist es, etwas anderes nachzubauen. Anderseits eignet sich die Benediktendistel sehr
gut als Nachkultur Anfang Juli nach Frühkartoffeln und Frühgemüsen.

Ernte- und Sammelgut

Die jungen Blätter, die blühenden Sproßspitzen und das frische blühende Kraut.

Ernte- und Sammelvorschriften

Um sich bei den Erntearbeiten vor den Stacheln der Pflanze zu schützen, müssen Handschuhe getragen werden. Im Kleinanbau sichelt man bei der Ernte das Kraut eine Handbreit über dem Boden ab. Im Großanbau

empfiehlt sich die Verwendung des Grasmähers (nicht zu tief schneiden!). Die geernteten Pflanzenteile können natürlich oder künstlich (bis 50 °C) getrocknet werden, aber nicht zu schnell, da die Droge sonst leicht brüchig wird.

Anbau

Wird die Benediktendistel nach einer reichlich gedüngten Hackfrucht angebaut, dankt sie mit besten Erträgen. Für sehr hohe Erträge ist jedoch eine zeitige Aussaat im März oder April nötig, wenn auch die Benediktendistel bei ihrer Schnellwüchsigkeit nicht unbedingt an einen besonderen Saattermin gebunden ist. 20 kg pro ha Saatgut werden im 30-cm-Reihenabstand ausgebracht und zugewalzt. Je nach Witterung läuft die Saat nach 8 bis 14 Tagen auf. Als einzige Pflege muß bis zum Schließen des Bestandes im Mai zweimal gehackt werden.

Saatgut

Auch bei der Saatgutgewinnung wird das ganze Kraut gemäht und bleibt 2 bis 3 Tage liegen, wobei es einmal gewendet werden muß. Dann zum Trocknen aufhängen. Die Samen müssen ausgedroschen werden, möglichst im Freien, weil die Pappushaare überall herumwirbeln. Empfehlenswert wäre auch ein Nasen- und Mundschutz, da die feinen Druschteilchen widerlich bitter sind. Minderwertigeres Saatgut enthält Pappus und läßt sich aus diesem Grund sehr schwer aussäen. Der Keimversuch wird 21 Tage lang bei Zimmer- und Wechseltemperatur im Dunkeln durchgeführt. Die Keimfähigkeit des Saatgutes bleibt jahrelang erhalten.

Erträge

Die Erträge an trockenem Kraut schwanken zwischen 6 und 12 t pro ha, der Saatgutertrag liegt bei 0,6 bis 1,2 t pro ha.

Für den Hausbedarf

Man sollte im Hausgarten unbedingt ein Plätzchen finden, wo man die Benediktendistel zeitig im Frühjahr aussät. Nie aber auf fettem Boden! Ein sandiger, durchlässiger Lehmboden, mit alter Komposterde gemischt, eignet sich am besten dazu.

Krankheiten und Schädlinge

Durch Bodenbakterien kann gelegentlich eine Wurzelfäule hervorgerufen werden. Auch tritt zeitweise die Raupe des Distelfalters auf.

Sie spinnt die Blütenstände fest zusammen und frißt sie von innen her vollständig aus.

Wirkstoffe

Der glykoside Bitterstoff Cnicin, wenig ätherisches Öl, Gerbstoffe, viel Schleim und Harze. Auch Mineralsalze und Vitamin B$_1$ sind enthalten.

Heilwirkung

Verdauungsfördernd, harntreibend, appetitanregend, schleimlösend, magenstärkend, fiebersenkend.

In der Heilkunde

Zur Anregung der Verdauungssäfte bei Magen- und Darmbeschwerden, bei Leber- und Gallenleiden kommt der in der Benediktendistel enthaltene Bitterstoff Cnicin heilfördernd zur Wirkung. Auch bei träger Verdauung, bei Nierenleiden und Magenverschleimung hilft ein Teeaufguß (1 Teelöffel Kraut auf ¼ l Wasser).

Als Hausmittel

Äußerlich wird eine Abkochung von 2 Teelöffel Droge für ¼ l Wasser gegen Frostbeulen und Geschwüre verwendet. Innerlich gebraucht die Volksmedizin das Benediktenkraut als Tee bei Lungenleiden, bei Blutarmut und Herzstörungen.

In der Tiermedizin

Bei Blähungen wird den Haustieren reiner Benediktendisteltee eingegeben; ebenso bei Verdauungsstörungen und Verstopfung.

In der Homöopathie

Aus der frischen Pflanze wird ein Extrakt zubereitet, der bei Verstopfung, Gelbsucht und Arthritis Verwendung findet.

In der Küche

Das Benediktenkraut findet in der Küche keine Verwendung.

Für die Körperpflege

Frisch gepreßter Benediktendistelsaft dient zum Einreiben müder Glieder nach einem warmen Bad.

Auszüge

Die Benediktendistel wird in der Likörindustrie bei der Erzeugung von *Bitterlikören* und *-schnäpsen* benutzt, wobei sich sogar Druschrückstände dafür eignen.

BENEDIKTENDISTEL
Cnicus benedictus

KLEINE BIBERNELLE
Pimpinella saxifraga

GROSSE BRENNESSEL
Urtica dioica

DILL
Anethum graveolens

DOST
Origanum vulgare

In der pharmazeutischen Industrie

Verwendet wird das Kraut ohne Wurzel: Kardobenediktenkraut *(Herba Cardui benedicti)*. *Fertigpräparate:* Asgocholan, Carvomin, Cheliforton, Digestivum Dr. Hetterich, Esberigal, Solu-Hepar, Stovalid.

Aus meiner Erfahrung

Der Saft der frischen blühenden Pflanze, ausgepreßt und sofort aufgetragen, hilft bei allen Arten von Hauterkrankungen. Die frischen Früchte, zerkaut, können als Abführmittel und als Brechmittel verwendet werden.

Nicht übersehen

In normaler Dosierung sind keine Nebenwirkungen zu befürchten. Gebraucht man das Kardobenediktenkraut hingegen in zu starker Dosierung, kann es zu Übelkeit und Erbrechen kommen.

Naturschutz und gesetzliche Bestimmungen

Von Albert Einstein stammt der Satz: „Das Schönste, was es in der Welt gibt, ist ein leuchtendes Gesicht!" Und das Gesicht leuchtet, wenn ein Kräuterfreund eine seltene Pflanze findet, z. B. die Benediktendistel. Sie kommt nur gelegentlich verwildert vor. Bitte nicht abreißen. Stehenlassen. Einen Teil der reifen Samen sammeln und im eigenen Garten anbauen.

Aus meiner Kräuterapotheke

Bei Störungen des Magen- und Darmtraktes: Appetitmangel, Verdauungsstörungen, Blähungen, Gallen- und Leberbeschwerden: Benediktendistelkraut 3 Teile, Schafgarbe (Blüten und Blätter) 2 Teile, Erdrauch 1 Teil. Man übergießt 1½ Teelöffel der Kräutermischung mit ¼ l kochendem Wasser, läßt 15 Minuten ziehen, seiht ab und trinkt auf nüchternen Magen 1 Tasse davon. Bei starken Beschwerden kann man ½ Stunde vor dem Abendessen noch 1 Tasse trinken, mehr jedoch nicht, denn Benediktenkraut soll nicht in größeren Mengen verwendet werden. Dazu sei vermerkt, daß man diese Teemischung nur dann verwenden kann, wenn man sie selbst zubereitet, das heißt, wenn man die dafür notwendigen Kräuter selbst sammelt oder im Garten zieht. Diese Mischung ist laut Mitteilung des Österreichischen Apothekerverbandes rezeptpflichtig, da Erdrauch, *Fumaria officinalis*, giftige Alkaloide enthält. Wollen Sie diese Teemischung in der Apotheke kaufen, dann müssen Sie Ihren Hausarzt um ein Rezept dafür ersuchen.

Bibernelle, Kleine
Pimpinella saxifraga
Doldengewächse
ausdauernd

Volkstümliche Bezeichnungen

Bibernell, Bimmenell, Blutskraut, Bockspeter-
silie, Bockwurz, Bumbernell, Geißleiter,
Kleiner Wiesenkopf, Pfefferwurz, Pfefferwur-
zel, Pimeröll, Pimpernell, Pimpernellwurz,
Pinellkraut, Roßbibernell, Roßkimm, Stein-
bibernell, Steinbrechwurz, Steinpeterlein,
Steinpetersilie, Weinpimpinell, Weiße
Bibernell, Weiße Teriakwurzel, Wilder
Kümmel.

Namenerklärung

Für die Bibernelle werden mehrere Ableitun-
gen des Namens vermutet. So ist es möglich,
daß das Wort auf dem Umweg über das
Französische aus lateinisch *piper* = Pfeffer
herrührt, da die Wurzel in ihrem Geschmack
an Pfeffer erinnert. Das würde vielleicht auch
den Volksnamen Pfefferwurzel = *pipernella*
erklären. Es kann aber auch sein, daß Bibernelle von *bi-pinella* = doppelt geflügelt
kommt, weil die Blätter gefiedert sind. Der
Artname *saxifraga* stammt von lateinisch
saxum = Fels und *frango* = brechen. Man
nahm nämlich an, daß ihre Wurzeln imstande
wären, Steine auseinanderzubrechen. Bibernelle wäre also „doppeltgeflügelter Steinbre-
cher". Sie hat aber tatsächlich eine „steinbre-
chende" Wirkung – bei Nieren-, Blasen- und
Gallensteinen.

Kulturgeschichte

Da die Bibernelle in Griechenland nicht beheimatet ist, war sie im Altertum wahrscheinlich nicht bekannt. Im Mittelalter war sie
jedoch schon sehr geschätzt und galt als
Zaubermittel und als wirksames Mittel gegen
die Pest. In den medizinischen Büchern des
16. Jahrhunderts wird die Bibernelle als Heilmittel gegen all die Krankheiten schon gelobt,
gegen die sie auch heute noch verwendet
wird.

Herkunft

Die Bibernelle ist wildwachsend in fast ganz
Europa und in Vorderasien beheimatet.

Fundort

Die Kleine Bibernelle wächst auf trockenen,
mageren Wiesen, Weiden, Heiden, an Feldrainen und an Bahndämmen.

Merkmale

Der *Stengel* ist ästig, fein gerillt und oben fast
blattlos. Die kleinen weißen oder rosaroten
Blüten stehen in endständigen Dolden ohne
Hülle. Die grundständigen *Blätter* sind dunkelgrün, einfach oder doppelt gefiedert und
aus eiförmigen, gezähnten Blättchen zusam-
mengesetzt. Die kleinen *Stengelblätter* sind bis
dreifach fiederschnittig. Die lange *Pfahlwurzel*
wird etwa 1 cm dick und ist gelbbraun. Die
Höhe der Pflanze beträgt zirka 10 bis 20 cm; im
Garten gezogen, wird sie größer. Der *Geruch*
der Pflanze ist beißend scharf, der der Wurzel
bocksartig. Der *Geschmack* der Wurzel ist bitter, aber erfrischend, der der Blätter ist würzig und gurkenähnlich.

Verwechslungen

Die Doldenblütler sehen einander alle ziemlich ähnlich und können leicht verwechselt
werden; man beachte daher den Standort
und die geringe Größe der Pflanze: die meisten Verwandten werden viel größer, so die
Große Bibernelle *(Pimpinella maior)*, die bis zu
1 m hoch wird und die gleichen Wirkungen
hat wie die Kleine.

Blütezeit
Juni bis Oktober.

Samenreife

Die Reife wird durch die bräunliche Färbung
der Samenstände angezeigt.

Erntezeit

Laufend gepflückt werden die frischen, zar-
ten Blätter zur Verwendung als Küchenge-
würz. Die Erntezeit für die Wurzel, die in der
Medizin verwertet wird, ist entweder das
Frühjahr (März und April) oder der Herbst
(Oktober).

Ernte- und Sammelgut

Die Wurzel (*Radix Pimpinellae*) und die frischen Blätter (*Folia Pimpinellae*).

Ernte- und Sammelvorschriften

Die Wurzel wird ausgegraben oder ausgeackert, von Erdrückständen befreit und gewaschen. Dann wird sie der Länge nach gespalten, auf Bindfäden gereiht und an der Luft zum Trocknen aufgehängt. Eine Nachtrocknung im Ofen nach 1 Woche ergibt eine wirkstoffreiche Droge.

Anbau

Die Bibernelle ist nicht sehr anspruchsvoll, ist aber dankbar für trockenen, kalkhaltigen Boden. Vor allem im Großanbau muß auf den Kalkgehalt des Bodens geachtet werden. Ebenso wichtig für gutes Gedeihen ist auch eine sonnige Lage. Im März oder April wird ins Freiland ausgesät, im Reihenabstand von 30 cm. Später lichtet man aus; nur alle 20 cm bleibt eine Jungpflanze stehen. Für ein Beet im Garten gelten die gleichen Bedingungen. Sollte der Standort aber nicht optimal sein, empfiehlt es sich, die an sich ausdauernde Pflanze alle 2 Jahre frisch auszusäen.

Saatgut

Sobald die Samenstände sich bräunlich zu färben beginnen, werden sie geerntet. Im Schatten ausgebreitet, reifen sie dann aus. Anschließend kann man sie ohne Schwierigkeiten ausklopfen oder ausdreschen.

Erträge

Ertragswerte sind mir keine bekannt.

Für den Hausbedarf

Im Hausgarten findet die Bibernelle im Steingarten ihren geeigneten Platz. Man kann sie aber auch in Kästen ziehen, denn nur so kann man den Bedarf an frischen Blättern selbst decken.

Krankheiten und Schädlinge

Diesbezüglich ist mir nichts bekannt.

Wirkstoffe

Ätherisches Öl, Bitterstoffe, Gerbstoff, Cumarinderivate.

Heilwirkung

Die Bibernelle wirkt schleimlösend, harntreibend, appetitanregend, verdauungsfördernd, krampflösend.

In der Heilkunde

Der aus der Wurzel zubereitete Tee hilft bei Magenleiden wie Verschleimung und Entzündung des Magens. Bei Heiserkeit und Husten wird mit dem Wurzelaufguß gegurgelt. Der Wurzelabsud regt auch die Niere zu vermehrter Tätigkeit an und ist hilfreich bei Blasensteinen. Ein Mischtee aus Bibernelle, Fenchel und Kümmel unterstützt die Verdauung und fördert den Appetit. Frischer Bibernellwurzelsaft hilft bei starkem Durchfall.

Als Hausmittel

Die Bibernelle reinigt das Blut und hilft ungesunde Stoffe aus dem Körper zu entfernen. Dazu muß ein Absud aus der Wurzel einige Zeit lang regelmäßig getrunken werden. Der Saft aus der frischen Wurzel wird äußerlich angewendet zur Wundbehandlung. Ein sehr gutes Hausmittel gegen Asthma ist das Kauen der Bibernellwurzel, wobei der Saft geschluckt wird.

In der Tiermedizin

Getrocknete Bibernellwurzel wird in der Kaffeemühle zu Pulver gemahlen, in Wasser gelöst und den Tieren bei verdorbenem Magen und chronischem Durchfall eingegeben. Auch als fiebersenkendes Mittel findet die Bibernelle Anwendung. Bei Druse, einer eitrigen Nasenschleimhautentzündung, wird den Pferden ein warmer Breiumschlag aus den in Wasser gekochten Samen aufgelegt. Zur Anregung der Milchproduktion der Kühe wird die Bibernelle unter das Futter gemischt.

In der Homöopathie

Aus der frischen Wurzel bereitet man eine Essenz, die vor allem bei Angina, Husten und Katarrhen gute Erfolge zeitigt.

In der Küche

In der Küche werden in erster Linie die frischen Blätter verwendet. Sie schmecken süßlich würzig und haben einen leicht gurkenähnlichen Beigeschmack. Ihr hoher Vitamingehalt macht sie besonders empfehlenswert für Salate, Kräuterbutter sowie Aufstriche auf Käsebasis. Vor allem in der italienischen, französischen und spanischen Küche ist die Bibernelle ein beliebtes Gewürzkraut.

Für die Körperpflege

Wegen ihrer entgiftenden Eigenschaften hat die Bibernelle, als Tee eingenommen, positive Wirkungen auf die Haut.

Auszüge

Für die *Bibernelltinktur* werden 150 g feingeschnittene Wurzeln in 1 l Weingeist angesetzt, 1 Woche lang an einem warmen Ort stehengelassen und abgeseiht. Bei chronischen Katarrhleiden 3- bis 4mal täglich 20 Tropfen auf Zucker. Der scharfe Geschmack der Wurzel erklärt ihre Verwendung als Likörzusatz.

In der pharmazeutischen Industrie

Die Drogen Bibernellwurzel (*Radix Pimpinellae*) und Bibernellblätter (*Folia Pimpinellae*) werden unter anderem bei der Herstellung von Gurgelwässern und Zahnpasten verwendet. *Fertigpräparate:* Bronchicum, Cefabronchin, Majorcarmin, Sparheugin.

Aus meiner Erfahrung

Als verdauungsfördernder Tee wird 1 Teelöffel Bibernellwurzel mit ⅛ l heißem Wasser aufgegossen und 3- bis 4mal täglich eine Tasse davon getrunken. Dieser Tee ist auch ein erstklassiges Nierenreinigungsmittel und gut gegen Heiserkeit.

Nicht übersehen

Der Umgang mit der Bibernellwurzel kann bei empfindlichen Personen unter Einwirkung des Sonnenlichtes Hautkrankheiten hervorrufen. Die Ursache ist das Furocumarin, das in der Wurzel enthalten ist.

Naturschutz und gesetzliche Bestimmungen

Die Kleine Bibernelle kommt sehr häufig vor. Obwohl gesetzlich nicht geschützt, muß eines beachtet werden: Ohne Erlaubnis des Grundeigentümers darf die Wurzel nicht auf fremdem Grund gegraben werden, weil man sich sonst einer Besitzstörung schuldig macht.

Aus meiner Kräuterapotheke

Bei Halsentzündungen, gegen Husten, bei Grippeerkrankungen und bei Bronchitis: Bibernellwurzel 3 Teile, Fenchelsamen 2 Teile, Arnikablüten 1 Teil. 2 Teelöffel der Teemischung werden in ¼ l kaltes Wasser gegeben, kurz aufkochen lassen, 10 Minuten ziehen lassen, abseihen und 3 Tassen täglich schluckweise trinken.

Brennessel, Große
Urtica dioica
Nesselgewächse
ausdauernd

Volkstümliche Bezeichnungen

Donnernessel, Dunnernettel, Eßle, Hanfnessel, Nessel, Nettel, Säueßle, Saunessel, Sengnessel, Sengnettel.

Namenerklärung

Der Name Nessel ist ein germanisches Stammwort und mit dem oberdeutschen *nezze* = Zwirn verwandt. Der faserreiche Stengel wurde früher zur Erzeugung von Nesselgarn und Nesseltuch verwendet. Urtica kommt von lateinisch *urere* = brennen. Also: Brennessel = „brennender Zwirn".

Kulturgeschichte

Die medizinischen Eigenschaften der Brennessel sind seit der Antike bekannt und wurden bei den verschiedensten Krankheiten genützt. So vertrat der römische Dichter Petronius die Auffassung, daß Männern bei Potenzstörungen geholfen werden könne, wenn man „die Stelle unter dem Nabel, die Lenden und das Gesäß" mit einem Brennesselstrauß peitsche. Zu jener Zeit half man sich auch mit „Liebestränken", die Brennesselsamen enthielten. Damit wollte man wohl das Schicksal wenden, denn die Brennessel galt als das Sinnbild hoffnungsloser Liebe.

Herkunft

Die Brennessel ist fast über die ganze Erde außerhalb der Tropen verbreitet, sie ist ein Kosmopolit.

Fundort

Die Brennessel gedeiht praktisch in allen Klimagebieten Europas. Besonders auf nährstoffreichem Boden wächst sie üppig: daher vor allem in der Nähe von menschlichen Siedlungen, auf Weiden, Komposthaufen, auf Schuttplätzen, an Wegrändern, neben alten Mauern usw., aber auch in Wäldern (vor allem Auen), bis in Höhen von 2 500 m.

Merkmale

Der *Stengel* ist vierkantig, aufrechtstehend, mit langen Brennhaaren und kurzen Borsten. Die Farbe der winzigen *Blüten* ist weiß bis rosa. Die Pflanze ist meist entweder nur männlich oder nur weiblich. Die männlichen Blütenzweige sind aufrecht mit kurzen Seitenästen, die weiblichen haben längere Seitenäste, die später herabhängen. Die *Blätter* sind länglich-eiförmig, spitz zulaufend, grob gezähnt, gegenständig und mit groben Brennhaaren besetzt. Der ausläuferartig unterirdisch kriechende *Wurzelstock* ist reich verzweigt und treibt mehrere Stengel. Die faserigen *Wurzeln* reichen in die Tiefe. Die Brennessel erreicht eine *Höhe* bis zu 150 cm, je nach Bodenbeschaffenheit. Der *Geruch* ist eigenartig, jedoch nicht ausgesprochen unangenehm. Der *Geschmack* der Blätter, vor allem der jungen, ist köstlich.

Verwechslungen

Mit Taubnessel, Hohlzahn- und Ziestarten möglich. Als sicheres Zeichen der Unterscheidung dienen jedoch die Brennhaare. Die ebenfalls „brennende" Kleine Brennessel *(Urtica urens)* ist wesentlich kleiner, einjährig (daher leicht auszureißen) und in Gärten als Unkraut häufig.

Blütezeit

Juni bis September; je nach Standort auch bis Oktober.

Samenreife

Tritt im August oder September ein. Wegen schwieriger Keimverhältnisse ist die Aussaat der Nüßchen problematisch; die Vermehrung erfolgt besser vegetativ, durch Pflanzenteilung oder Setzlinge.

Erntezeit

Für Gemüse werden die jungen Blätter vom zeitigen Frühjahr bis in den Herbst hinein gesammelt. Die blühenden Pflanzen können je nach Witterung mehrmals geschnitten werden; die Wurzeln erntet man im Spätherbst oder im zeitigen Frühjahr.

Ernte- und Sammelgut

Das ganze Kraut, blühend oder nicht blühend (*Herba Urticae*), und die Wurzel (*Radix Urticae*).

Ernte- und Sammelvorschriften

Bei der Ernte des Krautes mit Handschuhen arbeiten und unbedingt die Beine schützen! Die Spitzen der Brennhaare der Brennessel sind spröde und brechen beim Eindringen in die Haut ab, wobei sie den Nesselgiftstoff in die winzige Wunde fließen lassen. Dadurch entsteht die Rötung oder sogar Blasenbildung der Haut. Zur Drogengewinnung des Krautes erfolgt die Trocknung am besten in überdachten, luftigen Räumen, künstlich jedoch nicht bei mehr als 50 °C. Für die Wurzeldrogengewinnung werden die Wurzeln nach gründlicher Reinigung 10 bis 14 Tage auf dem Dachboden oder auf Horden zum Vortrocknen ausgebreitet. Das Nachtrocknen erfolgt bei künstlicher Wärme bis 60 °C, wobei die Droge eine gelbbraune Farbe erreicht.

Anbau

Die Brennessel wird vielfach als Unkraut betrachtet, jedoch zu Unrecht, da sie sich auf Acker- und Gartenland wegen der Bodenbearbeitung nicht zu halten vermag. Sie stellt einerseits hohe Anforderungen an den Boden, wirkt aber anderseits ausgesprochen bodenverbessernd. Sie ist ein Zeiger für nährstoffreiche, gare Böden. Wegen ihres unterirdisch weitverzweigten, kriechenden Wurzelstockes ist ein Anbau in offener Kultur problematisch. Dieser Nachteil kann aber ins Positive gekehrt werden, wenn man die Brennessel auf Böden anbaut, die sonst kaum landwirtschaftlich genutzt werden können, wie etwa auf Böschungen und steilen Hängen. Dort nämlich hält das Wurzelwerk das Erdreich fest, so daß es nicht fortgeschwemmt werden kann. Soll der Anbau dennoch auf einem Feld erfolgen, so ist zu bedenken, daß sich die Nutzungsdauer über mehrere Jahre erstreckt, die Große Brennessel also nicht in die übliche Fruchtfolge eingeplant werden kann. Das Brennesselsaatgut keimt schwer. Die Samennüßchen sind Frostkeimer, also muß die Aussaat bereits im Herbst erfolgen, und zwar in einer Reihenentfernung von mindestens 30 cm. Bei zu dichtem Stand sind die Pflanzen in der Reihe auf etwa 10 cm zu vereinzeln. Der Landwirt ist besser beraten, wenn er die Große Brennessel vegetativ vermehrt. Im Herbst oder im sehr zeitigen Frühjahr werden ältere Pflanzen geteilt, oder man verwendet etwa 10 cm lange Setzlinge mit je 4 bis 6 Augen. Die Entwicklung ist eine sehr langsame, jedoch bei guter Pflege und reichlicher Düngung gedeihen die Pflanzen ab dem 3. Jahr ausgezeichnet.

Saatgut

Die Früchte der Großen Brennessel sind 1 mm lange, 0,75 mm breite und etwa 0,3 mm dicke Nüßchen. Sie sind eiförmig und entweder an beiden Enden oder wenigstens am oberen Ende spitz verlaufend und gelb bis gelbgrünlich.

Erträge

Der Ertrag des getrockneten Krautes hängt vom Alter des Bestandes ab und beläuft sich auf ungefähr 2 bis 4 t pro ha. Vom Saatgut kann man etwa 500 bis 600 g je a als Ernteertrag erwarten.

Für den Hausbedarf

Es ist zu empfehlen, der Brennessel in einer Gartenecke oder entlang des Gartenzauns oder der Hausmauer einen Platz zuzuweisen. Durch häufiges Abschneiden bekommt man bis in den Spätherbst hinein wertvolles Kraut für Tees und Küche. Diese blutverbessernde Pflanze sollte in Ihrem Hausgarten nicht fehlen.

Krankheiten und Schädlinge

Die Brennessel wird an sich von sehr vielen Krankheiten und Schädlingen heimgesucht, die dem Pflanzenbestand aber wenig ausmachen. Die Raupen des Kleinen Fuchses, des Admirals und des Tagpfauenauges fressen mit Vorliebe Brennesselblätter. Die Blattläuse, die vor allem gerne die Jungpflanzen befallen, werden von Marienkäfern dezimiert. Weil die Brennessel die (einzige!) Nahrungspflanze für einige unserer schönsten und immer seltener werdenden Tagfalter darstellt, sollte sie möglichst geschont werden. Auch aus diesem Grund sollte der Brennessel im Hausgarten unbedingt ein Platz eingeräumt werden.

Wirkstoffe

Kieselsäure, Gerbstoffe, in den Brennhaaren Histamin, Ameisen- und Essigsäure, viel Vitamin A und C. Reichlich vorhanden sind auch mineralische Spurenelemente wie Magnesium, Eisen, Kalium, Silizium, Natrium.

Heilwirkung

Hautreizend, blutbildend, blutreinigend, stoffwechselanregend, durchfallhemmend, auswurffördernd und schleimlösend, stärkend.

In der Heilkunde

Brennesselblätter verwendet man zur Anregung des gesamten Körperstoffwechsels; sie sind Bestandteil von vielen Teemischungen, besonders gegen Rheuma und Gicht, Gallen- und Leberbeschwerden, Magen- und Darmgeschwüre und bei Frühjahrs- und Herbstkuren. Ein Absud aus Wurzeln und Blättern (10 g auf ¼ l Wasser) wird warm getrunken und bringt Erleichterung bei Verschleimung der Lunge und bei Wassersucht. Als Mittel gegen Frühjahrsmüdigkeit empfiehlt es sich, nach dem Aufstehen ein kleines Glas frisch gepreßten Saft aus jungen Pflanzen zu trinken.

Als Hausmittel

Noch immer gebräuchliche Mittel sind das Schlagen rheumatischer Glieder mit frischen Brennesselzweigen oder das Auflegen von Brennesselpflastern auf die schmerzenden Stellen. Zur Förderung des Haarwuchses eignet sich eine Brennesselabkochung: 1 Handvoll auf ½ l Wasser und ½ l Essig. Frischer Brennesselsaft wird bei Blutarmut genommen.

In der Tiermedizin

Dem kranken Haustier wird bei Koliken Brennesseltee eingegeben. Brennesselheu ist ein sehr gutes Futtermittel, es wird den Kühen zur Steigerung der Milchproduktion und den Pferden zur Erzielung eines gesunden Aussehens ins Futter gemischt. Da auch Tiere unter Rheumatismus leiden können, ist Behandlung mit Brennesseln möglich.

In der Homöopathie

Die aus jungen, frischen Blättern und Trieben gewonnene Essenz wird bei Nesselfieber und Ekzemen verordnet und zur Behandlung von Steinleiden empfohlen.

In der Küche

Gemischt mit verschiedenen Frühjahrsgemüsen und frischen Kräutern ist die junge Pflanze wegen ihres hohen Gehaltes an Vitamin C ein hochwertiges Nahrungsmittel. Die jungen Blätter werden seit alters her zubereitet wie Spinat, sind aber wegen des geringen Säuregehaltes auch für Rheuma-, Gicht- und Arthritiskranke verträglich.

Für die Körperpflege

Empfindliche und trockene Haut pflegt man mit kalten Kompressen aus einem leichten Aufguß ganzer junger Pflanzen (3 Fingerspitzen mit 1 Tasse kochendem Wasser übergießen). Dieser Aufguß, als Lotion verwendet, reinigt die Haut und bekämpft Akne und Ekzeme mit Erfolg.

Auszüge

Kleingeschnittene Brennesselwurzeln werden in Weinessig angesetzt, nach einigen Wochen abgeseiht und gleichzeitig innerlich (teelöffelweise) und äußerlich (zum Einreiben des Haarbodens) gegen Haarausfall und Schuppenbildung angewendet.

In der pharmazeutischen Industrie

Wegen seines sehr hohen Gehaltes an Blattfarbstoffen dient das Brennesselkraut zur industriellen Gewinnung von Chlorophyll, Xanthophyll und Carotinen (für Vitaminsynthesen). *Fertigpräparate:* Arthrodynat, Cefarheumin, Rheumadrag, Rheumapressan, Combudoron, Urtika-Pentarkan, Wund- und Brandgel.

Aus meiner Erfahrung

Zur Bereitung der Nesselsuppe werden die jungen Blätter in Salzwasser weichgekocht, fein gewiegt, dann in Butter gedünstet, mit etwas Mehl gestaubt, mit Brühe aufgegossen und nach Beigabe von einigen Kartoffelscheiben und etwas Dill fertiggekocht.

Naturschutz und gesetzliche Bestimmungen

Die Brennessel ist nicht nur wegen ihres vorzüglichen Heilwertes zu achten und zu schonen, sondern auch als Nahrungspflanze seltener Tagfalter.

Aus meiner Kräuterapotheke

Bei Gelenkrheumatismus, Gliederschmerzen, Ischias und Nervenentzündungen: Brennesselblätter 4 Teile, Schachtelhalm 3 Teile, Birkenblätter 1 Teil. 2 gehäufte Teelöffel mit ¼ l kaltem Wasser übergießen, 1 Stunde stehenlassen, kurz aufkochen, 3mal täglich 1 Tasse trinken. Nach einer 3-Wochen-Kur 3 Tage aussetzen und dann noch einmal 3 Wochen lang trinken.

Dill
Anethum graveolens
Doldengewächse
einjährig

Volkstümliche Bezeichnungen

Däll, Dällille, Dille, Dillfenchel, Dillsamen, Dillscheiben, Düll, Dyl, Gurkenkraut, Gurkenkräutel, Hochkraut, Ille, Kappernkraut, Kümmerlingskraut, Till, Umorkenkraut.

Namenerklärung

Der Pflanzenname Dill ist unbekannter Herkunft. Mittelhochdeutsch: *tille*, althochdeutsch *tilli*, aber auch *tilla*. Englisch und schwedisch: *dill*. Er wird heute fast nur für das bekannte Küchenkraut gebraucht.

Kulturgeschichte

Der Dill gehört zu den uralten Heil- und Küchenpflanzen, die schon den alten Ägyptern bekannt waren. So fand man in Pharaonengräbern Tongefäße, die getrocknetes Dillkraut enthielten. Auch Griechen und Römer schätzten es hoch. Aus Italien brachten dann die Mönche den Dill über die Alpen und pflanzten ihn in ihren Klostergärten. Das erklärt, daß der Dill bereits in den „Capitulare de villis" Karls des Großen aufschien. Im Mittelalter galt das Dillkraut als Schutz gegen Hexen und Zauberer von hoher Wirksamkeit. Es genügte, ein Bündel davon über die Tür zu hängen. Dieser Brauch hielt sich bis etwa 1900, wo man auf diese Art in den östlichen Provinzen Preußens die Tiere vor dem „Verhexen" zu schützen trachtete.

Herkunft

Als Ursprungsgebiet des Dills gilt der Vordere Orient. Heute wird die Pflanze überall in Europa kultiviert.

Fundort

Der anspruchslose Dill kann auf fast jedem Boden gebaut werden. In Südeuropa wächst er wild unter dem Getreide. In Mitteleuropa vermag er selten zu verwildern, und wenn, dann vor allem auf Schuttplätzen.

Merkmale

Der Dill hat einen runden, hohlen *Stengel*, der dunkelgrün und weißlich gestreift, bläulich zart gefleckt ist. Die kleinen, dottergelben *Blüten* sitzen endständig in großen, strahlenförmigen Dolden. Die *Blätter* sind mehrfach gefiedert, die unteren gestielt, die oberen auf den Scheiden sitzend. Diese Scheiden umfassen den Stengel. Die weißliche *Wurzel* ist dünn und spindelförmig. Der Dill erreicht eine *Höhe* von 50 bis 120 cm. Der *Geruch* ist auffallend würzig, der *Geschmack* von intensivem Aroma und sehr erfrischend. Der Geschmack der Samen ist hingegen ein wenig bitter und kümmelartig.

Verwechslungen

Verwechslungen mit anderen Doldenblütlern sind möglich, kommen aber in der Praxis nicht vor, da der Dill nur angebaut wird. Im übrigen ist der Geruch äußerst charakteristisch. Der Samen des Dills hat eine gewisse Ähnlichkeit mit den Kümmelfrüchten (*Fructus Carvi*), was zu unliebsamen Verwechslungen führen kann.

Blütezeit

Je nach Aussaat von Juni bis August.

Samenreife

Von Anfang bis Ende September. Die mittlere Samendolde reift zuerst.

Erntezeit

Die Ernte der grünen Blättchen beginnt 4 bis 6 Wochen nach der Aussaat und kann dann bis zur vollen Reife der Samen laufend fortgesetzt werden. Das Kraut erntet man kurz nach dem Blühen, die Samen werden jedoch schon geschnitten, wenn sie sich zu bräunen beginnen, aber noch nicht so reif sind, daß sie ausfallen.

Ernte- und Sammelgut

Heilkräftige Pflanzenteile sind in erster Linie die Samen (*Fructus Anethi*), die Blätter (*Folia Anethi*), die Blüten (*Flores Anethi*), aber auch das ganze Kraut (*Herba Anethi*).

Ernte- und Sammelvorschriften

Man erntet das Kraut bei trockenem Wetter, sobald die Pflanze eine Höhe von 25 bis 30 cm erreicht hat. Dann geht es direkt an den Verbraucher (auch an die Industrie für Einlegezwecke) oder wird getrocknet für Drogengewinnung. Für die Ernte der Dillsamen sind die tauigen Morgenstunden die beste Tageszeit, weil so das Ausfallen weitgehend vermieden werden kann. Zur Nachreife kann man das geschnittene Kraut entweder auf dem Feld lassen oder an einem luftigen, aber regengeschützten Ort lagern. Erst wenn es vollständig trocken ist, kann man es ausklopfen oder ausdreschen. Danach sind die Samen zum Nachtrocknen in dünner Schicht auszubreiten. Künstliche Nachtrocknung ist nicht empfehlenswert.

Anbau

Der Dill ist eine eher anspruchslose Pflanze und gedeiht daher auf fast jedem Boden, ausgenommen leichte Sandböden. Ausreichende Feuchtigkeit ist wichtig, stauende Nässe verträgt er allerdings nicht. Eine günstige Anbaukombination ist Dill und Gurke, da die beiden Pflanzen geschmacklich so gut miteinander harmonieren, daß sie oft gemeinsam verarbeitet werden (Einlegegurken). An die Vorfrucht stellt der Dill keine besonderen Ansprüche, bevorzugt aber mit Stallmist gedüngten und gelockerten Boden. Der Dill läßt sich sogar als Zweitfrucht nach Frühkartoffeln oder Erbsen anbauen; in diesem Fall kann natürlich nicht mehr mit Samengewinnung gerechnet werden. Zur Körner- oder Samengewinnung muß frühzeitig ausgesät werden, und zwar im April. Für den Küchenbedarf als Gewürz kann der Dill mehrmals im Jahr ausgesät werden. Dill eignet sich auch als Beisaat zu anderen Gemüsen, vor allem Möhren und Zwiebeln. Soll der Samen gewonnen werden, ist bei der Aussaat ein Abstand von 30 cm einzuhalten; pro ha benötigt man 8 bis 10 kg. Für die Krautgewinnung sät man im Reihenabstand von 25 cm und braucht dafür 12 kg pro ha. Der ausgesäte Samen wird mit der Walze nur leicht angedrückt. Die Saat läuft nach 2 bis 3 Wochen auf. Da der Dill sehr raschwüchsig ist, genügt meist nur ein einmaliges Hacken oder Auflockern des Bodens. Vor der Aussaat und beim Herrichten des Bodens wird ein Handelsdünger gegeben, der gleichzeitig eingearbeitet wird. Bei Spätsaat ist eine reichlichere Stickstoffgabe erforderlich.

Saatgut

Der Dillsamen ist eirund und gerippt und gelbbraun bis rötlichbraun. Je nachdem, ob man das Kraut oder den Samen ernten will, empfiehlt sich die Auswahl der Saatgutsorte. Es gibt auch Saatgut, das sich zum Treiben unter Glas im Winter eignet.

Erträge

Die Erträge von Dillkraut sind oft starken Schwankungen ausgesetzt, und zwar frisch 20 bis 40 t pro ha. Das ergibt etwa 4 bis 8 t pro ha Droge. An frischem Blattdill kann man zirka 10 t pro ha ernten. An Saatgut erhält man zwischen 1,2 bis 2,4 t pro ha.

Für den Hausbedarf

Der Anbau des Dills für den Hausgarten ist gänzlich problemlos, wenn man das leichte Gedeihen und Aufgehen durch Selbstaussaat nicht als lästig und somit als ein Problem betrachtet. Denn Dill, einmal für ein Jahr im Garten gezogen, vorausgesetzt, man läßt die Samen ausreifen, geht Jahr für Jahr immer wieder von selbst auf. Will man jedoch den ganzen Sommer hindurch das frische Kraut ganz ernten, sät man von März bis Juni alle 3 Wochen einige Samenkörner aus. Dill ist zwar anspruchslos in puncto Standort und kann praktisch überall im Garten in jedes offene Erdreich gesät werden, hat aber gerne mit gut verrottetem Kompost gemischte, krümelige, gut aufgelockerte Gartenerde, die nicht zu trocken sein darf. Man sät möglichst flach aus und drückt die Samen leicht an. Die Pflege ist sehr einfach: 1- bis 2mal jäten und hacken. Bald hat sich der Bestand geschlossen und läßt Unkraut nicht mehr aufkommen. Bei der Ernte des Krautes zieht man die ganze Pflanze aus, bündelt und trocknet sie oder verbraucht sie frisch. Wird das Kraut zum Einlegen von Gurken geerntet, dann schneidet man es in der Höhe von 25 bis 30 cm.

Krankheiten und Schädlinge

Dillkulturen werden im Spätsommer gerne von einer Welkkrankheit befallen, die die Pflanzen unansehnlich und ungeeignet zur Verwendung macht. Dem kann man vorbeugen, indem man rechtzeitig die Ernte einbringt.

Wirkstoffe

Als wichtigster Heil- und Wirkstoff ist in den Dillsamen ätherisches Öl mit 50 bis 60%

Carvon enthalten. Daneben finden sich auch Gerbstoff, Harz, Schleim, Vitamin C, Mineralstoffe, Amin, fettes Öl und Protein in dieser so heilkräftigen und würzigen Pflanze.

Heilwirkung

Dill wirkt appetitanregend, magenstärkend, blähungstreibend, milchvermehrend und schlaffördernd. Er ist allgemein verdauungsfördernd und krampflösend.

In der Heilkunde

Dill regt den Appetit an, beseitigt Blähungen und ist leicht harntreibend. Seine beruhigende Wirkung zeigt sich bei Schlaflosigkeit und bei Magenkoliken. Ein Absud aus Dillsamen ist ein ausgezeichnetes Gurgelwasser bei Hals- und Kehlkopfentzündungen.

Als Hausmittel

Der Dill ist ein wertvolles Hausmittel für die ganze Familie. Er fördert nicht nur die Milchsekretion bei stillenden Müttern, auch dem Baby hilft ein Dillsamentee bei Bauchgrimmen oder Blähungen. Dieser Tee kann, mit Honig gesüßt, bei Nervosität und Schlaflosigkeit gereicht werden. Wenn man den Tee ungesüßt trinkt, wird Brechreiz und Schluckauf gelindert. Für 1 Tasse Tee nimmt man 1 Teelöffel Dillsamen, gießt mit heißem Wasser auf und läßt kurz ziehen. Aus alten Aufzeichnungen gehen folgende Verwendungsmöglichkeiten des Dills hervor: „Wann den Kindern der Nabel aufgelaufen ist und herausgeht, soll man Dillenöl mit Terpentin darüberlegen. Ein Dampfbad aus Dillen gemacht, bekommt der schmerzenden Mutter (= Gebärmutter) wohl." – „Dill in Baumöl gesotten und warm aufgelegt, lindert die Schmerzen, zeitigt und verzehrt die Geschwülste." – „Dillsamen und die obersten Schosse mit der Blüte in Wasser oder Wein gesotten und getrunken, bringt den Frauen die Milch, stillt das Grimmen, zerteilt die Bläste und Winde im Bauch, stillt das Würgen und überflüssige Stuhlgänge, treibt den Harn, mildert das Glucksen und Aufstoßen des Magens, besonders in Wein und Wermut und Rosen gesotten."

In der Tiermedizin

Die beim Ausdreschen der Samen entstehenden Abfälle eignen sich als Viehfutter, da der Dill ebenso wie Fenchel, Anis und Kümmel zur Gesunderhaltung der Tiere beiträgt. Das aus den Früchten durch Auszug gewonnene Öl kann Tieren innerlich als appetitanregendes und verdauungsförderndes Mittel verabreicht werden. Dazu nimmt man 1 Teil Früchte auf 4 Teile Öl und läßt 2 Wochen in einem warmen Raum ziehen. Da Dill die Tätigkeit der Milchdrüsen anregt, verabreicht man Muttertieren, die wenig Milchabsonderung haben, einen Aufguß aus Dill.

In der Homöopathie

Die reifen Früchte werden zerquetscht und mit Wasser aufgegossen. Der Aufguß findet als Magenmittel, bei Blähungen sowie Magen- und Darmkrämpfen, bei Schlaflosigkeit, mangelnder Milchsekretion und zur Entwässerung des Körpers Verwendung.

In der Küche

Dillsamen und Dillblütenstände werden beim Einlegen von Gurken und zum Ansetzen von Kräuteressig gerne verwendet. Als *Gurkeneinmachgewürz* ist folgendes Kräutergemisch zu gleichen Teilen empfehlenswert: weiße Senfkörner, schwarze Pfefferkörner, Dillfrüchte, Dillkraut (auch mit Blüten), Petersilienfrüchte, Wacholderbeeren, Lorbeerblätter, Estragon und Paprika. Das ergibt eine hocharomatische Mischung. Für die Zubereitung von *Kräuteressig* gilt folgende Faustregel: 200 g Frischkrautmischung auf 1 l Weinessig. Hier folgt das Rezept für 10 l Essig. Kräutermischung: 500 g Estragon, 360 g Bibernelle, 250 g Kerbelkraut, 50 g Melisse, 45 g Nelken, 35 g schwarze Pfefferkörner, 30 g Krauseminze, 10 g Knoblauch, 10 g Zimtrinde, 35 g Kochsalz. Man teilt die Kräuter in 2 Gurkengläser auf und übergießt mit dem Essig. Dann bindet man die Gläser zu und stellt sie in die Sonne. Nach 2 Wochen kann der Essig abgeseiht, in Flaschen gefüllt und gut verschlossen aufbewahrt werden. Frische Dillblätter sind eine köstliche Würze für alle Salate, zu Fisch, Rindfleisch, neuen Kartoffeln, jungem Weiß- und Wirsingkohl. Die getrockneten Dillblätter verwendet man im Winter bei der Zubereitung von Dillsoße. Die Dillfrüchte eignen sich hervorragend als Gewürzbeigabe zu gekochtem Fisch. Dill läßt sich ohne Geschmacksverlust tiefgefrieren!

Für die Körperpflege

Da gesunder Schlaf eine der wichtigsten Voraussetzungen für gutes Aussehen ist, sei hier ein schlafförderndes Fußbad mit Dillsamen empfohlen. 1½ Eßlöffel Dillsamen werden 1 Stunde in 1 l kaltem Wasser angesetzt, dann aufgekocht und 10 Minuten ziehen gelassen. Abseihen und dem Fußbadewasser beifügen. Für ein Ganzbad benötigt man 3 Eßlöffel Dillsamen auf 3 Liter Wasser. Darüber hinaus kann man 1 Stunde vor dem Schlafengehen noch 1 Tasse Dillsamentee trinken, den man auf folgende Weise zubereitet: 1½ Teelöffel Samenkörner mit ¼ l Wasser 1 Stunde kalt ansetzen, kurz aufkochen, 10 Minuten ziehen lassen, abseihen und warm schluckweise trinken. Diese Kur 3 Wochen hindurch täglich abends durchgeführt, bringt sichtbaren Erfolg. Man sollte dann mindestens 1 Woche aussetzen, anschließend kann man die Kur wiederholen.

Auszüge

Zur Förderung der Durchblutung kann *Dillspiritus* eingesetzt werden, wobei man die kalten Füße und Hände damit einreibt. Bei Migräneanfällen sind Einreibungen des Rükkens empfehlenswert. Zur Zubereitung des Dillspiritus nimmt man 4 Teile billigen Spiritus und 1 Teil Dillsamen, der vorher in einem Mörser zerstoßen wurde. Gut durchmischen, in eine weithalsige Flasche füllen, einige Tage in einem warmen Raum stehenlassen und abseihen. Das äußerlich und innerlich angewendete *Dillöl* wird folgendermaßen zubereitet: Zirka 2 Handvoll zerkleinerte Dillblüten und -blätter werden mit ½ l reinem, kalt gepreßtem Olivenöl in eine Flasche gefüllt, gut verschlossen und auf eine warme, sonnige Fensterbank gestellt. Es ist für mich ein beruhigendes Gefühl und ein schöner Anblick, mit Öl gefüllte Flaschen auf einer sonnigen Fensterbank zu sehen. Sie strömen Ruhe und Gelassenheit aus. Und dabei tut sich hier etwas Großartiges: Heilsame Pflanzenstoffe werden abgesondert, aufgenommen und durch die Kraft der Sonne umgearbeitet. Die Pflanzen geben ihre Inhaltsstoffe ab, und es entsteht heilsames Kräuteröl. Zurück zum Rezept: Nach 2 bis 3 Wochen wird die Flüssigkeit durch ein sauberes Leinentuch geseiht und die Rückstände fest ausgepreßt. Dann wird das Kräuteröl noch einmal mit frischen Blüten und Blättern angesetzt und in die Sonne gestellt. Nach weiteren 2 Wochen kann man es endgültig abseihen und abfüllen. Teelöffelweise geschluckt, beruhigt das Dillöl sehr und ist deshalb bei Erregungszuständen aller Art zu empfehlen. Es lindert auch Bauch- und Magenschmerzen. Äußerlich angewendet, wird Dillöl zum Einreiben bei Schwellungen, Entzündungen und Kopfschmerzen benützt. Aber auch zum Aftereinreiben bei juckenden Hämorrhoiden habe ich es mit Erfolg anwenden lassen.

In der pharmazeutischen Industrie

Gegen Hämorrhoidalleiden wird ein Dillinfus als Hämorrhoidalmittel angepriesen. *Fertigpräparate:* Salus Magen-Darm-Tee, Diureticum-Medice.

Aus meiner Erfahrung

Man kann Dill auch in Kästen oder Töpfen in mit Kompost vermischter guter Gartenerde kultivieren. Dadurch ist es wirklich jedem möglich, die für den allgemeinen Gesundheitszustand so wichtigen Eigenschaften des Dills zu nützen.

Nicht übersehen

In alten Kräuterbüchern wird manchmal empfohlen, Augenleiden mit Dill zu behandeln. Dies ist unbedingt abzulehnen. Noch ein wichtiger Hinweis: Wer im Garten Dill als Beissaat zu Möhren und anderem verwendet, sollte das Kraut frühzeitig mit der Wurzel ernten, da sonst die Erträge beim Hauptgemüse enttäuschend sein können.

Naturschutz und gesetzliche Bestimmungen

Ich habe bei meinen „Heilkräuter-Wanderungen" hin und wieder verwilderte Dillbestände in aufgelassenen Sandgruben, aber auch auf Erdanschüttungen gefunden. Nicht alles abernten. Einen Teil der Bestände stehen- und die Samen reifen lassen. Ich selbst pflege im Herbst Dillsamen in der Wildnis auszustreuen. Bitte nachahmen.

Aus meiner Kräuterapotheke

Bei seelischer Unruhe, die sich auch nachteilig auf den Schlaf auswirken kann: Dillsamen 2 Teile, Anissamen 2 Teile, Kamillenblüten 1 Teil. 1½ Teelöffel der Mischung mit ¼ l kochendem Wasser übergießen, 15 Minuten ziehen lassen, abseihen, mit Honig süßen und morgens und abends 1 Tasse trinken.

Dost

Origanum vulgare
Lippenblütler
ausdauernd

Volkstümliche Bezeichnungen

Badchrut, Badkraut, Bartchrut, Berghopfen, Bergminze, Brauner Dost, Brauner Dosten, Bruner Dust, Busch, Crant, Dorant, Dosten, Frauendost, Gemeiner Dosten, Gemude, Grober Chölm, Großer Chostez, Lungenkraut, Maran, Mühlekraut, Mutterkraut, Ohrkraut, Orantkraut, Oregano, Roter Dost, Schmecketa, Schusterkraut, Spanischer Hopfen, Staudenmajoran, Wilde Majero, Wilder Balsam, Wilder Majoran, Wintermajoran, Wohlgemut.

Namenerklärung

Der Name Dost leitet sich von althochdeutsch *dosto,* mittelhochdeutsch *doste* = Büschel oder Strauß ab. Origanon ist der altgriechische Name einer verwandten Pflanze und kommt von *oros* = Berg und *ganos* = Zierde: also Bergzierde.

Kulturgeschichte

Die schon im Mittelalter bekannte Pflanze galt lange als Mittel zur Vertreibung von Hexen und bösen Geistern und wurde zu diesem Zweck sogar in der Kirche geweiht. Tieren und Menschen mischte man Dost gerne in Futter und Essen, dann konnte ihnen niemand etwas antun. Früher glaubte man ja, daß Krankheiten von bösen Geistern heraufbeschworen werden. Der Dost wurde zur Abwehr des „bösen Blicks" verwendet, galt also auch als Zauberkraut, mit dem man sogar dem Teufel entgegentrat. Daß der Dost in den Pharmakopöen verzeichnet war, zeigt, daß er auch von den Ärzten als Heilmittel hoch geschätzt war. So wurde er wiederholt dafür eingesetzt, Menschen, die allen Lebensmut verloren hatten, wieder „wohlgemut" sein zu lassen.

Herkunft

Der Dost ist in den gemäßigten und auch etwas wärmeren Zonen Europas und Asiens häufig wild zu finden. In Südeuropa wird eine Zuchtform als Gewürzpflanze kultiviert.

Fundort

Die Pflanze wächst in warmen, trockenen Lagen, z. B. in lichten Wäldern, auf Waldschlägen, an sonnenbeschienenen Waldrändern, Böschungen, aber auch auf mageren Wiesen und Heiden.

Merkmale

Die Pflanze hat einen vierkantigen, meist rötlichbraunen *Stengel,* der leicht behaart ist. An den Spitzen der Zweige befinden sich rosa oder rosarote, nur selten weiße *Blüten,* die büschelförmig in Scheinähren zusammenstehen. Sie sind eine gute Bienenweide. Die kurzgestielten *Blätter* stehen kreuzgegenständig am Stengel, sind behaart, eiförmig, ganzrandig oder schwach gezähnt. Der Dost bildet eine reichverzweigte *Wurzel* mit verholzten Ausläufern. Die *Höhe* schwankt je nach Bodenbeschaffenheit und Lage zwischen 30 und 60 cm. Der *Geruch* der Pflanze beim Zerreiben ist angenehm aromatisch, fast dem Echten Majoran ähnlich. Der *Geschmack* ist ein wenig pfeffrig und scharf, sogar etwas bitter.

Verwechslungen

Der Dost, der fälschlich auch „Wilder Majoran" genannt wird, ist mit dem Echten Majoran, der in Mitteleuropa nicht wild vorkommt, zwar nahe verwandt, sieht ihm aber nicht sehr ähnlich. Es kann also nur zu einer Namenverwechslung kommen.

Blütezeit

Von Juni bis September.

Samenreife

Die Samenreife erfolgt im allgemeinen Ende September, doch in sonnigen Lagen kann man die Samen auch schon früher ernten.

Erntezeit

Für den laufenden Bedarf kann man während des ganzen Sommers die jungen Blätter und Triebe ernten. Das ganze Kraut erntet man während der Blütezeit.

Ernte- und Sammelgut

Zur Drogengewinnung wird das ganze blühende Kraut (*Herba Origani vulgaris*) geschnitten.

Ernte- und Sammelvorschriften

Das Sammeln oder das Schneiden mit der Sichel muß vorsichtig vorgenommen werden. Man sollte mindestens 5 cm über dem Boden abschneiden, um zu verhindern, daß man die Bodenausläufer mit ausreißt. Die Trocknung kann auf dem Feld erfolgen, besser aber unter Dach, wobei das Kraut in dünner Schicht ausgelegt oder zu Büscheln gebunden wird. Trocknet man künstlich, so ist auf mäßige Temperaturen zu achten (höchstens 35 °C). Bei höheren Temperaturen geht das ätherische Öl verloren, und damit wird die Wirkung der Droge beeinträchtigt. Die trockene Droge wird vor Licht und Feuchtigkeit geschützt und in dicht schließenden Gefäßen aufbewahrt. Von Schädlingen befallene oder deformierte Stücke dürfen nicht gesammelt werden.

Anbau

Für den Dost, der an die Vorfrucht und damit an die Düngung keine besonderen Ansprüche stellt, sollte man vor allem eine möglichst warme Lage wählen, sei es im Garten oder in offener Kultur. Der Boden sollte trocken und durchlässig sein. Bei feldmäßigem Anbau wird er so wie Thymian kultiviert. Die Aussaat wird bereits Ende April in Reihen von mindestens 25 cm Abstand durchgeführt. Die Jungpflanzen werden dann auf 20 bis 25 cm Abstand vereinzelt. Die Vermehrung kann aber auch durch geschnittene Stecklinge, und zwar verhältnismäßig tief in den Boden gesteckt, erfolgen. In rauhen Lagen empfiehlt es sich, die Pflanzen zum Winterschutz mit Reisig zu bedecken. Im Frühjahr werden sie bis dicht über dem Boden zurückgeschnitten. Für den Anbau besonders geeignet sind leichte, nährstoffreiche Kalkböden mit genügend Untergrundfeuchtigkeit.

Saatgut

Da man laufend das blühende Kraut erntet, kommt es kaum zur Samenreife, die außerdem in Mitteleuropa meist ungenügend ist, weil selten alle Nüßchen ausreifen und damit die Keimfähigkeit des Saatgutes zu wünschen übrigläßt. Es empfiehlt sich daher, aus Südeuropa importiertes Saatgut für den Anbau zu verwenden.

Erträge

Im ersten Anbaujahr ist der Ertrag des blühenden Krautes sehr gering, weil zumeist nur einmal geschnitten werden kann. Bei mehrjährigem Anbau kann jährlich bei 2 bis 3 Schnitten ein Ertrag von 6 bis 10 t pro ha erzielt werden; bei Saatgut 100 bis 150 kg pro ha.

Für den Hausbedarf

In Steingärten gedeiht das anspruchslose Bergkraut oft besser als in Beeten. Man kann im April direkt in das Steingartenbeet aussäen. Besser ist es aber, wenn man sich im Frühling in einer Gärtnerei junge Pflanzen kauft. Später kann man durch Wurzelausläufer selbst vermehren. Sie werden mit dem Dost im Hausgarten viel Freude erleben. Blühender Dost riecht nicht nur gut, sondern ist auch eine ausgezeichnete Bienenweide.

Krankheiten und Schädlinge

Die Raupen einiger Kleinschmetterlinge können teils durch das Zusammenrollen der Blätter, teils durch das Verspinnen der Pflanzenspitzen empfindlich schaden.

Wirkstoffe

Ätherisches Öl (Hauptbestandteil Thymol), Gerbstoff, Harz und Bitterstoffe.

Heilwirkung

Die Droge wirkt stoffwechselanregend, blähungstreibend und krampflösend, entwässernd, antiseptisch, schleimlösend, verdauungsfördernd, appetitanregend.

In der Heilkunde

Da die Pflanze Gerbstoffe, Bitterstoffe und ein ätherische Öl enthält, ist sie ein ausgezeichnetes Mittel für den Magen- und Darmtrakt. So hemmt der im Dost enthaltene Gerbstoff Durchfall. Ein Aufguß aus Dost (15 g auf ¼ l Wasser) regt die Verdauungssekretion an, vertreibt Blähungen und regt die Nierentätigkeit an. Aus den blühenden Dostsproßspitzen wird ein appetitanregendes Getränk hergestellt, das auch bei Heiserkeit und Husten hilfreich sein kann.

Als Hausmittel

In der Volksmedizin wird der Dost für die gleichen Beschwerden wie in der Heilkunde angewendet. Außerdem hilft der Dost gegen Husten, ja sogar Keuchhusten. 3- bis 4mal täglich trinkt man folgenden Tee: 1 Teelöffel getrocknetes Kraut mit 1 Tasse kochendem Wasser übergießen, etwas ziehen lassen und abseihen. Dieser Aufguß eignet sich auch als Gurgelmittel bei Mund- und Rachenentzündungen und als Umschlag bei schlecht heilenden Wunden. Bei Keuchhusten läßt sich auch das aus dem blühenden Kraut gewonnene Öl krampflösend einsetzen.

In der Tiermedizin

Das blühende getrocknete Kraut, unter das Futter gemischt, bringt den Haustieren Erleichterung bei Durchfällen und anderen Erkrankungen des Magen- und Darmtraktes. Auch zur Steigerung der Milchproduktion von Kühen ist der Dost empfehlenswert. Ein Dostabsud ist ein ausgezeichnetes Desinfektionsmittel des Rachens.

In der Küche

Als Gewürz werden entweder das getrocknete Kraut oder die abgerebelten, gemahlenen Blätter verwendet. Die getrockneten Blätter sind graugrün. Erstklassig getrockneter Dost soll einen etwas bitteren Geschmack haben. Die Küche des Mittelmeerraumes sowie Mittel- und Lateinamerikas verwendet sowohl die frischen als auch die getrockneten Blätter. Man würzt damit Tomatengerichte, Pizzas, Auberginen und Zucchini, Kartoffelsuppe und Schmorfleisch. Dost harmonisiert mit anderen Mittelmeerkräutern wie Basilikum und Thymian. Dost soll immer mitgekocht werden, damit sich sein Aroma voll entfalten kann. Doch ist es ratsam, den Dost vorsichtig verwenden.

Für die Körperpflege

Ein Absud aus dem getrockneten Kraut kann zur Reinigung der Haut verwendet werden. Mit diesem sogenannten Dostwasser wäscht man Gesicht und Hände. Will man Dost als Badezusatz benützen, dann nimmt man 1 Handvoll des Krautes samt den Blüten, übergießt es mit kochendem Wasser, läßt 15 Minuten ziehen, seiht ab und fügt diesen Aufguß dem Badewasser zu. Das aus dem blühenden Kraut gewonnene Öl wird in der Parfümindustrie zur Herstellung von Seifen und Kölnisch Wasser verwendet.

Auszüge

Einen alkoholischen Auszug stellt man im Verhältnis 1:4 her; die Mischung läßt man 2 Wochen auf der Fensterbank stehen. Diese *Tinktur* eignet sich zu Einreibungen und auch als Badezusatz.

In der pharmazeutischen Industrie

Verwendet wird *Herba Origani* (Dostkraut). *Fertigpräparate:* Erigotheel, Mucidan-Hustentee, Peracom-Hustentee.

Aus meiner Erfahrung

Zur Behandlung von Wunden aller Art, und zwar mit Umschlägen, ist ein Aufguß aus Dost, Salbei und Kamille zu gleichen Teilen sehr wirkungsvoll. Dost mit Nelkenwurz, Schachtelhalm, Taubnessel und Salbei, ebenfalls zu gleichen Teilen gemischt, dient als Aufguß zu Waschungen juckender Ausschläge, auch auf dem Haarboden.

Nicht übersehen

Seine höchste Würzkraft entwickelt der Dost in der Blütezeit. Das Trockengewürz ist allgemein gebräuchlicher als die grünen Blätter. Auch in getrockneter Form bleibt das volle Aroma des Krautes erhalten.

Naturschutz und gesetzliche Bestimmungen

Dost in der Wildnis ist ein herrlicher Anblick, vor allem zur Zeit der vollen Blüte. Ich suche im Wald Lichtungen und Kahlschläge auf und streue dort zur Zeit der Samenreife die Samen aus. Welche Freude, wenn ich nach einigen Jahren dort „meine" Kultur antreffe.

Aus meiner Kräuterapotheke

Bei Appetitmangel, nervösen Magen- und Verdauungsbeschwerden wie Luftschlucken und Mangel an Magensäure: Dostkraut und -blüten 3 Teile, Johanniskraut 2 Teile, Stiefmütterchen 1 Teil. Der Tee wird auf folgende Weise zubereitet: Man nimmt 20 g der zerkleinerten Pflanzen, gießt 1 l kochendes Wasser darüber, läßt 15 Minuten ziehen, seiht ab und süßt mit Honig. Am besten, man füllt den fertigen Tee in eine Thermosflasche. Man läßt den Tee dann stehen und verteilt ihn auf 3 Tassen, die man während des Tages lauwarm trinkt.

Eibisch, Echter
Althaea officinalis
Malvengewächse
ausdauernd

Volkstümliche Bezeichnungen

Allee, Altee, Alte Eh, Altheewurzel, Dräuterwurzel, Eibsche, Heilwurz, Hemswurz, Hilfswurz, Hustenkraut, Hustenwurz, Ibisch, Ipsche, Sammetpappel, Schleimwurzel, Tee, Weiße Pappel, Wildes Malvenkraut.

Namenerklärung

Das Wort Eibisch leitet sich aus mittelhochdeutsch *ibesche*, althochdeutsch *ibiska* ab und geht auf das lateinische *ibiscus* oder *hibiscus* zurück. Der Name *Althaea* kommt vom griechischen *althaino* und heißt fördern, im Sinne von heilen.

Kulturgeschichte

Der Eibisch ist seit jeher bekannt und wurde schon im Altertum medizinisch eingesetzt. So berichtet Pedanios Dioskurides in seiner mehrbändigen Arzneimittellehre „De materia medica", einer Beschreibung von über 500 Pflanzen, über den Eibisch und seine lösende, zur Reife bringende Kraft bei Abszessen und Geschwüren sowie von der lindernden Wirkung bei Schleimhautentzündungen in den Luftwegen und bei Affektionen des Darmes. Etwas über 100 Jahre später weist Galen auf die lösenden und wundheilenden Eigenschaften des Eibisch hin: „Die Kraft des Eibisch wirkt bei Phlegmonen (= Zellgewebsentzündungen) lösend, lockernd, schmerzstillend und schließlich heilend; außerdem bringt er hartnäckige Geschwüre und Geschwülste, die sich nicht öffnen wollen, zum Reifen." Wie so manche andere Heilpflanze wurde auch der Eibisch von Mönchen aus dem Süden Europas nach Mitteleuropa gebracht, doch war es erst Karl der Große, der den Anbau zu Heilzwecken befahl. Im Mittelalter widmet die Salerner Schule der Pflanze folgende Verse:

„Sie erweicht den Leib und den heilsamen Saft
Und verdient ihren Namen durch diese Kraft.
Auch erweckt sie das träge Gedärm zur Tat
Und schafft bei zögernder Regel Rat."

Auch Christoph Wilhelm Hufeland, der berühmte Naturarzt, zollte dem Eibisch hohes Lob und wandte ihn bei Lungenleiden an. Pfarrer Sebastian Kneipp dagegen war kein Freund dieser Heilpflanze und schrieb über sie: „Ich bin für dieselbe nicht besonders eingenommen, da sie meinen Erwartungen zu wenig entsprochen hat. Schon beim Sieden erhält man eine schlüttrige (= zähflüssige) Masse, die nach kurzer Zeit schleimig wird und den Appetit nehmen und verderben muß. Derlei Medizinen empfehle ich nie." Dieses so ungünstige Urteil über den Eibisch hing mit Kneipps irriger Ansicht zusammen, daß der Eibischtee gesotten werden muß. Gerade der Eibisch mit seinen besonderen pflanzlichen Schleimstoffen darf nie gekocht, nicht einmal mit sehr heißem Wasser überbrüht werden.

Herkunft

Südeuropa und Westasien.

Fundort

In Mitteleuropa selten verwildert oder wildwachsend auf salzhaltigem Wiesenboden und in der Nähe des Meeres, an Gräben, Flußufern und anderen feuchten Stellen; meist jedoch kultiviert.

Merkmale

Die ausdauernde Pflanze hat einen filzig behaarten *Stengel*, der unten holzig, oben krautartig ist. In den Blattachseln stehen zahlreiche mittelgroße, fünfblättrige *Blüten* von blaßroter bis weißer Farbe. Die *Blätter* sind drei- bis fünflappig, unten herzförmig, oben zugespitzt und wirken wegen ihrer samtartigen Behaarung graugrün. Der *Wurzelstock* ist groß, gelblich-weiß und fleischig mit einer sehr langen Pfahlwurzel. Der Echte Eibisch kann eine *Höhe* von mehr als 1,5 m erreichen. Die Eibischwurzel hat einen schwachen, eigenartig faden *Geruch*; Blätter, Blüten und Kraut sind geruchlos. Der *Geschmack* der Wurzel ist fad süßlich, der der

Blätter schleimigsüßlich. Beim Kauen entwickelt die Wurzel viel Schleim, worauf ihre Heilwirkung beruht.

Verwechslungen

Verwechslungen mit anderen Malvenarten: Käsepappel *(Malva silvestris),* Wegmalve *(Malva neglecta),* Sigmarskraut *(Malva alcea),* sind kaum möglich, wenn man vor allem auf den aufrechten, hohen Wuchs und die filzige Behaarung achtet. Die Sämlinge des Eibischs sind denen der Kleinen Taubnessel *(Lamium amplexicaule),* einem oft sehr zahlreich auftretenden Unkraut, ähnlich.

Blütezeit

Juli bis September.

Samenreife

Den Samen kann man schon 2 bis 3 Wochen nach der Blüte, sobald sich die Früchte braun zu färben beginnen, ernten. Die frühblühende Pflanze liefert die Samen Ende Juli, die spätblühende Ende September, Anfang Oktober. Die Reife der Samen erfolgt gleichmäßiger als bei den anderen Malvengewächsen.

Erntezeit

Die Blätter kann man vor der Blüte, im Juni und Juli, sammeln; man darf jedoch nicht alle pflücken, weil sich sonst die Wurzel ungenügend entwickelt. Die Blüten erntet man im Juli und August, die Wurzeln im Herbst, so spät wie möglich.

Ernte- und Sammelgut

Gesammelt werden die Blätter *(Folia Althaeae),* die Blüten *(Flores Althaeae)* und die Wurzel *(Radix Althaeae).*

Ernte- und Sammelvorschriften

Die Eibischblätter werden kurz vor der Blütezeit gesammelt und brauchen nicht lange zum Trocknen. Dazu breitet man sie locker im Schatten aus. Die Blüten werden während der Blütezeit gepflückt, jedoch nur bei klarem, trockenem Wetter, denn wenn sie feucht werden, werden sie schwarz und verderben. Wird das ganze Kraut geerntet, muß es vor der Trocknung zerkleinert werden. Die Wurzelernte wird im Herbst bei trockener Witterung durchgeführt, solange der Boden noch nicht gefroren ist. Je später geerntet wird, desto höher ist der Schleimgehalt der Wurzel, der bis zum Winter laufend ansteigt und dann gegen das Frühjahr wieder ab-

nimmt. Zum Ausgraben verwendet man eine Grabegabel. Beim feldmäßigen Anbau wird maschinell gerodet. Man muß aber tief genug pflügen, damit nicht durch Abschneiden der Wurzel große Verluste entstehen. Anschließend ist eine gründliche Säuberung der Wurzel erforderlich. Faserige Wurzeln und der verholzte Wurzelstock müssen entfernt werden. Bei diesem Arbeitsgang sind die abfallenden Wurzelsprößlinge das Material für die Auspflanzung im nächsten Jahr. Diese Schößlinge müssen eingemietet werden. Die Wurzeln werden geschält, die äußere Rindenschicht und schadhafte Stellen entfernt. Starke Wurzeln werden der Länge nach gespalten, dann schneidet man sie in 10 bis 20 cm lange Stücke. Die beste Wurzeldroge liefern Wurzeln im 2. Vegetationsjahr, weil sie im 1. Jahr meist noch zu klein und im 3. Jahr häufig schon verholzt sind. Die stark schleimhältigen Wurzeln trocknet man am besten künstlich bei langsam bis höchstens 35 °C ansteigender Temperatur, da sich die Wurzeln bei der natürlichen Trocknung, die länger dauert, unschön verfärben. Die getrockneten Eibischwurzeln sollen weiß sein und den charakteristischen Eibischgeruch und -geschmack aufweisen.

Anbau

Zum Eibischanbau eignen sich besonders leichte, tiefgründige, nährstoffreiche, humose Böden in sonniger Lage mit genügend Untergrundfeuchtigkeit. Die Anzucht erfolgt bei Anlage neuer Kulturen aus Samen, sonst durch Teilung der Wurzelstöcke oder durch Wurzelsprößlinge, die bei der Wurzelernte anfallen. Der Bestandspflege ist große Aufmerksamkeit zu widmen, damit die Pflanzen die erforderliche Widerstandskraft gegen Krankheiten und Schädlinge erreichen. Der Boden muß unkrautfrei gehalten und von Zeit zu Zeit gelockert werden. Auch die häufige Krauternte (das Zurückschneiden des Stengels) erhöht die Widerstandskraft der Pflanze. Als Vorfrucht des Eibischs eignen sich am besten gut gedüngte Hackfrüchte. Der Eibisch sollte erst wieder frühestens nach 5 Jahren auf dem gleichen Feld angebaut werden, weil er mit sich selbst unverträglich ist. Bei der Anzucht aus Samen benötigt man zirka ⅕ der künftigen Anbaufläche als Freilandsaatbeet. Ausgesät soll bis Mitte Juni werden. Die Saatbeetansprüche ähneln denen des Sommergetreides, das heißt, der Boden darf nicht zu fest, aber auch nicht zu

ECHTER EIBISCH
Althaea officinalis

ECHTE ENGELWURZ
Angelica archangelica

GELBER ENZIAN
Gentiana lutea

FENCHEL
Foeniculum vulgare

FRAUENMANTEL
Alchemilla vulgaris

locker sein. Für 1 ha Hauptanbaufläche werden auf zirka 1 500 m² rund 4 kg Saatgut benötigt, das im Reihenabstand von 25 cm gesät wird. Unter normalen Bedingungen geht die Saat nach 2 bis 3 Wochen auf. Ab Ende September kann mit der Umpflanzung begonnen werden. Das Kraut wird vorher abgeschnitten oder abgemäht. Bei guter Qualität kann es noch als Industrieware verwendet werden. Die Blätter dürfen aber nicht vergilbt und auch nicht vom Malvenrost, *Puccinia malvacearum*, befallen sein. Die Sämlinge werden nun in das tief gepflügte und abgesetzte Feld im Abstand von 40 mal 30 cm ausgepflanzt. Das muß aber tief geschehen, damit sie der Frost im Winter nicht heben kann. Die vegetative Vermehrung durch Wurzelschößlinge, die man auch Keime oder Fechser nennt, oder durch geteilte Wurzelstockköpfe (halbiert oder geviertelt), hat den Vorteil, daß bereits im 1. Jahr des Anbaus Wurzeln geerntet werden können. Die Fechser sind kräftige, etwa 4 bis 7 cm lange Triebe, die sich bis zum Herbst um den Wurzelhals der älteren Pflanzen bilden. Bei der Wurzelernte im Herbst werden sie vom Wurzelstock abgeschnitten und eingemietet, am besten an einem frostfreien Ort im Sand; die Knospen sollen frei liegen. Die geteilten Wurzelstockköpfe werden sofort im Herbst wieder gepflanzt, von Oktober bis Mitte Dezember. Die Auspflanzzeit für die Fechser ist März oder April, wobei in einem Abstand von mindestens 40 mal 30 cm je Pflanzstelle ein Wurzelschößling ausgepflanzt wird. Bezüglich der Düngung ist zu bedenken, daß Eibisch kaliliebend ist. Es soll daher bei Reinanbau vor der Pflanzung eine mittelstarke kalibetonte Volldüngung gegeben werden. Auch auf genügende Stickstoffversorgung ist zur Erzielung von kräftigen Wurzeln zu achten. Bei Kraut- oder Blattgewinnung sollte sogar nach jedem Krautschnitt eine Stickstoffdüngung in flüssiger Form durchgeführt werden.

Saatgut
Die Frucht des Eibischs besteht aus zahlreichen, kreisrund angeordneten Teilfrüchten, die rundlich nierenförmig, bis 4,5 mm breit und gelblich bis graubraun sind. Der Samen hat eine typische Nierenform und ist etwa 2 mm breit und graublau bis dunkelbraun. Das im Handel befindliche Saatgut besteht meist aus Teilfrüchten, nur gelegentlich aus Samen. Da die Samen hartschalig sind, ist bei der Aussaat von Teilfrüchten zu bedenken, daß speziell bei Trockenheit die Saat bis zu 7 Wochen zum Auflaufen brauchen kann. Das Saatgut kann noch 3jährig ohne Verluste verwendet werden. Beim Ankauf des Saatgutes ist darauf zu achten, daß es nicht von der Malvenmotte befallen ist.

Erträge
Die Erträge sind sehr von der Witterung abhängig. Bei günstigen Wetterbedingungen liegen die Erträge an gut getrockneter Wurzeldroge einjähriger Kulturen zwischen 2 und 4 t pro ha. Ältere Kulturen liefern zwar höhere Erträge, die jedoch meist qualitativ schlechter sind. Der Krautertrag beträgt zwischen 2,4 und 3 t pro ha, der Saatgutertrag zwischen 0,4 und 1 t pro ha.

Für den Hausbedarf
Der Eibisch wird oft in Hausgärten gepflanzt. Wegen seines hohen Nährstoffbedarfes muß er jährlich umgesetzt werden. Das für ihn bestimmte Plätzchen muß im Herbst umgegraben und gedüngt werden. Bevor der Wurzelstock im Frühjahr austreibt, kommt er auf seinen neuen Standort. Der Echte Eibisch sollte in keinem Kräutergarten fehlen.

Krankheiten und Schädlinge
Der Eibisch ist sehr anfällig gegen Krankheiten und bleibt auch von Schädlingen nicht verschont. Der Rostpilz *Puccinia malvacearum* macht die Krautdroge wertlos, indem er an Stengeln und Blättern häufig Pusteln bildet. Großen Schaden richten auch Malvenblattflöhe an. Sie fressen nämlich Blätter und Stengel an, machen die Pflanze unansehnlich und verursachen auch beachtliche Gewichtsverluste in der Ernte. Saugschäden können von verschiedenen Insektenarten hervorgerufen werden, so z. B. von der den Obstbauern gut bekannten Roten Spinne und von verschiedenen Blattläusen. Rüsselkäfer fressen an den Blüten und Wurzeln, und die Raupe der Malvenmotte frißt hin und wieder die Samen aus.

Wirkstoffe
Die Pflanze enthält viel Pflanzenschleim (in der Wurzel kommen 7 bis 20% davon vor), in Blättern und Blüten ätherisches Öl und in der Wurzel noch Gerbstoff und Asparagin. Die Wurzeln enthalten bis zu 35% Stärke. Blätter und Blüten enthalten weit weniger Schleim als die Wurzel.

Heilwirkung

Der Eibisch wirkt erweichend, beruhigend, reizlindernd, hustenlösend, leicht abführend, entzündungshemmend.

In der Heilkunde

Die Eibischwurzel wird vornehmlich bei Husten als schleimlösendes und reizlinderndes Mittel verwendet und bei Halsbeschwerden zum Gurgeln empfohlen. Für diesen Heiltee wird 1 Teelöffel Wurzel mit ¼ l lauwarmem Wasser 1 Stunde ziehen gelassen, abgeseiht und die Flüssigkeit, besonders zum Gurgeln, noch erwärmt. Zum Trinken süßt man am besten mit Kandiszucker. Man kann aber auch aus den Blättern oder Blüten einen Tee herstellen, der jedoch nur kalt angesetzt werden darf. Für den Blättertee nimmt man 1 bis 2 Teelöffel pro Tasse. Bei einer Kräutermischung mit anderen Kräutern muß man den Eibisch zuerst gesondert kalt ansetzen, abseihen und diesen Eibischtee zu dem warmen Tee aus der Mischung der übrigen Heilpflanzen schütten. Dieser richtig zubereitete Eibischtee wirkt sehr günstig bei Husten, Keuchhusten, Bronchitis, bei Lungenkatarrh und sogar bei Bronchialasthma.

Als Hausmittel

Äußerlich angewendet läßt ein mit Honig vermengter Brei aus feingeschabten Eibischwurzeln (auf ein Leinentüchlein gestrichen, aufgelegt und alle 2 bis 3 Stunden erneuert) Furunkel ausreifen, beruhigt Augenentzündungen und hat eine schmerzstillende und heilende Wirkung bei Brandwunden. Die in Wein gesottene Wurzel hilft bei Lungenschwäche und Bauchkoliken. Bei schmerzhaftem Harnlassen kann eine warme Auflage fein geschabter Eibischwurzeln Hilfe bringen. Der reine Eibischsamentee wird als Mittel gegen Grieß- und Steinleiden angewandt. Frisch zerquetschte Eibischblätter können bei Insektenstichen aufgelegt werden. Lauwarmer Eibischtee, verwendet als Klistier bei Darmträgheit, ist sogar Kleinkindern verträglich.

In der Tiermedizin

Da der Eibisch eine abszeßerweichende Heilkraft hat, kann man den Haustieren bei Geschwüren Umschläge mit einem Eibischkaltansatz machen. Bei Euterverhärtungen sind warme Auflagen aus den frischen Blättern und Blüten angeraten. Bei Darmerkrankungen, Durchfall, Koliken, Milzbrand, Husten- und Lungenerkrankungen flößt man den Tieren warmen Eibischtee ein.

In der Homöopathie

Von der homöopathischen Tinktur dil D1 nimmt man 3mal täglich je 10 Tropfen bei allen Leiden, bei denen der Eibisch auch in der Heilkunde seine hervorragende Wirkung entfaltet.

In der Küche

Eibischblüten kann man zum Dekorieren von Salat- und Gemüsetellern nehmen, doch empfiehlt es sich, nur die hellrosa Blüten auszusuchen, da die weißlichen Blüten nicht so gut wirken. In der lateinamerikanischen Küche schmeckt man Getränke gerne mit Eibischblüten ab.

Für die Körperpflege

Ein Kaltwasserauszug aus der Eibischwurzel gibt ein vorzügliches Gurgelwasser, wird aber ebenso für Körperwaschungen und Bäder verwendet. Kaltwasserauszüge aus Eibischblättern eignen sich auch für Umschläge, besonders bei unreiner Haut oder zum Entfernen von Pickeln. Sie wirken nicht nur reinigend, sondern auch reizmildernd. Hat man Schwierigkeiten mit Kindern, die nicht Zähne putzen wollen, gibt man ihnen die Wurzel der Droge zum Kauen.

Auszüge

Bei Husten, Erkältung und Brustschmerzen verabreicht man *Eibischsirup*, der folgendermaßen zubereitet wird: 1 Teil zerkleinerte Eibischwurzeln mit 20 Teilen kaltem Wasser über Nacht im warmen Zimmer ansetzen, stehenlassen. Am nächsten Tag kocht man die Mischung mit 30 Teilen Rohzucker zu dickem Sirup. Nach dem Abkühlen in eine Flasche füllen und kühl und dunkel lagern. Dieser Sirup ist Kleinkindern löffelweise zu verabreichen. Die gleiche Zubereitung des Sirups gilt auch für Erwachsene, nur wird nach dem Abkühlen die gleiche Menge 75%iger Alkohol zugegeben, gut durchgerührt und in zwei Flaschen gefüllt. Hilft bei Brustschmerzen, Husten, Heiserkeit und allen Beschwerden der Atemwege. 1 bis 2 Stamperl täglich trinken.

In der pharmazeutischen Industrie

Aus der Eibischwurzel wird in den Apotheken ein Hustensaft für Kleinkinder bereitet. *Fertigpräparate:* Bronchostad, Peracon, Phardol-Pect, Priatan, Solubifix, Thymitussin, Tussompin.

Aus meiner Erfahrung

Ich halte die Mischung von Wurzeln, Blättern und Blüten, etwa zu gleichen Teilen, für am wirkungsvollsten. 1 bis 2 Teelöffel für 1 Tasse 8 Stunden hindurch kalt ansetzen. Anschließend wird der Tee leicht angewärmt und abgeseiht.

Nicht übersehen

Es ist von besonderer Wichtigkeit, daß man Eibischwurzeln kalt ansetzt, da Eibisch beim Kochen seine Wirksamkeit verliert. Beim Kauf von Eibischwurzeln ist darauf zu achten, daß diese einwandfrei sind.

Naturschutz und gesetzliche Bestimmungen

Bei Ferienaufenthalten in den Mittelmeerländern kann man den Eibisch gelegentlich in der freien Natur antreffen. Am Gefundenen freuen, nicht dem Grundsatz huldigen: „Nach mir die Sintflut!"

Aus meiner Kräuterapotheke

Bei Grippe, Bronchialkatarrh, Reizhusten: Eibischblüten oder -blätter 3 Teile, Königskerzenblüten 2 Teile, Klatschmohnblütenblätter 1 Teil. Von diesem Gemisch nimmt man 1 Eßlöffel, gießt ¼ l kochendes Wasser darüber, läßt 15 Minuten ziehen, seiht ab und süßt mit Honig. Je nach Bedarf mehrmals am Tag 1 Tasse trinken, aber nicht mehr als 3 Tassen pro Tag. Am besten schluckweise trinken.

Engelwurz, Echte
Angelica archangelica
Doldengewächse
ausdauernd

Volkstümliche Bezeichnungen

Angelika, Artelkleewurz, Brustwurz, Drei-einigkeitswurzel, Edle Angelika, Engelbrust-wurz, Engelskraut, Erzengelwurz, Gartenangelika, Geistwurz, Giftwurz, Glückenwurzel, Heiligengeistwurz, Heiligenwurzel, Luftwurz, Theriakwurz, Wrangenwurz, Zahnwurz, Zahnwurzel.

Namenerklärung

Angelica kommt von lateinisch *angelus* = Engel, archangelica von lateinisch *archangelus* = Erzengel.

Kulturgeschichte

Der Erzengel Gabriel soll auf die außerordentliche Heilkraft dieser Pflanze hingewiesen haben. Nach einer anderen Legende soll ein Engel den Mönchen geraten haben, sie als Mittel gegen die Pest zu verwenden. Auf Grund ihrer ungewöhnlichen Wirkung galt die Echte Engelwurz als Abwehr gegen Hexerei und Verzauberung. Man ging sogar so weit zu glauben, daß man sich mit ihrer Hilfe überall beliebt machen könne.

Herkunft

Die Engelwurz ist ein Kind des Nordens und wächst wild im nördlichen Europa, vor allem an der Nord- und Ostsee. Sie ist sogar bis Grönland anzutreffen. Sie hat sich, nach Süden wandernd, bis zu den Alpen und den Pyrenäen verbreitet.

Fundort

Als Standorte bevorzugt sie Quellgebiete, Flußufer, feuchte Wiesen und Moore, ist aber in Mitteleuropa ziemlich selten.

Merkmale

Der röhrmarkige, mehr oder weniger hohle, am unteren Ende fast faustdicke *Stengel* trägt wenig gegliederte *Stengelblätter*, die auf häutigen, sackartig aufgeblasenen Scheiden sitzen. Die großen grellgrünen *Laubblätter* sind dreifach fiederschnittig und haben einen langen, röhrigen Stiel. Die Blätter sind grasgrün, die Unterseite bläulichgrün. Die großen endständigen Doppeldolden sind vielstrahlig, mit kleinen grünlich weißlichen *Blüten*. Der *Wurzelstock* ist pfahlförmig mit vielen dicken Nebenwurzeln. Die *Höhe* der Echten Engelwurz kann mehr als 2 m erreichen. Der *Geruch* der Pflanze ist kräftig würzig, der der Blüten honigähnlich. Der *Geschmack* ist angenehm aromatisch, mit zunehmendem Alter der Pflanze wird er aber immer intensiver und schärfer.

Verwechslungen

Die „Angelikawurzel" darf nicht mit dem deutlich in Querkammern unterteilten Wurzelstock des Wasserschierlings verwechselt werden. Letzterer ist sehr giftig! Eine Verwechslung mit anderen Doldengewächsen ist sehr leicht möglich, vor allem mit der Waldengelwurz, diese ist zwar viel häufiger, hat aber weiße oder rötlichweiße Blüten und wird nur zirka 1 m hoch.

Blütezeit

Juli bis August.

Samenreife

Ab Mitte August bis Anfang September.

Erntezeit

Die frischen Blätter und Blattstiele werden während des Frühlings und Sommers gepflückt. Die Wurzelstöcke gräbt man im 2. oder 3. Jahr im Herbst oder Frühjahr aus.

Ernte- und Sammelgut

Blätter und Stengel, Wurzel und Nebenwurzel der 2- bis 3jährigen Pflanze.

Ernte- und Sammelvorschriften

Alle Teile der Pflanze können verwendet werden, die frischen Blätter und Blattstiele wandern in die Küche, die Blüten im Stadium des Aufblühens eignen sich für Tees und Auszüge. Auch die Blütenknospen, die wegen der Kräftigung der Wurzel ausgeschnitten werden sollen, dienen zur Likörerzeugung. Die Wurzeln müssen vorsichtig ausgegraben werden, damit weder die Hauptwurzel noch die vielen Nebenwurzeln Schaden leiden und zuviel von ihnen im Boden bleibt. Im feldmäßigen Anbau empfiehlt sich Ausackern. Nach der Ernte müssen die Wurzeln gewaschen, gespalten und sorgfältig getrocknet werden, wobei eine Temperatur von 35 °C empfehlenswert ist. Da die Droge hygroskopisch ist, das heißt wasseranziehend, ist ein Nachtrocknen häufig notwendig. Wird die Wurzeldroge nicht sofort weiterverarbeitet, ist sie vor Licht und Feuchtigkeit geschützt aufzubewahren. Am besten eignen sich dazu gut schließende Gefäße, deren Boden mit gebranntem Kalk bedeckt sein soll.

Anbau

Die Engelwurz bevorzugt tiefgründigen, humusreichen Boden in feuchter Lage. Besonders eignen sich humose, sandige Lehmböden, die wasserdurchlässig sind. Aufgestaute Nässe und anhaltende Trockenheit verträgt die Pflanze nicht. Sie gedeiht aber auch noch im Halbschatten. Frost schadet ihr nicht. Die Vermehrung erfolgt meistens durch Aussaat. Da die Samen ihre Keimfähigkeit sehr schnell verlieren, soll sofort nach der Reife in Saatbeete in einem Reihenabstand von 30 cm gesät werden. Die Saatmenge beträgt 15 bis 30 g pro a. Binnen 4 Wochen läuft die Saat auf. Im April und Mai des nächsten Jahres können dann die Jungpflanzen im Abstand von 60 mal 60 cm am Feld ausgesetzt werden. Auch Stockteilung ist möglich. Im Jahr der Wurzelernte fallen Setzlinge an, die am besten sofort im gleichen Abstand wie die Sämlinge an Ort und Stelle verpflanzt werden. Da Engelwurz mit sich selbst unverträglich ist, muß ein anderes Feld gewählt werden; am selben Feld erst wieder in 5 bis 6 Jahren anbauen. Hacken und Jäten ist so lange notwendig, bis sich der Bestand schließt. Anhäufeln der heranwachsenden Pflanzen ist zu empfehlen, da sie sonst leicht vom Wind umgedrückt werden können.

Saatgut

Die Spaltfrüchte sind breitgeflügelt, bis zu 9 mm lang und 6 mm breit. Zahlreiche Ölstriemen sind vorhanden. Die Farbe der Teilfrüchte ist weißlich. Das Tausend-Korn-Gewicht der Teilfrüchte schwankt zwischen 2,1 bis 8,5 g. Die Keimfähigkeit läßt bei Lagerung

sehr schnell nach, deshalb keimt nur frisches Saatgut gut. Schon im 1. Jahr kann die Keimfähigkeit erlöschen. Daher ist bei der Echten Engelwurzel die Eigenproduktion von Saatgut unbedingt zu empfehlen, wofür das Ausreifenlassen schon weniger Pflanzen ausreicht.

Erträge

16 bis 20 t pro ha frische Wurzeln; 3,2 bis 5 t pro ha Droge. Angelikafrüchte kann man 1,6 bis 3 t pro ha ernten.

Für den Hausbedarf

Engelwurz gedeiht auch noch im Halbschatten. Sie werden also sicher einen Platz im Garten für diese wertvolle und schöne Heilpflanze finden. Man verpflanzt entweder eine wildwachsende Echte Engelwurz oder sammelt den Samen ein. Später kann man im Hausgarten die Pflanze sich durch Selbstaussaat vermehren lassen.

Krankheiten und Schädlinge

Ausgesprochene Wurzelschädlinge sind die mehlig gepuderte Engelwurzlaus sowie der Wurzeltöterpilz, der ein violettes Pilzgeflecht bildet und dadurch die Wurzel zum Absterben bringt. An den Blättern können der Echte und der Falsche Mehltau vorkommen. Da und dort treten an den Stengeln und den Blütenständen der Engelwurz Blattläuse auf, die aber von den Larven der Florfliegen vertilgt werden.

Wirkstoffe

In allen Teilen ätherisches Öl mit Cumarinverbindungen und verschiedenen Pflanzensäuren. Bitterstoffe, Gerbstoffe, Stärke, Pektin und Zucker zählen zu den Begleitstoffen.

Heilwirkung

Die Echte Engelwurz ist eine typische aromatische Bitterdroge; sie wirkt magenstärkend, menstruations- und harnfördernd, blähungswidrig, schweißtreibend, auswurffördernd, blutreinigend und nervenanregend.

In der Heilkunde

Innerlich angewendet, hilft die Echte Engelwurz bei Magenschwäche, Appetitlosigkeit, Blähungen, Katarrh der Atmungsorgane, bei Verdauungsbeschwerden, zur Blutreinigung und bei Nervenleiden. Äußerlich wird die Droge bei Geschwüren und Ausschlägen, bei Neuralgien, Gicht und Rheuma Hilfe brin-

gen, und zwar auf Grund ihrer harntreibenden Eigenschaften.

Als Hausmittel

Der auf gesunder Haut gefährliche frische
Saft läßt, auf Geschwüre und Abszesse geträufelt, diese aufbrechen. Bei Entzündungen
des Brust- und Rippenfells verwendet man
Engelwurz als Tee oder zur Einreibung, wozu
die Wurzel in kaltgepreßtem Olivenöl angesetzt wird. Bei Alkohol- oder Nikotinvergif-
tungen kann Tee aus Engelwurz Erleichterung verschaffen.

In der Tiermedizin

Bei Krämpfen und Verdauungsschwäche
wird die Echte Engelwurz in kleinsten Mengen in das Futter eingestreut oder als Tee
eingegeben.

In der Homöopathie

Die Tinktur *Angelica*, dil D1–3, wird 3mal
täglich, und zwar 10 bis 15 Tropfen, gegen
Verschleimung der Lunge und des Magens,
gegen Schlaflosigkeit, nervöse Beschwerden,
Hysterie, bei Magersucht und bei Rheuma-
und Gichtleiden verordnet.

In der Küche

In der Küche gelten die Blätter und Blattstiele
der Pflanze als besondere Delikatesse. Man
schneidet sie klein und würzt damit Suppen,
Soßen und Salate. Man kann sie aber auch als
Gemüse verkochen.

Für die Körperpflege

Fuß, Hand- oder Vollbäder mit der Pflanze
haben sich sehr bewährt. Dazu nimmt man 1
Handvoll zerkleinerte Wurzeln oder Wurzeln
mit Blättern vermischt und gibt die gleiche
Menge Samenkörner hinzu. Diese Menge
reicht für 20 l Wasser. Täglich 1mal maximal 3
Minuten lang darin baden. Dieses kurze Heil-
bad ist bei rheumatischen Beschwerden besonders wirksam. Die Parfümindustrie bedient sich des Engelwurzöls, um ihren Er-
zeugnissen besondere Duftnoten zu verleihen.

Auszüge

Für den verdauungsfördernden *Engelwurz-
wein* vermischt man 1 Handvoll Wurzeln oder
1 Handvoll gehackter Blätter, vermischt mit
Samen, und setzt sie in 1 l Rotwein an. Diese
Mischung bleibt 48 Stunden lang an einem
lauwarmen Platz stehen. Man nimmt täglich

vor der Hauptmahlzeit 1 Likörglas voll. Alle
Teile der Engelwurz können entweder allein
oder gemischt für einen *alkoholischen Auszug*
verwendet werden. Mischverhältnis 1 : 4.
Auszugszeit: 2 Wochen im warmen Zimmer,
wenn möglich auf der Fensterbank. Dieser
Auszug hilft bei Magenbeschwerden. – Die
Spirituosenindustrie verwendet Engelwurz
zur Likörerzeugung. Das ätherische Öl der
Engelwurz ist in zahlreichen Likören enthalten, so im Benediktiner, im Chartreuse und
im Dominikanerlikör.

In der pharmazeutischen Industrie

Aus der Wurzel wird durch Destillation der
Angelikaspiritus *(Spiritus Angelicae)* hergestellt. Engelwurzpulver ist im Schnupftabak
enthalten. *Fertigpräparate:* Carvomin, Doppel-
herz, Klosterfrau Melissengeist, Legastrol,
Pascovegeton.

Aus meiner Erfahrung

Bei Stuhlverstopfung und bei Hämorrhoiden
(als Folge von Verstopfung) benützt man eine
Mischung zu gleichen Teilen von Engelwurz
und Faulbaumrinde. Diese Mischung wird
durch 4 Stunden kalt angesetzt, dann kurz
aufgekocht und 15 Minuten ziehen gelassen.
Auf nüchternen Magen 1 Tasse trinken und
eine 2. Tasse abends vor dem Schlafengehen.

Nicht übersehen

Eine Heilpflanze wie die Engelwurz, die sehr
viel ätherisches Öl enthält, ist nicht immer
absolut harmlos. Überdosierungen können
sogar Schaden anrichten. Der frische Pflan-
zensaft der Echten Engelwurz kann unter
Einfluß von Sonnenbestrahlung Hautreizun-
gen und Ausschläge verursachen.

Naturschutz und gesetzliche Bestimmungen

Eine Kolonie der Echten Engelwurz am Bach-
oder feuchten Waldrand ist etwas Herrliches.
Auch hier gilt der Rat: Bewahren, schützen,
Samen sammeln und ausstreuen. An Anblick
und Gedeihen freuen. Sören Kierkegaard
schreibt: „Es gibt viele Freuden in unseres
Herrgotts Welt, man muß sich nur aufs Suchen verstehen."

Aus meiner Kräuterapotheke

*Bei Niedergeschlagenheit, Abgespanntheit, bei
langsam arbeitender Magentätigkeit, bei Ver-
krampfungen im Magen und bei Gasbildungen im
Darm:* Samenkörner der Echten Engelwurz 3
Teile, Eisenkraut 2 Teile, Fenchelsamen 1

Teil. 2 Teelöffel der Mischung für ¼ l Wasser. Das kochende Wasser wird über die Mischung gegossen, 15 Minuten ziehen lassen, abseihen und trinken. Man kann auch Honig hinzufügen, um damit zu süßen. Honig stärkt die Nerven und kräftigt den ganzen Organismus. Achtung! Diabetiker müssen auf den Honig verzichten. Diese Teemischung ist ein sehr gutes Aufbaumittel für den Gesamtorganismus und ist besonders bei Rekonvaleszenz zu empfehlen. Weil dieser Kräutertee auch zur Hebung der Lebensfreude beiträgt, tut er nervösen, geschwächten, älteren Menschen gut.

Enzian, Gelber
Gentiana lutea
Enziangewächse
ausdauernd

Volkstümliche Bezeichnungen

Anzianwurzen, Bergfieberwurzel, Bitterwurz, Bitterwurzel, Branntweinwurz, Butterwurz, Darmwurz, Darmwurzen, Edler Enzian, Enzigan, Enznerwurz, Fieberwurz, Gelbsuchtwurzen, Gemeiner Enzian, Genauer Enzian, Genzene, Genzigan, Großer Enzian, Halunkenwurz, Heil aller Schäden, Hochwurz, Istrianswurzel, Janzene, Jänzene, Janzerwurz, Kreuzwurz, Ritterwurz, Sankt Ladislaikraut, Santladislauwurz, Sauerwurz, Sauwurz, Weißenzen, Wißjenzene, Zanzerwurz, Zergang, Zintalwurz, Zinzalwurz.

Namenerklärung

Aus dem griechischen Wort *gentiane* machten die Römer ihr lateinisches *gentiana*, aus dem schon im 15. Jahrhundert *Ention* und *Entzian* im deutschen Sprachgebrauch völlig eingebürgert waren.

Kulturgeschichte

Nach einer von Dioskurides überlieferten Legende wurde der Enzian von König Gentis von Illyrien gefunden, der nicht nur zum Namengeber dieser Pflanze wurde, sondern auch bereits ihre Heilwirkung entdeckte. Er stellte nämlich schon im 1. Jahrhundert n. Chr. ein sirupartiges Extrakt aus der Wurzel her, das bei schwachem Magen Abhilfe brachte. Galen beschreibt die Enzianwurzel als sehr schätzbares Mittel zum Abführen, Entwässern, Reinigen und Vertreiben von bösen Säften aus dem Körper. Der arabische Arzt und Philosoph Avicenna verordnete den Enzian häufig, um Harnfluß und Menstruation in Gang zu bringen; auch hielt er ihn für die allerbeste Arznei gegen Fieber und verschiedenste Giftstoffe. Im 13. Jahrhundert lebte in deutschen Landen der Dominikaner Albertus Magnus (ein Heiliger, dessen Fest am 15. November gefeiert wird). Bekannt und gerühmt in seiner Eigenschaft als Naturforscher galt seine besondere Liebe dem Biologischen, dem Lebendigen. Er kannte die Pflanzen und Tiere wie kaum ein zweiter. Mit der Exaktheit und der Beobachtungsgabe eines echten Forschers drang er in die Geheimnisse der Natur ein und kam zu Ergebnissen, vor denen nicht nur seine Zeitgenossen staunend standen, sondern die auch wir heute noch bewundern. So hat er ein Verfahren zur Bereitung von Enzianextrakt beschrieben, das er bei Leberstauungen und Magenschwäche empfahl. Der im 16. Jahrhundert lebende Arzt Agricola versichert, es genüge, jeden Tag Enzian einzunehmen, um gesund zu bleiben und ein hohes Alter zu erreichen. Alle Gelehrten aus älterer Zeit haben zwar die fieberdämpfende Kraft des Enzians betont, doch die moderne Medizin hat das nicht bestätigt. Aber gegen schwachen Magen findet das in der Apotheke hergestellte Enzianwurzelextrakt heute noch Verwendung.

Herkunft

Als Gebirgspflanze ist der Gelbe Enzian in den Gebirgen Mitteleuropas, vor allem in den westlichen Zentralalpen anzutreffen. Auch im Alpenvorland, im Schwarzwald, in den Pyrenäen, im Jura und in den Vogesen.

Fundort

Auf Gebirgswiesen und Bergtriften, in Rasen- und Staudenfluren.

Merkmale

Der Gelbe Enzian wächst gesellig, blüht in der freien Natur erst mit 8 bis 10 Jahren und treibt bis dahin nur rosettenförmig angeordnete breit-ovale Blätter. Er kann ein Alter bis zu 60 Jahren erreichen. Der kahle, aufrechte *Stengel* ist hohl und trägt gestielte, goldgelbe, manchmal rot gefleckte, fast bis auf den Grund fünf- oder mehrspaltige *Blüten*. Die gegenständigen *Blätter* sind eiförmig, zugespitzt, ganzrandig und fünfrippig; die unteren gestielt, die oberen sitzend und von bläulichgrüner Farbe. Die gelblichbraune, innen gelblichweiße, dicke *Pfahlwurzel* ist mehrköpfig und wird bis zu 1 m lang und 6 kg schwer. Der Gelbe Enzian kann eine *Höhe* bis zu 1,5 m erreichen. Der *Geruch* der frischen Wurzel ist scharf und leicht widerlich. Die getrocknete Wurzel riecht würzig. Der *Geschmack* ist anfangs süßlich, später bitter und lange anhaltend.

Verwechslungen

Obwohl auf den Etiketten der meisten Enzian(schnaps)flaschen eine der vielen blaublühenden Enzianarten abgebildet ist, wird doch nur der Gelbe Enzian zur Schnapserzeugung verwendet. Enzianwurzeln sollten nicht mehr selbst gesammelt werden, da die Pflanzen dadurch bis an den Rand des Aussterbens gebracht wurden. (Eine gut entwickelte Enzianpflanze ist mindestens 10 Jahre, meist aber viele Jahrzehnte alt!) Jedes Beschädigen der unterirdischen Teile ist heute in den meisten Alpenländern verboten. Außerdem ist das Sammeln riskant, da Pflanzen des sehr giftigen Weißen Germers, die im nichtblühenden Zustand ganz genauso aussehen, häufig mit den Enzianpflanzen vergesellschaftet sind. Wer Enzianwurzeln will, soll sie also entweder in der Apotheke kaufen oder selbst im Garten aus Samen ziehen.

Blütezeit

Juni bis August.

Samenreife

Die Samenreife erfolgt etwa ein Monat nach dem Aufblühen.

Erntezeit

Die günstigste Erntezeit für die Wurzel ist der Herbst oder das zeitige Frühjahr.

Erntegut

Die Wurzel *(Radix Gentianae)* von älteren Pflanzen.

Erntevorschriften

Die Enzianwurzel ist sehr tief verwurzelt, daher benötigt man zum Ausgraben eine Hacke. Die ausgegrabene Wurzel wird sorgfältig gewaschen, in Stücke geschnitten und für arzneiliche Zwecke sofort bei 45 bis 60 °C getrocknet, also entweder in der Sonne oder künstlich. Zur Verwendung in der Lebensmittelindustrie wird die Wurzel nach dem Waschen 2 Wochen lang jeder Witterung ausgesetzt und dann in einem Schuppen oder auf dem Dachboden getrocknet. Dabei fermentiert sie, und die Wurzeldroge hat dann mehr Wohlgeruch, aber weniger Bitterkeit.

Anbau

Feldmäßiger Anbau erfolgt auf mäßig feuchtem, schwerem, tiefgründigem und kalkhaltigem Boden. Er muß gut bearbeitet werden und eine schwach schattige Lage aufweisen. Frische Samen verlieren rasch ihre Keimfähigkeit und müssen im Herbst ausgesät werden. Am besten geschieht dies in Kisten. Die ausgesäten Samen werden mit Erde und Reisig bedeckt und dem Frost ausgesetzt. Die Saat läuft erst im Sommer des nächsten Jahres auf. Ist die Saat einmal aufgegangen, darf mit Gießen nicht gespart werden; denn die jungen Pflanzen sind sehr licht- und wasserbedürftig. Den Sommer über sind die Pflanzkisten unkrautfrei zu halten, und die Erde ist mehrere Male zu lockern. Im zweiten Frühjahr werden die Jungpflanzen in Abständen von 60 mal 60 cm ins offene Feld gepflanzt. Zunächst treibt die Pflanze nur eine Rosette großer, langgestielter, breit-ovaler Blätter. Erst nach mehreren Jahren erscheint der bis zu 1,5 m hohe Blütenstengel mit den gestielten gelben Blüten. Die Vermehrung des Gelben Enzians kann man beschleunigen, indem man die 3- bis 4jährigen Wurzelstöcke teilt und im selben Abstand wie die Jungpflanzen aussetzt. Erntet man bereits zu diesem Zeitpunkt, so kann man die schwachen Wurzeln, die sich nicht zur Drogengewinnung eignen, zur Vermehrung benützen.

Saatgut

Samen des Gelben Enzians sind im Handel zu haben. Später ist die Teilung der Wurzelstöcke oder die Verwendung von bei der Ernte anfallenden schwachen Wurzeln empfehlenswerter.

Erträge

Der feldmäßige Anbau des Gelben Enzians deckt in Mitteleuropa noch nicht den Bedarf. Die Nachfrage nach Enzianwurzeldroge ist so groß, daß sich ein Anbau sehr wohl lohnen würde.

Für den Hausbedarf

Kräuterpfarrer Kneipp meinte einmal: „Wer ein noch so kleines Gärtlein hat, der soll drin haben einen Enzianstock, einen Salbeistock und einen Wermutstock; dann hat er sogleich eine Apotheke in der Hand." – Und Kräuterpfarrer Künzle rät: „Jeder kann Enzianschnaps selbst bereiten, indem die fein zerhackte Enzianwurzel in guten Branntwein eingelegt und längere Zeit ziehen gelassen wird." Der Gelbe Enzian ist eine sehr hübsche, aber im Garten nicht leicht zu kultivierende Pflanze, und ich würde sie eher für den Steingarten empfehlen, da sie einen sonnigen Standort bevorzugt. Für den Hausgarten eignen sich auch der Purpurrote Enzian (*Gentiana purpurea*), der Ungarische Enzian (*Gentiana pannonica*) und der Punktierte Enzian (*Gentiana punctata*). Ihre Wurzeln sind zwar etwas schwächer, die Eigenschaften aber sind die gleichen, der Geschmack ist sogar bitterer. Auch diese Enzianarten stehen unter Naturschutz!

Krankheiten und Schädlinge
Der in Kultur genommene Gelbe Enzian ist mehltauanfällig; als Schädlinge kommen vor allem blattfressende Raupen in Frage, die man aber im Anfangsstadium des Befalles leicht händisch einsammeln kann.

Wirkstoffe
Die Wurzel enthält die Bitterstoffglykoside Gentiopicrin, Gentiamarin und Amarogentin. Diese Stoffe sind dafür verantwortlich, daß der Gelbe Enzian die bitterste aller heimischen Bitterstoffdrogen ist. Enzian soll einen Bitterwert von mindestens 1 : 20 000 haben, das heißt, in einer Verdünnung im angegebenen Verhältnis muß die Droge noch bitter schmecken. Da die Enzianwurzel keine Gerbstoffe enthält, fällt jede magenreizende Wirkung weg, und die Bitterstoffwirkung kann sich voll entfalten. Der Enzian wirkt schon von der Mundschleimhaut aus auf den Magen. Untersuchungen von F. Korte aus der biochemischen Abteilung des Staatsinstitutes in Hamburg haben gezeigt, daß der erst vor kurzem in Enziangewächsen gefundene Bitterstoff Amarogentin den bisher schon bekannten Bitterstoff Gentiamarin übertrifft. Der Bitterstoffwert des Amarogentin ist 58 000. Also ist das Amarogentin für den so bitteren Geschmack des Gelben Enzians die Hauptursache.

Heilwirkung
Magenstärkend, gärungswidrig, verdauungsanregend, gallensekretionsfördernd, schleimlösend, beruhigend, harntreibend. Auch als appetitanregendes Mittel findet Enzian Verwendung.

In der Heilkunde
Enzian wird bei Magenschwäche, Aufstoßen, Blähungen, Verstopfungen, Sodbrennen, Gallenstauungen, Gallenblasenentzündungen, Appetitlosigkeit und bei Erschöpfungszuständen eingesetzt. Da die Enzianwurzel schon auf die Speichelsekretion Auswirkungen hat und etwa ½ Stunde nach Einnahme die normale Vorbereitung des Verdauungsprozesses einleitet, soll der Enziantee 1 Stunde bis ½ Stunde vor jeder Mahlzeit getrunken werden. Dasselbe gilt bei Enzianwein, Enzianlikör und Enzianschnaps, weshalb diese Auszüge als ideale Aperitifs angesprochen werden können.

Als Hausmittel
Enzian erweist sich in der Hausapotheke als sehr nützlich, und die Volksmedizin macht reichlich Gebrauch davon, und zwar zur Anregung der Verdauung und zur Stärkung des Magens. Für den Teeaufguß nimmt man ½ Teelöffel zerkleinerte Enzianwurzel, getrocknet oder frisch, übergießt mit ¼ l kochendem Wasser, läßt 3 Stunden stehen und seiht dann ab. Enzianwein gebraucht man bei zuwenig Magensäure, bei Übelkeit und zur Stärkung des gesamten Organismus. Von der Enziantinktur nimmt man nach der Erfahrung von Pfarrer Kneipp 20 bis 30 Tropfen in einem Glas mit 6 bis 8 Eßlöffel Wasser. Diese Mischung soll längere Zeit hindurch genommen werden. Enziantinktur ist bei Nervenschwäche und deshalb für alte Menschen zu empfehlen: 20 Tropfen auf Zucker oder mit Wasser. Diese Tinktur fördert auch den Appetit und bewirkt eine gute Verdauung.

In der Tiermedizin
Bei Verdauungsstörungen und Schwierigkeiten bei der Kotabsetzung sind Enziandrogen in der Tiermedizin ein sehr beliebtes Mittel. Rindern und Pferden gibt man bei den erwähnten Störungen täglich 3mal je 15 g Pulver in warmem Kamillentee aufgelöst. Das gleiche gilt für Schafe, Ziegen und Hunde, doch soll die Dosis täglich maximal 5 g Pulver betragen. Besonders bewährt hat sich Enziantee als schleimlösendes und säureaufsaugendes Mittel. Auch in Mast- und Milchpulvern ist Enzian enthalten. Bei Asthenie gibt man den Rindern täglich 1 Handvoll einer Mischung aus 40 g Enzianwurzelpulver und 40 g gehackter, wildwachsender Minze unter das Futter.

In der Homöopathie
In der Homöopathie wird das Homöopathikum *Gentiana lutea* verwendet. Es wird aus

der frischen Wurzel zubereitet. Die Potenzen sind sehr niedrig, und zwar D1 bis D3. Angewandt wird die Essenz gegen Appetitlosigkeit, aber auch bei Völlegefühl und bei schwacher Verdauung. Je nach Bedarf nimmt man 10 bis 20 Tropfen 2- bis 3mal täglich.

In der Küche

In der Küche findet Enzian wegen seiner außergewöhnlichen Bitterkeit keine Anwendung. Dennoch würde ich gehetzten und von Streß geplagten Menschen empfehlen, Enziantee für einige Zeit als Frühstückstee ungesüßt zu verwenden.

Für die Körperpflege

Der im Enzian enthaltene Bitterstoff baut Fettstoffe in der Haut ab und macht sie widerstandsfähig. Bäder mit Enzianzusatz sind zur Hautreizung sehr zu empfehlen: Dazu gibt man 1 Eßlöffel zerkleinerte Enzianwurzel in ein Säckchen, verschließt dieses gut, gießt 3 l kochendes Wasser darüber und läßt 3 Stunden ziehen. Dann fügt man dieses Wasser dem Badewasser zu. Man kann auch das Säckchen noch zusätzlich in das Badewasser hängen.

Auszüge

Enzianwein: Für 1 l Süßwein braucht man 1 Eßlöffel zerkleinerte Enzianwurzel, 5 g Bitterklee, 5 g zerkleinerte Kalmuswurzel, 5 g zerkleinerte Orangenschalen und 3 g Anis. 14 Tage ziehen lassen, dann abseihen und täglich 2 bis 3 Schnapsgläschen voll trinken. *Enziantinktur* wird auf folgende Weise zubereitet: 25 bis 30 g zerschnittene Wurzel auf ½ l 75%igen Obstbrand oder Weingeist. 2 Wochen lang in einem hellen Raum auf die Fensterbank stellen. Hernach auf 40% verdünnen, die Wurzelrückstände abseihen, die Tinktur in Fläschchen füllen und dunkel und kühl lagern, am besten im Keller.

In der pharmazeutischen Industrie

Der Gelbe Enzian enthält stark bittere Glykosidstoffe und wird zur Herstellung von Magen- und Darmmitteln verwendet. *Fertigpräparate:* Amorphan, Ultin comp., Choldestal, Lax-Ompin, Magentee Stada. Die Tinctura amara, die Tinctura Chinae comp. und das Lebenselixier Tinctura Aloes comp. sind weitere klassische Arzneien.

Aus meiner Erfahrung

Obwohl die Enziandroge eine ausgezeichnete Heilwirkung hat, darf sie von Menschen mit stark gerötetem Gesicht, bei Neigung zu Blutstauungen, bei Nasen- und Magenblutungen nicht genommen werden. Empfohlen wird sie vor allem in der Rekonvaleszenz, denn Enzian stärkt den Organismus. Der Bittergeschmack der Enzianwurzel hat einen wesentlichen Einfluß auf den Blutkreislauf und auf das Nervensystem. 20 g zerkleinerte Enzianwurzel wird mit ¼ l siedendem Wasser übergossen, 2 Stunden ziehen gelassen und dann abgeseiht. Davon trinkt man schluckweise den ganzen Tag über. Mehr als 2 Tassen pro Tag, das ist ½ l, soll man nicht zu sich nehmen.

Nicht übersehen

Enziantee setzt die geschlechtliche Reizbarkeit herab. In zu großen Mengen genommen, kann Enziantee Kopfschmerzen verursachen. Gänzlich verboten ist die Enziandroge Schwangeren und unter Bluthochdruck leidenden Menschen.

Naturschutz und gesetzliche Bestimmungen

Der Gelbe Enzian, *Gentiana lutea,* ist in allen Alpenländern geschützt. Diese Maßnahme wurde notwendig, weil die Pflanze fast ausgerottet wurde. Daher in der Natur nicht sammeln, sondern sich am Anblick erfreuen. „Wandelt euch und erneuert euer Denken." (Römerbrief 12,2)

Aus meiner Kräuterapotheke

Ein ausgezeichneter, oftmals bewährter Aperitif: Zerstoßene Enzianwurzel 3 Teile, Anissamenkörner 2 Teile, Rosmarin 1 Teil. Alle drei Kräuterdrogen werden gemischt und 2 gehäufte Eßlöffel davon in 1 l kochendes Wasser eingerührt; 3 Stunden abgedeckt stehenlassen. Dann seiht man ab und trinkt ½ Stunde vor den Mahlzeiten jeweils ⅓ davon langsam, schluckweise und mit Ruhe. Auch die Art, wie man Kräutertee trinkt, trägt viel dazu bei, ob er eine ausgezeichnete, mittelmäßige oder nur wenig Wirkung zeitigt.

Fenchel
Foeniculum vulgare
Doldengewächse
zweijährig

Volkstümliche Bezeichnungen

Britsamen, Brotanis, Brotsamen, Brotwürz-körner, Enis, Fencheldill, Fenichel, Fenikel, Fenis, Fenisamen, Fenkel, Fenkool, Fenöche, Finchel, Finkel, Frauenfenchel, Gemeiner Fenchel, Großer Fenchel, Kammfenchel, Kinderfenchel, Langer Anis, Römischer Fenchel, Süßer Fenchel.

Namenerklärung

Aus dem lateinischen *foeniculum* dürfte bereits in voralthochdeutscher Zeit ein Lehnwort gebildet worden sein, aus dem dann über althochdeutsch *fennahhal* unser Wort Fenchel entstand.

Kulturgeschichte

Fenchel zählt zu den ältesten Heil- und Gewürzpflanzen, denn schon in altägyptischen Schriften wird er erwähnt. Auch seine Nutzung durch Griechen und Römer ist belegt. So schmückte man sich bei den Dionysos-Festen mit Kränzen aus Fenchel, der auch als Liebesmittel galt. Von Italien aus gelangte der Fenchel in die Klostergärten nördlich der Alpen. Die Pflanze wurde in den Pfalzen Karls des Großen kultiviert, wie aus den „Capitulare de villis" hervorgeht. Die Kräuterbücher des 16. Jahrhunderts berichten ausführlich über die Heilkraft des Fenchels, wobei sie sich auf die Angaben der Ärzte des ersten nachchristlichen Jahrhunderts stützen. Die Pflanze fand auch Eingang in den Aberglauben als Mittel gegen Zauberei.

Herkunft

Der Fenchel ist wildwachsend im Mittelmeergebiet und in Kleinasien anzutreffen.

Fundort

Der Fenchel ist in Mitteleuropa eine ausgesprochene Gartenpflanze und kommt nur sehr selten verwildert vor. Er bevorzugt sonnige, windgeschützte Lagen in wärmeren Gegenden und gedeiht am besten in tiefgründigem, mäßig feuchtem Kalkboden.

Merkmale

Der runde, dunkelgrüne *Stengel* ist fein gerillt, blau bereift, im oberen Teil reich verästelt und mit mehrfach fiederschnittigen *Blättern* ausgestattet. Die Blattzipfel sind schmal. Die mittleren und oberen Blätter besitzen eine große Blattscheide. Die in Dolden angeordneten *Blüten* sind gelb, die Dolden und Döldchen tragen keine Hüllblätter. Der Fenchel treibt eine lange, rübenförmige, fleischige weiße *Wurzel*, die tief im Boden verankert ist. Sind die Bestände mehr als 2jährig, bringt man kaum noch die ganze Wurzel aus dem Boden. Die Pflanze erreicht eine *Höhe* bis zu 2 m. Der *Geruch* des Fenchels ist aromatisch-würzig, der *Geschmack* etwas süßlich, an Anis erinnernd.

Verwechslungen

Verwechslungen mit anderen Doldenblütlern sind sehr leicht möglich. Es ist deshalb notwendig, die Eigenarten der Pflanze gut kennenzulernen, um Verwechslungen zu vermeiden.

Blütezeit

Juli bis September.

Samenreife

Die Samenreife erfolgt nicht gleichmäßig; als erstes wird die Hauptdolde reif, was etwa Mitte September der Fall ist. Das Reifen der anderen Dolden kann sich bis Ende Oktober hinziehen.

Erntezeit

Frische grüne Blätter für die Küche können laufend gepflückt werden. Beim feldmäßigen Anbau wird das frische Kraut im 1. Vegetationsjahr während des Sommers geschnitten. Die Samen erntet man nach ihrer Reifung, jedoch unbedingt vor den ersten Nachtfrösten. Sollten die Samen zu diesem Zeitpunkt noch nicht ganz reif sein, können sie trotzdem verwendet werden, jedoch nicht als Saatgut.

Ernte- und Sammelgut

Gesammelt werden die frischen Blätter zur Verwendung in der Küche und die Samenkörner (Fructus Foeniculi).

Ernte- und Sammelvorschriften

Will man Fenchel von bester Qualität ernten, so muß man, sobald die Farbe der Früchte ins Graue übergeht, die Fenchelreihen abschreiten und die bereits reifen Fruchtstände – üblicherweise die Hauptdolde – herausschneiden (= „traumeln"). Mit einer Art eisernem Kamm werden nun die Früchte, die schön grünfarbig sind, abgeriffelt. Dieser Traumel- oder Kammfenchel wird besonders geschätzt. Wenn das ganze Feld graubraun wird, wenn also das Kraut auch schon zu welken beginnt, dann schneidet man. Bei günstiger Witterung kann man auf dem Feld über 2 bis 3 Wochen nachreifen und trocknen lassen. Dann wird eingefahren und gedroschen. Bei schlechtem Wetter wird nach dem Schnitt sofort eingefahren und gedroschen. Die Früchte müssen dann in dünner Schicht luftig ausgelegt und bei mäßiger Wärme bis 40 °C nachgetrocknet werden, um Schimmelbildung zu vermeiden. Dieser Strohfenchel wird für Heilzwecke, aber nicht zur Aussaat verwendet. Die Gewinnung des Traumel- oder Kammfenchels ist sehr arbeitsintensiv und kann nur durchgeführt werden, wenn die nötigen Arbeitskräfte zur Verfügung stehen.

Anbau

Der eher anspruchsvolle Fenchel braucht tiefgründigen, mergel- oder kalkhaltigen, an Nährstoffen reichen Boden. Auch ein humusreicher, sandiger Lehmboden ist für ihn geeignet. Wichtig ist vor allem ein sonniger, warmer Standort, dem es aber nicht an genügend Feuchtigkeit mangeln darf. Als Vorfrucht ist eine reichlich mit Stallmist gedüngte Hackfrucht günstig. Zu starke Düngung des Fenchels selbst ist nicht empfehlenswert, weil die Pflanze sonst ins Kraut schießt, was eine Verzögerung der Samenreife bedeutet. Fenchel kann man mit käuflich erworbenen Stecklingen anbauen; das so wichtige Pflanzmaterial von guter Qualität erreicht man aber besser, wenn man die Stecklinge selbst heranzüchtet. Wenn man selbst aussät, muß man sich über die Größe des Feldes im klaren sein, auf das der Fenchel dann ausgepflanzt werden soll. Für den Anbau von ¼ ha muß man mit 1,5 kg Saatgut auf 350 m² Anzucht-

fläche rechnen. Für den Kleinanbau von 1 a genügen 50 g Saatgut in einem gartenmäßig hergerichteten Saatbeet. Ab Anfang April sät man im Abstand von 25 cm aus. Die Saat läuft innerhalb von 2 bis 3 Wochen auf und muß bis zum Schließen des Bestandes 2- bis 3mal gehackt werden. In der 2. Oktoberhälfte wird das Kraut etwa 5 cm über dem Boden geschnitten. Überwintern die Stecklinge im Freiland, deckt man mit dem Kraut ab. Empfehlenswerter ist jedoch das frostsichere Einmieten der Stecklinge. Ab Ende März oder im April des folgenden Jahres werden die Fenchelpflanzen dann an ihren endgültigen Standort gesetzt, wobei eventuelle Austriebe wie auch die Wurzeln zurückzuschneiden sind. Man pflanzt im Abstand 40 mal 60 cm, aber tiefer als im Saatbeet, und drückt gut an. Fenchel darf erst nach 6 bis 7 Jahren am selben Ort wieder angebaut werden, da er mit sich selbst nicht verträglich ist.

Saatgut

Als Saatgut verwendet man meist Teilfrüchte, die sichelförmig und kahl sind. Ihre Farbe ist bräunlich, bräunlichgrün oder grünlichgelb. Als Saatgut eignen sich nur ganz ausgereifte Samen, die praktisch nur bei Verwendung von Kammfenchel garantiert sind.

Erträge

Die Erträge sind sehr großen Schwankungen unterworfen. Wenn es z. B. während der mehrere Wochen dauernden Blüte kalt und regnerisch ist oder wenn die nasse Blüte unter starke Sonnenbestrahlung gerät, ist eine Samenbildung sehr fraglich. Nässe und Nebel im Herbst haben auf die Reife der Früchte negative Auswirkungen. Als Ertragsdurchschnitt kann 1,6 bis 4 t pro ha angenommen werden. Gehäckseltes Fenchelstroh kann in nicht zu großen Mengen anderem Viehfutter beigegeben werden.

Für den Hausbedarf

Fenchel ist auch für den Hausgarten sehr zu empfehlen. Die Aussaat erfolgt in ein gut vorbereitetes Saatbeet auf einem sonnigen Plätzchen in Ihrem Garten. Die Samen sollen mit einer dünnen Erdschicht bedeckt werden. Im Herbst wird das Kraut handhoch über dem Boden abgeschnitten und die Pflanzen vor Frost und Mäusefraß mit einer Stroh- oder Reisigschicht geschützt. Im nächsten Frühjahr kommen die Fenchelpflanzen an ihren endgültigen Standort.

Krankheiten und Schädlinge

Zu den gefährlichsten Schädlingen der Fenchelpflanzen, besonders der jungen Pflanzen im 2. Vegetationsjahr, zählt der Liebstockrüßler. Im allgemeinen ist beim Fenchelanbau zu beachten, daß gerade die Wurzel den meisten Schädlingen ausgesetzt ist. Vor allem Engerlinge und Feldmäuse können starke Fraßschäden anrichten. Feldmäuse und Hasen fressen während der Wintermonate auch die grundständigen Blätter. Zu den pilzlichen Blattschädlingen des Fenchels gehört in erster Linie der Falsche Mehltau. Diese Krankheit erkennt man daran, daß zuerst bleiche Flekken an dem Kraut entstehen, die sich allmählich bräunen und besonders auf der Unterseite des Blattes von einem weißen Pilzgeflecht überzogen werden. Auch Blattläuse verursachen beträchtlichen Schaden. Dem oberirdischen Pflanzenteil wird auch von der gefürchteten achtfüßigen Fenchelspinne beträchtlicher Schaden zugefügt. Wird die gelagerte Droge vom Brotbohrer befallen, so kann dies ihre völlige Vernichtung bedeuten.

Wirkstoffe

Fenchel enthält als wichtigsten Wirkstoff ätherisches Öl, das in den Früchten guter Qualität bis zu 6% vorhanden ist. Das Fenchelöl (Oleum Foeniculi) besteht zu 50 bis 60% aus dem eher süßlichen Anethol und bis zu 20% aus dem scharfen, bitteren Fenchon. Die Früchte enthalten noch fettes Öl.

Heilwirkung

Appetitanregend, tonisch, verdauungsfördernd, wurmwidrig, beruhigend (besonders für Kinder). Die krampflösenden und blähungstreibenden Eigenschaften des Fenchels werden vor allem in der Kinderheilkunde immer wieder eingesetzt.

In der Heilkunde

Die Fencheldroge ist sehr hilfreich bei allen Arten von Magen- und Darmbeschwerden, bei Blähungen, Husten und Bronchialkatarrh. Äußerlich verwendet man den Tee zum Gurgeln bei Halsentzündungen und für Augenbäder. Fencheltee regt auch die Milchsekretion an.

Als Hausmittel

Eine besondere Eigenschaft des Fenchels ist, daß er im Körper sehr rasch Wärme erzeugt. Dadurch bessern sich krampfartige Zustände sehr schnell. Am besten wirkt Fenchel in Milch gekocht, und zwar 10 g Fenchelsamen auf ¼ l Milch, 10 Minuten kochen, dann abseihen und warm trinken.

In der Tiermedizin

Bei Freßunlust der Tiere mengt man Fenchelsamen dem Futter bei. Es wird normalerweise ein guter Erfolg damit erzielt. Bienen bleiben gesund, wenn man eine flache Schale Fencheltee, mit Honig gesüßt, aufstellt. Zur Anregung der Milchsekretion wird Anissamen und Fenchelsamen, zerstoßen, den Hündinnen eingegeben. Bei Husten und Blähungen wird den Tieren zerriebener Fenchelsamen verabreicht.

In der Homöopathie

Ein appetitanregendes, schleimlösendes und augenstärkendes Mittel ist die homöopathische Tinktur Foeniculum, die aus reifen Früchten des Fenchels gewonnen wird. Auch stillende Mütter verwenden diese Tinktur zur Milchvermehrung. Die aus dem frischen, blühenden Kraut gewonnene Essenz wird als nervenstärkendes Tonikum sehr geschätzt.

In der Küche

Hauptsächlich sind es die Früchte, die als Gewürz in Betracht kommen, vor allem für Backwerk, besonders Brot. Aber auch die jungen Blätter und zarten Blattstengel finden in kleinen Mengen zur Verfeinerung von Fischgerichten und Salaten Verwendung. Noch nicht ausgereifte Fencheldolden sind ein gutes Einlegegewürz für Gurken und Sauerkraut. Fencheltee kann man nicht nur aus gestoßenen Früchten, sondern auch aus Blättern und Stengeln aufbrühen.

Für die Körperpflege

Als Augenwasser kann man einen Absud von ½ Eßlöffel Samenpulver auf ¼ l Wasser empfehlen. Damit wäscht man die Augen 2- bis 3mal täglich aus. Vor allem stärkend und reinigend auf die Augen wirken Dämpfe: 3 bis 4 Teelöffel Samen in kochendes Wasser geben und den mit einem Tuch bedeckten Kopf mehrere Minuten über die dampfende Schüssel halten. Anschließend soll man mindestens 1 Stunde nicht an die frische Luft gehen. Fenchel wird bei der Seifenherstellung als Parfümierungszusatz verwendet.

Auszüge

Zur Herstellung von Fencheltinktur werden 4 Teile Alkohol und 1 Teil zerstoßener Fenchelsamen 14 Tage lang angesetzt. Es ist auf normale Zimmertemperatur zu achten; da auch das Tageslicht von Bedeutung ist, ist beim Fenster der beste Platz für das Ansatzglas.

In der pharmazeutischen Industrie

Fenchelsamen ist ein Bestandteil der *Species laxantes* (Abführmittel). Das Fenchelöl (*Oleum Foeniculi*) wird aus dem Samen destilliert. Die Fenchelwurzel zählt neben Petersilie, Sellerie und Spargel zu den 4 großen eröffnenden Heilwurzeln. *Fertigpräparate:* Carilaxan, Dapulmon, Gastricholan, Guakalin, Mutosan, Solan.

Aus meiner Erfahrung

Fenchelsamen ist, mit Anis und Kümmel gemischt, ein gutes Abführmittel. Er wird auch mit Erfolg Teemischungen beigegeben, die man zur Anregung des Geschlechtstriebes einsetzt.

Nicht übersehen

Was heute in den Gemüsegeschäften als Fenchel angeboten wird, ist eine spezielle Fenchelart, und zwar der Bologneser Fenchel, auch Zwiebelfenchel genannt.

Naturschutz und gesetzliche Bestimmungen

„Man muß immer etwas haben, auf das man sich freuen kann", sagte Eduard Mörike. Wenn ich an einem Waldrand abgeladenen Bauaushub sehe, der von einem Gartengrundstück stammt, dann freue ich mich auf den Fenchel, der dort bald wild wachsen wird.

Aus meiner Kräuterapotheke

Zur Anregung der Schleimhäute des Magens und des Darms, bei Krampfzuständen, Bronchienentzündungen und Katarrhen der Luftwege: Fenchelsamen 3 Teile, Anissamen 2 Teile, Kümmelsamen 1 Teil. Diese Mischung wird kurz vor dem Gebrauch im Mörser zerstoßen. Für ¼ l Wasser nimmt man 1½ Teelöffel voll, übergießt mit kochendem Wasser und läßt 15 Minuten ziehen. Während des Tages schluckweise 1 bis 3 Tassen trinken. Den Rückstand kann man am Abend mit 3 l kochendem Wasser übergießen, etwas ziehen lassen und diesen Aufguß als Fußbad nehmen.

Frauenmantel
Alchemilla vulgaris
Rosengewächse
ausdauernd

Volkstümliche Bezeichnungen

Alchemillenkraut, Alchimistenkraut, Frauenbiß, Frauenhäubel, Frauenmäntli, Frauentrost, Gänsegrünkraut, Haubn, Herbstmantel, Herrgottsmäntelchen, Jungfernwurz, Krähenfüße, Kroanfüß, Liebfrauenmantel, Löwenfußkraut, Mäntli, Marienkraut, Milchkraut, Muttergottesmantel, Neunlappenkraut, Ohmkraut, Ottergallkraut, Regendachl, Regentropfen, Sinau, Sintau, Sonnentau, Taubecherl, Taublatt, Taufänger, Tauhaltauf, Taumantelkraut, Taurosenkraut, Tauschüsserl, Trauermantel, Weiberkittel, Wiesensinau.

Namenerklärung

Frauenmantel wird diese Pflanze deswegen genannt, weil die Form der Blätter einem Überhang, also einem Mantel gleicht, den im Mittelalter viele Frauen trugen. Der Gattungsname ist aus dem Griechischen *alkhymeia*, d. h. Alchimie, abgeleitet.

Kulturgeschichte

Die Pflanze wurde jahrhundertelang als adstringierendes Mittel verwendet. So versuchten junge Mädchen in Italien, durch Waschungen mit Frauenmantel ihre Geschlechtsorgane zu verschließen, um ihre Tugend zu bewahren. Aus diesem Grunde nannte man die Pflanze auch Jungfernwurz. Frauen wuschen ihre Brüste damit, um sie in guter Form zu erhalten. Die Eigenart dieser Pflanze sind die kleinen Wassertröpfchen, die an den Zähnchen der Blattränder ausgeschieden werden, um dann in den Schoß der gefalteten Blätter zurückzulaufen und hier einen größeren, in der Sonne glitzernden Wassertropfen zu ergeben. Goldmacher des Mittelalters glaubten in diesem Wassertropfen die wahre Flüssigkeit zum Goldmachen zu erkennen, weswegen sie diese Tropfen sammelten. Sie bezeichneten diese Tropfen als „Himmlisches Wasser" und versuchten auch mit ihrer Hilfe den Stein der Weisen zu finden. Wegen seines geheimnisumwobenen Gebrauches durch die Alchimisten des Altertums und des Mittelalters erhielt die Pflanze den Namen Alchemilla oder Alchimistenkraut.

Herkunft

Heute unterscheidet man viele Frauenmantelarten, die in Mitteleuropa, vor allem in kühl-feuchteren Gebieten (Berggebieten) zu Hause sind. Die Unterscheidung der Arten ist selbst für Botaniker schwierig. Vermutlich können alle als Heilpflanzen verwendet werden; Genaueres weiß man aber nicht.

Fundort

In Wiesen, auf Weiden sowie an quelligen Stellen und Bächen, auch an Waldrändern, besonders in mittleren bis in sehr hohen Berglagen; in trocken-warmen Gebieten (z. B. im Wiener Raum) sehr selten.

Merkmale

Charakteristisch sind die jung gefalteten, oft unterseits weißlich behaarten *Blätter*, die 7 bis 11 halbkreisförmige, gekerbte Abschnitte aufweisen. An den Zähnchen der Blattränder treten nach kühlen, feuchten Nächten sowie während und nach Regen kleinste Wassertröpfchen aus, die sich in den Blattachseln zu den bekannten Wassertropfen des Frauenmantels sammeln. Die kleinen, gelbgrünen bis grünlichen *Blüten* sind in endständigen Blütenständen vereinigt. Der dünne *Stengel* ist hellgrün, oft rötlich überlaufen und trägt kleine sitzende Stengelblätter. Der *Wurzelstock* ist stark verholzt und trägt Reste abgestorbener Blätter. Die *Höhe* der Pflanze beträgt 10 bis 30 cm; sie ist fast geruchlos; der *Geschmack* ist eher bitter und etwas zusammenziehend.

Verwechslungen

Verwechslungen sind kaum möglich, wenn man sich einmal die Form der Blätter des Frauenmantels eingeprägt hat und die eigenartige „Tröpfchenbildung" kennt.

DORNIGE HAUHECHEL
Ononis spinosa

ECHTES HERZGESPANN
Leonurus cardiaca

ECHTES JOHANNISKRAUT
Hypericum perforatum

ECHTE KAMILLE
Matricaria chamomilla

KLATSCHMOHN
Papaver rhoeas

Blütezeit
Mai bis September.

Samenreife
Anscheinend werden die Frauenmantelblüten schlecht befruchtet, denn ich konnte in jahrelanger Beobachtung feststellen, daß es kaum zur Samenbildung kommt bzw. daß nur wenig schlechtentwickelter Samen in den Ständen vorhanden ist.

Erntezeit
Blätter etwa Juni und Juli, das ganze blühende Kraut im Hochsommer.

Ernte- und Sammelgut
Gesammelt werden das blühende Frauenmantelkraut *(Herba Alchemillae)* und die grundständigen Blätter *(Folia Alchemillae).*

Ernte- und Sammelvorschriften
Bei schönem, trockenem Wetter, am besten gegen Mittag oder am frühen Nachmittag, werden sowohl die grundständigen Blätter als auch das blühende Kraut gesammelt. Das Sammelgut wird dann künstlich bei einer Temperatur bis 40 °C getrocknet. Man kann das Kraut auch in einem ungeheizten Raum auflegen, in dem aber eine gute Luftzirkulation herrschen muß. Direkte Sonnenbestrahlung ist zu vermeiden. Das Trocknen nimmt einige Zeit in Anspruch, das Sammelgut soll nicht gewendet werden. Die getrocknete Droge kommt dann zur Aufbewahrung in dicht schließende Behälter, die den Schutz vor Licht und Feuchtigkeit garantieren.

Anbau
Obwohl ich bis jetzt nirgendwo den Frauenmantel in feldmäßigem Anbau gesehen habe, könnte ich es mir doch vorstellen, daß diese Pflanze, in größerer Menge gezogen, Absatz fände, da der Frauenmantel in der Volksheilkunde und der Naturheilkunde in Teemischungen Verwendung findet. Empfehlenswert wäre die sogenannte Einstreukultur, das heißt, daß die Pflanze in den Rasen des Gartens oder in Wiesen gesetzt wird. Sie würde so keiner besonderen Pflege bedürfen, vorausgesetzt, die ihr entsprechenden Klimabedingungen sind gegeben. Ich selbst pflege sie in meinem Garten, und sie gedeiht zu meiner vollsten Zufriedenheit. Die Pflanze ist nicht nur eine wertvolle Heilpflanze, sondern sie ist auch ein Schmuck mitten im Rasen. Für eine Düngung im Herbst ist der Frauenmantel dankbar. Dabei wird feiner, gesiebter Kompost über den Rasen gestreut, und mit dem Rechen werden die Unebenheiten des Rasens ausgeglichen, vor allem rund um die Pflanzenstöcke. Auf eine Flüssigdüngung im zeitigen Frühjahr reagiert der Frauenmantel mit sichtbar eifrigem Wuchs, mit stärkeren Stengeln und gut entwickelten Blättern, was zur Drogengewinnung vorteilhaft ist. Wenn man den ersten Versuch mit Frauenmantel im eigenen Garten unternimmt, hole man sich das Pflanzgut von seinen natürlichen Wuchsstellen. Später kann man dann aus den eigenen Beständen vermehren.

Saatgut
Die Vermehrung erfolgt vegetativ, also durch Teilung älterer Wurzelstöcke, die im Herbst oder im zeitigen Frühjahr vorgenommen wird. Dann kann man die Wurzelteile eventuell ein Jahr lang in ein Saatbeet setzen. Im Spätsommer oder im zeitigen Frühjahr werden die Setzlinge schließlich an Ort und Stelle gepflanzt.

Erträge
Da der Frauenmantel bisher feldmäßig kaum angebaut wurde, kann ich keine Ertragswerte für größere Flächen angeben.

Für den Hausbedarf
Wenn Sie ein Zierbecken in Ihrem Garten haben, so ist an dessen Rand der geeignete Platz für den Frauenmantel. Dort wird die Pflanze Ihr Auge besonders erfreuen.

Krankheiten und Schädlinge
Frauenmantel wird leicht von Rostpilzen befallen. Auch Mehltau kann der Pflanze argen Schaden zufügen. Er tritt gerne gegen Ende des Sommers auf und macht die Pflanzen unansehnlich und zur Drogengewinnung ungeeignet. Man sollte den Mehltau jedoch nicht bekämpfen, sondern die Pflanze rechtzeitig sammeln.

Wirkstoffe
Wenig ätherisches Öl, vor allem Gerbstoffe, Bitterstoff, etwas Salizylsäure und verschiedene noch kaum bekannte Substanzen. Obwohl der Frauenmantel ein sehr beliebtes Heilkraut der Volksheilkunde ist, wurde er in bezug auf seine Heil- und Wirkstoffe noch wenig wissenschaftlich untersucht. Neben den oben genannten Substanzen enthält er noch Harz, pflanzliches Öl, Lecithin.

Heilwirkung

Harntreibend, magenstärkend, durchfallhemmend, entzündungshemmend, adstringierend, narbenbildend, menstruationsregulierend, wundheilend, blutreinigend, milch-
treibend.

In der Heilkunde

Wie schon der Name sagt, ist der Frauenmantel ein vorzügliches Heilkraut bei allen Arten
von Frauenbeschwerden, sei es während der
Schwangerschaft oder nach der Geburt; seine
stärkenden Eigenschaften haben positive
Wirkung auf den Gesamtzustand des Körpers. Zum Gurgeln wird der Frauenmanteltee
nach dem Zahnziehen wegen seiner adstringierenden Wirkstoffe verabreicht. Zur innerlichen Anwendung überbrüht man 1 gehäuften Teelöffel Frauenmantelkraut mit 1 Tasse
kochendem Wasser, läßt einige Minuten ziehen und trinkt 2- bis 3mal täglich 1 Tasse
schluckweise.

Als Hausmittel

Bei schlecht heilenden Wunden helfen Umschläge mit Frauenmantelaufguß. Für Sitzbä-
der bei Unterleibsbeschwerden nimmt man 2
Handvoll getrocknetes Kraut auf 1 l Wasser.
Auch Hand- und Fußbäder kann man in
diesem Aufguß zur beschleunigten Wundheilung nehmen.

In der Tiermedizin

Frauenmantel gilt wegen seiner gesundheits-
fördernden Wirkung als gutes Futterkraut.
Weibliche Haustiere kommen nach dem Werfen schneller wieder zu Kräften und können
ihre Jungen besser mit Milch versorgen,
wenn sie Frauenmanteltee eingeflößt bekommen.

In der Homöopathie

Die homöopathische Essenz *Alchemilla* dil D2
wird aus dem frischen Kraut gewonnen. Man
nimmt 3mal täglich 10 bis 15 Tropfen gegen
folgende Krankheiten: Blutarmut, Arterienverkalkung, Rheuma, Gicht. Auch bei Zuk-
kerkrankheit kann man die Frauenmantel-
essenz durch längere Zeit hindurch nehmen.

In der Küche

Die kleinen, frischen Blätter des Frauenmantels sind eine gute Beigabe zu Salaten, wobei
sie durch ihre eigenartige Form nicht nur
dekorativ wirken, sondern auch sehr gesund
sind. Für den erfrischenden morgendlichen

Kräutertee eignet sich Frauenmantel als Bestandteil. Die leicht bittere Geschmackskom-
ponente ist allerdings nicht jedermanns
Sache.

Für die Körperpflege

Frauenmantel, in kalt gepreßtem Olivenöl
angesetzt, kann für die Behandlung der Haut
benützt werden. Im Verhältnis 1 : 4, 14 Tage
im warmen Raum oder an der Sonne stehengelassen, am besten am Fenster, ist er ein
hervorragendes Pflegemittel für die Haut.
Der Frauenmantel reinigt durch seine entzün-
dungswidrige Eigenschaft, während das Öl
für ein glattes Aussehen der Haut sorgt.

Auszüge

Alkoholische Auszüge des Frauenmantels haben die gleiche Heilwirkung wie Frauenmanteltee. Oft ist eine regelmäßige Behandlung
mit Hilfe eines Auszuges leichter durchzuführen, da die Teezubereitung doch einige
Zeit in Anspruch nimmt. Wer Alkohol selbst
als Konservierungsmittel für Heilstoffe ab-
lehnt, sollte lieber beim Tee bleiben, obwohl
ihm gesagt sei, daß die fertigen alkoholischen
Auszüge auch stark verdünnt noch ihre Wirkung beibehalten, der Alkohol in seiner Wirkung jedoch reduziert wird.

In der pharmazeutischen Industrie

In der Pharmazie wird Frauenmantelkraut,
Herba Alchemillae, verwendet. Als *Fertigpräparate* werden unter anderem folgende Erzeug-
nisse angeboten: Cefakliman, Lamioflur,
Menstrualin, Salviathymol, Umkehr-Tee 14.

Aus meiner Erfahrung

Als herzstärkendes Mittel und zur Drüsen-
funktionsförderung würde ich Frauenmanteltee 3 Wochen hindurch, morgens getrunken,
sehr empfehlen. „Unpäßlichen" Frauen rate
ich zu folgender Teemischung, da sie wahres
Wohlbehagen verleiht: Frauenmantel 3 Teile,
Schafgarbe 2 Teile, Faulbaumrinde 1 Teil,
Brennessel 3 Teile, Kamille 2 Teile, Pfefferminze 3 Teile. Dieser Tee, ebenfalls durch 3
Wochen genommen, stärkt die weiblichen
Organe.

Nicht übersehen

Frauenmantel hilft den Frauen und verschafft
ihnen Erleichterung, vor allem in den Wechseljahren, doch bei zu schwacher Regelblutung oder bei Regelstockung ist unbedingt
davon abzuraten, da die Droge eine eher

hemmende Wirkung hat. Bei Gesichtsblässe nützt ein Tee aus gleichen Teilen Frauenmantel und Nußblättern, der 3 Wochen hindurch genommen werden soll.

Naturschutz und gesetzliche Bestimmungen

Beim Sammeln dieses wie auch anderer Heilkräuter, die auf Wiesen wachsen, ist darauf zu achten, daß man die Tierweide nicht zertrampelt. Wiesen sind Nutzflächen. Und der Bauer kann Sie zur Verantwortung ziehen, wenn Sie Schaden verursachen.

Aus meiner Kräuterapotheke

Bei Magenträgheit, Darmbeschwerden, als beruhigendes und regulierendes Mittel bei Durchfällen, als Blutreinigungsmittel und bei Fieber: Frauenmantel 3 Teile, Brennesselblätter 2 Teile, Ehrenpreis 1 Teil. 1½ Teelöffel der Kräutermischung mit ¼ l kochendem Wasser übergießen, 15 Minuten ziehen lassen, und dann abseihen. Je nach Bedarf soll man von diesem Teil täglich 1 bis 3 Tassen warm trinken, und zwar langsam und schluckweise.

Hauhechel, Dornige
Ononis spinosa
Schmetterlingsblütler
ausdauernd

Volkstümliche Bezeichnungen

Aglarkraut, Eindorn, Einhagel, Frauenstreit, Gundeldorn, Hachelkraut, Harnkraut, Hasenblume, Hechelkraut, Heudorn, Heuhechel, Hofdorn, Höhldorn, Huldorn, Katzenspeer, Kinderzahnkraut, Kreuzwurz, Lahmdorn, List, Listendorn, Ochsenbrech, Pflugstern, Questenkraut, Schlafhechel, Schmalhef, Stachelkraut, Steinwurzel, Triefkraut, Weiberklatsch, Weiberkrieg, Weiberzorn, Weichsen, Wetzsteinkraut, Witschge, Witwerdörn, Wiwkrut.

Namenerklärung

Eine sehr alte Erklärung des Namens Hauhechel besagt, daß man sie mit der Haue herausholen müsse, weil sie so tief wurzelt und weil sie wegen ihrer Dornen einer Flachshechel gleicht. In manchen Gegenden wird sie auch Weiberkrieg genannt, vielleicht wegen ihrer „stacheligen Wehrhaftigkeit"; oder aber, weil sie den Frauen beim Jäten so viel Mühe machte. Der lateinische Name *onona* bedeutet Eselsfutter, *spinosa* = dornig, also „stacheliges Eselsfutter", weil der Esel die Pflanze gerne frißt.

Kulturgeschichte

Dokumente aus dem 4. vorchristlichen Jahrhundert bezeugen, daß schon Theophrast über die Anwendung der Hauhechelwurzel gegen Blasen- und Nierensteine Bescheid wußte. Auch Dioskurides und Plinius erwähnten die außerordentliche Heilkraft der Hauhechel bei diesen Krankheiten. Der römische Feldarzt Galen berichtet über vermehrte Harnausscheidung nach dem Genuß von Hauhecheltee und war der Ansicht, daß diese Pflanze die Kraft habe, Harnsteine zu zerkleinern und sogar zur Auflösung zu bringen. Im 16. Jahrhundert taucht die Hauhechel dann in deutschen Kräuterbüchern als Heilpflanze auf. Man findet sie noch heute in einigen Pharmakopöen verzeichnet. Im Aberglauben galt die Hauhechel jahrhundertelang als Hilfe gegen Räuber und Diebe. In der Blumenspra-che ist sie wegen ihrer Dornen das Symbol der Hindernisse.

Herkunft

Die Hauhechel wächst wild in Europa, West- und Mittelasien.

Fundort

Die Hauhechel bevorzugt Lehm- und Kalkböden und ist häufig auf mageren, trockenen Weiden, Wiesen, an Wegrändern und auf Brachland anzutreffen.

Merkmale

Die Hauhechel, ein kleiner dorniger Halbstrauch, fühlt sich an trockenen Standorten am wohlsten. Die liegenden bis aufsteigenden *Stengel* sind rötlich, verzweigt, zum Teil unten verholzt und mit spitzen Stacheln versehen. Die sitzenden oder kurzgestielten *Blüten* sind rosarot, seltener ins Bläuliche spielend und entspringen meist einzeln, seltener zu je zweien in den Blattachseln. Die dreizähligen *Blätter* bestehen aus ovalen, gezähnten, dunkelgrünen Teilblättchen. Die Pflanze hat einen stark entwickelten, holzigen *Wurzelstock*, die sehr tief gehende Hauptwurzel ist pfahlförmig. Die *Höhe* der Hauhechel beträgt bis zu 50 cm. Der *Geruch* erinnert an Süßholz, nämlich süßlich und holzartig. Die Wurzel riecht stechend scharf, der *Geschmack* der ganzen Pflanze ist eher unangenehm, der der Wurzel herb und beißend.

Verwechslungen

Da die Pflanze ein so charakteristisches Aussehen hat, sind Verwechslungen so gut wie ausgeschlossen

Blütezeit

Die Blütezeit erstreckt sich von Juni bis September.

Samenreife

Die Frucht der dornigen Hauhechel gehört zu den Hülsenfrüchten. Aus der rosaroten

Schmetterlingsblüte entsteht eine mindestens ebenso lange Hülse wie der Kelch. Sie reift Mitte oder Ende September aus. Da man die Hauhechel hauptsächlich durch Wurzelstockteilung vermehrt, ist die Samenreife nicht von wirtschaftlicher Bedeutung.

Erntezeit

Die Erntezeit für Blüten, Zweigspitzen oder für das ganze blühende Kraut ist Juni bis Ende August. Die Wurzeln werden im Herbst oder im Frühjahr geerntet.

Ernte- und Sammelgut

Gesammelt werden die Wurzeln mit dem Wurzelstock; seltener das frische Kraut und die Blüten.

Ernte- und Sammelvorschriften

Das abgeschnittene Kraut wird zum Trocknen auf luftigen Dachböden locker aufgebreitet; später wird es in Säcken aufbewahrt, wobei man die Droge wegen der Dornen vorsichtig verpacken muß. Die mit ihren Ausläufern bis zu 1 m langen Wurzeln werden im Herbst bis in den November hinein oder im Frühjahr ausgegraben. Bei der Ernte ist mit Handschuhen zu arbeiten, da die Stacheln sehr spitz sind und Verletzungen hervorrufen können. Das von den Faserwurzeln und eventuellen Stengelresten befreite Erntegut wird gewaschen, größere Wurzeln werden geteilt und dann zum Trocknen entweder ausgebreitet oder auf Bindfäden gereiht. Die langsame Trocknung kann beschleunigt werden, indem man künstlich trocknet (bei höchstens 50 °C).

Anbau

Die Dornige Hauhechel liebt tiefgründigen Boden. Üblicherweise wird sie am Standort gesammelt und nicht feldmäßig kultiviert. Man kann sie jedoch auf landwirtschaftlich sonst nicht nutzbaren Böden ziehen. Das sind vor allem Ödland, Böschungen oder solche Grundstücke, die wegen ihrer Form (schmal und lang oder dreieckig) nur schwer zu bearbeiten sind. Legt man eine Hauhechelkultur frisch an, dann ist es ratsam, den Boden vorher aufzulockern und Steine weitgehend zu entfernen. Man kann die Samen im Frühjahr ins Freiland aussäen, empfehlenswerter ist jedoch das Pflanzen geteilter Wurzelstöcke. Da die Hauhechel sich schnell ausbreitet, genügt ein- bis zweimaliges Hacken.

Saatgut

Will man die Pflanze mit Samen vermehren, dann sammelt man zwischen Juli und August die nicht ganz reifen Schoten, trocknet sie im Schatten und löst die Samenkörner aus. Läßt man die Schote voll ausreifen, so kann man nicht mehr ernten, da die ausgereiften Schoten sehr leicht aufspringen und sich an Ort und Stelle selbst aussäen.

Erträge

Da die Pflanze feldmäßig nicht angebaut wird, kann ich keine Werte angeben.

Für den Hausbedarf

Die Dornige Hauhechel kann in kleineren Hausgärten auch in den Alpengarten gesetzt werden. Es sei jedoch darauf hingewiesen, daß der Untergrund vorher aufgelockert werden soll, damit die Wurzel später leichter auszugraben ist. Wenn man die Wurzel als Droge gewinnen will, braucht man mehrere Stauden. Da die kleineren Wurzeln normalerweise beim Herausnehmen mit der Haue von den Hauptwurzeln abgetrennt werden, wächst die Pflanze von selber an Ort und Stelle wieder nach. Die Hauhechel ist nicht nur wertvoll wegen ihrer Heilkraft, sondern auch durch ihre schönen Schmetterlingsblüten eine wahre Zierde im Hausgarten.

Krankheiten und Schädlinge

Die Hauhechel ist eine sehr widerstandsfähige Pflanze. Krankheiten wurden bei längerer Beobachtung kaum bemerkt, doch wird die Pflanze häufig von Raupen befallen.

Wirkstoffe

Ätherisches Öl, mehrere Glykoside mit Flavonen, Gerbstoffe und fettes Öl.

Heilwirkung

Harntreibend, schweißtreibend, stoffwechselfördernd, blutreinigend, antiseptisch und adstringierend.

In der Heilkunde

In der Medizin wird die Hauhechel hauptsächlich bei Nierenerkrankungen verordnet. Sie wirkt der übermäßigen Harnsäurebildung entgegen und bekämpft Grieß- und Steinbildung bei allen Steinleiden. Da bei Einnahme von Mischtees die Hauhechel für die vermehrte Ableitung von Wasseransammlungen im Körper verantwortlich ist, zeitigt sie nicht nur bei Wassersucht sowie bei allen Arten von Stoffwechselerkrankungen (Gicht, Rheuma, Gelenksrheumatismus) gute Heilerfolge, sondern hat auch eine erleichternde Wirkung bei Koronarerkrankungen. So wird Hauhechel bei Herzschwäche mit herzstärkenden Kräutern wie Silbermantel, Frauenmantel und Rosmarinkraut verordnet.

Als Hausmittel

Eine uralte volksmedizinische Weisheit lautet: „Nimm zeitweise Hauhecheltee, es reinigt das Geblüt!" An anderer Stelle wird berichtet: Die Wurzelringe in Wein abgekocht und dieser getrunken, bricht den Stein mit Gewalt. Zahnweh kann man folgendermaßen lindern: Die Wurzel wird in Essig gesotten und der Absud warm im Mund gehalten. Eine andere Anwendungsmöglichkeit dieses Essigabsuds sind feuchtwarme Umschläge, um damit schorfige Wundkrusten schneller zum Abheilen zu bringen.

In der Tiermedizin

In der Tiermedizin wird Hauhecheltee zur Blutreinigung verabreicht, und zwar vor allem bei Hautausschlägen, Hautunreinheiten und Hautjucken. Es darf jedoch nicht übersehen werden, daß Hauhechel bei Tieren nicht sofort wirkt, sondern längere Zeit hindurch angewandt werden muß.

In der Homöopathie

Das aus der ganzen Pflanze zur Zeit der Blüte gewonnene Homöopathikum *Ononis spinosa* gilt als ein ganz ausgezeichnetes wassertreibendes Mittel. 3mal täglich 10 Tropfen verabreicht, bekämpft krankhafte Wasseransammlungen im Körper. Auch bei Harnverhaltung und bei Nierengrieß- und -steinbildung wird dieses Mittel eingesetzt. Es ist aber auf die genaue Dosierung zu achten.

In der Küche

Hauhechelblüten können Desserts zur Verschönerung beigegeben und auch gegessen werden.

Für die Körperpflege

Frische Blätter und Blüten werden als Auflage verwendet, um die Haut rein zu halten, Hautjucken zu bekämpfen und Akne zu beseitigen. Gleichzeitig aber wird empfohlen, einen Blutreinigungstee zu trinken.

Auszüge

Die *Hauhecheltinktur*, Wurzel mit 75%igem Alkohol im Verhältnis 1:4 angesetzt, dient zum Einreiben der Haut bei Akne, Hautjucken und leichten Hautausschlägen.

In der pharmazeutischen Industrie

Die Drogenbezeichnung für Hauhechelwurzel ist *Radix Ononidis*. Ferner, falls Blüten und Kraut verwendet werden = *Flores et Herba Ononidis. Fertigpräparate:* Buccotean, Diureticum-Medica, Rheumex, Nephropur, Carilaxan Stada, Tubentee.

Aus meiner Erfahrung

Gegen Harnbeschwerden hat sich folgende Teemischung bewährt: 3 Teile Hauhechelwurzel, 1 Teil Wacholderbeeren, 2 Teile Brennesselblätter, 1 Teil Petersilienwurzel und 3 Teile Zinnkraut. Von dieser Mischung nimmt man 1½ Teelöffel voll für ¼ l Wasser und bereitet den Aufguß. Tagesmenge 3 Tassen. Wenn die Harnbeschwerden die Folge einer Nierenerkrankung sind, ist der Tee ohne Wacholderbeeren zuzubereiten.

Nicht übersehen

Hauhecheldroge darf nicht in zu großen Dosen und nur in Teemischungen über längere Zeit genommen werden.

Naturschutz und gesetzliche Bestimmungen

Alls ich die Hauhechel das erste Mal sah, war sie mir eine unbekannte Pflanze. Ich schnitt einen Zweig ab, trug ihn heim und wässerte ihn ein. Erst im Pfarrhof blühte er voll auf. Ich hatte meine wahre Freude daran. Mit Ruhe konnte ich ihn beobachten, und bald hatte ich ihn auch botanisch einwandfrei bestimmt. Will man Hauhechelwurzel auf fremden Grundstücken ausgraben, bedarf es einer Genehmigung des Grundeigentümers.

Aus meiner Kräuterapotheke

Bei zu viel Harnsäure, Harnstauungen, Bauchwassersucht, Nierenentzündung, Gicht, Gelenksrheumatismus, zur Blutreinigung, bei Kropf- und Schilddrüsenbeschwerden: Hauhechelwurzel 3 Teile, Labkraut 2 Teile, Eichenrinde 1 Teil. 2 Teelöffel dieser Mischung in ¼ l kaltem Wasser 1 Stunde ansetzen, kurz aufkochen, 10 Minuten ziehen lassen, absehen und täglich 3 Tassen trinken.

Herzgespann, Echtes
Leonurus cardiaca
Lippenblütler
ausdauernd

Volkstümliche Bezeichnungen

Bärenschweif, Herzgesper, Herzgold, Herz-heil, Herzkraut, Herzkräutel, Löwen-schwanz, Löwenschweif, Mutterkraut, Wolfskraut, Wolfstrapp.

Namenerklärung

Das Wort „gespann" stammt aus dem mittelalterlichen Sprachschatz und bedeutet Krampf. Die Pflanze, die gegen Herzkrämpfe – Herzgespann – als Volksheilmittel galt, erhielt den gleichen Namen. Die lateinische Bezeichnung *leonurus* geht auf zwei griechische Wurzeln zurück und bedeutet Löwen-schwanz.

Kulturgeschichte

Die alten Griechen verwendeten Herzge-spann als Heilmittel gegen Auftreibungen in der Magengegend, die als Ursache für Spannungen um das Herz angesehen wurden; sie galt auch als hilfreich bei Frauenkrankheiten, besonders bei Störungen im Klimakterium, daher auch ihr Volksname „Mutterkraut". Wegen ihrer Heilwirkungen fand sie auch Eingang in die ersten Pharmakopöen. In Ostasien wird sie heute noch als Heilpflanze viel benutzt, vor allem in China. Dort heißt sie J-Mao-Tsao oder Ch'ung Wei Tze.

Herkunft

Osteuropa und Asien.

Fundort

Da die Art in Mitteleuropa nicht heimisch ist, kommt sie nur an von Menschen gestörten Stellen, auf Schutthaufen und Brachland, entlang von Zäunen usw., verwildert vor.

Merkmale

Der bis zur Spitze beblätterte *Stengel* ist vierkantig, hohl, oft rötlich, etwas verzweigt und kaum behaart. Die in Scheinquirlen angeordneten kleinen blaßrosa *Blüten* sitzen in den oberen Blattachseln. Sie haben einen 5teiligen Kelch, die obere Lippe der Krone ist stark behaart. Die unteren handförmig gespaltenen *Blätter* sind langgestielt und gegenständig; die oberen sind dreiteilig mit kürzerem Stiel. Alle sind dicht behaart und gesägt. Der kurze *Wurzelstock* hat viele Nebenwurzeln. Die Pflanze erreicht eine *Höhe* von über 1 m. Ihr *Geruch* wird von manchen als unangenehm empfunden, der *Geschmack* ist eher bitter.

Verwechslungen

Wegen der charakteristischen Blattform kann die Pflanze nicht mit anderen Lippenblütlern verwechselt werden.

Blütezeit

Je nach Standort Juni bis September.

Samenreife

September bis Oktober.

Erntezeit

Geschnitten wird das Kraut zur Zeit der Blüte; es wächst wieder nach und kann noch 1- oder 2mal geerntet werden.

Ernte- und Sammelgut

Das ganze blühende Kraut.

Ernte- und Sammelvorschriften

Das Kraut schneidet man nicht zu nahe am Boden ab, weil die holzigen dicken Stengelteile als Droge nicht brauchbar sind. Die hohlen Stengelteile spaltet man. Die Trocknung erfolgt im Schatten, wobei das Sammelgut locker ausgebreitet werden muß. Die Aufbewahrung erfolgt vor Licht und Feuchtigkeit geschützt.

Anbau

Herzgespann eignet sich zum Anbau auf sonst ungenützten Flächen wie Schutthaufen, aufgelassenen Sandgruben oder Steinbrüchen. Einige Wurzelstöcke geteilt und in Abständen von 1 bis 2 m im Herbst oder Frühjahr an Ort und Stelle gepflanzt, garantieren innerhalb weniger Jahre einen ansehnlichen Bestand, wenn man immer bei einigen Stöcken die Samen ausreifen läßt. Das Herzgespann sät sich dann selbst aus und verbreitet sich rasch. Will man den feldmäßigen Anbau versuchen, so muß man sich die Mühe machen, die Samen einzusammeln. Die Aussaat nimmt man dann im Frühjahr ins Mistbeet oder am Ende des Sommers in ein Freilandsaatbeet vor. Im folgenden Frühjahr pflanzt man dann auf einen leichten Humusboden in sonniger Lage im Abstand von 60 mal 40 cm. Besondere Pflege braucht das Herzgespann nicht.

Saatgut

Da das Herzgespann sich selbst aussät, ist die Saatgutgewinnung problematisch. Man vermehrt besser durch Teilung der Wurzelstöcke.

Erträge

Da Herzgespann bis jetzt kaum feldmäßig angebaut wurde, kann über Hektarerträge nicht berichtet werden. Eines aber steht fest, daß die pro Vegetationsjahr 2- bis 3mal mögliche Ernte ansehnliche Erträge liefert.

Für den Hausbedarf

Herzgespann vermehrt sich im eigenen Garten von selbst sehr rasch. Man muß daher darauf achten, daß es nicht überhand nimmt und benachbarte Pflanzen überwuchert.

Krankheiten und Schädlinge

Die Pflanze ist sehr widerstandsfähig und robust und wird kaum von Krankheiten befallen. Lediglich Mehltau kann im Spätsommer auf manchen Pflanzen beobachtet werden.

Wirkstoffe

Gerbstoff, Bitterstoff (Leonurin), ätherisches Öl, Alkaloid, blutdrucksenkende Glykoside, Flavonoide.

Heilwirkung

Schleimlösend, blähungstreibend, beruhigend, herzstärkend, krampflösend, tonisch.

In der Heilkunde

Das Herzgespann gilt als ein hervorragendes Beruhigungsmittel bei allen Arten von nervösen Beschwerden wie Herzschwäche, Herzklopfen und bei Beklemmungszuständen – die Wirkung der Pflanze ist ähnlich der des Baldrians.

Als Hausmittel

Das Herzgespann findet in der Volksmedizin Verwendung zur Beruhigung von Herz und Nerven, bei Beschwerden im Klimakterium und bei Durchfall. Am besten bewährt sich ein Aufguß aus Herzgespann bei Angstzuständen, die mit nervöser Unruhe zusammenhängen. Herzgespann ist auch in Verbindung mit Baldrian und Mistel ein empfehlenswerter Tee gegen Schlaflosigkeit. Die Mischung zu gleichen Teilen 2 Stunden kalt ansetzen, kurz aufkochen. 10 Minuten ziehen lassen. 1 Stunde vor dem Schlafengehen 1 Tasse langsam trinken.

In der Tiermedizin

Herzgespanntee kann nervösen Tieren in der Tränke verabreicht werden. Besonders bei Hunden hat sich dies bewährt.

In der Homöopathie

Homöopathen verordnen die aus dem frischen Kraut hergestellte Essenz bei Angina pectoris, vor allem bei Frauen, bei klimakterischen Beschwerden und bei Anämie, und zwar die Tinktur *Leonurus cardiaca* oder die 1. Potenz D1.

In der Küche

Für den Frühstückstee, mit Melisse im gleichen Verhältnis gemischt, nimmt man 1 Teelöffel auf 1 Tasse kochendes Wasser.

Für die Körperpflege

Bei Wechselbeschwerden hat sich ein Vollbad mit Herzgespann bewährt. 5 Eßlöffel der Droge mit 3 l heißem Wasser überbrühen, 15 Minuten ziehen lassen, abseihen und dem Badewasser beifügen.

Auszüge

Als *Kaltauszug* ist zu empfehlen: 2 Teelöffel fein zerkleinerte Droge auf ¼ l Wasser. Auch als *alkoholischer Auszug* verwendbar: 1 Teil Droge auf 4 Teile 75%igen Alkohol, 14 Tage im warmen Raum stehenlassen. Löffelweise bei Herzbeschwerden einnehmen.

In der pharmazeutischen Industrie

Drogenbezeichnung: *Herba Leonuri cardiacae* (Herzgespannkraut). *Fertigpräparate:* Biovital, Cardisetten, Concardisett, Crataezyma, Thyreogutt.

Aus meiner Erfahrung

Bei Atemnot und bei Verschleimung der

Atemwege habe ich mit Herzgespanntee gute Erfolge erzielt. 2 Teelöffel der Droge werden mit ¼ l kochendem Wasser übergossen und nach 10 Minuten abgeseiht. Täglich 3 Tassen, nach den Mahlzeiten schluckweise trinken.

Nicht übersehen

Herzgespann bringt nur zufriedenstellende Erfolge, wenn man es unter genauer Beachtung der Dosierung über eine längere Zeitdauer einnimmt. In größeren Mengen soll Herzgespanntee nicht eingenommen werden, weil die Wirkung des Krautes sonst zu Erbrechen, schweren Verdauungsbeschwerden und starkem Durst führen kann.

Naturschutz und gesetzliche Bestimmungen

Da das Herzgespann eine vorzügliche Bienenweide ist, wird es von Imkern oft in der freien Natur für die Bienen ausgesät. Trifft man auf solche Bestände, muß man bescheiden beim Sammeln sein.

Aus meiner Kräuterapotheke

Bei starker Gereiztheit, Unruhe, nervösen Angstzuständen, Schlaflosigkeit, Hysterie und Nervenschwäche: Herzgespann 3 Teile, Johanniskraut 2 Teile, Enzian 1 Teil. Dieser Tee wird auf folgende Weise zubereitet: 2 Teelöffel der Mischung werden mit ¼ l kochendem Wasser übergossen. 3 Stunden stehenlassen, abseihen und zimmerwarm trinken. Wenn notwendig, kann man den Tee leicht anwärmen, darf ihn aber auf keinen Fall zum Kochen bringen. Man trinkt davon gleich nach dem Aufstehen die erste Tasse. Eine zweite Tasse kann man am späten Nachmittag oder vor dem Abendessen nehmen. In ganz krassen Fällen trinkt man eine dritte Tasse ½ Stunde vor dem Mittagessen.

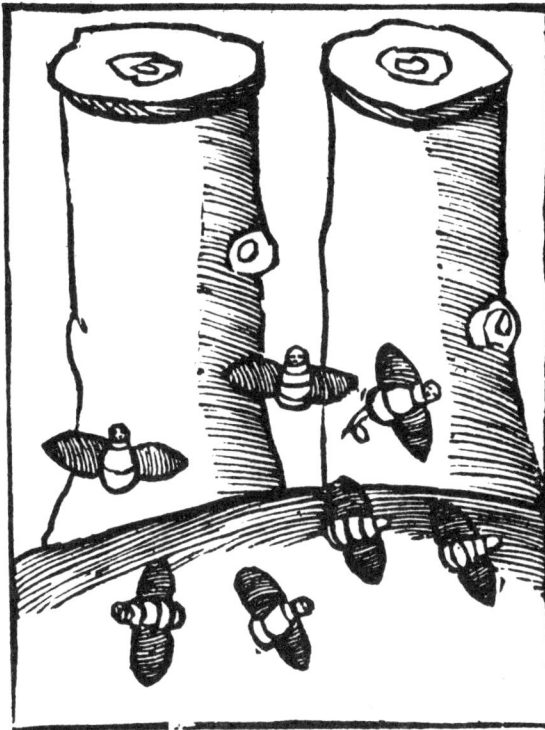

Johanniskraut, Echtes
Hypericum perforatum
Johanniskrautgewächse
ausdauernd

Volkstümliche Bezeichnungen

Alfblut, Blutblume, Blutkraut, Bockskraut, Christi Kreuzblut, Elfenblut, Fieberkraut, Frauenglister, Frauenkraut, Gottesgnadenkraut, Hartheu, Herrgottsblut, Hexenkraut, Jageteufel, Jägerteufel, Johanniswurz, Kreuzblut, Liebfrauenbettstroh, Mannskraft, Sankt Johannisblut, Schernekelkraut, Sonnwendkraut, Stierkraut, Tausendlochkraut, Teufelsfluchtkraut, Unserer Frauen Bettstroh, Unserer Lieben Frau Gras, Unseres Herrgotts Wundenkraut, Waldhopf, Wilde Gartheil, Wilder Margram, Wurmkraut.

Namenerklärung

Die plausibelste Erklärung für den Namen „Johanniskraut" ist wohl die, daß die Pflanze um Johannis (24. Juni) in schönster Blüte steht. Eine Legende aus Luxemburg schreibt den Namen dem Lieblingsjünger Johannes zu, der die mit dem heiligen Blut betropfte Pflanze voll Trauer unter dem Kreuz einsammelte, um sie an die Jesus Treuen zu verschenken. Eine Sage aus dem Dreißigjährigen Krieg hingegen berichtet, das Johanniskraut sei an jener Stelle emporgewachsen, auf die das Blut Johannes des Täufers hingefallen war.

Kulturgeschichte

Der Glaube, daß Johanniskraut böse Geister und Dämonen, ja sogar den Teufel vertreibe, ist uralt; stammt doch schon der lateinische Zusatz *perforatum* daher, daß man sagte, der Teufel habe aus Wut über die Kräfte des Krautes dessen Blätter mit Nadeln durchstochen. Im Zusammenhang damit gab man den Saft des Krautes den Hexen ein; sie sollten unter Einwirkung dieses Saftes unter der Folter die Wahrheit sagen. Die rote Farbe des Saftes war für die Ärzte der alten Zeit die Begründung dafür, daß das Kraut gegen Verwundungen aller Art Hilfe bringe. So lobte Konrad von Megenberg im 14. Jahrhundert, wie schon vor ihm Albertus Magnus, das Johanniskraut als Mittel gegen unreine Geschwüre. Wie wenige Kräuter ist das Johanniskraut mit Aberglauben jeder Art verbunden. Man gab es dem Vieh gegen vielerlei Krankheiten ein, man wollte mit seiner Hilfe den Blitz von Haus und Hof abhalten und benutzte es sogar als Liebesorakel.

Herkunft

Das Johanniskraut ist fast im gesamten europäischen Raum heimisch, weiters in Nordafrika und Vorderasien.

Fundort

Auf trockenen Weiden, Heiden und sonnigen Hängen, an Weg- und Waldrändern, bei Gebüschen, im Untergehölz, auf Brachen und Kahlschlägen.

Merkmale

Die vielen kleinen, punktierten Blätter wirken, gegen das Licht gehalten, wie durchlöchert. Diese „Löcher" sind ätherisches Öl enthaltende Hohlräume. Zerdrückt man die Knospen zwischen den Fingern, tritt ein roter Saft aus, das sogenannte Johannisblut. Die fünfstrahligen *Blüten* sind goldgelb und stehen in endständigen Scheindolden. Die schwarzen Tupfen der Blütenblätter sind kleine Drüsen, die den roten Farbstoff Hypericin enthalten. Die *Blätter* sind gegenständig, länglich-oval und ganzrandig. Der *Stengel* ist aufrecht, oben verzweigt, zweikantig. Der *Wurzelstock* ist holzig und verästelt. Die Pflanze erreicht eine *Höhe* von 30 bis 70 cm und ist gesellig wachsend. Die Blüten haben einen schwach balsamischen *Geruch;* der *Geschmack* ist bitter, harzig und zusammenziehend.

Verwechslungen

Es gibt mehrere Johanniskrautarten, jedoch ist das Echte Johanniskraut (*Hypericum perforatum*) an seinem zweikantigen Stengel und seinen perforierten Blättern sowie seinem trockenen Standort zu erkennen. Verwechslungen mit anderen Pflanzengattungen sind nicht leicht möglich.

Blütezeit

Das Johanniskraut blüht etwa von Johannis, das ist der 24. Juni, bis September. Die Hauptblütezeit ist jedoch im Juli.

Samenreife

Je nach der Blüte, August bis September.

Erntezeit

Juni bis September.

Ernte- und Sammelgut

Gesammelt wird das ganze blühende Kraut, aber auch die Blüten allein. Es ist darauf zu achten, daß keine Arten derselben Gattung mitgesammelt werden. Beim Sammeln von Johanniskraut sollte man, so wie bei allen anderen Heilpflanzen, daran denken, daß auch andere Menschen das Recht haben, schöne Blumen statt abgeschnittener Stengel zu bewundern. Vor allem in Erholungsgebieten von Städten sollte man sich daher selbst Beschränkungen auferlegen, bevor diese gesetzlich notwendig werden. Außerdem sollte man nie vergessen, daß auch Pflanzen Lebewesen sind, und nie mehr nehmen, als man braucht und auch verarbeiten kann.

Ernte- und Sammelvorschriften

Man sammelt das Johanniskraut, wenn es voll erblüht ist. Die Blüten werden frisch verwendet. Das in einer Länge von 30 cm abgeschnittene Kraut wird an einem luftigen, schattigen Ort (z. B. auf dem Dachboden) getrocknet, indem man es am besten zu Büscheln gebunden aufhängt.

Anbau

Johanniskraut liebt sonnigen, trockenen Standort. Vom feldmäßigen Anbau des Johanniskrautes ist dem Autor nichts bekannt, jedoch wäre es nicht nur von volkswirtschaftlicher Bedeutung, sondern auch von großem volksgesundheitlichem Wert, diese so heilkräftige Pflanze in größerem Stil anzubauen. Obwohl sie wild sehr häufig vorkommt und daher die Drogengewinnung durch Sammeln möglich ist, hätte eine geplante Kultivierung den Vorteil, daß sich ein relativ einheitlicher Gehalt an Wirkstoffen erzielen ließe. Das wäre für die systematische Verarbeitung und Dosierung von nicht zu unterschätzender Bedeutung. Die Vermehrung könnte durch Teilung der Wurzelstöcke vorgenommen werden, aber auch an eine Aussaat im Spätherbst wäre zu denken.

Saatgut

Das Saatgut sammelt man am besten zur Zeit der Samenreife von wildwachsenden Pflanzen. Später vermehrt man durch Teilung der Wurzelstöcke, was problemlos ist.

Erträge

Ertragswerte liegen nicht vor, da mir nicht bekannt ist, daß Johanniskraut feldmäßig angebaut wird. Da die Pflanze leicht vermehrbar ist und üppig gedeiht, wäre mit einem zufriedenstellenden Ertrag zu rechnen.

Für den Hausbedarf

Das Johanniskraut ist *das* seelisch-nervliche Stützmittel und sollte daher in keinem Hausgarten fehlen. Johanniskrautöl, alkoholisches Extrakt sowie Johanniskrauttee können in jedem Haushalt gebraucht werden. Die sehr ansehnliche Pflanze ist ein Schmuck für jeden Hausgarten. Durchlässiger Boden wäre die beste Grundbedingung, um Johanniskraut mit Erfolg zu ziehen. Die Pflanze ist nicht sehr anspruchsvoll, bevorzugt aber einen sonnigen Platz. Sie eignet sich also auch als Abschluß im Steingarten.

Krankheiten und Schädlinge

Das Johanniskraut wird zeitweise von Blattläusen befallen. Auch der Mehltau kann der Pflanze beträchtlich schaden, vor allem die Wipfel der Pflanze scheinen mit Mehl bestäubt und werden unansehnlich und als Droge unbrauchbar; dasselbe gilt von Pflanzen, an deren Blättern und Stengeln sich Rostpilze angesetzt haben.

Wirkstoffe

Ätherisches Öl, Bitterstoff, Gerbstoff, Hyperinrot und Hypericin, Flavonoide, Pektin.

Heilwirkung

Wundheilend, nervenberuhigend, entzündungswidrig, schmerzstillend, zusammenziehend, verdauungsregulierend, krampflösend, schleimlösend. Als Wundheilmittel kann Johanniskraut an die Seite von Arnika und Ringelblume gestellt werden.

In der Heilkunde

Johanniskraut wird wegen seiner nervenberuhigenden, entzündungswidrigen und auf die Verdauungsorgane regulierend einwirkenden Eigenschaften in der Heilkunde als Teeaufguß bei Depressionszuständen, Schlaflosigkeit, Magen- und Darmbeschwerden, bei

Gallen- und Nierenleiden verwendet. Der Tee wird folgendermaßen zubereitet: 2 Teelöffel Droge wird mit ¼ l Wasser übergossen, kurz aufgekocht, einige Minuten stehengelassen und abgeseiht. Von diesem Aufguß trinkt man täglich 2 bis 3 Tassen. Diese Teekur sollte über längere Zeit durchgeführt werden, doch ist es ratsam, während dieser Kur das pralle Sonnenlicht zu meiden, weil Johanniskraut lichtempfindlich macht und die Entstehung von Sonnenbrand gefördert wird. Johanniskraut ist auch zur äußerlichen Anwendung bestens geeignet, und zwar in Form von Johanniskrautöl. Man macht damit Einreibungen bei Nervenschmerzen, Rheumaanfällen, Hexenschuß und Gicht. Es beschleunigt die Heilung von Brandwunden und anderen schlecht heilenden Wunden. Auch bei Blutergüssen ist es hilfreich. Innerlich wird es bei Koliken und Magenbeschwerden (6 bis 8 Tropfen auf Zucker) verwendet.

Als Hausmittel

Das Johanniskraut wird in der Volksmedizin auf den gleichen Gebieten angewandt wie in der Heilkunde und in der Homöopathie, in erster Linie zur Wund- und Schmerzbehandlung. Tee und Öl werden gleichermaßen gebraucht, doch nimmt man auch den reinen alkoholischen Auszug, die Tinktur, zur Wunddesinfektion.

In der Tiermedizin

Gegen Harnwegerkrankungen der Tiere wird Johanniskraut in Form eines Absudes gerne gegeben. Auch bei Überfressenheit der Tiere kann Johanniskrautabsud zum Trinken verabreicht werden. Johanniskrautöl wird zur Behandlung von Wunden und Geschwüren verwendet. Frißt das Weidevieh zuviel Johanniskraut, so führt dies, vor allem bei hellfelligen Tieren, unter Sonneneinwirkung zu schweren Hautkrankheiten!

In der Homöopathie

Das Homöopathikum *Hypericum* wird aus der ganzen blühenden Pflanze hergestellt und sowohl äußerlich wie innerlich zur Nervenberuhigung, als mildes Schlafmittel, bei Depressionszuständen und zur Wundbehandlung entweder als Urtinktur oder als Essenz in der 1. Potenz (D1) verabreicht.

In der Küche

Das Johanniskraut findet in der Küche keine Verwendung.

Für die Körperpflege

Zur Hautreinigung empfiehlt sich ein aus Johanniskraut hergestelltes Gesichtswasser, das folgendermaßen zubereitet wird: Johanniskraut, Weizenkeime und Hamamelis oder Virginische Zaubernuß *(Hamamelis virginiana)* werden zu gleichen Teilen gemischt; diese Mischung wird im Verhältnis 1:4 mit 75%igem Alkohol in eine weithalsige Flasche oder ein Gurkenglas gegeben und bei Zimmertemperatur 14 Tage lang am Fenster stehengelassen (täglich einmal umrühren). Später wird abgeseiht, ausgepreßt und auf 20% verdünnt. Selbst empfindliche Haut verträgt eine Reinigung mit diesem Gesichtswasser sehr gut. Dabei wird das Gesichtswasser mit den Händen oder mit einem Wattebausch aufgetragen. Bei besonders trockener Haut feuchte man den Wattebausch zuerst mit Wasser an und gebe erst dann das Gesichtswasser darauf. Anschließend wird die Haut mit Seifenwasser gut abgewaschen, mit reinem Wasser nachgewaschen, um auf diese Weise den gestörten Hautsäurewert zu normalisieren.

Auszüge

Ein einfaches altes *Rezept auf Alkoholbasis* kann auf folgende Weise hergestellt werden: „Man nehme frischgepflückte Johanniskrautblüten, tue sie zusammen mit gutem Weingeist (45%igem Alkohol) in eine Flasche, verkorke fest und lasse sie einen Monat an der Sonne stehen, bis die Mischung eine schöne rote Farbe hat; dann siebe man durch und lasse ein Kupfergeldstück auf je ½ Liter dieser Tinktur darin zergehen." Schluckweise kann dieser Auszug zur Nervenberuhigung genommen werden. – Die alten Pariser Apotheker des 19. Jahrhunderts wußten einen *Johanniskrautlikör* zuzubereiten, der sehr beliebt war: 25 g Blüten werden in ein gut verschließbares Glasgefäß getan und mit 500 g Schnaps übergossen. Das Gefäß setzt man 15 bis 20 Tage der Sonne aus, siebt dann durch und fügt 60 g Zucker zu. Heute bereitet man *Johanniskrautöl (Oleum Hyperici)* auf folgende Weise zu: 250 g sorgfältig gereinigte frische Blüten und Blätter werden mit 1 l kalt gepreßtem Olivenöl (oder einem anderen natürlich gepreßten Pflanzenöl wie Sonnenblumen- oder Maiskeimöl) in ein gut verschließbares Glasgefäß mit breitem Hals gegeben und 4 bis 5 Tage an der Sonne oder bei milder Hitze im Wasserbad stehengelassen. Absehen, den Blütenrückstand auspressen und dem Öl nochmals 250 g Johannisblüten beigeben. Nun läßt man wieder 4 bis 5 Tage stehen, bis das Öl eine schöne, blutrote Farbe hat. Dann sollte das Öl einige Wochen dunkel und kühl gelagert werden, damit es abklären kann. Dann wird nochmals gefiltert, damit keine Rückstände im Öl bleiben. Hinzuzufügen ist noch, daß das Stehenlassen im dunklen Raum nicht unbedingt notwendig ist, jedoch wird das Öl dadurch milder und erfahrungsgemäß auch wirksamer. Bereitung von *Johanniskrauttinktur:* 20 g getrocknetes Johanniskraut wird mit 1 l 75%igem Alkohol übergossen und 14 Tage lang ausgezogen. Dann abseihen und auspressen.

In der pharmazeutischen Industrie

Die Drogenbezeichnung lautet: *Herba Hyperici* (Johanniskraut). *Fertigpräparate:* Aktiv-Kapseln, Befelka-Öl, Hyperforat, Psychatrin, Phytogran.

Aus meiner Erfahrung

Kranke, die unter Gemütsverstimmungen aller Art leiden, reagieren besonders gut auf Zubereitungen mit Johanniskraut.

Nicht übersehen

Bei normaler Dosierung sind keine Nebenwirkungen bekannt. Selbst bei längerer Anwendung wird Johanniskraut gut vertragen; es ist jedoch empfehlenswert, zur Teebereitung Johanniskraut mit anderen Kräutern zu mischen. Achtung vor der photosensibilisierenden Wirkung der Pflanze. Pralles Sonnenlicht meiden!

Naturschutz und gesetzliche Bestimmungen

Martin Luther: „Es ist ein jeder Mensch um des andern willen geschaffen und geboren." Bedenke das beim Sammeln von Kräutern. Denke an die, die nachkommen.

Aus meiner Kräuterapotheke

Vielfach bewährt bei depressiven Zuständen und bei nervösen Erkrankungen: Johanniskraut 3 Teile, Melisse 2 Teile, Dost 1 Teil. 2 Teelöffel dieser Mischung mit ¼ l kochendem Wasser aufgießen, 15 Minuten ziehen lassen, abseihen und morgens sofort nach dem Aufstehen trinken. Nach 3 Wochen unterbricht man einige Tage und setzt dann, wenn notwendig, noch einmal 3 Wochen fort.

Kamille, Echte
Matricaria chamomilla
Korbblütler
einjährig

Volkstümliche Bezeichnungen

Äpfelchrut, Apfelkraut, Apfelblümlein, Ganille, Garnille, Gramillen, Haugenblume, Helmergen, Helmriegen, Hermel, Hermelin, Hermigen, Herminzel, Hermliegen, Kamelle, Kammerblume, Kühmelle, Kummerblume, Laugenblume, Mägdeblume, Mariamagdalenakraut, Muskatblume, Mutterkraut, Remi, Rirmerei, Romei, Romerei.

Namenerklärung

Der Name Kamille läßt sich über das mittelhochdeutsche *camille* auf das mittellateinische *camomilla* zurückführen, das vom lateinisch-griechischen *chamaemelon* kommt. Griechisch *chamai* = auf der Erde, griechisch *melon* = Apfel. Den zweiten Teil des Namens erklärt Plinius mit dem apfelähnlichen Geruch. Da die Pflanze in früheren Zeiten häufig bei Frauenleiden benutzt wurde, erhielt sie die botanische Bezeichnung *Matricaria,* was sich von *matrix* = Gebärmutter ableitet.

Kulturgeschichte

Von alters her ist die Kamille ob ihrer Heilkraft eine geschätzte Pflanze gewesen. Unter welchem Namen die Alten sie gekannt haben, ist allerdings nicht feststellbar, denn bei Dioskurides tauchen mehrere Namen auf, mit denen die Kamille gemeint sein kann. Diese Verwirrung in der Benennung macht es schwierig, die Geschichte der Kamille zu verfolgen. In einem Kräuterbuch des 16. Jahrhunderts äußert sich dessen Autor ärgerlich darüber, daß die verwandten Arten ständig miteinander verwechselt würden, „das keyner mit dem andern stimpt". Man könne von einer alten Kräutlerin mehr über die Kamille lernen als aus allen Schriften der Ärzte. Wegen ihres angenehmen Geruchs wurde die Kamille auf den Fußböden der Kammern ausgestreut, wo sie beim Zertreten einen aromatischen Duft verströmte. Das mag vielleicht auch ein Grund sein, weswegen man sie heute noch gerne in gepflegten Gärten zwischen Steinplatten zieht. Wie alle Pflanzen, die in der Volksmedizin eine große Rolle spielen, hat auch die Kamille in den Aberglauben Eingang gefunden. So hängt man in manchen Gegenden ein Kamillenbündel an die Stubendecke. Dieses sollte sich von selbst bewegen, sobald eine Hexe in den Raum trat.

Herkunft

In Süd- und Osteuropa sowie in Nordasien beheimatet. Heute in ganz Mitteleuropa kultiviert.

Fundort

Die Echte Kamille ist wildwachsend vor allem auf Äckern, Brachfeldern, Schuttplätzen und an Wegrändern zu finden und bevorzugt nährstoffreiche Böden, von der Ebene bis in eine Höhe von 1 500 m.

Merkmale

Nicht jede Kamillenpflanze, die wir auf Äckern und Wiesen finden, ist eine Echte Kamille. Als besonderes Merkmal der Echten Kamille gilt der innen hohle Blütenboden, was leicht beim Durchschneiden festzustellen ist. Die *Blütenköpfe* haben 12 bis 18 weiße Zungenblüten, die zuerst ausgebreitet und gegen Ende der Blütezeit nach unten geschlagen sind. Die Scheibenblüten sind gelbe Röhrenblüten. Der aufrechte, kahle *Stengel* ist verzweigt, an ihm sitzen wechselständig 3- bis 4fach fiederteilige *Blätter* mit fadenförmigen Zipfeln. Die dünne, spindelförmige *Wurzel* ist kurz und stark verästelt. Die Echte Kamille erreicht wildwachsend eine Höhe bis 50 cm, im Anbau wird sie auch höher. Die Blüten haben einen aromatischen, würzigen *Geruch;* der *Geschmack* ist bitter aromatisch.

Verwechslungen

Mit der Echten Kamille können bei oberflächlicher Betrachtung die Geruchlose Kamille *(Matricaria inodora),* die Feld-Hundskamille *(Anthemis arvensis)* und die Stink-Hundskamille *(Anthemis cotula)* verwechselt werden. Jedoch hat nur die Echte Kamille den hohlen

Blütenboden (im Unterschied zur Geruchlosen Kamille und zur Feld-Hundskamille) und den besonders angenehmen, charakteristischen aromatischen Duft im Unterschied zur unangenehm riechenden Stink-Hundskamille. Für die Drogengewinnung ist ausschließlich die Echte Kamille interessant.

Blütezeit

Von Juni bis August, oft auch noch in den September hinein. Die Echte Kamille blüht oft 2mal im Jahr. Eine Blüte braucht 20 bis 25 Tage, um sich voll zu entwickeln. Die Blütezeit kann bis zu 65 Tage dauern.

Samenreife

Die sehr kleinen Früchte, sogenannte Achänen, reifen sehr unterschiedlich; siehe Blütezeit.

Erntezeit

Um eine gehaltreiche Blütendroge zu gewinnen, beginnt man am besten 3 bis 5 Tage nach dem Aufblühen mit der Ernte. Diese erstreckt sich über einen längeren Zeitraum, da sich die Blüten nach und nach öffnen. Üblicherweise wird nur 2mal durchgepflückt, wenn auch das Kraut geerntet werden soll.

Ernte- und Sammelgut

Kamillenblüten *(Flores Chamomillae)* und Kamillenkraut mit Blüten *(Herba Chamomillae cum floribus)*.

Ernte- und Sammelvorschriften

Noch geschlossene oder auch nur halb geöffnete Blüten sollten nicht gepflückt werden, weil der Gehalt an ätherischem Öl seinen Spitzenwert noch nicht erreicht hat. Außerdem gibt es Schwierigkeiten beim Trocknen, und oft wird die charakteristische Drogenfarbe nicht erreicht. Die Blütenernte, die man auch „Pflücke" nennt, kann von Hand erfolgen. Bei nach unten gerichtetem Handrücken läßt man die Stengel zwischen den Fingern durchgleiten. Durch Zusammendrücken der Finger reißt man die Blütenköpfchen ab und läßt sie in die Handfläche rollen. Kämme, wie sie bei der Ernte von Heidelbeeren und Preiselbeeren verwendet werden, sind gute Hilfsgeräte. Es gibt aber auch spezielle Pflückapparate. Sobald man die Blüten geerntet hat, transportiert man sie vorsichtig zur Trocknung. Die Blüten dürfen nicht gedrückt werden, sonst verderben sie. Am günstigsten ist eine Trocknung in dünner Schicht, die im Schatten, etwa bei Zimmertemperatur, erfolgen soll. Wird künstlich getrocknet, darf die Temperatur 35 °C nicht überschreiten. Während des Trocknungsprozesses darf das Erntegut nicht bewegt werden. In dicht schließenden Gefäßen locker aufbewahren. Das Kraut wird üblicherweise nach der 2. Blütenpflücke geerntet. Es soll noch frisch grün sein. Schon gelbes Kraut eignet sich nicht zur Drogengewinnung. Man erntet mit Sichel, Sense oder Grasmäher, Unkräuter müssen ausgelesen werden. Man kann noch auf dem Felde trocknen, empfehlenswerter ist jedoch die künstliche Trocknung bei 35 bis 40 °C. Das Kamillenkraut findet in der Industrie Verwendung; war die Ernte an Kamillenblüten schlecht, nimmt auch der Drogenhandel Kamillenkraut mit Blütenbesatz ab.

Anbau

Die Echte Kamille braucht humosen Boden mit geringem Kalkgehalt. Besonders geeignet ist ein nur schwach feuchter Boden in sonniger Lage. Im übrigen ist die Echte Kamille nicht sehr anspruchsvoll, jedoch vermindern ungünstige Boden- und Klimabedingungen den Gehalt an ätherischem Öl. Der Boden sollte nicht tief gepflügt und gut abgesetzt sein. Die Herbstaussaat von August bis Oktober bringt ein gleichmäßiges Auflaufen der Saat. Auswinterung ist nicht zu befürchten, da die Kamille winterhart ist. Im Frühjahr sind solche Bestände jedoch häufig verunkrautet und brauchen dann viel Pflege. Die Frühjahrsaussaat erfolgt, sobald der Boden offen ist, um die Winterfeuchtigkeit auszunützen. Man kann aber noch bis in den Sommer hinein aussäen. Egal, ob Herbst oder Frühjahr, Aussaat in mehreren Etappen erleichtert später die Ernte. Ausgesät wird im Reihenabstand 30 bis 40 cm. Entsprechende Düngung mit Kali und Stickstoff wirkt sich günstig auf den Ertrag aus und erhöht auch den Ölgehalt. Rechtzeitiges Hacken zur Unkrautfreihaltung ist notwendig; die Bestände schließen sich April bis Mai.

Saatgut

Bei feldmäßigem Anbau ist anzuraten, sich über eventuelle Neuzüchtungen zu informieren. Man sollte Saatgut wählen, das Pflanzen mit hohen Blütenanteilen und gehaltvollen Blüten bringt. Dabei ist eine besonders große Zahl von drüsenreichen Röhrenblüten notwendig, denn diese enthalten das ätherische Kamillenöl. Günstig ist auch eine Sorte möglichst stark verzweigter Pflanzen, die gleichmäßig und in möglichst kurzer Zeit abblühen. Das Tausend-Korn-Gewicht ist Schwankungen unterworfen, und zwar zwischen 0,026 und 0,060 g. Frisches Saatgut verwenden, da die Keimfähigkeit bei Lagerung abnimmt.

Erträge

Hier können nur Durchschnittswerte angegeben werden, weil vor allem die Blütenerträge von der Zahl der Pflücken abhängen: trockene Blüten durchschnittlich 10 t pro a; trockenes Kraut durchschnittlich 35 t pro a; Saatgut durchschnittlich 1,5 t pro a.

Für den Hausbedarf

Die Echte Kamille sollte in keinem Hausgarten fehlen, um so mehr, da ihre Auspflanzung sehr einfach ist. Einmal angesät, sät sie sich selbst Jahr für Jahr wieder aus. Will man die jungen Pflänzchen nicht dort haben, wo sie aufgehen, dann kann man sie im zeitigen Frühjahr versetzen. Bei der Lagerung der Kamillenblüten muß man auf vollständiges Durchtrocknen achten. Oberflächlich getrocknete Kamillendroge ist in Geschmack und Wirkung beeinträchtigt. Da die Droge wasseranziehend ist, muß sie unbedingt in dicht schließenden Gefäßen aufbewahrt werden. Sorgfältig getrocknete und gelagerte Droge ist gut haltbar.

Krankheiten und Schädlinge

Die Echte Kamille kann von 2 Arten des Falschen Mehltaus befallen werden; die eine greift vor allem das Kraut an, das ein unansehnliches Äußeres bekommt und halb verwelkt dasteht. Die zweite Art schädigt hauptsächlich die Blütenköpfe, die steril bleiben und zu faulen beginnen. Larven- und Käferbefall setzt den Wert der Drogenqualität stark herab. Auch Blattläuse, Raupen und Schnecken können, wie auch bei anderen Kräutern, Schaden verursachen, wenn sie in größeren Mengen auftreten.

Wirkstoffe

Der wichtigste Bestandteil der Echten Kamille ist das ätherische Öl, das das antibakterielle Cham-Azulen von blauer Farbe und das krampflösende Bisabolol enthält. Weiters finden sich in der Pflanze Flavone, Glykoside, Cumarinderivate, Bitterstoffe, Gerbstoffe und Cholin. Die Echte Kamille erhält ihre therapeutische Bedeutung durch das Zusammenwirken aller Inhaltsstoffe.

Heilwirkung

Kamillendrogen wirken entzündungshemmend, wundheilend, krampflösend, antiseptisch, schmerzlindernd, beruhigend, menstruationsregulierend, schweißtreibend, tonisch, verdauungsfördernd, magenstärkend, blähungstreibend.

In der Heilkunde

Der Kamillentee ist wegen seiner vielfältigen Wirkung in der Heilkunde unentbehrlich. Innerlich angewendet, hilft er ausgezeichnet bei allen Arten von Magen- und Darmerkrankungen, bei Koliken und Verdauungsstörungen. Bei Fieber wird er gerne als schweißtreibendes Mittel eingesetzt und bringt rasche Linderung bei Menstruationsbeschwerden. Äußerlich findet die Kamille Verwendung in Form von Umschlägen bei Wunden, Abszessen und Furunkeln; ihre entzündungshemmende Wirkung entfaltet sie bei Entzündungen der Haut und der Schleimhäute, wie etwa als Auflage bei Augenkatarrh und Gerstenkorn. Dampfbäder mit Kamillenaufguß sind hilfreich bei chronischem Schnupfen und Nebenhöhleneiterungen. Kamillentee wird auch zu Einläufen und Spülungen bei Hämorrhoiden und anderen Darmbeschwerden angewendet.

Als Hausmittel

Die Volksmedizin verwendet die Kamille bei allen Krankheiten und Beschwerden, bei denen sie auch in der Heilkunde eingesetzt wird. Deshalb gehört die Kamille in jede Hausapotheke. Vor übertriebener Anwendung sei jedoch gewarnt, denn auch die Echte Kamille ist kein Allheilmittel.

In der Tiermedizin

Die guten Eigenschaften der Kamille kommen auch dem kranken Hausvieh zugute, und zwar angewandt als Tee, Klistier oder äußerlich zur Geschwür- und Wundenreinigung, dank seiner erweichenden, krampfstillenden, blähungstreibenden, bazillentötenden und entzündungswidrigen Eigenschaften.

In der Homöopathie

Die homöopathische Essenz *Chamomilla* wird aus dem frischen blühenden Kraut gewonnen und in verschiedenen Potenzen zur Anwendung gebracht. Neben den aus der Heilkunde bekannten Indikationen wird in der Homöopathie die Kamille auch eingesetzt gegen

Krämpfe von Kindern und Frauen, Überempfindlichkeit des Nervensystems (Kopf- und Gesichtsneuralgien, stechende Kopf-, Augen- und Ohrenschmerzen), Zahnschmerzen, Glieder- und Muskelschmerzen.

In der Küche
Der in der heißen Jahreszeit manchmal auftretende Fäulnisgeruch von rohem Fleisch kann durch Waschen mit Wasser und nachfolgendem Abspülen mit kaltem Kamillentee zum Verschwinden gebracht werden.

Für die Körperpflege
Ein Aufguß aus Kamille nach dem Kopfwaschen trägt wegen seiner entzündungshemmenden Wirkung zur Gesunderhaltung des Haarbodens bei. Damit beugt man auch dem Haarausfall vor. Blondhaarige sollten sich damit solange wie möglich ihre schöne Haarfarbe erhalten. Ganzbäder mit Kamillenabsud (in einem großen Topf Kamillenblüten mit viel Wasser 5 Minuten lang kochen lassen und den Absud ins Badewasser gießen) sind ein ausgezeichnetes Entspannungsmittel für die Nerven und gleichzeitig hautpflegend. Wegen der günstigen Beeinflussung der Körperausdünstung haben Waschungen mit Kamillenaufguß eine desodorierende Wirkung.

Auszüge
Kamillenöl kann folgendermaßen zubereitet werden: Im Verhältnis 1:4 werden frische oder getrocknete Kamillenblüten mit kalt gepreßtem Olivenöl in einem weithalsigen Glas angesetzt und gut verschlossen 14 Tage stehengelassen, und zwar am besten in einem warmen Raum auf der Fensterbank, aber geschützt vor praller Sonne. Dann durch ein Leinentuch abseihen und den Blütenrückstand auspressen. Dieses Kamillenöl erweicht harte Geschwülste, stillt Schmerzen und wirkt krampflösend. Kleinkindern kann man bei Blähungen durch Einreiben des Bauches mit Kamillenöl Erleichterung verschaffen.

In der pharmazeutischen Industrie
Drogenbezeichnung: Kamillenblüten *(Flores Chamomillae)*, Kamillenöl *(Oleum Chamomillae)*. In der pharmazeutischen Industrie wird Kamillendroge häufig für Seifen, für Gesichtswässer und andere Präparate verwendet oder Mischungen beigefügt. Auch in Hautcremes und in Kinderpflegemitteln entwickelt die Kamille ihre guten Wirkungen. *Fertigpräparate:* Chamo Bürger, Kamillol, Kamillosan, Perkamillon, Rekomill.

Aus meiner Erfahrung
Obwohl Kamille ein wahres Hausmittel ist, muß doch darauf geachtet werden, die richtige Dosierung einzuhalten. Vor Dauergebrauch muß gewarnt werden. Manche Menschen erheben den Kamillentee zum Haustee und trinken ihn täglich. Das kann jedoch zu Schwindel, Bindehautentzündungen und nervöser Unruhe führen. Also alles mit Maß und Ziel. Länger als 3 Wochen sollte Kamillentee nicht getrunken werden.

Nicht übersehen
Privatdozent Kienholz (Universität Gießen) hat festgestellt, daß die Kamille Bakteriengifte unschädlich machen kann. Das erklärt die positive Allgemeinwirkung des Kamillentees bei Infektionskrankheiten und der Kamillendämpfe bei Erkrankungen der Bronchien und Entzündungen der Stirnhöhle und der Nebenhöhlen. An Allergien leidende Personen sollten jedoch in diesem Fall vorsichtig mit der Kamille umgehen, weil auch diese Form der Anwendung bei Menschen, die zu Heuschnupfen oder Heuasthma neigen, Beschwerden hervorrufen kann.

Naturschutz und gesetzliche Bestimmungen
Da die Landwirtschaft heute Insekten chemisch bekämpft, muß vor dem Sammeln der Echten Kamille in Getreideäckern gewarnt werden. Und überdies: Kulturen dürfen beim Sammeln nicht beschädigt werden.

Aus meiner Kräuterapotheke
Bei Eßunlust nach Ärger, bei starker Erregung, bei Wetterumschwung und Kopfschmerzen: Kamillenblüten 3 Teile, Schlüsselblumenblüten 2 Teile, Rosmarin 1 Teil. 2 Teelöffel der Mischung werden mit ¼ l kochendem Wasser übergossen, 15 Minuten stehenlassen, abseihen. Davon kann man täglich bis zu 3 Tassen trinken. Wichtig ist, daß man sich beim Trinken Zeit läßt.

Klatschmohn
Papaver rhoeas
Mohngewächse
einjährig

Volkstümliche Bezeichnungen

Ackerschnalle, Blinder Mohn, Blutblume, Blutmohn, Blutrose, Bosem, Bostkraut, Burgerlitze, Fahnenblume, Fakel, Feldmagsamen, Feldmohn, Feuerblume, Feuermohn, Feuerrose, Flattermohn, Flatterrose, Flitschrose, Grindmagen, Gulle, Hirnschall, Hirnschalle, Hundrose, Jumpfere, Jungfernkraut, Katzenmagen, Klapper, Klapperblume, Klapperrose, Klatschblume, Klatschen, Klatschrose, Klatschrosenmohn, Knackblume, Kohlrose, Koll, Korndockele, Kornrose, Makufke, Mohnblume, Nasenbluter, Paterblume, Pfarrjüngferli, Platzblume, Platze, Puppele, Ranunkelmohn, Rote Kornblume, Roter Mohn, Smok, Schnalle, Schnallrose, Schnellblume, Schneller, Stinkrose, Wilder Mohn.

Namenerklärung

Der deutsche Name Mohn ist ein germanisches Stammwort. Schon die Römer gaben der Pflanze den lateinischen Namen *papaver*; *rhoeas* leitet sich von *rhoea* = Granatbaum ab, was wohl auf die rote Farbe der Pflanze zurückzuführen ist.

Kulturgeschichte

In den altägyptischen Königsgräbern fand man Blüten des Klatschmohns als Grabschmuck. Die Verwendung der Samen zum Backen war nicht nur den Ägyptern, sondern später auch den Römern bekannt, die den Mohn wegen seines aromatischen Geschmacks ganz allgemein zum Würzen von Speisen schätzten. Diese Eigenschaften haben den Mohn nicht in Vergessenheit geraten lassen, und so werden auch heute noch Mohnsamen in der Küche als Geschmacksnuance und zur Verzierung benutzt. Für den französischen Kräuterexperten Maurice Mességué ist der Klatschmohn „die rote Fahne des sonnigen Sommers, das Symbol des Lebens", während in manchen Gebieten die Pflanze mit dem Tod in Verbindung gebracht wird. Es heißt, daß sie dort in Massen auftritt, wo einst in Schlachten viel Blut geflossen ist.

Herkunft

Gemäßigte Zonen Europas, Asiens und Nordafrikas.

Fundort

In Getreidefeldern, an Wegrändern, auf Schuttplätzen, frisch geschütteten Böschungen (Ackererde!), auf Ödland. In Mitteleuropa gedeiht der Klatschmohn von der Ebene bis in Höhen von 1 000 m, vor allem auf kalkhältigen Böden.

Merkmale

Der aufrechte *Stengel* ist borstig behaart und verästelt. Die Knospe ist von 2 *Kelchblättern* umschlossen. Diese fallen ab, sobald sich die Knospe öffnet und die vielfach zerknitterten 4 Kronblätter sich entfalten. Die leuchtendroten *Blütenblätter* sind meist am Grunde schwarz gefleckt. Die wechselständigen behaarten *Laubblätter* sind sitzend und einfach bis doppelt fiederspaltig, mattgrün und gezähnt. Die dünne, gewundene und faserige *Wurzel* sitzt sehr seicht; deshalb sollte darauf geachtet werden, daß sie gut mit Erde bedeckt ist. Die *Höhe* des Klatschmohns beträgt zwischen 30 und 70 cm. Die frischen Blütenblätter strömen beim Zerreiben einen schwach bitteren *Geruch* aus; getrocknet sind sie nahezu geruchlos. Der *Geschmack* der Blütenblätter ist bitterlich-schleimig, der der Samen herbwürzig. Der in der ganzen Pflanze enthaltene bittere weiße Milchsaft schützt die Pflanze vor dem Fraß durch das Weidevieh.

Verwechslungen

Verwechslungen mit anderen Mohnarten sind möglich, vor allem mit dem Schlaf- oder Gartenmohn *(Papaver somniferum)*, jedoch nicht im blühenden Zustand, da der Schlafmohn entweder weiß oder dunkelviolett blüht und außerdem viel höher wird. Weitaus schwerer zu unterscheiden sind die Samen, weswegen man beim Anbau von Mohn besonders auf das Saatgut achten muß, da man sonst erst bei der Blüte seinen Irrtum erkennt und keine Droge gewinnen kann.

Blütezeit
Die Hauptblüte ist von Mai bis Juli, später blühen einzelne Pflanzen bis in den Oktober hinein.

Samenreife
Die Samen sind reif, sobald sich die zahlreichen Löcher unter dem Deckel der Kapsel öffnen. Wie aus einer Streubüchse werden die Samen durch die vom Wind hervorgerufenen Bewegungen des Stengels herausgestreut.

Erntezeit
Die Erntezeit für die Blütenblätter fällt mit der Blütezeit zusammen, die der Samen ist von etwa Mitte Juli bis September.

Ernte- und Sammelgut
Klatschmohnblüten (Flores Rhoeados), Klatschmohnsamen (Semen Rhoeados).

Ernte- und Sammelvorschriften
Die rasch welkenden Blütenblätter werden bei trockenem Wetter vorsichtig gesammelt und rasch an einem windgeschützten Ort in der Sonne oder in warmen, luftigen Räumen getrocknet. Werden die Blütenblätter nicht sofort nach dem Sammeln getrocknet, verlieren sie nämlich ihre Farbe und werden unansehnlich grau bis schwarz. Zur Drogengewinnung sind sie dann nicht mehr brauchbar. Einwandfrei ist nur eine dunkelrote Droge. Luftdicht verschlossen aufbewahren! Die Samen erntet man, bevor die Kapseln ganz ausgereift sind, denn sonst sind die Hüllen leer. Es ist empfehlenswert, zur Kapselreifezeit täglich das Feld oder den Ernteplatz im Garten abzugehen und durch Handauslese abzubrechen oder abzuschneiden. Zum Nachtrocknen werden die Kapseln in der Scheune oder auf dem Dachboden in dünner Lage ausgebreitet. Dann kann man sie entweder mit dem Messer aufbrechen oder ausdreschen.

Anbau
Beim Anbau des Klatschmohns muß der Boden unkrautfrei sein, obwohl die Pflanze an und für sich sehr anspruchslos ist. Sie wächst auf jedem Boden, doch bei guter Bodenbedingung ist der Ertrag viel reichlicher. Bei der Bodenbearbeitung ist der Erhaltung der Winterfeuchtigkeit größte Aufmerksamkeit zu widmen. Es soll frühzeitig im Frühjahr ausgesät werden. Bei einer Herbstaussaat muß bedacht werden, daß je nach Verlauf der Witterung im Winter mit größeren Ausfällen zu rechnen ist. Bei der Aussaat ist ein Reihenabstand zu wählen, der während des Sommers die Unkrautfreihaltung der Anlage ermöglicht. In der Reihe selbst sollte der Mohn nicht zu eng stehen, jedoch auch nicht zu weit auseinander, damit die Pflanzen bei Regen und starkem Wind einander Halt geben können.

Saatgut
Beim Ankauf des Saatgutes ist äußerste Vorsicht am Platz, da sehr häufig Bastardmohnsorten angeboten werden, die keinen Heilwert haben. Der Klatschmohn hat dickwalzige, nierenförmige Samenkörner, die von brauner bis dunkelgrauer Farbe sind. Die Länge der einzelnen Körner schwankt zwischen 0,5 und 0,9 mm, die Breite zwischen 0,4 und 0,6 mm und die Dicke zwischen 0,3 und 0,5 mm. Um sicherzugehen, das richtige Saatgut zu erhalten, beschafft man sich die Samen von wildwachsenden Pflanzen.

Erträge
Von Ertragswerten bei feldmäßigem Anbau ist mir nichts bekannt, und ich würde auch nicht zum Anbau des Klatschmohns in großem Stil raten. Aber Klatschmohn neben anderen Heilkräutern zu kultivieren, kann nur vorteilhaft sein, vor allem dann, wenn man immer das nötige Drogenmaterial für volkstümliche Teerezepte bereit haben will. Klatschmohnblüten, rechtzeitig gesammelt, richtig getrocknet und richtig verwendet, sind auch in der heutigen Zeit eine wertvolle Droge.

Für den Hausbedarf
Durch die chemische Unkrautbekämpfung in den Getreidefeldern, dem „natürlichen" Lebensraum des Klatschmohns, wird dieser immer seltener. Die Kornrade ist ja praktisch schon ausgestorben. Den herrlichen Anblick, den der Klatschmohn mit seinen leuchtendroten Blüten bietet, wenn er massenhaft auf Schuttplätzen und bei Neuschüttungen von Straßenanlagen auftritt, kann man in seinen eigenen Hausgarten hineintragen. Als Abschluß des Steingartens etwa wirkt der Klatschmohn wunderschön. Auch entlang von Mauern und Gartenzäunen und überall

dort, wo er gedeiht, ohne daß man zu seiner Pflege viel Zeit aufwenden muß, kann Klatschmohn ausgesät werden. Für Heilkräuterfreunde verbindet sich der leuchtende Blickpunkt im Garten noch mit der Tatsache, daß der Klatschmohn für Heiltees eine große Rolle spielt.

Krankheiten und Schädlinge

Zu den pilzlichen Schädlingen ersten Ranges zählt der Mehltau, der bei feldmäßigem Anbau oft ganze Pflanzungen unansehnlich und für die Drogengewinnung unbrauchbar macht. Unter den tierischen Schädlingen sind vor allem die Blattläuse zu erwähnen, die sich besonders an den obersten Teilen der Stengel festsetzen und Stengel und Blüten aussaugen. Hier kann der natürliche Feind der Blattlaus, der Marienkäfer, Abhilfe schaffen. Aber auch Spritzen mit Tabakwasser ist zielführend. Ein Paket billigsten Pfeifentabaks wird über Nacht mit 3 l Wasser eingeweicht. Empfehlenswert ist es, 1 Handvoll Brennesselblätter, 1 Handvoll Schafgarbenblätter und 1 Handvoll Löwenzahnblätter beizufügen. Am nächsten Tag wird durch ein Tuch geseiht, der Rückstand ausgepreßt, und nun ist die Spritzflüssigkeit fertig.

Wirkstoffe

Rhoeadin, ein ungefährliches Alkaloid, weiters ein roter Farbstoff, Schleimstoffe, Glykoside, Gerbstoff, Bitterstoff.

Heilwirkung

Der Klatschmohn ist für seine beruhigenden und erweichenden Eigenschaften bekannt. Auch als schleimlösendes und krampflösendes Mittel findet er in der Volksmedizin Anwendung.

In der Heilkunde

Die Schulmedizin setzt Klatschmohnblüten oder -blätter zu Heilzwecken nicht ein.

Als Hausmittel

Bei Bronchialkatarrh bringt Klatschmohnsirup rasch Erleichterung; bei nervösen Schlafstörungen verabreicht man einen Aufguß aus Klatschmohnblütenblättern, der auf folgende Weise zubereitet wird: 1 gehäufter Eßlöffel Klatschmohndroge mit ¼ l kochendem Wasser überbrühen, 15 Minuten ziehen lassen. Schluckweise getrunken, ist dieser Tee ein recht gutes Nervenberuhigungsmittel, doch sollten täglich nicht mehr als 3 Tassen getrunken werden. Bei Husten empfiehlt es sich, den Tee mit Honig zu süßen.

In der Tiermedizin

Auch in der Tierheilkunde bedient man sich der sedierenden Eigenschaften des Klatschmohns. Ich selbst habe bei meiner Hundezucht diese Erfahrungen eingesetzt und gute Erfolge mit Klatschmohntee erzielt. Bei diesem Teeaufguß rechnet man mit 1½ bis 2 Teelöffel getrockneter Blüten auf ¼ l Wasser. Die Droge wird in das abgekochte, noch heiße Wasser gegeben und 15 Minuten ziehen gelassen. Dann den mit ⅛ l Wasser verdünnten Tee den Tieren zum Trank geben.

In der Homöopathie

Aus der frischen Pflanze wird eine Essenz bereitet, die in Urtinktur oder sehr starker Verdünnung als Mittel gegen Heiserkeit, Katarrhe, Bronchitis und Verschleimung gegeben wird.

In der Küche

Klatschmohnblütenblätter werden zum Färben von Wein und Tee, als Schönungsdroge und zum Färben von Nahrungsmitteln eingesetzt. Die Samen können in der Küche praktisch so verwendet werden wie die des bekannten schiefergrauen Gartenmohns, nämlich zur Verzierung von Backwerk und für Strudel und Nudelgerichte.

Für die Körperpflege

Bei Schlafstörungen empfiehlt sich ein Fußbad aus frischen Lavendel- und Klatschmohnblütenblättern; diese werden zu gleichen Teilen gemischt und 2 Eßlöffel dieser Mischung mit 3 l kochendem Wasser übergossen. Nach 15 Minuten abseihen und in diesem Aufguß die Füße baden. Nach dem Bad empfiehlt es sich, die Füße kalt abzuduschen. Und noch etwas: Mit „leichtem" Magen zu Bett gehen, das heißt, schwere Speisen meiden!

Auszüge

Frische Klatschmohnblütenblätter werden im Verhältnis 1 : 4 mit 75%igem Alkohol in einem weithalsigen Glas angesetzt und 2 Wochen an einem sonnigen Platz stehengelassen. Täglich wenigstens einmal schütteln oder umrühren. Es ist darauf zu achten, daß das Glas gut verschlossen ist. Nach 14 Tagen wird der Inhalt abgeseiht, der Rückstand gut ausgepreßt und mit etwas frischem Wasser übergossen. Nach nochmaligem Auspressen wird die ganze Flüssigkeit mit destilliertem Wasser bis auf 40% Alkoholgehalt verdünnt. Je nach Wunsch Honig in etwas lauwarmem Wasser auflösen und der *Tinktur* zufügen. Von diesem guten Hustenmittel können täglich 1 bis 2 Stamperln getrunken werden.

In der pharmazeutischen Industrie

Die roten Blütenblätter dienen als Teeschönungsmittel. *Fertigpräparate:* Frubiapect Rp, Presselin Stoffwechseltee.

Aus meiner Erfahrung

Ein altes Rezept, das ich empfehlen kann, ist das zur Herstellung von Klatschrosensirup. Dazu übergießt man 100 g frische oder 20 g getrocknete Blütenblätter mit siedendem Wasser und läßt 12 Stunden stehen. Dann abseihen, den Rückstand auspressen und die Flüssigkeit mit 100 g Glyzerin und 250 g Zucker zu Sirup kochen. Mehrmals am Tag nehme man 1 Teelöffel dieses Mittels gegen Hustenreiz. Sollten wir nicht überhaupt diese „alten Weisheiten" der Kräuterbücher mehr in unser tägliches Leben hineinnehmen? Wir sollten sie jedoch nicht als letzte Hoffnung auf Heilung betrachten, sondern vielmehr versuchen, uns mit ihrer Hilfe gesund zu erhalten. Es müssen bei kleinen Beschwerden nicht immer sofort Medikamente genommen werden. Es geht auch anders: „5 oder 6 Kölblein (Mohnkapseln) mit ihrem Samen in Wein gesotten und getrunken macht Schlaf; ebenso ein Tuch darein genetzt und um den Kopf gebunden." – „Den Samen zerstoßen und mit Met oder Zuckerwasser getrunken,

ist gut, den verschlossenen Stuhlgang zu weichen und zu öffnen." – „Etliche geben diesen Blumen großes Lob wider das Seitenstechen, wenn man die Blume dörrt, zu Pulver stößt und mit Veielwasser (von der Veilchenwurzel) zu trinken gibt." So würden einander das Wissen aus alten Kräuterbüchern und die so fortschrittliche Medizin von heute zum Wohle des Menschen bestens ergänzen.

Nicht übersehen

Die Blütenblätter des Klatschmohns, in Teemischungen verabreicht, sind ein mildes Schlafmittel. Mit Maß und Ziel verwendet, kann dies nur förderlich sein. Ganz besonders hier gilt aber die Regel vom goldenen Mittelweg.

Naturschutz und gesetzliche Bestimmungen

Der Klatschmohn ist in intensiv landwirtschaftlich genützten Gebieten in größter Gefahr, verdrängt oder sogar ausgerottet zu werden. Ich säe überall, wo es nur möglich ist, die Samen dieser prächtigen Heilpflanze aus. Und freue mich im nächsten Jahr bereits an „meinen" Kulturen.

Aus meiner Kräuterapotheke

Bei Kehlkopfleiden und Kehlkopfschmerzen, bei Schmerzen im Schlund, bei Gesichtsneuralgien und Gliederneuralgien: Klatschmohnblütenblätter 3 Teile, Katzenpfötchen 2 Teile, Huflattichblüten 1 Teil. 1½ Teelöffel der Mischung mit ¼ l kochendem Wasser übergießen, 15 Minuten ziehen lassen und abseihen. Täglich 3 Tassen dieses Mischtees, jeweils vor dem Essen, trinken.

Klette, Große
Arctium lappa
Korbblütler
zweijährig

Volkstümliche Bezeichnungen

Bolstern, Butzenklette, Grindwurz, Haar-ball, Haarwachswürze, Hopfenklette, Igel-klette, Kinzel, Kirmsen, Kladde, Kladde-busch, Klebern, Klettenwurz, Klibe, Kli-busch, Klitzebusch, Klusen, Stachelkugel, Wolfskraut.

Namenerklärung

Die Pflanze ist nach ihren anhaftenden Blü-tenköpfen benannt. Der deutsche Pflanzen-name kommt aus dem Althochdeutschen und ist verwandt mit „kleben". Der Gattungsna-me *Arctium* leitet sich vom griechischen *arctos* (= Bär) ab, wohl wegen der haarigen, pelzi-gen Klettenköpfchen, der Artname *lappa* ist das lateinische Wort für Klette.

Kulturgeschichte

Die Klette war schon den alten Griechen und Römern bekannt. So empfiehlt Dioskurides die Blätter der Klette zur Wundheilung, und Vergil und Ovid nennen die Pflanze in ihren Schriften. Im Mittelalter wurde die Klette wegen ihrer guten medizinischen Eigenschaf-ten viel verwendet, und zwar in Form von Salben bei Hauterkrankungen. Auch zur Zeit der Pestepidemie griff man zur Klette als Hilfsmittel. Bis ins 19. Jahrhundert diente sie den Ärzten zur Behandlung von Geschlechts-krankheiten. Wohl nicht umsonst gilt die Klette in der Blumensprache als Zeichen un-beständiger Liebe (sie hängt sich an jeden).

Herkunft

In Mitteleuropa heimisch, ist die Große Klette fast auf der ganzen Welt zu finden.

Fundort

Die Große Klette wächst auf Schuttplätzen, Brach- und Ödland, an Zäunen, Feldrainen, Uferböschungen, an Bahndämmen.

Merkmale

Die lange, dickspindelige, innen weißliche, außen graubraune fleischige *Wurzel* treibt im 1. Jahr nur eine Rosette großer, herzförmiger, grundständiger *Blätter*. Erst im 2. Jahr entwik-kelt sich der oft rötlich angelaufene *Stengel*. Er ist aufrecht, verästelt, längsgefurcht, kann bis zu daumenstark werden und ist mit Mark gefüllt. Die *Laubblätter* sind gestielt und ge-zähnt und ebenso wie die kleineren, kurzge-stielten *Stengelblätter* oberseits grün und un-terseits graufilzig behaart. Die *Blüten* sind purpurrot bis purpurviolett. Die runden Blü-tenköpfe stehen in lockeren, traubigen Dol-den an den Zweigenden, die zahlreichen Hüllblättchen tragen an der Spitze einen kleinen Widerhaken. Die Große Klette kann eine Höhe bis zu 1,5 m erreichen. Der *Geruch* der frischen Wurzeln ist widerlich scharf, und erst nach der Trocknung werden sie geruch-los. Der *Geschmack* ist leicht süßlich und schleimig.

Verwechslungen

Sind mit anderen Klettenarten, mit denen die Große Klette sogar gerne bastardiert, leicht möglich.

Blütezeit

Juli bis August, vereinzelt auch noch bis September.

Samenreife

Da von der Blütezeit bis zur Samenreife bis zu 3 Monate vergehen, tritt die Samenreife üb-licherweise bis spätestens Ende Oktober ein. Die Samenträger werden zum Nachtrocknen auf dem Felde aufgestellt.

Erntezeit

Bereits 6 bis 8 Wochen nach der Aussaat kann mit der Kraut- und Blatternte begonnen wer-den. Die Wurzeln werden im Herbst des 1. oder im Frühjahr des 2. Vegetationsjahres geerntet, da sie zu diesem Zeitpunkt am saftigsten sind.

Ernte- und Sammelgut

Gesammelt werden die Wurzel, das Kraut,

die Blätter und die Früchte (*Radix, Herba, Foliae* und *Fructus Bardanae*).

Ernte- und Sammelvorschriften

Die jungen Blätter und das Kraut werden im Frühjahr geschnitten, bevor sie in die Länge wachsen, und dann unter natürlichen Bedingungen getrocknet. Zur Gewinnung der Wurzeldroge werden die Wurzeln ausgegraben bzw. gerodet, was sehr sorgfältig zu geschehen hat, da von den so tief reichenden Wurzeln sonst Reste im Boden bleiben und wieder ausschlagen können. Nun werden die Wurzeln sorgfältig gereinigt, gespalten und getrocknet, entweder in der Sonne oder künstlich bei entsprechenden Temperaturen. Die Ernte der reifen Klettenköpfchen erfolgt händisch, und zwar so rechtzeitig, daß es nicht zu einem Ausfall der Früchte kommt, um Verunkrautung zu vermeiden. Achtung, die Hakenstacheln sind unangenehm, man sollte daher mit Handschuhen arbeiten.

Anbau

Die Klette liebt gut gedüngten Boden und sonnige, aber nicht zu trockene Standorte. Hinsichtlich der Vorfrucht stellt sie keine besonderen Ansprüche und gedeiht sehr gut nach mit Stallmist gedüngten Kartoffeln, da sie ein hohes Nährstoffbedürfnis hat. Die Vermehrung kann man mit Nebenwurzeln und Wurzelstöcken vornehmen. Für den feldmäßigen Anbau kommt fast nur Aussaat in Betracht, und zwar von März bis April auf Freilandsaatbeeten in etwas schattiger Lage, Reihenabstand 25 cm. Die Keimung erfolgt sehr unterschiedlich in 5 bis 30 Tagen. Nach 5 bis 6 Wochen können die jungen Sämlinge verpflanzt werden, und zwar auf 60 mal 30 cm Abstand. Für eine zufriedenstellende Wurzelernte muß gedüngt werden, sonst laugt die massenwüchsige Klette den Boden zu sehr aus. Die Pflegearbeiten beschränken sich im Frühjahr auf Bodenlockerung und Unkrautbekämpfung. Nach Ausbildung der grundständigen großen Blätter kann das Unkraut nicht mehr weiterwachsen.

Saatgut

Das Tausend-Korn-Gewicht beläuft sich durchschnittlich auf 13,0 g. Manchmal enthält das Saatgut noch Pappusreste. Für 1 a Anzuchtfläche braucht man etwa 100 g Saatgut. Genügend Jungpflanzen für 1 ha Anbaufläche zieht man auf 10 bis 12 a Anzuchtfläche heran.

Erträge

Die Drogenerträge der Klettenwurzel belaufen sich auf 2,4 bis 4 t pro ha.

Für den Hausbedarf

Inmitten einer Rasenfläche als Solitärpflanze angebaut, ist die Große Klette im Hausgarten von großer Wirkung. Sie eignet sich aber auch zur Gruppenbepflanzung, ebenso wie als Abdeckung von Komposthaufen, Abstellplätzen und ähnlichem. Die jungen Blätter und Stengel bereichern im Frühjahr den Küchenzettel. Will man die Wurzel ernten, so gräbt man am besten ein tiefes Loch neben der Wurzel in den Boden und zieht sie heraus.

Krankheiten und Schädlinge

Mehltau und Blattlausbefall treten bei der Klette relativ häufig auf, ebenso können Raupen Schaden verursachen. Wird die Wurzel erst im Frühjahr geerntet, so kann sie über den Winter durch Mäusefraß geschädigt werden.

Wirkstoffe

Die Wurzel enthält ein ätherisches Öl, die Früchte ein fettes Öl und bis zu 45% Inulin, weiters Schleim, Gerbstoffe und Bitterstoffe.

Heilwirkung

Die Pflanze wirkt harn- und schweißtreibend sowie blutreinigend. Auch fördert sie die Gallensekretion und hat verdauungsanregende Eigenschaften.

In der Heilkunde

In der Hauptsache gebraucht man die Klettenwurzel als Blutreinigungsmittel. Außerdem findet die Wurzel innerlich Anwendung, und zwar als Tee bei Gicht und Rheumatismus sowie bei Gallenstörungen und Steinleiden. Äußerlich als Umschläge und Auflagen bei Ekzemen, schlecht heilenden Wunden, Furunkeln und Juckreiz. Der hohe Inulingehalt der Klette macht sie für Zuckerkranke gut verträglich.

Als Hausmittel

Der Tee aus Klettenwurzeln zur Behandlung von Hauterkrankungen ist ein beliebtes Volksheilmittel. 1 bis 2 Teelöffel frische, zerkleinerte Wurzel wird mit 1 Tasse Wasser mehrere Stunden kalt angesetzt, dann kurz aufgekocht und über den Tag verteilt getrunken. Das sogenannte Klettenwurzelöl gilt als

Haarwuchsmittel. Dazu setzt man Klettenwurzeln im Verhältnis 1 : 4 mit Mandel- oder Olivenöl an. Nach 14 Tagen Stehen im warmen Raum abseihen und als Einreibung verwenden.

In der Tiermedizin

Bei Ekzemen, schlecht heilenden Wunden und Geschwüren wird vor allem Klettenwurzelöl angewandt. Auch zur Gesunderhaltung und Kräftigung der Rinder und Stiere wird die Große Klette verabreicht, und zwar unter das Futter gemischt.

In der Homöopathie

Das Homöopathikum *Arctium lappa* wird bei Akne und Ekzemen sowie bei zu starker Schuppenbildung neigender Kopfhaut verordnet. Die aus der frischen Pflanze hergestellte Essenz in 1. bis 3. Potenz kann sowohl innerlich (3mal täglich je 10 Tropfen) bei Hauterkrankungen wie äußerlich zu Umschlägen verwendet werden.

In der Küche

Die jungen Blätter können in Wasser gekocht und wie Spinat gedünstet werden. Auch die Blattstengel kann man nach dem Schälen kochen, und zwar wie Schwarzwurzeln. Von der Wurzel ist das Mark genießbar, das man herausschälen muß. Nach ½ Stunde Kochen in Wasser, mit einer Prise Soda, setzt man das Wurzelmark nochmals auf und dünstet in sehr wenig Wasser mit Butter und Salz. Genauso bereitet man das Mark des Blütenstengels zu. Diese Stengel sammelt man zur Zeit der Blütenbildung und schält sie sehr gut ab. Es bleibt ein weißes Mark, das man wie das Wurzelmark kocht und zubereitet.

Für die Körperpflege

Aus den frischen Wurzeln der Klette läßt sich ein vorzüglicher Sirup herstellen: 2 Handvoll zerstoßene Wurzeln werden in einem Gemisch von 800 g Wasser und ebensoviel Zukker ziehen gelassen und dann gekocht. Davon trinkt man täglich zum Mittagessen 1 Glas zur Hautreinigung und gegen Ekzeme. Ein anderes hilfreiches Mittel gegen Hautjukken und -unreinheiten ist ein Hautbad: 1½ Handvoll frische oder getrocknete Wurzeln und Blätter werden in 1 l warmem Wasser ausgezogen. Die Behandlung erfolgt 2- bis 3mal täglich.

Auszüge

Zur äußerlichen Anwendung wird folgende *Tinktur* bereitet: Je 10 g Wurzeln werden mit je 50 g Alkohol angesetzt und 14 Tage stehengelassen. Für Umschläge und Spülungen. *Klettenwurzelöl:* Olivenöl 4 Teile, zerstoßene Klettenwurzeln 1 Teil. Bei Zimmertemperatur 14 Tage ziehen lassen.

In der pharmazeutischen Industrie

Fertigpräparate: Echinacea Öligoplex, Pasisana, Rheuma-Badeöl (Wala), Sparheugin.

Aus meiner Erfahrung

Die Anwendung von Klettenwurzelöl zur Behandlung von Haarausfall ist sehr zu empfehlen, denn es stärkt und kräftigt Haarwurzeln und Haarboden. Allerdings sollte es schon vorbeugend genommen werden, denn wenn die Haarwurzeln einmal abgestorben sind, kann auch das Klettenwurzelöl keine Wunder mehr vollbringen. Bei gesunden, wenn auch geschwächten Haarwurzeln ist der Erfolg jedoch zufriedenstellend.

Nicht übersehen

Klettenabkochungen und -auszüge wirken nicht bei allen Menschen gleich. Normalerweise abführend, kann es bei Personen, die auf Gärstoff empfindlich reagieren, sogar zu Verstopfungen kommen.

Naturschutz und gesetzliche Bestimmungen

Wenn man eine Wurzel gräbt, muß nach dem Herausnehmen der Wurzel das Loch wieder gut mit Erde gefüllt werden. Die verletzte Grasnarbe sollte man so gut wie möglich wieder schließen und mit dem Fuß antreten. Es darf kein Loch zurückbleiben, und die im Boden verbliebene Teilwurzel muß die Möglichkeit haben, weiterzuwachsen und wieder auszutreiben.

Aus meiner Kräuterapotheke

Als Blutreinigungsmittel: Klettenwurzel 3 Teile, Brennessel 2 Teile, Hauhechelwurzel 1 Teil. Der Tee wird auf folgende Weise zubereitet: 2 Teelöffel der Mischung mit ¼ l Wasser 1 Stunde lang kalt ansetzen, hernach kurz aufkochen, 5 Minuten ziehen lassen, abseihen. Täglich 3 Tassen, jeweils vor dem Essen, trinken. Um mit dieser Blutreinigungskur Erfolg zu haben, muß man sie 6 Wochen lang durchführen.

Königskerze, Große
Verbascum thapsiforme
Rachenblütler
zweijährig

Volkstümliche Bezeichnungen

Brennkraut, Bullenkraut, Donnerkerze, Fakkelblume, Fackelkraut, Feldkerze, Frauenkerze, Frauenkunkel, Himmelbrand, Himmelskerze, Johanniskerze, Katzenschwanz, Kerzenkraut, Königinkerze, Löwenfackel, Lungenkraut, Marienkerze, Neunmannskraft, Osterkerze, Schafschwanz, Unholdenkerze, Unholdenkraut, Wetterkerze, Wollblume, Wollkraut, Wurmkraut, Zöllich.

Namenerklärung

Die wahrhaft königliche Haltung der stattlichen Pflanze dürfte für den ersten Teil ihres Namens verantwortlich sein, während der zweite Teil darauf zurückzuführen ist, daß sie, wie es in Brunfels' „Kreuterbuch" von 1532 heißt, „so mans mit hartz oder bech überstreycht, brennet wie ein kertz". *Verbascum* wird abgeleitet vom lateinischen *barbascum*, *barba* = Bart. (Man denke an den Volksnamen „Wollblume".) *Thapsiforme* kommt vom griechischen *thapsos* oder *thapsis*, womit die alten Griechen eine zum Gelbfärben benutzte Doldenpflanze bezeichneten. Die Königskerze wurde auf griechisch auch *phlomos* = Flamme genannt, wegen der Verwendung der dürren, mit Pech getränkten Pflanze als Fackel.

Kulturgeschichte

Was wir über die Königskerze wissen, bietet ein schillerndes Bild dieser Pflanze durch die Jahrhunderte, ist sie doch nicht nur mit der Heilkunde, sondern auch mit dem Aberglauben von jeher eng verbunden. Es steht fest, daß verschiedene Königskerzen-Arten schon im Altertum arzneilich gebraucht wurden. So berichtet Dioskurides über die Verwendung von Pflanzen, die er *phlomos* nennt. Deren Wurzel sollte gegen Durchfall, Krämpfe, Quetschungen und Zahnschmerzen hilfreich sein, das Auflegen der Blätter bei Ödemen und brandigen Geschwüren Linderung bringen. Auch zur Bekämpfung von Augenentzündungen wurden die Blätter herangezogen. Die Blüten erwähnt Dioskurides nicht, wie auch Plinius nichts darüber berichtet, der im übrigen in der Anwendungsbeschreibung der Königskerze weitgehend mit Dioskurides übereinstimmt. Beide halten auch die Verwendung der Königskerze zur Herstellung von Lampendochten fest. Im 1. Jahrhundert v. Chr. nennt der römische Schriftsteller Marcellus Empiricus unsere Pflanze nicht nur *phlomos*, sondern auch *herba lucernaria* (Lampenkraut) und empfiehlt sie, nachdem man eine Beschwörungsformel über sie gesprochen hat, als Mittel gegen Podagra. Im 12. Jahrhundert berichtet Hildegard von Bingen über die herzstärkende Wirkung der Königskerze, wenn man sie gekocht ißt. Die heilige Hildegard nennt sie „wullena", nach den filzig behaarten Blättern. Die antidämonische Wirkung, die man der Königskerze schon im Altertum zugeschrieben hatte, führte dann im Mittelalter, als man in allem, was wächst und blüht, besondere Kräfte vermutete, dazu, daß man die Wurzel als Amulett gegen Schlagfluß auf der Brust trug und das blühende Kraut besprach, über Wunden legte und sich davon Heilung erhoffte. In der Folge verband sich viel Aberglauben um die Königskerze mit christlichem Brauchtum: Kranke wurden mit Weihwasser besprengt, wobei die Königskerze als Weihwedel diente, oder man betete um die Wiederherstellung der Gesundheit, nachdem man eine Königskerze geknickt hatte. Zum Kräuterbuschen, der zu Mariä Himmelfahrt in der Kirche geweiht wurde und ein Jahr lang Mensch und Vieh vor Krankheiten bewahren sollte, gehörte als prachtvolles Mittelstück die Königskerze. Mit dem Kräuterbuschen vom Vorjahr räucherte man Bauernhaus und Ställe. Eine fromme Legende erzählt von der Entstehung des Namens Königskerze: In alten Zeiten sei ein christlicher König von England mit seinem Söhnchen zu einer Pilgerreise nach Rom aufgebrochen. Dort habe er die Gräber der Märtyrer in den Katakomben besucht und sei von seinem gottlosen Führer in dem Gewirr von

Gängen in der Finsternis verlassen worden. Auf seine flehentlichen Bitten um Gottes Hilfe in der Not habe die Blume, die der Knabe vorher gepflückt hatte, zu leuchten begonnen, und im Schein dieses Lichtes hätten der König und sein kleiner Sohn den Weg ins Freie gefunden. Wenn man weiß, daß auch noch in aufgeklärten Zeiten das Erblühen einer Königskerze bei einem Trauerhaus im Allgäu als Zeichen dafür galt, daß der Verstorbene wegen eines nicht eingelösten Wallfahrtsversprechens keine Ruhe finden könne, oder in Kärnten eine Königskerze auf einem Grab als Bitte der armen Seele um eine Wallfahrt für sie gedeutet wurde, dann wird verständlich, warum sich die Kirche um die Eindämmung des Aberglaubens bemühte. Die wahren Heilkräfte der Königskerze waren ja inzwischen längst bekannt. Als Beispiel sei noch gesagt, daß sich im Ersten Weltkrieg französische Ärzte des narkotischen Stoffs in den Königskerzensamen als schmerzstillendes Mittel für Verwundete bedienten.

Herkunft
In Westasien und fast ganz Europa wildwachsend, in Mitteleuropa auch kultiviert.

Fundort
Auf Schuttplätzen und Erdaufschüttungen, auf Bahndämmen und Böschungen, an Wegrändern, auf Kahlschlägen, auf trockenen und sonnigen Plätzen wie Heiden und steinigen Hängen. Sie wächst auch gerne in alten, aufgelassenen Kiesgruben.

Merkmale
Die Pflanze ist im 2. Jahr von auffallender Stattlichkeit. Im 1. Jahr treibt die spindelförmige, ästige *Wurzel* nur eine Rosette grundständiger *Blätter,* aus der im darauffolgenden Jahr ein graugrüner, wollig behaarter, aufrechter *Stengel* erscheint, an dem die meist bis zum nächsten darunter befindlichen Blatt herunterlaufenden *Stengelblätter* sitzen. Die *Rosettenblätter* sind groß, länglich-eiförmig und kurzgestielt. Auch alle Blätter sind beidseitig filzig behaart. Die hell- bis goldgelben, radförmigen, bis 5 cm im Durchmesser großen *Blüten* bestehen aus 5 Lappen von ungleicher Größe. Die Blüten stehen meist zu viert in Büscheln in einem langen, ährenförmigen Blütenstand. Die Königskerze erreicht eine *Höhe* bis zu 2 m. Frische Pflanzen und Blüten haben einen nicht besonders angenehmen *Geruch;* getrocknete Blüten hingegen riechen

honigartig und aromatisch. Der *Geschmack* der ganzen Pflanze ist süßlich.

Verwechslungen
Da die Gattung *Verbascum* sehr artenreich ist und noch dazu leicht bastardiert, sind Verwechslungen grundsätzlich möglich. Doch gehören auch andere Königskerzen zu den offizinellen Arten und können deshalb ebenfalls verwendet werden: Kleine Königskerze *(Verbascum thapsus)* und Gemeine Königskerze *(Verbascum phlomoides)*. Die Große Königskerze wird zur Drogengewinnung angebaut. Sollten Sie beim Sammeln in der freien Natur Blüten der obengenannten anderen Arten ernten, so spielt das keine Rolle, da auch sie heilkräftig sind, wenn auch etwas schwächer. Keine Heilpflanze ist hingegen die Schwarze Königskerze *(Verbascum nigrum)*, die aber leicht von den anderen Arten zu unterscheiden ist: Sie hat rotwollige Staubfäden, währen die anderen weißwollige Staubfäden besitzen.

Blütezeit
Die Königskerze blüht etwa von Ende Juni bis Ende September.

Samenreife
August bis September.

Erntezeit
Die Erntezeit setzt ein mit dem Beginn der Blüte, das ist ab Juni, und dauert bis in den Herbst hinein.

Ernte- und Sammelgut
Die Blumenkronen samt den Staubblättern, aber auch das frische, vor der Blüte gesammelte Kraut.

Ernte- und Sammelvorschriften
Da die Blüten rasch aufblühen und auch rasch abfallen, muß ab dem Beginn der Blüte täglich ausgepflückt werden. Da naß geerntete Blüten eine unansehnliche Droge von minderer Qualität liefern, pflückt man nach dem Abtrocknen des Taus und vor dem Eintreten der Mittagshitze. Jede voll entfaltete Blüte wird einzeln zwischen Daumen und Zeigefinger gefaßt und mit kräftigem Druck abgepflückt, um zu verhindern, daß sich die Blüten wieder schließen. Erschütterungen der ganzen Pflanze sind zu vermeiden, da sonst die übrigen Blüten abfallen. Diese können dann nur noch für alkoholische Auszüge

verwendet werden. Das Pflücken ist keine sehr angenehme Arbeit, da die feinen Blütenhärchen auf der Haut einen Juckreiz hervorrufen können. Zum Schutz der Augen ist eine Brille zu empfehlen. Das Erntegut darf beim Transport nicht gedrückt und muß zur Trocknung locker aufgebreitet werden. Die künstliche Trocknung bei Temperaturen von 45 bis 50 °C ist der natürlichen vorzuziehen, da die sehr hygroskopische Droge durch Trocknungsfehler unansehnlich wird und stark an Wert verliert. Die getrockneten Blüten müssen eine goldgelbe Farbe haben. Wer Blattdroge haben will, pflückt die Blätter zu Beginn der Blüte und trocknet sie im Schatten oder künstlich. Man muß der Pflanze jedoch genug Blätter lassen, damit sich die Blüten entwickeln können. Das kurz vor der Blüte geerntete Kraut kommt frisch zur Verarbeitung.

Anbau

Die Königskerze stellt bei feldmäßigem Anbau keine großen Ansprüche an den Boden. Geeignet ist ein nicht zu schwerer, lehmiger Sandboden in sonniger, windgeschützter Lage. Trockenheit schadet nicht, jedoch brauchen die Jungpflanzen zur Entwicklung etwas Feuchtigkeit. Als Vorfrucht sind Frühkartoffeln zu empfehlen oder Gemüse, das spätestens Anfang August geerntet wird. Entweder man sät im März ins Mistbeet und pikiert dann einmal ins Freiland oder sät im April oder Mai direkt ins Freiland. Im August und September setzt man die Sämlinge in 45 cm Abstand voneinander in Reihen von 50, 80, 50, 80 cm usw. Der 80-cm-Abstand erleichtert die Ernte. Vorher hat man die Wurzeln etwas zurückgeschnitten und auch das Laub gestutzt. Zu spätes Auspflanzen kann die Blüte in das 3. Jahr schieben, was einen großen Verlust bedeutet. Einmaliges Hacken vor dem Winter ist erforderlich und eine Abdeckung mit Kartoffelkraut, Stroh oder Reisig ratsam. Im Frühjahr ist 2mal zu hacken, wobei beim erstenmal vom Frost gehobene Pflanzen angedrückt werden müssen.

Saatgut

Kauft man das Saatgut nicht im Handel, sondern will es selber ernten, so läßt man die Kapseln reifen und schneidet im August oder September die ganzen Blütenstände. Kurz nachtrocknen lassen und dann ausdreschen oder ausklopfen. Das Tausend-Korn-Gewicht der Großen Königskerze schwankt zwischen 0,093 und 0,18 g.

Erträge

Die Ernte an frischen Blüten beträgt 12 bis 24 t pro ha, das ergibt in etwa 1,2 bis 2,4 t pro ha an Droge. Der Ertrag hängt vom Wetter ab. Trockene, sonnige Sommer können bedeutend höhere Erträge bringen. Bei regnerischen, kühlen Sommern liegt der Ertrag unter Umständen beachtlich darunter. An Blättern kann man 10 t pro ha ernten, das sind etwa 2 t pro ha Droge *Folia Verbasci*. Die Saatguternte beläuft sich auf etwa 0,5 bis 0,6 t pro ha.

Für den Hausbedarf

Die vom Sommer bis in den Frühherbst blühende Königskerze kann als Zierpflanze für jeden Hausgarten wärmstens empfohlen werden. Sie macht sich hübsch als Hintergrund von Rabatten, am Rande von Gehölzen, aber auch als Solitärpflanze inmitten des Rasens. Entlang von Mauern und vor Komposthaufen gibt sie eine zweckdienliche, saubere Abdeckung. Für den Hausbedarf erfolgt die Vermehrung durch Aussaat im Frühjahr; aber einmal im Garten eingebürgert, vermehrt sich die Königskerze ganz von selbst durch Eigenaussaat. Die Arbeit des Gartenfreundes beschränkt sich dann nur noch auf eventuelles Umsetzen im zeitigen Frühjahr. Zu diesem Zweck hebt man sie mit Hilfe einer Stichschaufel vorsichtig mit einem angemessenen Erdballen aus und gibt sie in das vorher schon ausgehobene Pflanzenloch, drückt sie fest an, bewässert sie und deckt mit normaler Gartenerde ab. Ein Anhäufeln der Pflanze ist notwendig, wobei darauf zu achten ist, daß die Herzblätter frei bleiben. Da die Königskerze zweijährig ist, muß man 2 Jahre hintereinander aussäen, wenn uns jedes Jahr eine blühende Königskerze erfreuen soll. Wollen Sie auch die volle Heilkraft dieser Pflanze nützen, so dürfen Sie keine Blüte zu Boden fallen lassen, sondern müssen Sie rechtzeitig sammeln und auch verwenden. Ihre entzündungshemmende und auswurffördernde Kraft kommt Ihnen vor allem bei Erkältungskrankheiten zugute. Aber vorbeugen ist besser als heilen. Auch dabei hilft Ihnen die Königskerzendroge.

Krankheiten und Schädlinge

Die Königskerze kann unter dem Echten und dem Falschen Mehltau und anderen Pilzen leiden. Verschiedene Insekten schädigen durch Blattfraß. Es können auch Gallbildungen und Vergrünungen an den Blütenständen auftreten. Wurzeln und überwinternde Blattrosetten können im Winter unter Hasen- und Mäusefraß leiden.

Wirkstoffe

Die Pflanze enthält große Mengen Schleim und in den Blüten gelbe Farbstoffe (Crocetin und Xanthophyll) und wenig ätherisches Öl. Die Wurzel enthält unter anderem Bitterstoffe.

Heilwirkung

Die Königskerze wirkt erweichend und auswurffördernd, hustenstillend, blutreinigend, harntreibend, beruhigend, krampflösend, hautreinigend, gelinde schweißtreibend.

In der Heilkunde

Königskerzendroge wird empfohlen gegen alle Arten von Erkältungen, besonders Erkrankungen der Atemwege wie Angina und Bronchitis. Wegen der beruhigenden und krampfstillenden Eigenschaften wird die Königskerze gegen Asthma, Atembeschwerden, Nervosität, Angstgefühl, Herzklopfen, Koliken, Magenkrämpfe und Neuralgien eingesetzt.

Als Hausmittel

Königskerzendrogen finden in der Volksheilkunde reichlich Anwendung: Eine Auflage aus zerquetschten Blättern und Blüten wird bei Brandwunden als lindernd empfunden. Ein Blütenaufguß wird bei allen Erkrankungen der Atmungsorgane wie Erkältungen, Husten und Bronchialkatarrh angewendet. Der Wurzelabsud, mit Honig gesüßt, wird bei hartnäckigem Husten genommen. 2 Handvoll Blätter und Blüten zu gleichen Teilen mit 3 l kochendem Wasser übergießen, 15 Minuten ziehen lassen, abseihen. Mit diesem Tee werden eitrige Wunden, Hautunreinheiten und Furunkel lokal gebadet. Pfarrer Kneipp schreibt in seinem „Handbuch der naturgemäßen Lebens- und Heilweise": „Die Blüten des Wollkrautes oder der Wollblume werden von den Landleuten fleißig gesammelt. Sie wissen gut, daß diese zur Winterzeit wirksame Gurgelwasser und noch wirksameren Tee abgeben gegen Halsgebrechen, Husten, Katarrhe, Verschleimung der Brust, Atemnot. Ein solcher Tee sei recht warm empfohlen. Ich mische unter die Blüten des Wollkrautes in der Regel noch die der schwarzen Malve, halb und halb; solcher Tee wirkt auf die Schleimauflösung noch nachhaltiger und kräftiger." Ein ausgezeichnetes Gurgelwasser bei Halsentzündungen ist ein Absud von Königskerzenblüten, alle halben Stunden gurgeln. Eine wirkungsvolle Salbe zur Linderung von Hämorrhoiden und von Frostbeulen erhält man auf folgende Weise: 1 Teil Königskerzenblüten wird mit so viel kaltem Wasser übergossen, daß die Blüten gut eingeweicht werden können und das Wasser noch einen Finger breit über die Blüten zu stehen kommt. Eine Nacht bei Zimmertemperatur stehenlassen. Tags darauf fügt man 2 Teile Olivenöl hinzu und dickt dann auf kleinster Flamme ein, bis das Ganze eine Salbe geworden ist, die nun verwendet werden kann.

In der Tiermedizin

Als schleimlösendes Mittel werden Blüten und Blätter in Wasser kurz aufgekocht und die abgeseihte Brühe den Tieren zum Trank beigemischt. Bei kleineren Haustieren wie Hunden und Katzen empfiehlt es sich, diese Abkochung mit Milch vermengt zu verabreichen, um Husten und Katarrhe zu bekämpfen. Wenn ein Haustier eine kleinere Verletzung hat, so kann man mit lauwarmen Umschlägen oder Beträufeln der Wunde mit stark eingekochtem Königskerzentee (60 g Blüten in 1 l Wasser mehrere Minuten kochen lassen) Linderung verschaffen und die Abheilung beschleunigen.

In der Homöopathie

Die homöopathische Urtinktur wird aus den frischen Pflanzen, dem noch nicht aufgeblühten Kraut, bereitet und hat sich vor allem bei neuralgischen Gesichtsschmerzen, so etwa bei der Trigeminusneuralgie bestens bewährt. Auch bei Gastritis und Erkältungskrankheiten schluckt man mehrmals täglich 10 Tropfen in Wasser. Wer unter heftigem Kopfschmerz leidet, kann sich mit dieser Urtinktur Erleichterung verschaffen. Äußerlich wird die 1. bis 3. Potenz der Essenz bei der Behandlung von Wunden gebraucht.

In der Küche

Zur Gesunderhaltung des Körpers sollte man sich dazu entschließen, immer wieder einmal eine Kur mit Kräutertees zu machen. Warum stets Kaffee und russischen Tee zum Frühstück trinken? Setzen Sie doch einmal einen Kräutertee auf Ihren Speisezettel, und Sie werden die belebende und erfrischende Wirkung sehr bald am eigenen Leib verspüren. Hier ein Vorschlag für eine Frühstückstee-Mischung: 3 Teile Königskerzenblüten, 2 Teile Weißdornblüten, 2 Teile Melisse und je 1 Teil Brombeerblätter, Erdbeerblätter, Himbeerblätter und Blätter der Schwarzen Johannisbeere. Von dieser Mischung nimmt man 1 gehäuften Eßlöffel und überbrüht ihn mit ¼ l kochendem Wasser. Nach 2 bis 3 Wochen kann man auf eine andere Teemischung umsteigen: 3 Teile Königskerzenblüten, 2 Teile Waldmeister, 2 Teile Hagebuttenschalen, 1 Teil Blüten vom Wohlriechenden Veilchen und 4 Teile Apfelschalen. Auch dieser Tee wird durch Aufguß zubereitet. Wer zum Süßen statt Raffinadezucker echten Bienenhonig verwendet, tut noch ein übriges, um sich, besonders in der kalten Jahreszeit, gesund zu erhalten.

Für die Körperpflege

Zur Entspannung des gestreßten Organismus, zur Schlafförderung und damit als Schönheitspflegemittel ist ein Absud aus Königskerzenblüten hervorragend geeignet. 2 gehäufte Eßlöffel Königskerzenblüten mit 3 l kochendem Wasser überbrühen, ziehen lassen und noch warm ein Hand- oder Fußbad damit nehmen. Sie werden die Erfahrung machen, daß Sie nach solch einem viertelstündigen Bad herrlich entspannt sind und gut einschlafen können.

Auszüge

Für die Bereitung der *Königskerzentinktur* setzt man 2 Handvoll getrocknete oder auch frische Blüten in ½ l 75%igem Alkohol an, stellt den Auszug auf die Fensterbank und schüttelt täglich einmal durch. Nach 14 Tagen abseihen, die Blüten gut auspressen und mit destilliertem Wasser auf 40% Alkoholgehalt abstimmen. Diese Tinktur ist ein erprobtes Mittel, das äußerlich bei Rheumatismus und für Brusteinreibungen bei Erkrankungen der Atmungsorgane angewandt wird. Gute Heilerfolge erzielt man auch mit dem *Königskerzenblütenöl*, das folgendermaßen hergestellt wird: 2 Handvoll getrocknete Königskerzenblüten werden 2 Wochen lang in ½ l kalt gepreßtem Olivenöl angesetzt. Der Glasbehälter wird bei Zimmertemperatur, vornehmlich am Fenster, stehengelassen und täglich kräftig durchgeschüttelt. Vor Gebrauch des Blütenöls ist jeweils die benötigte Menge sorgfältig abzuseihen; die Blütenrückstände

können bis zuletzt im Behälter belassen werden. Von diesem Öl, das nicht nur zum Einreiben bei Rheuma und Erkältungskrankheiten Verwendung findet, kann man auch bei Augenentzündung 2mal täglich je 3 Tropfen in die Augen tröpfeln. Bei Schwerhörigkeit oder Ohrenschmerzen bringt eine Eintropfung von täglich 1mal 3 bis 5 Tropfen Linderung.

In der pharmazeutischen Industrie

In der pharmazeutischen Industrie werden Königskerzendrogen in erster Linie zu verschiedensten Hustenmitteln verarbeitet. Diese Droge *(Herba Verbasci)* steht an erster Stelle der sogenannten sieben Brustpflanzen: Königskerze, Malve, Eibisch, Katzenpfötchen, Huflattich, Wohlriechendes Veilchen und Klatschmohn. *Fertigpräparate:* Grippe-Tee Stada, Neo-Codion Rp, Species Pectorales Kneipp.

Aus meiner Erfahrung

Gegen Hämorrhoiden empfehle ich ein altes Rezept: „Man zerstoße die gut durchgetrocknete Wurzel der Königskerze zu Pulver. Nehme davon 10 bis 15 Gramm, vermische dieses mit einem Eidotter und so viel Weizenmehl, daß es bei Zugabe von etwas Olivenöl eine teigartige Masse ergibt. Man backe daraus kleine Kügelchen. Auf nüchternen Magen täglich durch mindestens 1 Monat 3 bis 4 Stücke gegessen, bringen Hilfe bei diesem Leiden." Eine besondere Art der Zubereitung von Königskerzenöl, das bei gichtischen und rheumatischen Schmerzen durch Einreibungen Linderung verschafft, ist folgende: Man füllt ein 2-l-Gurkenglas mit frisch gepflückten Königskerzenblüten, bindet das Glas zu und läßt es 14 Tage in der Sonne stehen. Dabei fließt eine ölige Flüssigkeit aus. Dann seiht man durch ein Leinentuch ab und preßt den Rückstand aus. Das Königskerzenblütenöl ist ein ausgezeichnetes Wundheilmittel. Das Öl auf die Wunden träufeln und eintrocknen lassen. Das Öl darf nicht lange lagern. Es muß im Kühlschrank aufbewahrt und schnell verbraucht werden.

Nicht übersehen

Da die feinen Blütenhärchen der Königskerze Hautjucken hervorrufen können und auch für die Schleimhäute nicht angenehm sind, empfehle ich, alle Zubereitungen mit Königskerzen sorgfältig zu filtrieren oder durch ein Tuch zu seihen.

Naturschutz und gesetzliche Bestimmungen

Die Königskerzen-Arten, mit Ausnahme der Schwarzen Königskerze *(Verbascum nigrum),* zählen zu den teilweise geschützten Pflanzen, das heißt, sie dürfen in der freien Natur weder gepflückt noch ausgegraben werden. Blüten und Samen der Großen Königskerze jedoch darf man sammeln.

Aus meiner Kräuterapotheke

Hustentee: Königskerzenblüten 3 Teile, Huflattichblüten 2 Teile, Lungenkraut 1 Teil. Zubereitung durch Aufguß: 1½ Teelöffel mit ¼ l kochendem Wasser übergießen, 15 Minuten ziehen lassen, abseihen und nach Bedarf recht warm schluckweise trinken; bis zu 3 Tassen pro Tag.

Kornblume
Centaurea cyanus
Korbblütler
einjährig

Volkstümliche Bezeichnungen

Blaue Kornnägelein, Blaumütze, Blaue Schneider, Chorn-Nägeli, Cyane, Erdgalle, Hungerblume, Kaiserblume, Kornfresser, Kornnelke, Kreuzblume, Quast, Rockenblume, Roggenblume, Schanelke, Schimmelblume, Sichelblume, Strämpfen, Tabaksblaum, Trehms, Tremisse, Trempfen, Trempft, Tremse, Trooadveigl, Zachariasblume, Ziegenbein, Zyane.

Namenerklärung

Der Name *Centaurea* leitet sich von dem Kentaur Chiron ab, der in der Heilkunde sehr erfahren gewesen sein soll. Angeblich hat er die Heilkraft dieser Pflanze entdeckt. *Cyanus* heißt blau. Und wegen dieser ihrer typischen Farbe wird sie in manchen Gegenden auch „blaue Cyane" genannt. In Ostpreußen nannte man sie auch Schimmelblume, da es hieß, daß das Brot verschimmle, wenn man Kornblumen ins Haus bringe.

Kulturgeschichte

Schon zur Zeit der Hippokratiker ließ man sich vom wunderbaren Äußeren der Pflanze beeindrucken und war nach den Gesetzen der Signaturenlehre der Meinung, daß sie im Hinblick auf die schöne Farbe sehr nützlich sein müsse. Schon damals hat man der Pflanze den Namen Centaurea gegeben. Die Kräuterbücher des Mittelalters nahmen zum Teil ihr Wissen aus den griechischen Schriften, und so gelangte die Kornblume in die Volksheilkunde. Bereits Petrus Andreas Matthiolus hat in seinem „New Kreuterbuch" (Prag 1563) geschrieben: „Man achtet / das die Kornblumen widerstreben den Pestilentzischen febern / So jemandts hoch gefallen ist / vnnd blutt speiet / dem soll man die grosse Kornblumen zu trinken geben mit Wegrichwasser. Die blumen vnd jr samen in wein gesotten / ist gutt getruncken für Spinnen vnd Scorpion gifft / mag vielleicht anderm gifft auch widerstand thuen. Die blaw Kornblum ist fürtreffenlich gutt zu den hitzigen roten augen /

vnnd allen andern heyssen gebresten wider erste / zerstossen vnd vbergeschlagen. Sie dienet auch zu bösen faulen wunden vnd schäden / zerstossen / vnd den ausgedruckten safft darein gethan / oder dürr zu puluer gestossen vn darein gesprengt. Der safft ist auch gutt wider die mundfeule vnd blattern / den Mund darmitt ausgeschwenckt." Im 17. Jahrhundert schon haben die damaligen Apotheker Augenwasser aus der Kornblume bereitet, welches eine lindernde und stärkende Wirkung hatte. Die Blüten wurden im Tau zerstampft, oder man ließ sie in geschmolzenem Schnee ausziehen. Das so erhaltene Produkt nannte man „Brillenbrechwasser". Der Name ist so zu erklären: Die Sehkraft der Augen soll sich nach Gebrauch dieses Heilwassers derart gestärkt haben, daß man seine Brille ruhig zur Seite legen oder sogar zerbrechen konnte. In Böhmen bestrich man mit der ersten Kornblume, die man fand, die Augen, um sie zu stärken. Der Volksname Erdgalle hängt mit der Bitterkeit der Säfte zusammen. Davon wußten auch schon die Gallier, wie Plinius berichtet, der die Blume *fel terrae* nennt. Eines aber ist nicht gewiß, ob es sich in den alten Schriften um die Kornblume, so wie wir sie heute kennen, handelt oder überhaupt um Vertreter der Gattung Flockenblume *(Centaurea)*. Sicher aber erregte die schöne blaue Farbe der Kornblume *Centaurea cyanus* die Aufmerksamkeit des Volkes, weswegen sie nicht nur als Heilpflanze, sondern auch als Schmuckblume diente. In einer alten Aufzeichnung von der „Bedeutung der Blumen" heißt es: „Wer sein Herz wandelt und selbst nicht weiss wobei er bleiben will und seinen Wandelmuth verholen trägt, der soll Kornblumen tragen, die sind blau und lustiglich und färben sich weiss, sie mögen nicht lange ihre Farbe behalten und zeigen ihren Wandel." Die Kornblume fand selbstverständlich auch Eingang in den Aberglauben. Man meinte, daß die Kornblume das Nasenbluten stillen könne, wenn sie am Fronleichnamstag ausgegraben würde. Man müsse sie jedoch so lange in der Hand halten, bis sie sich erwärmt habe. Eine andere Variante besagt, daß man an der Wurzel einer Kornblume riechen und dazu eine Beschwörungsformel sprechen müsse. Da die Kinder wegen der Kornblume gerne ins Feld gingen, erzählten ihnen die Bauern, daß das Kornwif oder die Tremsemutter im Feld säße, und die werde sie verscheuchen.

Herkunft

Ursprünglich vermutlich in Vorderasien und den Mittelmeerländern heimisch, wurde sie mit dem Getreide über fast die ganze Erde verbreitet.

Fundort

Die Kornblume ist vorwiegend in Getreidefeldern, an Feldrainen und auf Brachböden zu finden, seltener auf Aufschüttungen und Bahndämmen und ähnlichen Standorten. Sie wächst gerne in Gemeinschaft mit der schon sehr selten gewordenen Kornrade und mit dem Klatschmohn. In andere Pflanzengesellschaften hat sie fast keinen Eingang gefunden.

Merkmale

Als besonderes Merkmal der Kornblume kann die himmelblaue Farbe bezeichnet werden. Der *Stengel* ist aufrecht, dünn, schwach behaart und verästelt. Dem Schaft entlang stehen schmale, lanzettliche, am Grunde gefiederte und gelappte *Blätter*. Die an den Enden der dünnen Zweige sitzenden schönen *Blütenköpfe* bestehen aus Röhrenblüten, die randständigen sind jedoch bedeutend größer als die in der Mitte, bringen keine Samen und dienen lediglich zur Insektenanlockung. Die Kornblume ist seichtwurzelnd. Die schlanken *Wurzeln* sind verzweigt und spindelförmig. Die Pflanze erreicht eine *Höhe* bis zu 70 cm; sie hat fast keinen *Geruch,* und ihr *Geschmack* ist leicht bitter und krautartig.

Verwechslungen

Wegen der auffallenden himmelblauen Blüten sind Verwechslungen mit anderen Blumen kaum möglich. Dennoch kann ein sehr oberflächlicher Beobachter sie mit Wegwartenblüten verwechseln.

Blütezeit

Die Blütezeit erstreckt sich von Anfang Juni bis Ende August, ja manchmal sogar bis in den Herbst hinein.

Samenreife

Die Samenreife setzt einige Wochen nach der Blüte ein und zieht sich entsprechend der verhältnismäßig langen Blütezeit über Monate hin.

Erntezeit

Da die Blüten geerntet werden, ist die Erntezeit die Blütezeit.

Ernte- und Sammelgut

Gesammelt werden die ganzen Blütenköpfe (*Flores Cyani*), manchmal nur die ausgezupften Randblüten (*Flores Cyani sine calycibus*), seltener auch das ganze Kraut (*Herba Cyani*).

Ernte- und Sammelvorschriften

Die Kornblume soll gepflückt werden, sobald sie ihre himmelblauen Blüten geöffnet hat. Das Sammelgut muß an einem schattigen Ort getrocknet werden, weil es bei direkter Sonnenbestrahlung die schöne blaue Farbe verliert. Wird das ganze Kraut geerntet, so hängt man es, zu Büscheln gebündelt, in einem luftigen, schattigen Raum auf. Ein Nachtrocknen bei künstlicher Wärme ist zu empfehlen. Aufbewahrt darf nur ein absolut trockenes Drogengut werden.

Anbau

Da die Kornblume wegen ihrer blauen Farbe als Droge sehr begehrt ist, lohnt sich ihr feldmäßiger Anbau. Sie ist sehr einfach zu ziehen. Die Kornblume ist ein Begleiter des Menschen und kommt hauptsächlich in Getreidefeldern vor. Es gelten für sie die gleichen Bedingungen wie für Getreide, vor allem Roggen, sowohl was Klima und Boden wie auch die Aussaat betrifft. Durchlässiger sandiger Lehmboden, der gleiche Boden, den man für Roggen nimmt, ist der geeignetste. Auch guter Sandboden ist verwendbar. Ausgesät kann im Herbst oder im Frühjahr werden. Die Herbstaussaat bringt eine frühere Ernte, birgt aber bei strengen, schneefreien Wintern ein großes Risiko in sich. Entschließt man sich zu einer Frühjahrsaussaat, dann muß so früh wie möglich bestellt werden. Ein Auflockern des Bodens und ein Feinkrümeln ist Vorbedingung. In bezug auf Vorfrucht oder Düngung gilt auch: was für Roggen recht ist, ist auch für die Kornblume gut. Gesät wird in der Reihe, aber nicht zu dicht, weil sich sonst die Pflanzen nicht gut genug entwickeln können. Das heißt, sie schießen in die Höhe und setzen wenig Blüten an. Auch zu weite Reihenabstände sind zu vermeiden, weil die seichtwurzelnden Pflanzen bei schlechtem Wetter, bei Wind und aufgeweichtem Boden zu leicht umfallen können. Die Entfernung zwischen den Reihen sollte 40 cm betragen, nach jeder zweiten Reihe aber 60 cm. Dieser Abstand ist für das Auspflücken der Blüten bei der Ernte wichtig, denn sonst werden beim Einsammeln der Blüten Pflanzen zertreten oder abgebrochen, was eine Verminderung des Ertrages bedeutet.

Saatgut

Bei der Auswahl des Saatgutes muß man sehr vorsichtig sein. Man darf keine Zierpflanzensamen kaufen. Am besten ist es, die Samen von wildwachsenden Kornblumen selbst zu sammeln. So kann man mit einer kleineren Fläche im eigenen Garten beginnen und hat dann genügend Saatgut, um stufenweise zum großflächigen Anbau überzugehen.

Erträge

Ertragswerte liegen mir nicht vor. Bei guter Pflege und bei gewissenhaftem Einsammeln der Blüten können die Erträge durchaus rentabel sein. Ganz allgemein gilt für den Kräuteranbau die Empfehlung, nicht nur ein einziges Kraut zu kultivieren, sondern mehrere für die Zubereitung von Mischtees. Für die Kornblume gilt das ganz besonders, da sie wegen ihres schönen Blaus den vielen Mischungen schon aus optischen Gründen beigegeben wird. Gehört man einer Genossenschaft an, die die Rohdroge vom Feld weg abnimmt, kann man auch die Einzelkultur wagen.

Für den Hausbedarf

In einem gut gepflegten Hausgarten sollte die Kornblume nicht fehlen. Man kann sie als Abschluß bei Böschungen, in Steingärten, aber auch auf eigenen Beeten pflanzen. Letzteres ist vor allem dann wichtig, wenn man auf die Drogengewinnung Wert legt. In diesem Fall achte man auf reines Saatgut.

Krankheiten und Schädlinge

Kornblumen sind sehr mehltauanfällig. Hier kann nur eines helfen: die befallenen Pflanzen sammeln und verbrennen. Man darf sie nicht kompostieren, weil die Sporen des Mehltaues nicht getötet werden und dann weiter auf dem Feld oder im Garten ihr Unheil anrichten. Schädlinge gibt es kaum, außer zeitweise Blattläuse oder Raupen, die Fraßschäden verursachen.

Wirkstoffe

Die Kornblume enthält den blauen Farbstoff Cyanin, den Bitterstoff Centaurein oder Cnicin (Name von *Cnicus benedictus,* in dem es erstmals gefunden wurde); Gerbstoff und Schleim.

Heilwirkung

Leicht harntreibend (bedingt durch den Gerb- und Bitterstoffgehalt), appetitanregend, verdauungsfördernd, blutreinigend, leicht abführend.

In der Heilkunde

In der Heilkunde wird Kornblumendroge hauptsächlich als Verschönerungsmittel bei Teemischungen verwendet. Auf Grund des Bitterstoffgehaltes gilt die Kornblume als Hilfe bei Verdauungsstörungen.

Als Hausmittel

In der Volksmedizin wird die Kornblume als vorzügliches Eintropfmittel bei entzündeten Augen angepriesen. Dafür nimmt man 1 kleine Handvoll Blüten auf 1 l Wasser, läßt 5 Minuten kochen und ½ Stunde ziehen. Aber auch bei Kopfschmerzen, Blasenbeschwerden und Nierenträgheit, bei Husten und zur Blutreinigung wird sie gerne verwendet, denn Nebenwirkungen sind nicht zu befürchten. Man trinkt vor den Mahlzeiten 1 Tasse Tee (Mengenangaben wie bei den Augentropfen; bei Husten mit Honig süßen). Gerötete und übermüdete Augen kann man mit folgendem Aufguß baden: 40 g Blüten mit 1 l siedendem Wasser überbrühen und 10 Minuten ziehen lassen. Wenn man keine Augenbadewanne zur Verfügung hat, kann man mit Tee getränkte Wattebäusche, die man in Leinen hüllt, auf die Augen legen.

In der Tiermedizin

Kornblumenblütentee gibt man den Tieren bei Magen- und Darmverstimmungen zu trinken.

In der Homöopathie

Über die Verwendung der Kornblume in der Homöopathie ist mir nichts bekannt.

In der Küche

Die Kornblume findet in der Küche keine Verwendung.

Für die Körperpflege

Zur Bekämpfung von Müdigkeit empfiehlt sich ein Fußbad in Kornblumenblütenabsud. Dazu nimmt man 1 Handvoll Blüten, übergießt sie mit 1 l kochendem Wasser und läßt ¼ Stunde ziehen. 2mal täglich die Füße darin baden erfrischt gut. Zur Desinfektion des Haarbodens kann man einen Aufguß aus je 10 g Kornblumenblüten und Lavendelblüten mit 2 l Wasser zubereiten und nach der Haarwäsche damit eine gründliche Spülung vornehmen.

Auszüge

Der Kornblumenblütenauszug wird auf folgende Weise zubereitet: Im Mischverhältnis 1:4 werden Kornblumenblüten mit 75%igem Alkohol 14 Tage lang auf der Fensterbank stehengelassen, hernach abgeseiht, die Rückstände ausgepreßt und der Auszug auf 40% Alkoholgehalt verdünnt. Diese *Kornblumentinktur* kann zum Einreiben der Füße verwendet werden und erzielt den gleichen Effekt wie ein Kornblumenblütenfußbad. Dieser Auszug ist auch als Gesichtswasser geeignet.

In der pharmazeutischen Industrie

In der pharmazeutischen Industrie werden die blauen Blüten der Kornblume zur Zubereitung von Extrakten verwendet, die gegen Kopfschuppen eingesetzt werden. Die Blüten dienen aber auch als Schmuckdroge in Teemischungen und zur Herstellung von Räucherpulver. *Fertigpräparate:* Dapulmon, Rheuma-Tee Stada, Rheumex-Tee, Salus Gastrin Tee.

Aus meiner Erfahrung

Kornblumenwein kann man auf einfache Weise zubereiten. Auf 1 l Weißwein gibt man 30 g Kornblumenblüten und läßt den Ansatz 10 Tage stehen. Nach dem Abseihen ist der Wein gebrauchsfertig. Es ist dies ein ausgezeichneter Aperitif, von dem man pro Tag 1 Gläschen trinkt. Als Spülung bei Zahnfleisch- und Halsentzündungen hat sich der Kornblumenblütentee sehr bewährt. Für die Gesichtspflege kann man ein „Schönheitswasser" zubereiten: Dafür nimmt man 15 g Kornblumenblüten, 5 g Schöllkrautblüten, 10 g Brennesselblätter, 5 g Klatschmohnblütenblätter, 5 g Lavendelblüten und überbrüht mit 1 l kochendem Wasser. Nach dem Ziehenlassen gut filtrieren. Dieses Schönheitswasser muß man schnell verbrauchen. Längeres Aufbewahren ist nur möglich, wenn man soviel 90%igen Alkohol hinzufügt, daß eine 36%ige Mischung entsteht.

Nicht übersehen

Infolge der Saatgutreinigung, der Unkrautvertilgungsmittel und der Intensivierung der Landwirtschaft überhaupt ist die Kornblume im Aussterben. Man sollte sich in der freien Natur also nur ihres Anblicks erfreuen und sie nicht gedankenlos abreißen.

Naturschutz und gesetzliche Bestimmungen

Die Königskerze: die Majestätvolle; der Klatschmohn: der Feurige; die Kornblume: die Wunderschöne. Auch so kann man Heilpflanzen charakterisieren. Die Kornblume, ein alter Begleiter des Getreidebaues, ist heute stark im Rückgang begriffen. Doch ginge im ländlichen Raum viel verloren, würde sie aussterben. Also Samen sammeln, trocknen. Und im späten Herbst oder zeitigen Frühjahr auf geeigneten Plätzen ausstreuen.

Aus meiner Kräuterapotheke

Bei Verdauungsstörungen, Leber- und Nierenleiden und Gelenksschmerzen: Kornblumenblüten 3 Teile, Wermut 2 Teile, Frauenmantel 1 Teil. 1½ Teelöffel mit ¼ l kochendem Wasser überbrühen, 15 Minuten ziehen lassen und täglich 3 Tassen vor den Mahlzeiten trinken. Die abgeseihten Kräuterrückstände kann man zur Seite stellen, am Abend anwärmen, in ein Leinensäckchen geben und bei Gelenksschmerzen und Leber- und Nierenleiden auf die schmerzende Stelle legen. Es ist günstig, wenn man einen Thermophor darüberbindet, damit es warm bleibt. Mindestens 4 Stunden oben lassen. Kühlt das Kräutersäckchen aus, hat es nicht mehr viel Heilwert.

Liebstöckel
Levisticum officinale
Doldengewächse
ausdauernd

Volkstümliche Bezeichnungen

Badekraut, Gebärmutterwurz, Gichtstock, Gluf'nstock, Ladstöckl, Laubspickel, Leibstöckle, Leppstock, Levestock, Lieberöhre, Liebrohr, Liebstengel, Liestestock, Lobstock, Lubberstick, Lübstock, Lugstock, Lustecken, Luststöckel, Maggikraut, Nervenkräutel, Neunstock, Rübestöckel, Sauerkrautwurz, Saukraut, Schluckwehrohr, Suppenlob, Wasserkräutel.

Namenerklärung

Der Name Liebstöckel hat mit Liebe nichts zu tun, sondern geht über althochdeutsch *lubistechal* auf das mittellateinische *levisticum (libisticum)* zurück, das sich seinerseits von *ligusticum* ableitet, also die Pflanze als aus Ligurien stammend bezeichnet. Schon Dioskurides wies auf das häufige Vorkommen des Liebstöckels in dieser italienischen Landschaft hin. Er nennt die Pflanze *ligystikon,* von griechisch *libystikos* = ligurisch. Es gibt auch die Deutung, daß der Pflanzenname vom lateinischen *levare* komme, was soviel wie erleichtern und lindern bedeutet.

Kulturgeschichte

Liebstöckel ist seit dem Altertum bekannt. Dioskurides berichtet von den verdauungsfördernden Eigenschaften, nennt sie harntreibend und die Regel der Frauen fördernd. Die Pflanze wurde auch gegen den Biß giftiger Tiere eingesetzt und der Samen in Ligurien anstelle von Pfeffer verwendet, da er als gutes Magenmittel galt. Plinius vertritt die Auffassung, daß das angebaute *ligusticum* im Gegensatz zum wildwachsenden keine Heilkräfte habe. Wie viele Kräuter aus den Mittelmeerländern gelangte auch das Liebstöckel durch die Mönche über die Alpen, wo es vor allem in den Klostergärten kultiviert wurde. So beschrieb Walafridus Strabo, der Abt des Klosters Reichenau am Bodensee, in seinem Lehrgedicht „Hortulus" (Gärtchen) das Liebstöckel als eine von den 23 wichtigsten Pflanzen im Klostergarten. Auch in den „Capitu-

lare" Karls des Großen fand *leuisticum* seinen Platz. Die heilige Hildegard nennt „lubestekkel" als heilsam gegen die „Drüsen am Hals". Als Mittel gegen Halskrankheiten ging das Liebstöckel durch die Jahrhunderte, indem man entweder durch den hohlen, röhrenförmigen Stengel warme Milch trank oder ihn anzündete und „rauchte". Als Abhilfe gegen Gift, gegen Bisse von Schlangen und tollwütigen Hunden, aber auch gegen Melancholie findet man das Liebstöckel in den Kräuterbüchern des 16. Jahrhunderts. Dem stark aromatischen Duft der Pflanze schrieb man Wirkung gegen böse Geister zu und schützte sich mit geweihtem Liebstöckel, allein oder im Kräuterbuschen, gegen Zauberei, Unwetter und Krankheiten. Und schließlich fand das Liebstöckel wegen seines Namens in vielen Ländern Verwendung im Liebeszauber.

Herkunft

Das Liebstöckel stammt wahrscheinlich aus unwegsamen Gegenden Südwestasiens, gelangte von dort in den Mittelmeerraum und wird heute in ganz Mitteleuropa kultiviert.

Fundort

Liebstöckelkraut gehört zu den „Flüchtlingen aus den Bauerngärten", wildwachsend findet man es relativ selten. Es gedeiht bis in Höhen von 2 000 m und ist in bezug auf seinen Standort nicht wählerisch, liebt aber nicht allzu sonnige Lagen.

Merkmale

Das charakteristischste Merkmal dieses Doldengewächses ist der eigenartige „Maggigeruch". Diesen Geruch kann man leicht feststellen, wenn man ein Blatt abreißt, es zwischen den Fingern zerreibt und daran riecht. Der aufrechte, röhrige, kahle *Stengel* ist blau bereift und oben ästig. Die großen *Grundblätter* sind langgestielt und 2- bis 3fach fiederschnittig, nach oben zu werden die Blätter immer kleiner und einfacher, bis schließlich die obersten *Stengelblätter* ohne

Stiel direkt auf den Scheiden sitzen. Die kleinen blaßgelben *Blüten* stehen in 8- bis 20strahligen Dolden am Ende der Äste. Der kurze *Wurzelstock* ist dick, mit langen, bis zu fingerdicken ästigen Wurzeln mit einem blaßgelben, harzigen Milchsaft. Die Pflanze erreicht eine Höhe bis zu 2 m. Der *Geruch* ist intensiv würzig und ähnelt in etwa dem der Sellerie. Der *Geschmack* der ganz jungen Pflanze ist anfangs süßlich, wird aber später scharf würzig, eben maggiähnlich, und sogar etwas bitter.

Verwechslungen

Doldenblütler sind untereinander leicht zu verwechseln, doch der typische Liebstöckel- oder Maggigeruch ist ein untrügliches Kennzeichen.

Blütezeit

Das Liebstöckel blüht von Juli bis August.

Samenreife

Der Samen reift ab Mitte August bis gegen Ende September aus.

Erntezeit

Die Wurzeln werden im September des 2. Jahres gegraben. Liebstöckelkraut, vor allem aber die Blätter, kann man den ganzen Sommer über ernten.

Ernte- und Sammelgut

Gesammelt werden Liebstöckelwurzel *(Radix Levistici)*, Liebstöckelkraut *(Herba Levistici)*, Liebstöckelblätter *(Folia Levistici)*, Liebstöckelfrüchte *(Fructus Levistici)*.

Ernte- und Sammelvorschriften

Das Kraut kann im allgemeinen 2mal pro Jahr geschnitten werden, bei günstiger Wasserversorgung auch ein 3. Mal. Man sichelt das Kraut etwa handhoch ab, ohne die Herzblätter der Pflanze zu verletzen. Gelbliche, das heißt vergilbte Blätter müssen aussortiert werden. Die Wurzelernte erfolgt am besten im Oktober, sobald die Vegetationsruhe eingetreten ist. Sollte diese wegen ungünstiger Witterung nicht möglich sein, rodet man im Frühjahr vor dem Austreiben der Pflanzen. Wegen der Länge der Wurzeln muß tief gepflügt werden. Krautreste abschneiden, Wurzeln gut waschen und am besten künstlich bei 35 bis 40 °C trocknen. Kleine Mengen werden, auf Schnüre gefädelt, zum Trocknen aufgehängt, nachdem man starke Wurzeln

gespalten hat. Vor Licht und Feuchtigkeit geschützt aufbewahren.

Anbau

Das Liebstöckel bevorzugt tiefgründige, ausreichend feuchte und nährstoffreiche Böden und halbschattige Standorte. Die Vermehrung ist zwar durch Teilung älterer Wurzelstöcke möglich, erfolgt aber üblicherweise durch Aussaat. Am besten legt man die Kultur nach einer mit reichlich Stallmist gedüngten Hackfrucht an und gibt im 2. und 3. Jahr Mineraldünger. Bei Stickstoffmangel und Trockenheit werden die Blätter leicht gelb, sie neigen also zum Vergilben. Der Samen wird im März, April oder im August ins Früh- oder Saatbeet ausgesät. Zur Sämlingsgewinnung für 1 ha rechnet man für die Aussaat ins Anzuchtbeet (1 a) 20 kg Saatgut, Reihenentfernung 25 cm. Die Samen keimen binnen 3 Wochen. Bis zum Schließen des Bestandes Ende Mai, Anfang Juni muß mehrmals gehackt werden. August, September ist ein Laubschnitt möglich. Nach Eintritt der Vegetationsruhe, spätestens also Ende Oktober, werden die Sämlingswurzeln gerodet und auf das gut abgesetzte Feld in Furchen von etwa 60 cm Abstand ausgelegt. Dann zuhäufeln und anwalzen. Im nächsten Jahr ist der Bestand durch Hacken sauberzuhalten. Zu tiefe Bodenbearbeitung ist zu vermeiden, um die Wurzeln nicht zu lockern. Ist Wurzelernte vorgesehen, müssen die Blütentriebe laufend ausgeschnitten werden. Bei der Vermehrung durch Stockteilung erfolgt die Pflanzung im April oder September in einem Abstand von 40 bis 50 cm.

Saatgut

Will man Saatgut gewinnen, läßt man bei der Wurzelernte einen Teil des Bestandes stehen. Im 3. Jahr darf dann das Kraut nicht geerntet werden, die Blüten müssen ausreifen. Die Reife der Früchte tritt dann ab August sehr ungleichmäßig ein. Sobald die Dolden sich gelbbraun zu färben beginnen, werden sie ausgeschnitten. Sie müssen locker ausgebreitet an einem luftigen Ort nachreifen und werden dann ausgedroschen. Da das Saatgut schnell an Keimfähigkeit verliert, soll noch im gleichen Herbst gesät werden. Das durchschnittliche Tausend-Korn-Gewicht ist 3,7 g.

Erträge

Beim frischen Kraut belaufen sich die Ernteerträge auf etwa 20 bis 30 t pro ha. Die

Wurzeln liefern durchschnittliche Frischerträge von 12 bis 20 t pro ha. Die Saatguterträge schwanken zwischen 0,4 und 0,8 t pro ha.

Für den Hausbedarf

Um die volle Pracht zu erreichen, braucht Liebstöckel tiefgründigen, nährstoffreichen Boden. Ein gleichmäßig feuchter Platz im Halbschatten läßt die Pflanze zu stattlicher Größe heranwachsen. Von der aufgegangenen Saat sollten nur die kräftigsten Setzlinge an den endgültigen Platz verpflanzt werden. Liebstöckel kann bis zu 15 Jahren an der gleichen Stelle bleiben. 2 Pflanzen können den Bedarf einer Familie an Blättern für die Küche decken. Sollten Sie im 2. oder 3. Jahr die Wurzel zur Drogengewinnung ernten, empfiehlt es sich, den Wurzelstock der 2. Pflanze zur Vermehrung zu teilen. Die Erfahrung lehrt, daß das Abdecken der Staude im Herbst mit unverrottetem, aber nicht zu feinem Kompostdünger, den man im Frühjahr um die Pflanze herum ebnet, sehr wertvoll ist. Kraut und Wurzel gedeihen dann ausgezeichnet.

Krankheiten und Schädlinge

Pilze verursachen am Liebstöckel gelegentlich Blattflecken. Die Larve des Liebstöckelrüßlers kann im Wurzelbereich solche Schäden hervorrufen, daß ganze Felder absterben. Manchmal tritt so starker Blattlausbefall auf, daß man die Blätter nicht sammeln kann.

Wirkstoffe

Als die wichtigsten Inhaltsstoffe können das ätherische Öl mit Terpineol, Carvacrol, Terpene sowie Essig- und Baldriansäure genannt werden. Auch Cumarinverbindungen und Bitterstoffe sind enthalten.

Heilwirkung

Liebstöckel wirkt harntreibend und hat auf die Zusammensetzung des Harns starken Einfluß. Vermehrtes Eiweiß im Harn kann damit abgebaut werden. Da die Wurzel eine abführende Wirkung hat, wird sie häufig bei der Zusammensetzung von Abführtees verwendet. Weiters wirkt Liebstöckel schleim- und auswurffördernd, blähungstreibend und menstruationsfördernd. Als appetitanregendes und magenstärkendes Mittel wird es gerne verabreicht.

In der Heilkunde

In der Heilkunde wird Liebstöckeldroge bei Blasen- und Nierenleiden, Verdauungsbeschwerden und Husten angewendet. Liebstöckel wird auch abführenden Teemischungen beigegeben, die bei Stuhlverstopfung Hilfe bringen, aber auch Blähungen entgegenwirken.

Als Hausmittel

Die Schulmedizin hat die Heilanwendungen aus der Volksheilkunde übernommen. Darüber hinaus empfiehlt sich bei Menstruationsbeschwerden und zur Stärkung des Herzens ein Liebstöckelauszug, der wie folgt zubereitet werden soll: 2 bis 3 g der getrockneten, zerkleinerten Wurzel und Blätter der Pflanze werden 10 bis 15 Minuten in kochendem Wasser ausgezogen und 2- bis 3mal täglich schluckweise getrunken. Gegen Migräne und rheumatische Beschwerden ist Liebstöckeltee besonders hilfreich, wozu man 2 Teelöffel zerkleinerte Wurzel mit ¼ l kaltem Wasser übergießt, kurz aufkochen läßt und gleich abseiht. Wenn Sie den Tee langsam schluckweise trinken, werden sich Ihre Beschwerden sehr rasch bessern.

In der Tiermedizin

In der Tiermedizin wird Liebstöckeldroge vor allem bei Magen- und Verdauungsbeschwerden und bei Blähungen der Haustiere eingesetzt. Man verwendet dabei eine Abkochung des frischen oder getrockneten Krautes. Als Futterkraut eignet sich Liebstöckel nicht, da die Gefahr besteht, daß Milch und Fleisch der mit Liebstöckel gefütterten Tiere dessen charakteristischen Geschmack und Geruch annehmen.

In der Homöopathie

Die Homöopathie stellt aus den frischen Wurzeln eine Essenz, das *Levisticum*, her, von der man bei Blähungen und Magenschmerzen 3mal täglich 8 bis 10 Tropfen einnimmt.

In der Küche

Als geschmacksverstärkende Zutat wird das Liebstöckel in der Küche gerne gebraucht. Zarte junge Liebstöckelblätter können während der Vegetationszeit fortlaufend geerntet werden. Man soll jedoch nicht zu reichlich mit Liebstöckel würzen, denn die Würzkraft ist sehr intensiv. Das Kraut läßt sich hervorragend in Suppen, Eintopfgerichten, Soßen, zu Reis und Ragout verwenden, wobei es mitgekocht werden kann. Getrocknete Blätter verlieren zwar etwas von ihrem Aroma, doch haben sie den Vorteil, daß man auch in der vegetationsarmen Zeit, im Winter, ihren Vitaminreichtum und ihre Würzkraft einsetzen kann. In der Lebensmittelindustrie wird Liebstöckeldroge zu Gewürzextrakten verarbeitet.

Für die Körperpflege

Liebstöckelwurzelabsud ist ein guter Badezusatz, besonders wenn man sich über unreine Haut zu beklagen hat. Für den Absud nimmt man 3 Eßlöffel zerkleinerte Liebstöckelwurzeln, setzt sie in 3 l kaltem Wasser 1 Stunde an und kocht sie kurz auf. Nach 10 Minuten seiht man ab und gießt diese Abkochung als Zusatz ins Badewasser. In der Parfümindustrie wird Liebstöckeldroge zur Erzielung süßlicher Duftnuancen verwendet, und zwar bei der Seifen- und Badezusatzherstellung.

Auszüge

Liebstöckelwein: 1 Eßlöffel zerstoßener Liebstöckelsamen in ½ l Weißwein angesetzt und davon täglich am Morgen nüchtern 1 Stamperl getrunken, regt die Lebertätigkeit an und hilft bei Nierengrieß und Nierensteinen. *Wurzelansatz:* Bei Magenkrämpfen und anderen kolikartigen Zuständen setzt man zerstoßene Liebstöckelwurzeln in Branntwein an und trinkt je nach Bedarf 1 Stamperl. Bei Husten, Bauchgrimmen und zur Nervenberuhigung kann man auch folgenden *alkoholischen Auszug* verabreichen: Liebstöckelblätter werden in eine Flasche gestopft und mit gutem Obstschnaps aufgefüllt. Das Gefäß 2 Wochen an einen warmen Ort stellen, jedoch nicht in die Sonne, dann die Flüssigkeit abseihen und bis zu 3mal täglich 1 kleines Gläschen davon trinken.

In der pharmazeutischen Industrie

In der Likörindustrie wird die Liebstöckeldroge zur Herstellung von Kräuter- und Bitterschnäpsen verwendet. *Fertigpräparate:* Canephron, Nephroselect, Nieral, Rheumex.

Aus meiner Erfahrung

1 Teelöffel der zerkleinerten Wurzeldroge mit 1 Tasse siedendem Wasser übergießen. 15 Minuten ziehen lassen und 3 Tassen täglich trinken, wirkt blutreinigend und kommt dem Nervensystem zugute. Nach übermäßigem Alkohol- und Nikotingenuß entgiftet Liebstöckeltee den Körper.

Nicht übersehen

Schwangere Frauen dürfen Liebstöckeldroge nicht verwenden, da die Wirkstoffe, die zur Förderung der Regelblutung eingesetzt werden, während der Schwangerschaft unerwünscht sind. Länger anhaltender Umgang mit der Wurzeldroge verursacht Übelkeit und Schwindel. Wer an beginnender Nierenentzündung leidet, sollte in keiner Form Liebstöckel verwenden, auch nicht als Gewürz, da die Niere dadurch noch weiter gereizt wird.

Naturschutz und gesetzliche Bestimmungen

Der eigenartige, stark würzige Geruch, der hohe Wuchs, die langgestielten großen Blätter, der kurze dicke Wurzelstock, alles an dieser Pflanze und vor allem ihr großer Heilwert macht sie zur Königin der Heilkräuter in den Bauerngärten. Sie wird noch viel zuwenig angebaut und benützt. Ich liebe sie, mit allem was sie hat und was sie ist. Die Chinesen haben mich gelehrt, wie ich feststellen kann, ob ich etwas liebe: „Schade, wenn es dies nicht gäbe." Und wenn ich diese Feststellung mit innerster Überzeugung treffen kann, dann liebe ich etwas. Und in diesem Falle: „Schade, wenn es das Liebstöckel nicht gäbe." Ewig schade.

Aus meiner Kräuterapotheke

Bei Anschwellen der Beine, bei Wassersucht im allgemeinen, bei krankhaften Harnbeschwerden, bei Eiweiß im Harn: Liebstöckelwurzel 3 Teile, Hauhechelwurzel 2 Teile, Brennessel 1 Teil. 2 Teelöffel dieser Mischung mit ¼ l kaltem Wasser übergießen, 2 Stunden stehenlassen, kurz aufkochen, 5 Minuten ziehen lassen, abseihen und je nach Bedarf täglich 1 bis 3 Tassen trinken.

Löwenzahn
Taraxacum officinale
Korbblütler
ausdauernd

Volkstümliche Bezeichnungen

Apostelkraut, Apostenwurzel, Augenmilch, Augenmilchkraut, Augenwurz, Bärenzahnkraut, Bambusch, Bettpisser, Bettseicher, Bitterblume, Butterblume, Dotterblume, Eierblume, Eierbusch, Eierkraut, Feldblume, Gänseblume, Gänsezunge, Goldblume, Golichter, Hundsblume, Hundszahnkraut, Kappenkraut, Kettenblume, Kettenstock, Knabenblume, Krätzenblume, Kuhblume, Kuhlattich, Laterne, Laternenblume, Leuchtenblume, Maienschöpfel, Maienzahn, Märzenblume, Milchbleaml, Milchblume, Milchdistel, Milchgrasblume, Milchrödelwurz, Milchschöpfe, Milchstöckel, Millidistel, Mistfink, Mistfinkwurzel, Mönchsblume, Mönchskopf, Mönchsplatten, Pampelkraut, Paulblume, Pfaffenblume, Pfaffenröhrlein, Pferdekraut, Pißkraut, Popenblume, Pumperblümchen, Pusteblume, Röhrlkraut, Roßblume, Saubleaml, Saunelke, Saurüssel, Saustochkraut, Scheerkraut, Schmalzbleaml, Schweineblume, Seichkraut, Sommerdornkraut, Sonnenwirbelkraut, Sonnenwurzel, Sonnwirbel, Speckblume, Teufelsblume, Wiesenlattich, Wilde Zichorie.

Namenerklärung

Der Löwenzahn hat seinen Namen von den Blättern, deren Zacken an die Zähne des indischen Löwen erinnern. Die Schriften der Salerner Schule nennen die Pflanze um 1200 *dens leonis* = Löwenzahn. Für den Gattungsnamen *Taraxacum* gibt es zwei verschiedene Erklärungen. Die eine leitet die Bezeichnung vom griechischen *taraxis* = Augenentzündung und *akeomei* = heilen ab, da man mit dem Milchsaft entzündete Augen behandelte, was auch in einigen Volksnamen zum Ausdruck kommt. Die zweite Erklärung ist, daß es sich dabei um die mittellateinische Form von *talkh-chakok*, = arabisch bittere Wurzel, handelt.

Kulturgeschichte

Der so auffällige Löwenzahn wird wohl schon im Altertum bekannt gewesen sein, doch ist über seine Geschichte zu dieser Zeit kaum etwas zu erzählen, da die alten Schriftsteller ihn in ihren Beschreibungen nicht von anderen Korbblütlern unterschieden. Es ist aber auch möglich, daß die Pflanze erst mit der Völkerwanderung nach Südosteuropa kam. Im 16. Jahrhundert finden wir den Löwenzahn dann in allen Kräuterbüchern, da man inzwischen seine harntreibende Wirkung, für die er zu Recht berühmt wurde, erkannt hatte. Die Frauen hofften durch Waschungen mit aus den Wurzeln und dem Kraut gebranntem Wasser „ein lautter angesicht zu erlangen / und die rote purpur oder bläterlin (Sommersprossen) damit zu vertreiben". Manche glaubten auch, das Bestreichen mit dem Saft verhelfe zu Ansehen bei großen Herren oder der Löwenzahn mache in den Augen der Geliebten schön. Es hieß auch, daß das Tragen der Wurzel um den Hals Flecken in den Augen vertreibe. Bis heute ist der Löwenzahn ein beliebtes Spielzeug für Kinder, kann man doch daraus geringelte Ketten machen und die Pustekugel als Orakel gebrauchen, wie lange man lebe oder wie viele Kinder man haben werde.

Herkunft

Fast ganz Europa, Nordasien, Nordafrika, Nordamerika.

Fundort

Der Löwenzahn bildet zahlreiche Arten, die an ganz verschiedenen Standorten auftreten können, wenn sie nur licht und nicht zu mager sind. Er verträgt fast alles, außer das Überwachsenwerden durch andere Pflanzen. Am häufigsten findet man ihn als „Unkraut" auf Klee- und Luzernefeldern, in Obstgärten, auf Weiden, Wiesen und anderen Grasplätzen, aber auch auf Wegen und sogar trockenen Rainen. Der französische Kräuterfachmann Maurice Mességué behauptet vom Löwenzahn, daß er „dabei ist, die ganze Welt zu erobern". Sogar auf altem Mauerwerk und selbst zwischen Pflastersteinen findet er immer noch ein Plätzchen zum Wachsen und seine spindelförmige Wurzel in die Erde zu treiben.

Merkmale

Der in allen Teilen der Pflanze enthaltene Milchsaft kann als besonderes Charakteristikum gelten. Die ausschließlich grundständigen *Blätter* sind lang, lanzettlich und stark gezähnt. Je nach Standort verändert sich das Aussehen der Blätter, so sind sie im Hochgebirge wesentlich kleiner. Der aufrechte, hohle *Stengel* ist blattlos und trägt nur je 1 *Blütenköpfchen*. Diese bestehen aus zahlreichen gold- bis schwefelgelben, nektarreichen Zungenblüten. Aus der spindelförmigen, tief in den Boden reichenden *Pfahlwurzel* des 1. Jahres entwickelt sich später ein Wurzelstock mit kräftigen Haupt- und vielen Nebenwurzeln von einer Länge bis zu 50 cm. Die *Höhe* schwankt zwischen 10 und 50 cm. Unter besonders günstigen Bodenbedingungen kann die Pflanze sogar über 1 m hoch werden. Wurzel und Blätter sind fast geruchlos. Die Blüten haben einen fein süßlichen *Geruch*. Der *Geschmack* von Wurzel und Blättern ist leicht bitter.

Verwechslungen

Da die grundständigen Blätter des Löwenzahns denen der Wegwarte und anderer Korbblüter sehr ähnlich sehen, kann es, wenn auch nur im zeitigen Frühjahr vor der Blütezeit, zu Verwechslungen mit diesen kommen. Allerdings sind aber die Blätter der Wegwarte meist behaart, während der Löwenzahn jedoch kahle Blätter besitzt. (Die der Wegwarte sind sogar unterseits auffallend borstig!) Leichter ist die Verwechslung mit gelbblühenden Arten der gleichen Familie möglich, vor allem mit Arten der Gattung *Leontodon*, die auch Löwenzahn heißen. „Unseren" Löwenzahn *(Taraxacum officinale)* kann man an der Kombination von Milchsaft mit kahlen Blättern und vor allem an der frühen Blütezeit erkennen.

Blütezeit

Hauptblütezeit April und Mai, ein zweites Mal, allerdings sehr selten, August bis Oktober.

Samenreife

Die Samenreife tritt mehrere Wochen nach der Blütezeit ein.

Erntezeit

Den meisten Bitterstoff findet man in der im Frühjahr ausgegrabenen Wurzel, das meiste Inulin enthält die Wurzel jedoch von Mitte August bis Ende September, die meiste Lävulose im Oktober. Die Blüten erntet man von März bis Mai, die Blätter den ganzen Sommer über. Der Löwenzahn ist ein gutes Beispiel dafür, wie wichtig der richtig gewählte Zeitpunkt des Sammelns ist.

Ernte- und Sammelgut

Gesammelt weden das Kraut vor der Blüte *(Herba Taraxaci)*, die ganze Pflanze, also Kraut und Wurzel, bevor sich die Blütenköpfchen öffnen *(Radix Taraxaci cum Herba)*, die Blüten nach dem Aufblühen *(Flores Taraxaci)* und die Wurzel allein im Spätherbst *(Radix Taraxaci)*.

Ernte- und Sammelvorschriften

Wird das Kraut zur Drogengewinnung geerntet, so muß vor der Blüte geschnitten werden. Die ganze Pflanze gräbt man mit dem Spaten aus, die Wurzel kann man aber auch auspflügen. Nach dem Ausgraben oder Auspflügen werden die Wurzeln abgeklopft. Sind sie stärker verschmutzt, ist es notwendig, die Wurzelstöcke zu waschen. Zur Trocknung müssen sie dann der Länge nach gespaltet werden. Die Wurzeln sollen eine Mindeststärke von 1,5 cm aufweisen. Bei der Wurzelstockernte im Spätherbst sollte bei 50 °C getrocknet werden, da die Wurzeln sehr saftreich sind und daher leicht schimmeln können. Da die Krauternte im Frühjahr stattfindet, ist eine natürliche Trocknung möglich, jedoch ist die künstliche vorzuziehen. Die Blätter, sofern sie nicht frisch in der Küche Verwendeung finden, müssen sorgfältig getrocknet werden, denn sie brechen leicht, und die Droge wirkt dann unansehnlich.

Anbau

Sollte man sich entschließen, eine Löwenzahnkultur anzulegen, dann empfiehlt es sich aus Gründen der besseren Wirtschaftlichkeit, gleichzeitig Gemüse- und Drogengewinnung zu betreiben. In bezug auf Witterungseinflüsse ist der Löwenzahn äußerst widerstandsfähig. Besonders hohe Erträge liefert er auf tiefgründigem, humosem Boden. Löwenzahn sät man im März oder April auf ein Freilandsaatbeet aus, und zwar im Reihenabstand von 15 bis 20 cm. Aber auch im August kann die Aussaat vorgenommen werden, da der Löwenzahn absolut winterhart ist. Für eine

Anzuchtfläche von 1 a braucht man 80 bis 100 g Saatgut. Aus dieser Anzuchtfläche erhält man, wenn das Saatgut keimfähig war, Pflanzen für etwa 8 bis 10 a bei einem Pflanzenabstand von 30 mal 30 cm. Bei der Aussaat ist darauf zu achten, daß sie flach erfolgt und das Saatbeet gut feucht gehalten wird. Die Saat läuft nach 10 bis 14 Tagen auf. Die Jungpflanzen werden je nach Aussaat entweder von Mai bis Juni oder im Herbst bis Ende Oktober auf das Feld verpflanzt. Auf das Hacken der Bestände darf nicht vergessen werden, und zwar rechtzeitig, da sich später die Blätter ausbreiten und das Hacken sie beschädigen würde. Soll Löwenzahn gut gedeihen, dann braucht er sehr viel Stickstoff. Angebaut werden soll er nach einer stark mit Stallmist gedüngten Hackfrucht.

Saatgut

Will man Saatgut gewinnen, so sollte das nur in windgeschützten Lagen erfolgen, denn die Früchte fallen schon beim geringsten Anstoß aus und werden vom leisesten Lufthauch davongetragen. Um das Fortfliegen der flugfähigen Früchte zu vermeiden, umpflanzt man die Anbaufläche mit Sonnenblumen oder Mais als Windschutz, oder man umgibt sie mit einem etwa 1,5 m hohen Gewebe. Ab Beginn der Samenreife muß man den Bestand täglich wenigstens 2mal durchpflücken.

Erträge

Die Krauterträge sind von der Zahl der Schnitte abhängig. Einzelpflanzen liefern bis 1 kg Grünmasse. An frischen Wurzeln kann man im Herbst des 2. Anbaujahres bei nur einem Krautschnitt bis zu 300 kg pro a ernten. Die Erträge an Wurzeldroge schwanken zwischen 25 und 50 kg pro a.

Für den Hausbedarf

Löwenzahn ist sehr genügsam. Wo immer Sie im Garten Platz haben, können Sie ihn aussäen. Bekommt die Pflanze genügend Feuchtigkeit, dann schmecken die Blätter nicht so rasch bitter, und der Salat wird Ihnen besser munden. Wenn Sie ihn im eigenen Garten kultivieren, achten Sie darauf, daß Sie ihn nicht unkontrolliert lassen; trägt nämlich der Wind die reifen Samenkörnchen weg, dann können Sie sich kaum noch vor ihm schützen. Er wächst dann auch dort, wo er nicht wachsen soll. Die Samen sollten gar nicht zur Reife kommen. Schneiden Sie also die Blütenköpfchen rechtzeitig ab. Löwenzahnsamen

gibt es im Handel. Wenn man den Löwenzahn aus der Wiese entfernen will, so streue man Kalkstickstoff vor Beginn der Blüte auf den noch taunassen Rasen.

Krankheiten und Schädlinge

An Blättern und Wurzeln treten bisweilen pilzliche Schädlinge auf. Auch tierische Schädlinge können vorkommen: in den Blütenköpfen die Made der Löwenzahnbohrfliege, auf den Laubblättern verschiedene Raupen. Ferner können Blattläuse, Erdflöhe und Wurzelläuse Schaden anrichten.

Wirkstoffe

In dem weißen, bitter schmeckenden, in allen Teilen der Pflanze enthaltenen Milchsaft vor allem der Bitterstoff Taraxacin, dessen Gehalt, gemessen am „Bitterwert", stark schwankt und in der Wurzel im Juli und August, in den Blättern im Frühjahr am höchsten ist. Weiters enthält die Wurzel Gerbstoffe, wenig ätherisches Öl mit Säuren, Kautschuk und Inulin (im Herbst bis zu 40%, im Frühjahr nur 1 bis 2%). Im Frühjahr ist auch viel Zucker, vor allem Lävulose vorhanden. Cholin, Asparagin und Vitamine sind nachgewiesen.

Heilwirkung

Appetitanregend, blutreinigend, blutdruckregulierend, drüsen-, verdauungs- und stoffwechselanregend, stark harntreibend, schweißtreibend, leber- und galleanregend, magenwirksam, abführend, tonisch.

In der Heilkunde

Der Löwenzahntee regt den Stoffwechsel und die Gallensekretion an. Deshalb eignet er sich besonders für die Durchführung einer entschlackenden Frühjahrskur. Dabei trinkt man 4 bis 6 Wochen hindurch täglich 2mal 1 Tasse Tee. (Man kann die Kur auch mit täglich 1 Löffel Löwenzahnsaft durchführen.) Diese Kur hat eine günstige Wirkung bei Rheuma und Gicht. Die Schmerzanfälle werden seltener und die Heftigkeit der Schmerzen geringer. Auch bei Leber- und Gallenleiden, vor allem bei Steinbildung, ist der Tee ein ausgezeichnetes Beruhigungsmittel.

Als Hausmittel

Es gibt selten eine Heilpflanze, bei der sich die wissenschaftlich-medizinischen und die volksheilkundlichen Anwendungen so sehr decken wie beim Löwenzahn. Er wird in der

Volksheilkunde besonders gegen Wassersucht, Leberleiden, Stoffwechselstörungen und Appetitlosigkeit eingesetzt, Löwenzahnsaft, der aus den frischen Blättern und Wurzeln gepreßt wird, kann als Kurmittel sehr empfohlen werden. Bei Rheuma, Gicht, chronischen Ekzemen und als Blutreinigungsmittel wird ein Teeaufguß aus Blüten, Blättern und Wurzeln, zu gleichen Teilen gemischt, sehr gute Wirkungen zeitigen (3 Teelöffel Droge mit ¼ l Wasser überbrühen, einige Minuten ziehen lassen).

In der Tiermedizin

Löwenzahnkraut und Löwenzahnwurzeln können an Haustiere verfüttert werden: an Rinder, Pferde, Schweine, Kaninchen, Ziegen und auch an Geflügel. Das Verfüttern von Löwenzahnblättern fördert die Eierproduktion und eignet sich zur Kükenaufzucht. Löwenzahn ist also nicht nur Futterpflanze, sondern dient auch als Heilkraut für die Tiere. Ich mische seit Jahren mit dem Fleischwolf zerkleinerte Löwenzahnwurzeln und -blätter meinen Hunden, den Collies, unter das Futter, und sie gedeihen prächtig.

In der Homöopathie

Aus der ganzen frischen, vor Beginn der Blüte gesammelten Pflanze wird die homöopathische Essenz *Taraxacum* bereitet, die als Urtinktur oder in der 1. Potenz (D1) bei Rheuma, Kopfschmerzen, Neuralgie, Verdauungsbeschwerden und Nierenschmerzen mit häufigem Harndrang verordnet wird.

In der Küche

Da die frischen Blätter sehr vitaminreich sind, sollten sie im Frühjahr als Salat verwendet werden, sie eignen sich wegen ihrer blutreinigenden Wirkung zur Frühjahrskur. Die zarten, inneren Blätter der ganz jungen Pflanze eignen sich als Würzzutat zu Frischsalaten, für Frühlingssuppen, Kräutersoßen und zu gegrilltem Fleisch. Die noch harten Blütenknospen kann man in Estragonessig einlegen; sie dienen als Kapernersatz. Wer aus gesundheitlichen Gründen kein Coffein verträgt, dem sei das aus der im Frühjahr gegrabenen, getrockneten und gerösteten Löwenzahnwurzel gewonnene Kaffeesurrogat empfohlen.

Für die Körperpflege

Durch Verwendung eines Aufgusses aus Löwenzahnblättern erhält man eine zarte Haut und ein jugendliches Aussehen. Dazu verwendet man 1 Handvoll zerschnittene Löwenzahnblätter auf 1 l Wasser. Heiß abbrühen, 15 Minuten ziehen lassen, abseihen und 3mal täglich trinken. Durch Waschungen mit einem Absud aus der Löwenzahnwurzel kann man die Haut festigen. Man verwendet dazu 4 Eßlöffel zerschnittene Löwenzahnwurzel auf 1 l Wasser. Beide Anwendungen sollen Hand in Hand gehen.

Auszüge

Zur allgemeinen Kräftigung und Gesunderhaltung empfiehlt sich das Trinken von täglich 1 Gläschen *Löwenzahnwein*, der auf folgende Weise hergestellt wird: 6 l fest zusammengepreßte, trocken gepflückte, reine Löwenzahnblüten ohne Kelche werden in 6 l Wasser unter Beigabe der Schalen von 2 Zitronen und 2 Orangen 20 bis 30 Minuten gekocht. Durch ein Leinentuch abseihen, dem Saft 3 kg Zucker und den Saft der Zitronen und Orangen zufügen, gut umrühren und auskühlen lassen. In einer großen Tasse, die mit lauwarmem Wasser halb gefüllt ist, löst man so viel Hefe auf, daß ein Brei entsteht. Diesen gibt man zu dem ausgekühlten Saft und läßt nun an einem warmen Ort 5 Tage gären. Dann wieder durch ein Leinentuch abseihen, in sterilisierte Flaschen füllen und mit Korken gut verschließen. Die Flaschen, mit dem Flaschenhals nach unten, werden im kühlen Keller in Sand gesteckt. Nach 2 Monaten ist der Wein trinkreif und fast unbegrenzt haltbar.

In der pharmazeutischen Industrie

Arzneilich verwendet wird das Kraut mit der Wurzel. *Fertigpräparate:* Arthrosetten, Asgocholan, Chol-Arbuz, Cholhepan, Nieren, Urol.

Aus meiner Erfahrung

Mit einem Gemisch von Löwenzahnwurzeln, -blüten und -blättern stellt man einen Tee durch Aufguß her, mit dem man bei Augenentzündungen die Augen wäscht: 2 Teelöffel der Drogenmischung werden mit ¼ l Wasser überbrüht, 15 Minuten ziehen gelassen und abgeseiht. Entweder mit einer Augenbadewanne oder mit einem in dem Aufguß getränkten Wattebausch, der in Leinen gefüllt wird, die kranken Augen behandeln.

Nicht übersehen

Bei Kindern können leichte Vergiftungen auftreten, wenn sie den in den Blütenstengeln enthaltenen Milchsaft aussaugen. Man sollte sie daher darauf hinweisen, daß sie beim Spielen diese Pflanze nicht in den Mund nehmen. Erbrechen und Übelkeit können sonst die Folge sein.

Naturschutz und gesetzliche Bestimmungen
„Herr, wie zahlreich sind deine Werke! Mit Weisheit hast du sie alle gemacht, die Erde ist voll von deinen Geschöpfen." (Psalm 103,24.) Auch der Löwenzahn gehört dazu. Viele ärgern sich über ihn und vertilgen ihn. Ich aber liebe ihn. Wie herrlich ist er doch! Alles ist gelb, wenn der Löwenzahn in meinem Garten blüht. Ich sammle die gelben Blüten, zum Verdruß der Bienen. Ich grabe die Wurzel aus. Im Sonnmer frisch, im Winter getrocknet, geben sie mir einen heilsamen Tee. Ich danke dem Herrn für seine Werke, auch für den Löwenzahn.

Aus meiner Kräuterapotheke
Bei Nierensteinen und Nierengrieß: Löwenzahnwurzel 3 Teile, Odermennig 2 Teile, Hauhechelwurzel 1 Teil. 2 Teelöffel der Mischung mit ¼ l Wasser als Kaltansatz 1 Stunde stehenlassen, kurz aufkochen, abseihen und täglich 3 Tassen, 1 Stunde nach dem Essen, trinken.

Melisse
Melissa officinalis
Lippenblütler
ausdauernd

Volkstümliche Bezeichnungen

Balsam-Melisse, Bienenfang, Bienenkraut, Bienensaug, Billachkraut, Billerkraut, Darmgichtkraut, Englische Brennessel, Frauenkraut, Frauenwohl, Gartenmelisse, Grasspiritus, Hasenohr, Herbstkraut, Herzbrot, Herzkraut, Herztrost, Honigblatt, Honigblum, Honigblume, Immenchrut, Immenkraut, Ivenblatt, Limonikraut, Mutterkraut, Muttertee, Mutterwurz, Nervenkräutel, Pfaffenkraut, Riechnessel, Salatkräutle, Spanischer Salbei, Wanzenkraut, Zahnwehkraut, Zitronella, Zitronellkraut, Zitronenkraut, Zitronenmelisse.

Namenerklärung

Melisse geht auf das griechische *melissophyllon* = Bienenblatt zurück. Dioskurides nennt die Pflanze so, weil die Bienen sie mögen.

Kulturgeschichte

Aus ihrer Heimat Vorderasien gelangte die Melisse zu den Griechen und Römern, die sie sehr schätzten. Sowohl Dioskurides wie auch Plinius berichten von ihr als Bienennahrung, daß sie hilfreich sei gegen Skorpion- und Spinnenstiche, daß sie ein gutes Mundspülwasser gegen Zahnschmerzen und ein Klistier gegen Ruhr abgebe. Auch die Araber kannten die Melisse als Heil- und Gewürzpflanze und brachten sie nach Spanien. Von Italien aus gelangte die Melisse durch die Benediktiner über die Alpen und in die Klostergärten Mitteleuropas. Hildegard von Bingen sagt, daß „binsuga" (Bienensaug) die Milz erwärme und das Herz dadurch freudig werde. Diese Wirkung gegen Melancholie hatte schon Avicenna aus der arabischen Tradition gekannt. Paracelsus lobte die Melisse als „von allen Dingen, die die Erde hervorbringt, die beste Pflanze für das Herz". Die Kräuterbücher des 16. Jahrhunderts nennen Melisse als Mittel gegen Herzkrankheiten und die Beschwerden der Frauen. Gegen letztere wird die Pflanze auch heute noch von der Volksmedizin eingesetzt.

Herkunft

Die Melisse stammt aus dem Orient und verbreitete sich im ganzen Mittelmeergebiet. Wildwachsend kommt sie bis in die Täler der Südalpen vor. In Europa und in den anderen gemäßigten Zonen der nördlichen Halbkugel wird sie kultiviert.

Fundort

Gedeiht auf nährstoffreichen, nicht zu trockenen Böden in sonnigen Lagen, da sie frostempfindlich ist. Verwildert in Weinbaulagen, z. B. der Steiermark.

Merkmale

Der aufrechte, vierkantige *Stengel* ist stark verästelt. Die blauweißen bis rosafarbenen *Blüten* stehen meist zu sechst in Scheinquirlen in den oberen Blattachseln. Die eiförmigen *Blätter* sind gegenständig, zum Teil gestielt und schwach behaart. Der Blattrand ist grobgesägt. Der mehrköpfige *Wurzelstock* ist stark verästelt und von weißlichhellbrauner Farbe. Die Melisse erreicht eine *Höhe* von 60 bis 100 cm. Das Kraut verströmt beim Zerreiben einen angenehm zitronenähnlichen *Geruch*. Der *Geschmack* der Pflanze ist würzig und etwas bitter.

Verwechslungen

Verwechslungen mit anderen Lippenblütlern wären möglich, hätte nicht die Pflanze ihren angenehmen Zitronengeruch.

Blütezeit

Von Juni bis August, eventuell noch im September.

Samenreife

Die Samenreife tritt ein, wenn sich die Nüßchen der Melisse gelbbraun färben, was etwa ab Anfang September der Fall ist.

Erntezeit

Die günstigste Erntezeit für Kraut und Triebspitzen der Melisse ist kurz vor Beginn der

Blüte, etwa Juni, Anfang Juli. Die Blätter können laufend abgepflückt werden.

Ernte- und Sammelgut

Gesammelt werden das ganze Kraut (*Herba Melissae*), die Blätter (*Folia Melissae*) und die Triebspitzen (*Summitates Melissae*).

Ernte- und Sammelvorschriften

Der Schnitt wird mit der Sichel etwa in Handhöhe durchgeführt; maschinelles Ernten hat sich nicht sehr bewährt, da das Kraut druckempfindlich ist. Deshalb muß es auch beim Transport locker geladen werden. Druckstellen werden beim Trocknen schwarz. Je öfter die Pflanze zurückgeschnitten wird, desto mehr Blätter bilden sich an der Basis. So kommen verhältnismäßig wenig Stengel zur Drogenware. Der letzte Schnitt im Herbst soll im September oder spätestens im Oktober erfolgen. Das Erntegut dieses letzten Schnittes ist qualitativ nicht mehr sehr wertvoll. Im Kleinbetrieb werden die Blätter von den Blattstielen abgestreift und im Schatten möglichst rasch getrocknet. Im Großbetrieb erfolgt die Trennung der Blätter vom Stiel maschinell nach der Trocknung. Nach trüben, kühlen Tagen ist der Gehalt an ätherischem Öl höher als nach sonnigen, heißen und trockenen Tagen. Darauf sollte man achten. Blühende oder gar fruchtende Zweige dürfen nicht mehr geerntet werden, denn sie ergeben eine minderwertige Ware. Will man nicht das Risiko eingehen, daß die Blätter sich braun verfärben, so muß rasch getrocknet werden. Bei künstlicher Trocknung ist besondere Sorgfalt notwendig. Am besten ist es, bei 20 °C zu beginnen und die Wärme stufenweise bis auf 35 °C zu steigern, um sie dann wieder langsam zu senken. Mehr als 40 °C sollten nicht erreicht werden.

Anbau

Die Melisse, ein Kind des warmen Südens, braucht einen humosen, durchlässigen Boden, lehmigen Sand bis sandigen Lehm. Gute Vorfrüchte sind mit Stallmist gedüngte Hackfrüchte. Stark beanspruchte Böden sollen vor dem Melissenanbau reichlich Stallmist verabreicht erhalten, dann entwickelt sie sich üppig. Da die Melisse mehrere Jahre auf demselben Ort bleibt, kann ich auch eine Jauchedüngung nach der Ernte empfehlen, am besten vor einem warmen Sommerregen. Sonst müßte man mit Wasser nachspritzen, um zu verhindern, daß die Blätter verbrannt werden. Melisse kann man durch Stockteilung, durch Aussaat oder durch Stecklinge vermehren. Wählt man die Stockteilung, dann werden im zeitigen Frühjahr oder im Herbst nach dem letzten Krautschnitt, spätestens Anfang Oktober, 2- bis 3jährige Stöcke geteilt und in einem Abstand von 30 mal 40 cm ausgepflanzt. So erhält man schnell kräftige, ertragreiche Pflanzen. Will man aussäen, dann tut man das im Frühjahr (März, April) oder im Sommer (Juni, Juli). 5 bis 8 g Samen genügen für die Bepflanzung von 1 a. Die Sämlinge der Frühjahrsaussaat werden im August oder September ausgepflanzt. Die Sommeraussaat überwintert man in Kästen und setzt sie im folgenden Mai ins Freie. Die Samen sind wärmebedürftig und keimen langsam. Obwohl die Pflanzen mehrere Jahre auf dem gleichen Platz stehenbleiben können, nimmt ihre Widerstandsfähigkeit gegen Frost ab, und es ist deshalb zweckmäßig, die Pflanzung nach 4 bis 5 Jahren zu erneuern. Bei den Pflegearbeiten muß mehrmals gejätet und der Boden flach und vorsichtig gehackt werden, um das Wurzelwerk nicht zu beschädigen. In rauhen Lagen muß man rechtzeitig im Herbst eine leichte Frostschutzdecke anbringen: Laub, Stroh oder Fichtenreisig.

Saatgut

Das durchschnittliche Tausend-Korn-Gewicht beträgt 0,62 g. Es ist aber kein Merkmal zur Sortenunterscheidung. Die mehr oder weniger hartschaligen Nüßchen fallen leicht aus. Man muß das Saatgut also August, September ernten, sobald die Verfärbung der Nüßchen beginnt. Die Samenstände müssen geschnitten, nachgereift und getrocknet werden. Dann klopft man die Nüßchen aus. Die Keimfähigkeit der Nüßchen bleibt 2 bis 3 Jahre erhalten.

Erträge

Der Erfolg der eigenen Arbeit und damit der Ertrag spielen eine wichtige Rolle im Umgang mit Pflanzen. Aber besonders beim Anbau von Heilpflanzen erlebt man Freude, innere Genugtuung und Erfüllung, weil sich die eigene Persönlichkeit dabei entfalten kann. Die Erträge beim Melissenanbau sind sehr schwankend. Pflanzt man im Frühjahr, sind sie im 1. Jahr gering, nämlich höchstens 16 t pro ha frisches Kraut. Vom 2. Jahr an kann man etwa 20 bis 40 t pro ha frisches Kraut, das sind 4 bis 8 t pro ha Krautdroge, erwarten. Der Ertrag an *Folia Melissae* ist dann etwa

2 bis 4 t pro ha. Im Kleinbetrieb kann man bei intensiver Pflege der Kultur höhere Blattdrogenerträge erzielen. Die Saatguterträge schwanken ebenfalls zwischen 200 und 400 kg pro ha. Man muß aber auch mit niedrigeren Erträgen rechnen.

Für den Hausbedarf

Der starke, aromatische Duft der Melisse, der sich schon von weitem bemerkbar macht und im Sommer über den ganzen Garten ausbreiten kann, ist ein Grund, die Melisse für jeden Hausgarten sehr zu empfehlen. Auch das saftige herrliche Grün der Pflanze und die lieblichen kleinen Blüten erfreuen das Auge. Suchen Sie der Melisse einen geschützten, sonnigen Platz mit humosem, durchlässigem Boden. Geben Sie ihr reichlich Kompost, sie wird es Ihnen mit dichten Büschen danken. Man darf sie aber nicht zu eng pflanzen, da sie sonst leicht von pilzlichen Krankheiten erfaßt werden kann, welche besonders in niederschlagsreichen Jahren auftreten. Die Aussaat an Ort und Stelle ist möglich, Jungpflanzen sind aber im Handel erhältlich. Vermehrt werden kann die Melisse durch Wurzelstockteilung. Sie sät sich aber auch selber aus. Es gibt nichts Besseres, als die Melissenblätter direkt vom Stock zu ernten.

Krankheiten und Schädlinge

Besonders gefürchtet ist ein Blattfleckenpilz, der die Pflanzen bei feuchter Witterung und dichtem Bestand befällt. Ein Stengelparasit bewirkt das Welken und Absterben der Triebe. An tierischen Schädlingen kommt wie auch an vielen anderen Pflanzen eine Wanzenart vor, die Blattverkrümmungen hervorruft. Auch Fraßschäden von Raupen treten gelegentlich auf.

Wirkstoffe

Die Melisse enthält ätherisches Öl mit Citral und Citronellal als Geruchsträger, ferner Geraniol und Linalool; daneben Gerbstoffe, Schleimstoffe und Bitterstoffe.

Heilwirkung

Die Melisse wirkt vor allem durch das wohlriechende ätherische Öl erfrischend und belebend; aber auch krampflösend und beruhigend, nervenstärkend, schlaffördernd, verdauungsfördernd, blähungstreibend, magenstärkend, schweißtreibend, leber- und gallenanregend, kräftigend nach Erkältungskrankheiten.

In der Heilkunde

In der Schulmedizin wird die Melisse auf drei Gebieten bevorzugt angewendet: bei nervösen Herzzuständen, bei nervösem Magen und bei Einschlafschwierigkeiten. Obwohl die Melisse bei nervösen Herzleiden aller Art und bei Herzkrämpfen schmerzstillend und erleichternd wirkt, muß bei diesen Beschwerden das Urteil des Arztes eingeholt werden. Denn nur der Arzt kann feststellen, ob diese Beschwerden organische Ursachen haben oder nicht. Zuverlässig hilft der Melissentee bei Einschlafschwierigkeiten und Schlafstörungen. Hier gilt die Regel, daß die Dosis nicht zu klein sein darf. 2 Teelöffel der Droge pro Tasse sind notwendig, um einen guten Erfolg verzeichnen zu können. Leidet man gleichzeitig auch an Magenbeschwerden, so empfiehlt es sich, Melisse und Pfefferminzblätter zu gleichen Teilen zu mischen. Davon verwendet man 2 Teelöffel auf ¼ l kochendes Wasser. Auf eines ist bei der Teezubereitung zu achten: Da die Melisse verhältnismäßig viel ätherisches Öl beinhaltet, soll das Wasser zwar abgekocht, heiß, aber nicht kochend sein, weil sich sonst zuviel wertvolles ätherisches Öl verflüchtigen würde. Melissentee ist ein wohlriechendes und gutschmeckendes Getränk und wird deswegen auch gerne genommen. Melissengeist (Rezept siehe Auszüge) kann als Einreibungsmittel bei Rheumaschmerzen und bei Quetschungen gute Dienste leisten. Melissengeist auf ein feuchtes Tuch geträufelt, legt man als Auflage auf Beulen, Geschwüre, Insektenstiche und Blutergüsse; ein trockenes Tuch darüberbinden und dunsten lassen. Bei Nervenentzündungen und bei Milchknoten in der Brust bringen solche Umschlägen auch gute Erfolge.

Als Hausmittel

Zusätzlich zu den Anwendungsbereichen, die die Schulmedizin kennt, bedient sich die Volksheilkunde sehr guter Mischteerezepte. So hilft gegen Blähungen eine Mischung aus gleichen Teilen Melisse, Kamille und Pfefferminze. Dazu werden 1½ Teelöffel davon mit ¼ l heißem Wasser aufgegossen; ungesüßt und schluckweise trinken. Dieser Tee kann auch Säuglingen und Kleinkindern löffelweise eingegeben werden. Bei leichten Gallenschmerzen leistet ein Mischtee aus Melisse, Faulbaumrinde, Schöllkraut, Odermennig und Erdrauch zu gleichen Teilen gute Dienste. Für ¼ l Wasser benötigt man 1½ Teelöffel der Mischung. 2 bis 3 Tassen täglich schluckweise und ungesüßt trinken. Bei angegriffenen Nerven soll man durch längere Zeit hindurch einen Mischtee aus Melisse, Johanniskraut und Erdbeerblättern trinken. Zu gleichen Teilen gemischt, nimmt man davon 1½ Teelöffel für 1 Tasse. Täglich 3 Tassen, mit Honig gesüßt, schluckweise trinken. Um Erfolg zu haben, sollte man Nikotin, Alkohol und Bohnenkaffee unbedingt meiden.

In der Tiermedizin

Die Melisse zählt zu den besten Bienenfutterpflanzen, und welcher Imker kennt nicht den Melissentee als Gesundheitstee für seine Bienen? In flache Schüsseln gefüllt und vor die Bienenhütte gestellt, lockt der Tee die Bienen zur Tränke und macht sie dadurch widerstandsfähig gegen Krankheiten und die gefürchtete Bienenruhr. Auch zum Auswaschen der Stöcke und der für die Honigerzeugung verwendeten Geräte nimmt man eine Melissenabkochung, was schon vor 2 000 Jahren dem römischen Schriftsteller Ovid bekannt war. Aber nicht nur den Bienen soll man Melissentee geben, auch in der Geflügelzucht und bei Ziervögeln im Haus ist Melissentee als Tränke sehr zu empfehlen. Ich selbst verwende den Tee in der Hundezucht und gebe vor allem den trächtigen und säugenden Hündinnen sowie den Welpen, sobald sie 1 Monat alt sind, Melissentee zu trinken oder füge ihn dem Futter oder der Milch bei. Ich habe damit sehr gute Erfolge erzielt; die Hündinnen bleiben gesund, und die Welpen wachsen rasch heran und werden kräftig. Als milchtreibendes Mittel werden frische Melissenblätter den trächtigen Kühen unter das Futter gemischt.

In der Homöopathie

Die aus den frischen Blättern hergestellte *Tinctura Melissa* wird für gewöhnlich in der 1. Potenz (dil D1) verabreicht, und zwar 3mal täglich je 10 bis 15 Tropfen, bei nervösen Beschwerden aller Art, bei körperlichen Erschöpfungszuständen, bei Migräne, nervös bedingten Magenschmerzen, nervösen Herzbeschwerden, bei Koliken, Blähungen und Schlaflosigkeit.

In der Küche

Frische Melissenblätter sind ein ausgezeichnetes Gewürz für Salate, Soßen, Gemüse, Eintöpfe und Suppen, wobei man sie nicht mitkochen läßt, sondern erst kurz vor dem Servieren dazugibt. Ein bis zwei frische Blätter, fein zerschnitten, werden grünem Salat beigemengt und verleihen ihm ein erfrischendes Aroma. Eine sehr beliebte Würze in Käseaufstrichen sind feingehackte Melissenblätter. Auch frischer Karottensalat wird selbst mit der kleinsten Zugabe von geschnittenen Melissenblättern zu einer Delikatesse. Die jungen Blätter und frischen Triebe der Melisse haben eine anregende, magenstärkende Wirkung, doch sollen sie in der Küche möglichst frisch verwendet werden, denn in getrocknetem Zustand büßen sie viel von ihrem Aroma ein. Gekochter Reis, der mit einigen frischen, kleingeschnittenen Melissenblättern aromatisiert und geschmacklich gut abgerundet wird, schmeckt sehr gut zu Grillgerichten.

Für die Körperpflege

In der pflegenden Kosmetik wird die Melisse in den verschiedensten Verwendungsarten eingesetzt, und zwar als Aufguß von frischen oder getrockneten Blättern, als konzentrierter Absud, in Form von Öl als Badezusatz oder in Hautcremes. Für das entspannende Melissenbad nimmt man 2 Handvoll frische, zerquetschte Melissenblätter und überbrüht sie mit 3 l kochendem Wasser, läßt 15 Minuten ziehen und fügt den Absud dem Badewasser bei. Ihre Haut wird es Ihnen mit frischem Aussehen danken; wenn in den Wintermonaten nur getrocknetes Melissenkraut zur Verfügung steht, so ist die Wirkung eines solchen Bades um nichts geringer, und der erfrischende Zitronengeruch belebt Haut und Sinne. Hautunreinheiten kann man beseitigen, wenn man das Gesicht mit Melissentee wäscht; wegen der belebenden Wirkung ist dieser Tee vor allem auch für die müde, alternde Haut hervorragend geeignet.

Auszüge

Ein wohlschmeckender und gleichzeitig gesunder Aperitif ist der *Melissenwein*, den man folgendermaßen zubereitet: 60 g Melissenblätter werden in 1 l gutem Weißwein mehrere Tage lang angesetzt, wobei jeden Tag wenigstens 1mal umgerührt werden muß. Dann sorgfältig abseihen. Der echte *Melissengeist* ist zwar ein Destillationsprodukt, aber man kann sich auch selbst einen Auszug herstellen, der dem Effekt des echten Melissengeistes sehr nahe kommt. Zutaten: 1 Handvoll frische Melissenblätter, 15 g getrocknete Wurzel der Engelwurz, 30 g Zitronenschale, 10 g Muskatnuß, 5 g Koriandersamen, 5 g Gewürznelken, 5 g Zimt. Die getrockneten Bestandteile müssen grob zerstoßen werden. Dann wird die Mischung in 1 l 45%igem Alkohol angesetzt und bei milder Wärme 8 Tage lang ziehen gelassen. Anschließend filtrieren, in eine Flasche füllen und gut verschlossen aufbewahren. Bei Übelkeit und nervösen Beschwerden 10 bis 20 Tropfen auf Zucker einnehmen. Reine *Melissentinktur* kann man auf folgende Weise zubereiten: Frische, knapp vor der Blüte geerntete Melissenblätter werden im Verhältnis 1 : 5 mit 75%igem Alkohol in einem weithalsigen Glas, am besten einem Gurkenglas, angesetzt. In die Sonne stellen, 14 Tage stehenlassen, täglich 1mal gut umrühren und immer wieder gut verschließen. Schließlich abseihen, den Rückstand auspressen und den Auszug mit destilliertem Wasser auf 42% verdünnen. Die fertige Tinktur füllt man in Fläschchen, die man in einem dunklen kühlen Raum, am besten im Keller, aufbewahrt. Und hier noch ein Rezept für *Melissenlikör* nach Pfarrer Künzle: 1 Handvoll frische Melissenblüten in 1 l Branntwein einlegen, 24 Stunden an einem warmen Ort stehenlassen, auspressen und mit 500 g Rohzucker süßen. Stamperlweise trinken; regt den Appetit an.

In der pharmazeutischen Industrie

Der Karmelitergeist, auch Melissengeist genannt *(Spiritus Melissae compositus)*, enthält trotz seines Namens keine Melisse, sondern *Oleum Citronella,* das auch die Synonymbezeichnung *Oleum Melissae indicum* führt. Dieses stammt von einer in Ostindien vorkommenden und besonders auf Java, auf Ceylon und in Guatemala kultivierten Grasart und hat einen zitronenartigen und melissenähnlichen Geruch. Der Hauptbestandteil ist das aus dem Kraut gewonnene ätherische Öl, das unter dem Namen Citronellöl auch reichlich in der Parfümerie verwendet wird. *Fertigpräparate:* Carminativum-Hetterich, Klosterfrau Melissengeist, Tenerval, Angelicin, Carmol, Cor, Vel, Miramel, Nerventee Stada, Nervinum vegetabile Nattermann, Neuro-Ferrlecit, Stenophyt.

Aus meiner Erfahrung

Allen Menschen, die zum Schnarchen neigen und dadurch zur Last für die anderen Familienangehörigen werden, empfehle ich, abends vor dem Schlafengehen 1 Tasse Melissentee zu trinken. Das Schnarchen kann Blähungen und Völlegefühl zur Ursache haben; diese verhindert der Melissentee. Manche Menschen erwachen morgens oft wie gebadet und dadurch natürlich geschwächt. Sie leiden an Nachtschweiß, gegen den ein Aufguß aus gleichen Teilen Melissenblättern und Salbeiblättern Abhilfe schafft. Vorbeugend sollte vor dem Schlafengehen zusätzlich ein kurzer Spaziergang in frischer Luft gemacht werden. Nachtschweiß und Schlaflosigkeit können aber auch andere Ursachen haben. Jemand, der darunter leidet, wenn das gute Verhältnis zu seinen Mitmenschen gestört zu werden droht oder wenn sogar die Gefahr besteht, daß Bindungen auseinandergehen, kann so aus dem Gleichgewicht geraten, daß er sogar das eigene Rhythmusschema verliert. In solchen Krisenzeiten ist diesem Menschentyp zu empfehlen, einige Male täglich 1 Eßlöffel Melissentinktur pur oder in Tee zu nehmen. Melissentinktur wirkt belebend, erfrischend und nervenstärkend. Äußerlich hilft die Tinktur gegen Rheuma in Form von Einreibungen, wobei die Wirkung noch verstärkt werden kann, wenn man die schmerzenden Glieder vorher mit einer warmen Kartoffelauflage behandelt.

Naturschutz und gesetzliche Bestimmungen

„Da gibt es nichts zu schützen und deshalb auch nichts darüber zu schreiben", höre ich jemanden sagen. Aber das stimmt nicht! Zu meinem Programm gehört auch die Beratung. „Wir helfen durch Beratung, soweit es in unserer Macht steht", sagen sich die Freunde der Heilkräuter und ihr Verein. Beraten bezieht sich nicht nur auf Krankheiten und ihre Behandlung, sondern auch auf Kräuter und ihre Anwendung, aber auch auf ihren Schutz und ihren Anbau. Gerade bei der Melisse, die selten in der freien Natur vorkommt, sondern in Gärten gezogen wird. Heilkräuter brauchen Propaganda, ähnlich wie in der Werbung: „Und wenn Sie zufrieden waren, empfehlen Sie uns weiter." Und ich empfehle die Melisse weiter. Sogar gerne.

Aus meiner Kräuterapotheke

Bei Herzrhythmusstörungen, bei Schwindelanfällen, nervösen Störungen und Ermüdungserscheinungen: Melissenblätter 3 Teile, Weißdornblüten 2 Teile, Lavendelblüten 1 Teil. 2 Teelöffel der Mischung mit ¼ l kochendem Wasser überbrühen, 15 Minuten ziehen lassen und 1 bis 3 Tassen täglich trinken.

GROSSE KLETTE
Arctium lappa

GROSSE KÖNIGSKERZE
Verbascum thapsiforme

KORNBLUME
Centaurea cyanus

LIEBSTÖCKEL
Levisticum officinale

LÖWENZAHN
Taraxacum officinale

Odermennig
Agrimonia eupatoria
Rosengewächse
ausdauernd

Volkstümliche Bezeichnungen

Ackerblume, Ackerkraut, Ackermennig, Akkermunt, Ackermünze, Adermenig, Ademonie, Adlermennig, Adrian, Agamändli, Agemündli, Agrimoni, Angermonie, Aodemin, Beerkraut, Bruchwurz, Brustwurz, Bubenläuse, Chlebere, Eckermonie, Franzkraut, Fünfblatt, Fünfmännertee, Gelbe Wedel, Hagamundiskraut, Hagemonde, Haldemändle, Hammelschwanz, Heil aller Welt, Kaisertee, Klettenkraut, Königskraut, Laurenzschwanz, Lebenskraut, Leberklee, Leberklette, Leberkraut, Longakraut, Lungenkraut, Magenkraut, Magermündlichkraut, Männig, Mauchkraut, Oberkerzle, Odermännchen, Oolenmännche, Ottermännchen, Ottermilch, Otterminze, Ottermönch, Petermännchen, Schafklette, Schlangenkraut, Steinkraut, Steinwurz, Steinwurzel, Stubkraut, Uhrmännchen, Windenkraut, Wundodermennig, Zöpfchen.

Namenerklärung

Der Name Odermennig soll nach einer Deutung in Anlehnung an die Bleifarbe Mennig entstanden sein; der Zusammenhang ist jedoch höchst unklar. Die zweite Erklärung spricht von einer im Laufe der Jahrhunderte aus dem mittellateinischen *agrimonia* = feldbewohnend entstandenen Verballhornung. *Agrimonia* geht seinerseits auf das griechische *argemone* = Mohn zurück. Der zweite Teil des lateinischen Namens, *eupatoria*, soll sich von Mithridates VI., König von Pontus, herleiten, dessen Beiname Eupator lautete. Dieser König lebte im 1. Jahrhundert v. Chr. und beschäftigte sich mit Botanik und Heilkunde. Er hat angeblich die arzneilichen Eigenschaften des Odermennig entdeckt und die Pflanze gegen Leberleiden empfohlen. Diese Heilwirkung kann aber auch als Namengeber gedient haben: griechisch *hepatorios* = Leberkraut.

Kulturgeschichte

Odermennig verwendete man vor mehr als 2 500 Jahren in Ägypten zur Behandlung kranker Augen. Die alten Griechen weihten das hochgeschätzte Kraut der Göttin Pallas Athene. Dioskurides spricht von Odermennig als *eupatorios* und nennt die Pflanze ein gutes Wundenmittel und geeignet gegen Ruhr und Schlangenbisse. Die Wirksamkeit gegen Leberleiden war damals schon bekannt. Die heilige Hildegard betrachtete den Odermennig als Mittel gegen Fieber. Bei welchen Beschwerden die Pflanze im Mittelalter allgemein in Verwendung war, geht aus den vielen Volksnamen hervor, deren lobendster wohl „Heil aller Welt" ist. Der Odermennig fand auch in den Aberglauben Eingang. Man meinte nämlich, einen Menschen zum Einschlafen bringen zu können, wenn man ihm die Pflanze unter den Kopf legte. Erst das Entfernen des Krautes sollte den Betreffenden wieder aufwachen lassen.

Herkunft

Der Odermennig ist fast auf der ganzen nördlichen Halbkugel verbreitet.

Fundort

Odermennig findet man an Waldrändern, entlang von Gebüschen und Zäunen, auf Kahlschlägen und Lichtungen, auf Heiden und Weiden.

Merkmale

Der aufrechte, haarige *Stengel* ist fast stielrund, mehr oder weniger verzweigt und nur unten beblättert. Die *Blätter* sind unpaarig gefiedert, wechselständig und bestehen aus graubehaarten und grobgesägten Fiederblättchen. Die *Blüten* sind klein, gelb, in einer langen, ährenförmigen und reichblütigen Traube. Der *Kelch* ist ein Kranz nach außen gekrümmter Stachelchen. Der *Wurzelstock* ist kurz mit ästiger Pfahlwurzel. Der Odermennig erreicht eine Höhe bis zu 90 cm. Der *Geruch* der Pflanze ist leicht aromatisch, der *Geschmack* ist ein wenig bitter und zusammenziehend.

Verwechslungen

Können nicht vorkommen, wenn man auf die behaarten und gefiederten Blättchen und den Kelch achtet.

Blütezeit

Die Blütezeit erstreckt sich von Juni bis August, eventuell noch bis September.

Samenreife

Die klettenartigen Scheinfrüchte sind reif, sobald sie sich braun verfärben.

Erntezeit

Juni bis August, da kurz vor oder während der Blüte geerntet wird.

Ernte- und Sammelgut

Das blühende Kraut (Herba Agrimoniae).

Ernte- und Sammelvorschriften

Das Kraut wird mit einer Schere oder einer Sichel abgeschnitten. Da zur Drogengewinnung harte oder starke Stengel nicht geeignet sind, muß man diese auslesen, oder man sammelt nur die Blätter und die blühenden Stengelspitzen. Wenn die Blüten schon begonnen haben, Früchte zu bilden, kann man nur noch die Blätter ernten. Getrocknet wird das Sammelgut locker ausgebreitet an einem luftigen, schattigen Ort oder künstlich bei einer Temperatur von höchstens 35 °C. Dann in gut schließenden Gefäßen vor Licht und Feuchtigkeit geschützt aufbewahren.

Anbau

Der Odermennig bevorzugt lehmig-sandige, humose Böden. Man kann durch Stockteilung vermehren oder durch Aussaat. Sät man im Februar, März im Kasten aus (bis 80 g Saatgut für 1 a Anbaufläche), dann verpflanzt man im Mai in einem Abstand von 40 mal 40 cm ins Freiland. Auch Freilandaussaat ist möglich. Da das Saatgut sehr schwer aufläuft, ist die Herbstaussaat vorzuziehen. Denn dann steht die Winterfeuchtigkeit voll zur Verfügung, um die sehr harten Früchte zu erweichen. Die Aussaatmenge ist etwa die 10fache wie bei der Kastenaussaat. In jedem Fall bilden sich die Pflanzen erst im 2. Jahr voll aus. Die Pflegearbeiten beschränken sich auf wiederholtes Hacken. „Guter Boden" fördert den Bitterstoffgehalt der Pflanze.

Saatgut

Die Scheinfrüchte, in deren Innerem sich 1 oder auch 2 Nüßchen befinden, sind klettenartig und sehr stark verhärtet, weswegen sich die Samen nur schwer herauslösen lassen. Die einzelnen Samen bilden häufig ein Knäuel, ähnlich wie beim Rübensamen. Beim Odermennig finden ausschließlich die Scheinfrüchte, die man zur leichteren Keimung annetzen kann, als Saatgut Verwendung. Das Tausend-Korn-Gewicht beträgt 29,1 g. Am besten keimt der Samen im Dunkeln bei Wechseltemperatur.

Erträge

Pro a kann man an Odermennigkraut (Herba Agrimoniae) 10 bis 16 kg und an Saatgut 2 bis 4 kg ernten.

Für den Hausbedarf

Wollen Sie in Ihrem Garten für den Hausbedarf einige Stauden Odermennig haben, dann sammeln Sie im Spätherbst den Samen von wildwachsenden Pflanzen und streuen ihn längs der Mauer oder des Zaunes aus. Sorgen Sie vor allem während des 1. Jahres für genügend Feuchtigkeit. Voll entwickelt wird die Staude Ihrem Garten zur Zierde gereichen. Außerdem können Sie sich mit Blättern und Blüten für Ihre Kräutertees selbst versorgen.

Krankheiten und Schädlinge

Der Rostpilz, der manchmal die Pflanzen befällt, macht die Blätter zur Drogengewinnung ungeeignet, in gleicher Weise der Mehltau. An tierischen Schädlingen treten gelegentlich die Gallwespe sowie die kleinen Raupen einiger Kleinschmetterlinge auf. Auch Schneckenfraß kommt vor.

Wirkstoffe

Vor allem Gerbstoffe, weiters ein ätherisches Öl mit Kieselsäure und Nicotinsäureamid, Farbstoffe, Flavonoide, Bitterstoffe.

Heilwirkung

Stoffwechselanregend, adstringierend, entzündungshemmend, leicht stopfend, heilungsfördernd bei Wunden, leber- und gallenanregend, harntreibend, appetitanregend, wurmwidrig.

In der Heilkunde

Odermennig wird innerlich bei chronischem Leberleiden sowie bei Gallensteinen, Magen- und Darmkatarrh, Durchfall, Blasenleiden, Katarrh der Luftwege, Gicht und Rheuma angewandt. Dazu trinkt man 3mal täglich eine Tasse Odermennigtee (1 Teelöffel Blattdroge mit ¼ l kochendem Wasser übergießen, 10 Minuten ziehen lassen, dann schluckweise trinken), im allgemeinen ungesüßt, nur bei Bronchitis soll man Honig zufügen. Äußerlich verwendet man Odermennigtee zum Gurgeln bei Entzündungen der Mund- und Rachenschleimhaut, für Umschläge und auch als Badewasser bei schlecht heilenden Wunden.

Als Hausmittel

In der Volksmedizin wird der Odermennig häufig bei den gleichen Beschwerden wie in der Heilkunde eingesetzt. Gute Erfolge erzielt man bei Krampfadern und Unterschenkelgeschwüren mit Umschlägen, wobei ein Leinentuch, in den Aufguß getaucht, auf die betroffenen Stellen gelegt und mit einem Wolltuch umwickelt wird.

In der Tiermedizin

Zur Desinfektion von Wunden und zur Beschleunigung der Narbenbildung kann man bei allen Tierarten Odermennig gebrauchen, und zwar als Aufguß (100 g blühende Sproßspitzen und Blätter auf 1 l siedendes Wasser), der entweder in den Trank gemischt oder, mit Kleie, Melasse und Honig vermischt, verabreicht wird. Im übrigen läßt sich sagen, daß der Odermennig ähnlich wie in der Humanmedizin auch den Tieren bei Leberleiden und Verdauungsbeschwerden Hilfe bringt.

In der Homöopathie

Odermennig findet, soweit mir bekannt ist, in der Homöopathie keine Verwendung.

In der Küche

Der Odermennig wird in der Küche nur sehr spärlich verwendet; wem der leicht würzigbittere Geschmack nicht unangenehm ist, der kann die fein gehackten frischen Blätter in einen Käseaufstrich mischen.

Für die Körperpflege

Auf Grund seiner adstringierenden Wirkung kann der Odermennig auch für die Körperpflege angewandt werden. Bei unreiner Haut und juckenden Hautausschlägen kommen die wundheilenden Eigenschaften der Pflanze voll zur Geltung, und zwar innerlich als Teeaufguß, äußerlich zu Waschungen mit verdünntem Tee.

Auszüge

Wegen des Bitterstoffes, den Odermennig enthält, kann man ihn zu Bitterlikören, die man selbst zubereitet, mischen. Zur Erzeugung des Likörs werden Blätter und Blüten verwendet.

In der pharmazeutischen Industrie

Fertigpräparate: Divinal-Bohnen, Hepartean, Inconturina, Losapan, Rhoival, Stomasal.

Aus meiner Erfahrung

Bei allen Arten von Gallenerkrankungen, seien es Stauungen in der Gallenblase, Gallengrieß- oder Gallensteinbildung, wo man unter kolikartigen Zuständen zu leiden hat, empfehle ich eine Teemischung, die zuverlässig Linderung der Schmerzanfälle bringen wird: Man mische 2 Teile Odermennig, 2 Teile Brennessel und 1 Teil Wermut und übergieße 1 gehäuften Teelöffel der Mischdroge mit ¼ l kochendem Wasser. Nach 10 Minuten abseihen und möglichst warm in kleinen Schlucken trinken. Obwohl der Tee recht bitter schmeckt, soll man nicht süßen, denn nur so können die darin enthaltenen Gerb- und Bitterstoffe voll zur Wirkung gelangen.

Nicht übersehen

Die Anwendung von Odermennig ist ungefährlich, denn Nebenwirkungen oder gar Vergiftungen sind nicht zu befürchten. Doch gilt auch hier der Grundsatz, daß eine Trinkkur, egal ob nur ein einzelnes Heilkraut oder eine Teemischung dazu eingesetzt wird, nie länger als höchstens 3 Wochen dauern darf. Nach einer längeren Pause kann eine solche Teekur wiederholt werden.

Naturschutz und gesetzliche Bestimmungen

Dort am Kirchsteig, wo vor 200 Jahren noch die Bauern meines Dorfes übers Feld zur Kirche in den nächsten Ort gingen (später haben sie sich selber eine gebaut), dort wuchert heute der Schlehdorn, dort drängt sich die Hundsrose bis an den ausgefahrenen Wegrand dort stehen auch die rutenförmigen Blütentrauben des Odermennig. Ihr leuchtendes Gelb zittert wehmütig in der lastenden Hitze gewitterschwangerer Sommertage. Sie stehen und harren. Dann schwindet das Gelb fallender Blüten. Zurückbleiben kleine Früchtchen mit hakigen Borsten und greifen nach dem Urlauber. Und er greift nach ihnen, sammelt sie. Kennt ihre Wirkung und erlebt sie am eigenen Körper. Recht so. Aber bitte, nur Blüten und Blätter pflücken oder abschneiden, nicht das ganze Kraut samt der Wurzel. Die Wurzel ist Leben, trägt Leben weiter ins nächste Jahr. Damit er, der Odermennig, im nächsten Sommer wieder blüht, am Kirchsteig und anderswo.

Aus meiner Kräuterapotheke
Bei Magenschleimhautkatarrh und Darmleiden: Odermennig 3 Teile, Kamille 2 Teile, Benediktendistel 1 Teil. Einen Eßlöffel der Mischdroge mit ¼ l kochendem Wasser übergießen, 15 Minuten ziehen lassen und während des Tages 2 bis 3 Tassen schluckweise trinken.

Pfefferminze
Mentha piperita
Lippenblütler
ausdauernd

Volkstümliche Bezeichnungen

Aderminze, Balsam, Braunheiligenkraut, Edelminze, Englische Minze, Feldminze, Flachskraut, Flohkraut, Gartenminze, Hausminze, Hirschminze, Katzenbalsam, Katzenkraut, Mänthenkraut, Minzenkraut, Mutterkraut, Oderminze, Peperminte, Priminze, Prominze, Rote Münz, Schmeckerts, Spitzmünz, Teeminze.

Namenerklärung

Die Pfefferminze ist ein Bastard aus anderen Minzen. Das Wort Minze geht auf das Westgermanische zurück. Das althochdeutsche *minza* wurde im Mittelhochdeutschen zu *minz(e)* und blieb so bis heute im Gebrauch. Es ist vom lateinischen *ment(h)a* entlehnt, das vom griechischen *minthe* kommt. So soll der Sage nach ein schönes junges Mädchen geheißen haben, das die Geliebte des Gottes Hades war. Dessen Gemahlin Persephone zerriß Minthe in ihrer Eifersucht, und der Leib des Mädchens wurde zum duftenden Kraut Minthe. Der erste Teil des Namens Pfefferminze nahm seinen Weg aus dem englischen *pepper* = Pfeffer und gelangte als Übersetzung sowohl in die lateinische Gattungsbezeichnung als auch ins Deutsche.

Kulturgeschichte

Die etwas schaurige Sage über die Entstehung der Minze mag die Ursache gewesen sein, daß die Pflanze in den griechischen Totenkult Eingang fand, sowohl als Grabbeigabe wie auch auf Gräber gepflanzt. Auch in altägyptischen Gräbern sind Reste von Kränzen gefunden worden, die zum Teil aus Minzenblättern bestanden. In der antiken Heilkunde galt Minze neben vielen anderen Heilanzeigen als berühmtes Mittel gegen Milzbeschwerden. Man mußte die Blätter allerdings über längere Zeit dreimal täglich direkt von der Pflanze abbeißen und dabei bestimmte Sprüche sagen. Plinius berichtet über die Minze, daß sie der Eßlust förderlich sei. Theophrast spricht davon, daß die kulti-

vierte Art wieder in die wilde Minze umschlage, wenn man sie nicht öfters umpflanze – eine Beobachtung, die auch nach heutigem Wissensstand Gültigkeit hat. Sowohl Albertus Magnus als auch Hildegard von Bingen war die Minze ein bekanntes Kraut. Es dürfte sich dabei um eine Krauseminze gehandelt haben, denn die Pfefferminze, eine natürliche Kreuzung, entstand in England und wird das erstemal gegen Ende des 17. Jahrhunderts erwähnt. Die heute in Europa und Amerika bestehenden Kulturen stammen alle von diesem Bastard ab.

Herkunft

Die Pfefferminze ist ein Bastard, der erstmals im Jahre 1696 von einem Engländer beschrieben wurde. Er hatte die neue natürliche Kreuzung in Hertfordshire in einem Minzefeld entdeckt. Dort wurde die Pflanze dann kultiviert und ist heute in fast ganz Europa und seit Anfang des 19. Jahrhunderts in den Vereinigten Staaten heimisch. Manchmal verwildert.

Fundort

Die Pfefferminze ist eine Kulturpflanze und bevorzugt einen etwas feuchten, humusreichen Boden in warmen, windgeschützten Lagen. Verwildert findet man sie, wenn auch selten, an Flußufern, am Rand von feuchten Senken und auf Moorböden.

Merkmale

Die flachwurzelnde Pfefferminze hat eine holzige *Grundachse,* von der zahlreiche ober-, aber auch unterirdische Ausläufer ausgehen. Sie treibt mehrere anfangs wenig, später stark verzweigte *Stengel.* Diese sind vierkantig und rötlich angelaufen. Die gestielten *Blätter* sind länglich oder eiförmig und am Rand gezähnt. Wie der Stengel sind auch die Blätter kahl oder einzeln behaart. Die Farbe ist hell- bis dunkelgrün, zuweilen rotviolett überlaufen. Die kleinen blaßrosa bis hellvioletten *Blüten* stehen in einem länglichen Blütenstand an den Triebspitzen. Die Pfefferminze kann eine *Höhe* bis zu 80 cm erreichen, unter besonders günstigen Bedingungen bis zu 1 m. Der *Geruch* der Pflanze ist kräftig aromatisch, der *Geschmack* ist würzig, erwärmend und anschließend kühlend, was auf die leicht betäubende Einwirkung des Menthols auf die Mundschleimhäute zurückzuführen ist.

Verwechslungen

Als Bastard ist Pfefferminze leicht mit anderen Minzen zu verwechseln. Man beachte jedoch vor allem die Form des Blütenstandes und den der Pfefferminze typischen Mentholgeruch.

Blütezeit

Die Blütezeit erstreckt sich von Juni bis August.

Samenreife

Die Samenreife erfolgt von Mitte August bis Mitte September. Pfefferminze aber wird kaum durch Samen vermehrt, da die Reinheit der Sorte nicht gewährleistet werden kann. Die Vermehrung geschieht ausschließlich durch Ausläufer, seltener durch Kopfstecklinge.

Erntezeit

Für das ganze Kraut unmittelbar vor Aufgehen der ersten Blüten; die jungen Triebspitzen können laufend für den Frischgebrauch geerntet werden.

Ernte- und Sammelgut

Geerntet wird das ganze Kraut kurz vor der Blüte, von dem zur Drogengewinnung die Blätter abgestreift werden (*Folia Menthae piperitae*). Für Verwendung in der Homöopathie wird das frische, blühende Kraut geschnitten.

Ernte- und Sammelvorschriften

Pfefferminze kann mehrmals im Jahr geerntet werden. Der erste Schnitt soll so bald wie möglich vorgenommen werden, nicht nur um dem Pfefferminzrost zuvorzukommen, sondern auch der Rentabilität wegen. Die Droge ist am wertvollsten zu Beginn der Blüte. Dann geht der Gehalt an ätherischem Öl zurück. Auch die Tageszeit, zu der der Schnitt vorgenommen werden soll, ist wichtig. Günstig sind die Vormittagsstunden oder die späten Nachmittagsstunden, weil dann nicht nur der Gehalt an ätherischem Öl am höchsten, sondern auch die Gefahr der Verdunstung am geringsten ist. Im Tau oder bei Regen darf nicht geschnitten werden. Unkrautfreie Bestände können maschinell geerntet werden, ältere Bestände tragen an den Stengeln vergilbte Blätter, deswegen soll höher geschnitten werden. Verunkrautete Bestände muß man mit der Sichel schneiden. Zweifellos liefert der Sichelschnitt die beste und sauberste Drogenqualität, obwohl dies verhältnismäßig teuer kommt. Beim maschinellen Schnitt soll ein zweites Mal gegen den Strich der Stoppelschnitt durchgeführt werden, um die Rostbildung zu verhindern. Der zweite Schnitt erfolgt normalerweise im September und bringt meist nur ein Drittel des Ertrages vom ersten Schnitt. Ein eventueller dritter Schnitt bringt mindere Qualität, die als Teeware nicht mehr verwendet werden kann, für Destillationszwecke jedoch noch geeignet ist. Auch von Rost befallene Krautteile können für diesen Zweck verwendet werden. Will man reine Blattdroge gewinnen, müssen die Blätter nach dem Schnitt mit der Hand abgestreift werden. Die Triebspitzen mit den obersten 3 jungen Blattpaaren werden im ganzen zur Blattware hinzugenommen. Bei feldmäßigem Anbau wird bei künstlicher Wärme getrocknet. Das Erntegut muß in dünner, loser Schicht zum Trocknen ausgebreitet werden. Die besten Drogen erhält man bei einer Temperatur um 30 °C. Die sorgfältig getrocknete Ware wird entweder ungesackt oder locker in porösen Säcken, am besten in Jutesäcken, gelagert. Die Droge muß vor Feuchtigkeit geschützt werden.

Anbau

Die Pfefferminze bevorzugt leichten, humusreichen Boden in feuchter Lage, auch Moorboden oder halbschattige Lagen, z. B. unter Obstbäumen. Schwerer, undurchlässiger oder zu trockener Boden ist nicht geeignet. Vermehrt wird ausschließlich vegetativ im Frühjahr oder im Herbst durch Teilung kräftiger Pflanzen oder durch unterirdische Ausläufer. Frische Stallmistgaben sind als Dünger nicht geeignet, während verrotteter alter Stallmist oder Kompost sich als vorteilhaft erweisen. Die Pfefferminze gedeiht am besten nach einer frisch gedüngten Hackfrucht. Wenn Mineraldünger, vorzugsweise Salpeter nach dem ersten Schnitt, gegeben wird, dann nur bei trockenem Wetter, damit die Blätter keine Verbrennungen erleiden. Als geeignetste Zeit für die Neuanlage einer Pfefferminzkultur eignen sich das Frühjahr oder der

Herbst. Die Ausläufer werden auf gut gelokkertem Boden in flachen Furchen in einem Reihenabstand von 40 cm gelegt und mit Erde leicht zugedeckt. Bei wärmerem Wetter entwickeln sie sich sehr rasch. In der ersten Vegetationszeit ist der Boden unbedingt unkrautfrei zu halten, aber erst nach dem ersten Schnitt kann der Boden etwas tiefer gelockert werden. Vor zu tiefem Hacken ist zu warnen, da die Pfefferminze so seicht wurzelt, daß bei unsachgemäßer Bearbeitung Verletzungen auftreten können. Vor Wintereinbruch soll die Pfefferminzkultur mit einer Frostschutzdecke versehen werden, denn besonders in schneelosen Wintern können Frostschäden auftreten. Am besten nimmt man Stroh oder Laub oder auch Reisig. Die Pfefferminze eignet sich als Unterkultur in Obstanlagen. Sehr günstig ist der Anbau zwischen Apfelspindeln. Der Windschutz durch die Bäume und die leichte Beschattung wirken sich vorteilhaft auf das Wachstum der Pfefferminze aus. Grundsätzlich sollte beachtet werden, daß man Pfefferminze nur alle 5 bis 7 Jahre auf demselben Feld anbaut.

Saatgut

Pfefferminze aus Samen zu ziehen, ist nicht empfehlenswert, da nur die vegetative Vermehrung Sortenechtheit garantiert. Die Vermehrung erfolgt entweder unter Verwendung von Kopfstecklingen oder von aus den Ausläufern genommenen Stecklingen. Kopfstecklinge gewinnt man durch Abschneiden der beblätterten Triebspitzen von den kräftig entwickelten Pflanzen. In einen Frühbeetkasten unter Glas und gut schattiert, in sandige Komposterde gepflanzt, bewurzeln sich die Stecklinge rasch. Besonders gut eignen sich Kopfstecklinge mit mehreren Seitentrieben und mit feinen, guten Wurzelballen, da sie sehr schnell anwachsen und der Trockenheit besser widerstehen als die Ausläufer. Wegen hoher Anschaffungskosten erfolgt eine Neuanlage für den feldmäßigen Großanbau jedoch vorwiegend unter Verwendung von Ausläufern. Diese sind etwa 10 bis 15 cm lange Teile der Bodenausläufer, sollten jedoch mindestens 3 Wurzelknoten haben. Am besten als Pflanzgut geeignet sind Setzlinge von den unterirdischen Ausläufern. Feuchthalten des Pflanzgutes ist wichtig.

Erträge

Der Ertrag im 1. Jahr des Anbaues ist wesentlich höher als in den darauffolgenden Jahren, wobei noch darauf hingewiesen wird, daß mehrjährige Bestände sehr vielen Krankheiten ausgesetzt sind und deshalb oft nicht mehr als ertragssicher betrachtet werden können. Als durchschnittliche Erntemenge kann angegeben werden: 5 bis 10 t pro ha für Krautdroge und 2 bis 4 t pro ha für Blattdroge. Moorböden können noch größere Erträge liefern. In niederschlagsärmeren Gegenden und in regenarmen Jahren sind niedrigere Erträge keine Seltenheit.

Für den Hausbedarf

Die Pfefferminze, ein so bewährtes Heilkraut, verdient es, in jedem Hausgarten gezogen zu werden; Streß, Ärger, Aufregungen, Hektik und Reizüberflutung durch den modernen Alltag sind jedem bekannt. Bei all diesen „Zivilisationskrankheiten" kann niemand bessere Abhilfe schaffen als die Pfefferminze, wenn sie richtig verwendet und eingesetzt wird. Für die Pfefferminze soll im Hausgarten ein geeignetes Plätzchen bereitet werden. Im nächsten Jahr schneidet man die gesunden Ausläufer rechtzeitig ab und pflanzt sie auf ein anderes, wohlvorbereitetes Beet. Pfefferminze, mit Liebe betreut, erweist sich als dankbare Pflanze. Ihre Hilfe können wir gerade in unserer Zeit wirklich brauchen.

Krankheiten und Schädlinge

Wie alle Minzen leidet auch die Pfefferminze unter verschiedenen Krankheiten und Schädlingen, durch die Ertrags- und Qualitätsminderungen eintreten. Die gefährlichste Krankheit ist der Pfefferminzrost. Der Befall kann meist zu Beginn der Blüte festgestellt werden; er nimmt mit Nachlassen der vegetativen Kraft der Pflanze zu und steigt, bei den untersten Blättern beginnend, zu den Triebspitzen hinauf. Wenn man die ersten Anzeichen von Rostbefall feststellt, muß man sofort schneiden. Die nachwachsenden Triebe sind wieder gesund, und auch im nächsten Jahr treiben die Pflanzen wieder gesund aus. Weitere pilzliche Schädlinge sind der Blattfleckenpilz, der Mehltaupilz, der Wurzeltöterpilz und Pilze, die die Verticillium-Welke hervorrufen. Da chemische Bekämpfung nicht empfehlenswert ist, hilft nur die Vorbeugung, die in genauer Beachtung der Anbau-, Pflege- und Erntevorschriften besteht. An tierischen Schädlingen treten verschiedene Käfer und Raupen auf. Schäden im Wurzelbereich können Erdraupen, Engerlinge und Feldmäuse verursachen.

Wirkstoffe

Die Blätter enthalten bis zu 2% ätherisches Öl, das zu 50 bis 80% aus Menthol und zu 20% aus Menthon besteht. Darüber hinaus findet man zirka 5% Gerbstoffe sowie Bitterstoffe und Flavonoide.

Heilwirkung

Die Pfefferminze wirkt krampflösend bei Magen- und Darmstörungen, vor allem wenn diese nervös bedingt sind; gallen- und leberanregend, blähungswidrig, leicht wurmtreibend, schleimlösend, allgemein schmerzlindernd, nervenberuhigend, kräftigend nach Erkältungskrankheiten, nervenstärkend und keimtötend. Manche Heilkräuterkundige sagen der Pfefferminze auch eine aphrodisierende Wirkung nach.

In der Heilkunde

Ein Aufguß aus Pfefferminze wird von der Schulmedizin sehr gerne innerlich angewandt bei Gallenkoliken, akuten und chronischen Magenleiden, Lebererkrankungen, bei Durchfällen, bei Blähungen, verursacht durch Gärungsvorgänge im Verdauungsapparat, und gegen Erbrechen. Den Tee bereitet man folgendermaßen: 15 g getrocknete Pfefferminzblätter werden mit ¼ l siedendem Wasser übergossen und zugedeckt 10 Minuten ziehen gelassen. Bis zu 3 Tassen täglich ungesüßt trinken. Äußerlich wird die Pfefferminze gebraucht für Kräuterkissen, die man auf schmerzende Stellen auflegt, in Form von Tee als Gurgelwasser und Badezusatz sowie für Umschläge. Das Pfefferminzöl, auf die Stirn gestrichen, hilft bei Migräne, auch bei Hautjucken und zu schmerzstillenden Einreibungen bedient man sich des Öls.

Als Hausmittel

In der Volksmedizin ist die Pfefferminze ein äußerst beliebtes Mittel. Sie wird neben der Kamille im Haushalt am häufigsten eingesetzt. Die Anwendung von Pfefferminztee bei Kopfschmerzen, Herzklopfen und Schlafstörungen ist nicht mehr ganz so beliebt wie früher, bei Periodenschmerzen wird Pfefferminztee aber noch immer gerne verwendet. Auch bei Erkältung oder Schnupfen reicht man Pfefferminztee mit gutem Erfolg. Pfefferminztee wirkt stärkend, erwärmend und auflösend, daher wird er auch bei Magenerkältungen und Darmkatarrh mit Vorliebe getrunken. Er stärkt die erschöpften Magennerven und beseitigt Gliederschmerzen, wenn diese von Erkältung herrühren. Pfefferminztee jedoch zu oft getrunken, verursacht Gliederzittern und Nervosität. Wegen der antiseptischen Wirkung wird die Pfefferminze äußerlich bei schlecht heilenden Wunden und Ekzemen angewendet. Ein guter Nerventee ist der Neunerlei-Kräuter-Tee: 10 g Pfefferminze, 10 g Baldrian, 10 g Orangenblüte, 10 g Enzianwurzel, 10 g Hopfenblüte, 2 g Benediktenkraut, 2 g Johanniskraut, 2 g Melisse, 2 g Engelwurz werden gut vermischt. 1 gehäufter Eßlöffel davon wird mit heißem Wasser überbrüht und über Nacht ziehen gelassen. Davon trinkt man in der Früh auf nüchternen Magen ½ Tasse lauwarm und schluckweise. Dann im Abstand von 1 Stunde 1 Eßlöffel voll.

In der Tiermedizin

Zerkleinerte frische Pfefferminzblätter vermischt man mit Gerstenmehl und kocht sie so lange in Wasser, bis ein dicker Brei entsteht. Dieser Brei wird auf ein Tuch gestrichen und den Tieren bei hartnäckigen Geschwüren als Umschlag aufgelegt. Dadurch können die Geschwüre ausreifen und reinigen sich durch Absonderung der inneren Sekrete von selbst. 1 Teelöffel getrocknete Pfefferminzblätter mit ⅛ l kochendem Wasser übergießen, 15 Minuten ziehen lassen, abseihen und dann dieser Flüssigkeit ¼ l Milch beimengen, kann Hündinnen nach dem Werfen als Trank gereicht werden und verhindert die Bildung von hartem Gesäuge. Die Pflanzenteile der angebauten Minze, die nicht als Droge verarbeitet werden, wie z. B. die Stengel, können zusammen mit anderem Rauhfutter den Tieren verfüttert werden. Der stark aromatische Duft kann darüber hinaus auch der Fliegenplage in den Ställen entgegenwirken.

In der Homöopathie

Aus der frischen, blühenden Pflanze wird eine homöopathische Essenz bereitet, die bei Heiserkeit, Halsschmerzen, trockenem Husten verordnet wird und bei Gallenkoliken Erleichterung bringt.

In der Küche

Die Pfefferminze ist nicht nur eine sehr geschätzte Heilpflanze, sondern hat auch in der Küche große Bedeutung. Frische Blätter und Triebspitzen würzen Rohkost- und Diätspeisen, außerdem Suppen und Soßen. In dieser Form wird sie vor allem in der englischen Küche verwendet: man denke nur an die berühmte Minzsoße. In Nordamerika ist Pfefferminze zum Würzen von Käse und Obst- und Gemüsesalaten beliebt. Viele Gewürzkräutermischungen, die aus Frankreich, Italien und Spanien kommen, haben Pfefferminze als wichtigen Bestandteil. Wenn man sich seinen Gewürzessig selber ansetzt, sollte man nie versäumen, einige Blätter Pfefferminze beizufügen. Eine besondere Verwendung der Pfefferminze ist in arabischen Ländern zu Hause. In einem Glas sehr heißem schwarzem Tee, der stark gesüßt wird, läßt man einen Stengel frischer Minze ziehen, den man auch während des Trinkens darin beläßt. Dieses köstliche Getränk hat eine äußerst belebende Wirkung. Und hier noch ein Rat: Länger als ein Jahr soll getrocknete Pfefferminze nicht aufbewahrt werden, weil sie ihre Wirkstoffe und die Würzkraft verliert.

Für die Körperpflege

Für ein stärkendes und erfrischendes Bad werden 500 g getrocknete Pfefferminzblätter mit 3 l kochendem Wasser übergossen, 15 Minuten ziehen gelassen, abgeseiht und dem Badewasser zugefügt. Das angenehme und erfrischende Pfefferminzöl wird wegen seines belebenden Geschmacks und seiner antiseptischen Wirkung für die verschiedensten kosmetischen Anwendungen verarbeitet, insbesondere in Mundwässern, für Salben bei unreiner und großporiger Haut, zur Herstellung von Kölnisch Wasser und zur Parfümierung von Seifen. Schlechter Mundgeruch kann auf folgende Weise behoben werden: 2 Teelöffel Pfefferminzblätter, getrocknet oder auch frisch, werden mit $\frac{1}{8}$ l kochendem Wasser übergossen, 15 Minuten ziehen gelassen, abgeseiht und abgekühlt. Anschließend wird $\frac{1}{8}$ l guter Weißwein dazugegossen. Täglich 1 Tasse genügt, um einen reinen, frischen Atem zu haben.

Auszüge

Pfefferminzschnaps kann auf folgende Weise zubereitet werden: $\frac{3}{4}$ l 45%iger Obstbrand wird mit 3 Eßlöffeln frischen oder getrockneten zerkleinerten Pfefferminzblättern in einem Glas vermischt und gut verschlossen an der Sonne stehengelassen. Nach einigen Tagen filtrieren und in einem dunklen, kühlen Raum, am besten im Keller, ruhen lassen. Mit $\frac{1}{4}$ l destilliertem Wasser aufgießen und nochmals mehrere Tage stehenlassen. Der Schnaps hat ein charakteristisches Menthol-

aroma und schmeckt sehr erfrischend. Er hilft, löffelweise genommen, auch bei Magenschmerzen.

In der pharmazeutischen Industrie

Pfefferminze, Pfefferminzöl (Oleum Menthae piperitae) oder Menthol werden in der pharmazeutischen Industrie sehr häufig verarbeitet: für gemischte Tees, zu Hustensäften, Halspastillen, Mentholbalsam, Rheumaeinreibemittel, Gallentropfen, Magentropfen, Migränestifte und Mundwasser. Auch bei der Herstellung von Likören und Zuckerwaren gebraucht man das ätherische Öl der Pfefferminze. Häufig wird Pfefferminze auch mit Kamille gemeinsam verarbeitet. Fertigpräparate: Bilgast, Cholaktol, Gastricholan, Hepartean, Inspirol, Stomachysat.

Aus meiner Erfahrung

Da der Pfefferminze eine gewisse Beeinflussung der Herztätigkeit nachgesagt wird, ist darauf zu achten, daß Pfefferminztee nicht über einen zu langen Zeitraum hinweg getrunken und als Frühstückstee möglichst mit anderen Kräutern gemischt wird. Dauernder Gebrauch von reiner Pfefferminze kann die an sich so günstigen Heilwirkungen sonst ins Gegenteil umschlagen lassen. Gezielt und richtig dosiert eingesetzt, ist die Pfefferminze jedoch sehr zu empfehlen. Der Aufguß aus Pfefferminze regt die Arbeit der Leber an, fördert die Gallensaftproduktion, mindert die Gasbildung im Darm und hält Gärungsvorgänge im Magen und im Zwölffingerdarm hintan.

Nicht übersehen

Das im ätherischen Öl der Pfefferminze enthaltene Menthol kann bei Säuglingen und Kleinkindern zu Erstickungsanfällen führen. Es soll daher auf die Verwendung von Pfefferminze und von allen Produkten, in denen Menthol enthalten ist, vor dem 3. Lebensjahr verzichtet werden.

Naturschutz und gesetzliche Bestimmungen

Die Dame aus England, das englische Fräulein ist heute in vielen Gärten daheim. Gezüchtet, veredelt. Sie ist eine Aristokratin unter den Minzen. Es gibt aber auch die wilden Arten, die wir auch heute noch in Fülle finden, an den Läufen der Bäche, an feuchten Stellen. Scharf aromatischer Geruch verrät sie schon aus größerer Entfernung. Ihre Wirkung als Heilkraut ist von geringer

Bedeutung. Durch das Trockenlegen sumpfiger Wiesen ist ihr Überleben gefährdet. Nicht alle nassen Stellen sollen entwässert werden. Zuviel ginge dadurch an charakteristischer Landschaft und damit an wertvollen Pflanzen der Heimat verloren. Sie dürfen nicht sterben, die wilden Minzen am Wasser.

Aus meiner Kräuterapotheke
Bei Magen- und Gallenleiden: Pfefferminze 3 Teile, Kalmuswurzel 2 Teile, Erdrauch 1 Teil. 2 Teelöffel der Kräutermischung mit ¼ l Wasser 2 Stunden kalt ansetzen, dann kurz aufkochen, 10 Minuten ziehen lassen, abseihen und trinken.

Raute

Ruta graveolens
Rautengewächse
ausdauernd

Volkstümliche Bezeichnungen

Aue, Augenraute, Augenwurz, Aute, Drögblatt, Edelraute, Gemeine Gartenraute, Gemeine Raute, Gnadenkraut, Katzenkraut, Katzenraute, Krätzraute, Kreuzraute, Pfingstwurzel, Totenkräutel, Totenkräutlein, Weinkraut, Weinkräutel, Weinraute, Wenerz, Winrue.

Namenerklärung

Raute ist ein Lehnwort vom lateinischen *ruta,* unter welcher Bezeichnung die Pflanze bereits bei Plinius vorkommt. Der Ursprung dieses Wortes ist jedoch ungewiß. Der Artname *graveolens* kommt vom lateinischen *grave* = stark und *olens* = riechend. Damit ist auf den starken „weinähnlichen" Geruch der Pflanze Bezug genommen. Daher kommen auch die deutschen Namenzusammensetzungen mit Wein.

Kulturgeschichte

Wie viele berühmte Heilpflanzen des Altertums geriet die Raute dann zunehmend in Vergessenheit. Nach Dioskurides und auch Plinius galt die Pflanze vor allem als Mittel gegen alle tödlichen Gifte und zur Behandlung von Augenleiden. Die Römer schätzten die Raute zur Erhaltung der Sehkraft so hoch ein, daß sie sie in allen eroberten Gebieten pflanzten. So ist sie wahrscheinlich schon damals nach Mitteleuropa gekommen. Im Mittelalter findet man sie jedenfalls in den Klostergärten nördlich der Alpen allgemein verbreitet. Die Meinung, daß Raute gegen jedes Gift helfe, führte schließlich dazu, daß sie auch gegen alle bösen Geister zu dienen hatte. Man nannte sie auch „Gnadenkraut", weil sie sogar den Teufel persönlich vertreibe. Deshalb trug man Raute möglichst ständig bei sich. Sie gelangte auch in den Ruf, die Pest abhalten zu können, weswegen sie einer der Bestandteile des „Pestessigs" war, mit dem man sich durch Mundausspülen, Riechen und Verstäuben gegen die Pest und andere ansteckende Krankheiten schützte.

Dieser Essig hieß auch „Vierräuberessig", denn vier Diebe sollen mit seiner Hilfe unbeschadet Pestleichen ausgeplündert haben. Als Abortivum war die Pflanze über viele Jahrhunderte im Gebrauch. Weil sie auch im Winter grün bleibt, gelangte sie in die Bräuche um Hochzeit und Tod und symbolisierte die Erinnerung. In dieser Eigenschaft finden wir die Raute in mehreren Stücken Shakespeares. In der alten Volksmedizin behandelte man Augenentzündungen, indem man einen Leinenfleck in eine Rautenabkochung tauchte und ihn auf die Augen legte. Die Blätter empfahl Paracelsus in Milch oder Honig zu kochen und dann löffelweise zur Linderung von Krampfhusten und Keuchhusten einzunehmen.

Herkunft

Die Raute ist im südlichen Europa heimisch. In Mitteleuropa wird sie angebaut und kommt hin und wieder als Gartenflüchtling auch verwildert vor.

Fundort

Als Gewürz- und Heilpflanze kultiviert, wächst sie verwildert in Weinbergen, auf steinigen Hügeln, auf Weiden und Wiesen, auf alten Mauern und in Kiesgruben.

Merkmale

Die Halbstaude hat mehrere stielrunde, an der Basis mehr oder weniger verholzende *Stengel,* die nur am Grund und im Blütenstand verzweigt sind. Die mehr als 10 cm langen *Blätter* sind 2- oder 3fach gefiedert, die Teilblätter sind nochmals gefiedert, eiförmig bis lanzettlich mit gesägten Spitzen. Gegen das Licht erscheinen die Blättchen wegen der Öldrüsen punktiert. Die kleinen, grünlichgelben *Blüten* sind kurzgestielt und bilden eine Scheindolde. Die *Wurzel* ist stark verästelt und holzig. Die Pflanze erreicht eine *Höhe* bis zu 80 cm. Der *Geruch* der ganzen Pflanze ist herb-aromatisch und scharf, der *Geschmack* zusammenziehend bitter.

Verwechslungen

Die zerdrückten Blätter der Raute haben einen ätzenden Geruch, den man bei keiner anderen Pflanze findet. Somit ist eine Verwechslung praktisch ausgeschlossen.

Blütezeit

Juni bis August, vereinzelt auch bis September.

Samenreife

Die Frucht reift Ende August bis Mitte September.

Erntezeit

Die Blätter Mai bis Juni, das Kraut Juni bis August.

Ernte- und Sammelgut

Die Blätter (*Folia Rutae*) vor der Blüte und das blühende Kraut (*Herba Rutae*).

Ernte- und Sammelvorschriften

In neuen Beständen ist üblicherweise nur ein Krautschnitt möglich, in den folgenden Jahren zwei, unter günstigen Bedingungen sogar drei Schnitte. Man schneidet zu Beginn der Blüte mit der Sichel etwa handhoch über dem Boden. Schon blühendes oder womöglich bereits reifendes Kraut darf nicht zum Erntegut gelangen. Anschließend trocknet man das Kraut so schnell wie möglich im Schatten. Dabei muß es locker ausgebreitet sein und mehrmals gewendet werden. Bei künstlicher Trocknung sollen 35 °C nicht überschritten werden. Wegen der hautreizenden Wirkung des Rautenöls, das schon bei der geringsten Berührung der Pflanze aus den Drüsen tritt, muß Kleidung mit langen Ärmeln und langen Hosen getragen werden, außerdem sollen Handschuhe verwendet werden. Hautempfindliche Personen dürfen nicht zur Rautenernte herangezogen werden.

Anbau

Die Raute bevorzugt leichte bis mittelschwere, trockene, nährstoffreiche Kalkböden in sonniger, windgeschützter Lage. Die Aussaat ins Freiland ist möglich, und zwar im April oder Mai auf ein im Herbst gepflügtes Feld. Der Pflegeaufwand ist hoch und der Ernteertrag im 1. Jahr gering. Günstiger ist die Pflanzung im Mai oder im August, September. Hierfür wird im März oder im Mai, Juni in den warmen Kasten ausgesät. 1 bis 1,5 kg Saatgut liefern die Jungpflanzen für 1 ha. Die

sehr hartschaligen Samen laufen nach 2 bis 3 Wochen auf. Der Pflanzabstand beträgt 30 mal 25 cm, wobei darauf zu achten ist, daß die Setzlinge beim Pflanzen gut angedrückt werden. Die Raute kann auch durch Stecklinge vermehrt werden. Die Pflege besteht in mehrmaligem Hacken, was in späteren Jahren maschinell durchgeführt werden kann. Da man für die Krautgewinnung buschige Pflanzen braucht, muß man sie öfters schneiden und die Samenentwicklung verhindern. Weil im Winter Frostschäden möglich sind, sollte man die Bestände durch leichtes Abdecken schützen.

Saatgut

Zur Samengewinnung wird das Kraut, wenn sich die Kapseln bräunlich zu färben beginnen, geschnitten. Das ist meist im September. Zur Nachreife legt man das Erntegut auf Böden aus. Wenn es getrocknet ist, wird ausgedroschen. Das Tausend-Korn-Gewicht schwankt zwischen 1,9 und 2,8 g. Die Keimfähigkeit der hartschaligen Samen schwankt sehr stark, bleibt jedoch mehrere Jahre erhalten.

Erträge

Die Erträge an Krautdroge hängen von der Zahl der jährlichen Schnitte ab. Bei zwei Schnitten kann man mit einem Durchschnittsertrag von 5 t pro ha rechnen. Die Saatguterträge liegen zwischen 200 und 400 kg pro ha. Zur Drogengewinnung rentiert sich eine Rautenkultur höchstens 4 Jahre auf dem gleichen Feld. Später sinken die Erträge sehr stark ab. Zur Samengewinnung kann die gleiche Fläche jedoch auch länger genützt werden.

Für den Hausbedarf

Die Raute gibt mit dem dichten Wachstum und ihrer ungewöhnlichen blaugrünen Blattfarbe einen guten Hintergrund für hellgefärbte Rabattenblumen. Abgesehen davon, daß Sie für Heilzwecke selbst Droge gewinnen können, haben Sie mit der Raute eine Gewürzpflanze in Ihrem Garten, die bei uns leider viel zuwenig gebraucht wird. Versuchen Sie selbst mit dieser Pflanze eine neue Gewürznote in Ihre Küche zu bringen.

Krankheiten und Schädlinge

Auf den Laubblättern tritt zeitweise eine Fleckenkrankheit auf. Die Larven eines Blattflohs überziehen oft die ganzen Pflanzen und können sie zum Absterben bringen. Verschiedene Raupen verursachen Fraßschäden an den Blütenständen. Hasen und Wildkaninchen äsen mit Vorliebe in den offenen Rautenkulturen.

Wirkstoffe

Die Raute enthält wohlriechendes, meist gelbes ätherisches Öl, ferner Rutin, Alkaloide, Bitterstoffe, Gerbstoffe und Cumarinderivate. Das Rutin ist ein Flavonglykosid, das dem Vitamin P (Citrin) nahesteht und, weil es die Brüchigkeit der Kapillargefäße, vor allem im Bereich des Gehirns und der Netzhaut herabsetzt, auch Bioflavonoid genannt wird. Dieser Stoff ist in großen Mengen auch in Zitrusfrüchten, in Hagebutten und im Paprika enthalten.

Heilwirkung

Die Raute wirkt verdauungsfördernd und harntreibend. Als krampflösendes und gleichzeitig blutungsförderndes Mittel findet es bei Frauenkrankheiten Verwendung. Die Droge ist appetitanregend, hautreizend und heilend, schmerzlindernd und beruhigend sowie schlaffördernd. Auch nervenstärkende und kräftigende Eigenschaften werden der Raute zugeschrieben.

In der Heilkunde

Die Raute wird als Teeaufguß (1 gehäufter Teelöffel mit ¼ l kochendem Wasser überbrühen, 5 Minuten ziehen lassen) bei Kreislaufstörungen, Bluthochdruck, Menstruationsbeschwerden und Schlafstörungen mit Erfolg eingesetzt. Der Raute wird eine starke gefäßdichtende Wirkung zugeschrieben. Manche Ärzte verordnen die Droge zur Verhütung von Schlaganfällen.

Als Hausmittel

Frauen in den Wechseljahren können das anfallartige Auftreten von Herzklopfen durch Rautentee günstig beeinflussen. Auch gegen Sehschwäche wird die Raute empfohlen, da angeblich die kleinen Muskelchen, die die Linse des Auges in die richtige Stellung bringen, durch die Wirkstoffe der Raute gestärkt werden. Äußerlich verabreicht, hilft die Raute bei rheumatischen Beschwerden und als Hautreizmittel zur stärkeren Durchblutung der Haut, aber auch als Gurgelmittel wird sie verwendet. Pfarrer Kneipp empfiehlt die Raute als „dünnen Tee" und „in kleinen Mengen" als allgemeines Kräftigungsmittel.

In der Tiermedizin

Hündinnen nach dem Werfen werden rascher gekräftigt, wenn man ihrem Milchtrank stark verdünnten Rautentee beifügt. Zum Auswaschen und zur Desinfektion eitriger Wunden der Haustiere verwendet man einen Absud: 50 g Blätter auf ½ l Wasser. Aber auch Rautenessig ist dazu geeignet, wobei man 3 Teile Rautenblätter mit 20 Teilen Essig auszieht. Bei Magen- und Darmleiden der Haustiere, ebenso wie als Wurmmittel, empfiehlt sich ein Gemisch aus Raute, Wermut und Rainfarn, und zwar 30 bis 60 g unter das Futter gegeben.

In der Homöopathie

Aus den frischen, vor der Blüte gesammelten Blättern bereitet die Homöopathie einen Extrakt, der zur Regelförderung und als wurmtreibendes und krampflösendes Mittel verwendet wird. Auch bei Quetschungen und Sehnenzerrungen sowie bei Krampfadern wird er verabreicht. Die verdünnte Urtinktur der *Ruta graveolens* wird als Kompresse (20 bis 30 Tropfen auf ¼ l Wasser) bei entzündeten Augen als hilfreich angesehen. In 1. bis 3. Potenz kann die Essenz (mehrmals täglich 5 bis 10 Tropfen) auch innerlich genommen bei Rheuma, Gicht und Gelenkschmerzen Erleichterung bringen.

In der Küche

Rautenblätter werden sowohl in frischer als auch in getrockneter Form in der Küche als Gewürzkraut verwendet, doch dürfen sie auf keinen Fall mitgekocht werden, weil sich durch das Kochen die Bitterstoffe lösen und die Speisen ungenießbar werden können. Da sich die getrockneten Blätter leicht zerstoßen lassen, kommen sie auch in pulverisierter Form zur Anwendung. Da der Geschmack schwach bitter ist, sollte man die Raute nur sparsam verwenden: höchstens 1 Teelöffel trockener Blätter auf 500 g Speisen. Nach dem Genuß von Knoblauch empfiehlt es sich, ein gehacktes Rautenblatt auf einem Butterbrot zu essen; es beseitigt den Mundgeruch. In der italienischen Küche werden neben Oregano, Rosmarin und Basilikum auch ein paar Blättchen Raute den Soßen und Salaten und auch Fleischspeisen wie etwa Hammelbraten beigemischt und sind eine sehr angenehme Geschmacksnuance. Der berühmte Grappalikör, der wegen seines pikanten, etwas fremdartigen Geschmacks geschätzt wird, enthält das würzige Rautenaroma.

Für die Körperpflege

Hautunreinheiten kann man mit einem Absud aus Raute und Alaun bekämpfen, wobei die adstringierende Wirkung des Alauns zum Tragen kommt. Bei empfindlicher Haut sollte man jedoch vorsichtig mit der Raute umgehen und sie nur in stark verdünnter Form gebrauchen.

Auszüge

Bei Krämpfen aller Art und bei allgemeiner Schwäche empfiehlt sich ein *alkoholischer Auszug* aus gedörrten Rautenblättern, wobei 1 gute Handvoll Blätter in 1¾ l Branntwein angesetzt wird. Nach einigen Tagen kann abgeseiht und abgefüllt werden. Von diesem Ansatz nimmt man bei Bedarf 2mal täglich 5 bis 8 Tropfen auf Zucker oder in Wasser. Bei Rückenschmerzen und Quetschungen kann man Einreibungen mit *Rautenöl* vornehmen; 15 g Rautenblätter werden mit ¼ l Olivenöl angesetzt. Zur allgemeinen Belebung kann man ein Rautenzweiglein in 1 l Weißwein stecken und den Wein damit auch geschmacklich verbessern. Als magenstärkendes Mittel ist dieser *Rautenwein* sehr gut geeignet.

In der pharmazeutischen Industrie

Die Raute findet in der pharmazeutischen Industrie zur Gewinnung des in ihr enthaltenen ätherischen Öls, des Rutins, in der Parfümindustrie zur Seifen- und Salbenherstellung und zur Herstellung von Likören Verwendung. *Fertigpräparate:* Anisan, Bulbotruw, Gynacton Rp, Noricaven, Venotonic, Viracton.

Aus meiner Erfahrung

Bei allen krampfhaften Erscheinungen im Unterleib, die durch Schwäche des ganzen Körpers oder einzelner Organe hervorgerufen werden, empfehle ich Rautentee. Bei Krampfanfällen ist dieser Tee abwechselnd mit Baldrian- und Melissentee sehr hilfreich. (Täglich 2 kleine Tassen schluckweise trinken.) Auch regelmäßige Mund- und Halsspülungen sind sehr gut. Der Genuß von Rautenblättern hilft bei unregelmäßiger Periode, zu-

mal dann, wenn diese Blutungen auf erschlafftem Gebärmuskel beruhen, was oft nach Geburten auftritt. Die gestörte und untüchtige Leber wird wieder frisch und gesund, wenn man getrocknete, pulverisierte Raute mit ebenso zerkleinertem Salbei zu gleichen Teilen mischt und davon morgens und abends je 1 Teelöffel in Weißwein einnimmt. Auf Geschwüre legt man warme Kräuterkissen.

Nicht übersehen

Durch Genuß von Rautentee kann es bei überempfindlichen Personen zu einer Entzündung der Mund- und Rachenschleimhäute kommen. Für schwangere Frauen ist jede Art von Rautenzubereitung verboten, da die von der Raute hervorgerufene starke Durchblutung der Unterleibsmuskulatur zu Fehlgeburten führen kann. Ganz allgemein darf Raute in jeder Form nur in kleinen Mengen und mit größter Vorsicht verwendet werden, da eine Überdosierung lebensgefährlich ist.

Naturschutz und gesetzliche Bestimmungen

In den Weingegenden findet man sie gar nicht selten, die Raute, auch Weinraute oder Gartenraute genannt. Ich mag sie und pflanze sie in meinem Garten. Aber wenn ich in der Retzer Gegend am Rande der Weingärten dahinwandere und sie auf den Böschungen sehe, dann gefällt sie mir gleich besser als ihre Schwester in meinem Garten. Die Raute würde es verdienen, heimischer zu werden. Weinklima sagt der Tochter des Südens besonders gut zu, sie lebt gerne bei uns. Ob wir sie behalten können, hängt von uns ab. Wir sollten sie schützen. Nicht weil das Gesetz es befiehlt, sondern weil wir sie lieben.

Aus meiner Kräuterapotheke

Bei Blutandrang zum Kopf, Schwindelanfällen, Atemnot, Herzklopfen und Unterleibskrämpfen: Rautenblätter 3 Teile, Frauenmantel 2 Teile, Liebstöckelsamen oder -blätter 1 Teil. ¼ l Wasser abkochen, 2 Teelöffel der Kräutermischung hinzufügen, 15 Minuten ziehen lassen, abseihen und je nach Bedarf 1 bis 2 Tassen täglich schluckweise trinken.

Ringelblume

Calendula officinalis
Korbblütler
einjährig

Volkstümliche Bezeichnungen

Butterblume, Engelrösle, Fallblume, Gartendotterblume, Gilke, Goldblume, Ingelblum, Monatsblume, Regenblume, Rinderblume, Ringelken, Ringelrose, Sonnenwende, Stinkblume, Studentenblume, Totenblume, Warzenblume, Weckbröseln, Weinbleaml, Wucherblume, Ziegelblume.

Namenerklärung

Der Name Ringelblume geht über mittelhochdeutsch *ringelbluome* auf die althochdeutschen Formen *ringel, ringele* und *ringela* zurück. Damals wurde damit allerdings nicht nur die Ringelblume bezeichnet, sondern auch andere Korbblütler, die die Eigenschaft haben, sich der Sonne zuzuwenden. Mit der Erklärung des Namens Ringelblume hatte schon Hieronymus Bock in seinem „Kreutterbuch" 1551 Schwierigkeiten. Er schrieb, daß man ihn „augenscheinlich an der blumen / und sonderlich am samen möcht abnehmen / dieweil er sich also rings umher ringt und krümbt / hat es also den namen ringelblumen billich". Da die Ringelblume alle Sommermonate hindurch bis zum Oktober blüht, hat sie auch den Namen Monatsblume, wovon sich der botanische Name *Calendula* ableitet. Wegen ihrer häufigen Verwendung als Gräberschmuck heißt die Pflanze auch Totenblume.

Kulturgeschichte

Die ältere Geschichte der Ringelblume liegt im dunkeln. Bei den griechischen und römischen Schriftstellern ist sie nicht eindeutig festzustellen, und auch im Mittelalter ist mit den verschiedenen lateinischen Bezeichnungen nicht unbedingt die Ringelblume gemeint. Daß sie lange mit dem Löwenzahn verwechselt wurde, ist gewiß. Erst seit Albertus Magnus ist klar, daß mit *sponsa solis* die Ringelblume gemeint ist, denn er beschreibt sie ganz unverwechselbar als eine gelbe Blüte, die sich bei Sonnenaufgang öffnet und beim Untergang wieder schließt. Sie gilt ihm als Heilmittel bei Milz- und Leberverstopfung und hilfreich gegen den Biß giftiger Tiere. Hildegard von Bingen empfiehlt die Pflanze zusätzlich gegen Darmstörungen und hält ihren Anbau für nützlich. Im 16. Jahrhundert empfahl ein italienischer Arzt die Ringelblume gegen Augenentzündungen. Die Pflanze ist eines der vielseitigsten Heilkräuter und steht bis heute in der Volksmedizin in hohem Ansehen.

Herkunft

Wildwachsend im Mittelmeergebiet. In Mitteleuropa wird sie vor allem in Gärten kultiviert; verwildert kommt sie von den Ebenen bis in die hochgelegenen Täler der Alpen vor.

Fundort

Die Ringelblume ist eine ausgesprochene Gartenblume. Sie gedeiht in guter Gartenerde, nimmt aber auch mit dürftigerem Boden vorlieb.

Merkmale

Der aufrechte, etwas behaarte *Stengel* ist kantig und oben verästelt. An den Spitzen der Zweige stehen die zwischen 6 und 9 cm großen *Blütenköpfchen.* Die Blütenfarbe reicht mit vielen Übergängen von hellgelb bis dunkelorange. Die Zungenblüten bilden mehrere Kreise, bei den ungefüllten Formen 2 bis 7, bei den gefüllten bis zu 15. Die sitzenden *Blätter* sind länglich, locker behaart und fein gezähnt. Der *Wurzelstock* ist spindelförmig mit vielen Fasern. Die Ringelblume erreicht eine *Höhe* bis zu 60 cm. Der *Geruch* ist aromatisch, der *Geschmack* bitter-herb.

Verwechslungen

Eine Verwechslung mit anderen gelbblühenden Pflanzen der gleichen Familie ist möglich.

Blütezeit

Von Juni bis zum ersten Frost, also bis gegen Ende Oktober. Hauptblütezeit August und September.

Samenreife

Wenn sich die inneren Früchte hellbraun verfärbt haben, ist der Zeitpunkt der Samenreife gekommen.

Erntezeit

Die Blätter und das ganze Kraut erntet man während der Blütezeit, sobald die Blütenköpfchen voll erblüht sind.

Ernte- und Sammelgut

Ringelblumenblüten (Flores Calendulae), Ringelblumenkraut (Herba Calendulae) und Ringelblumenblätter (Folia Calendulae).

Ernte- und Sammelvorschriften

Die voll erblühten Blütenköpfchen werden in den Morgenstunden gepflückt, ehe sie sich für den Tag öffnen. Ab Einsetzen der Blüte müssen die Bestände immer wieder durchgegangen werden, da der Ertrag nur bei mehreren Pflücken optimal sein kann. Das Erntegut wird im Schatten oder in einem luftigen Raum bei mäßiger Temperatur getrocknet. Bei künstlicher Trocknung darf eine Temperatur von 35 °C nicht überschritten werden. Die wertvollste Droge sind die Zungenblüten, die man üblicherweise aus den getrockneten Blütenköpfen herauslöst. Blüten mit Kelch (Flores Calendulae cum calycibus) sind als Droge nicht so hoch bewertet. Für die Trocknung von Blättern und Kraut gelten dieselben Bedingungen. Aufbewahrung in dicht schließenden Gefäßen, vor Licht und Feuchtigkeit geschützt.

Anbau

Als spezielle Gartenpflanze stellt die Ringelblume keine besonderen Ansprüche an die Vorfrucht. Sie gedeiht am besten auf lehmigem Boden, der schon längere Zeit bearbeitet und bepflanzt wurde. Man sät direkt ins Freiland von März bis Juli. Bei einer Reihenentfernung von 20 bis 35 cm braucht man 120 bis 150 g Saatgut pro a. Die Samen sollen mit einer sehr dünnen Erdschicht bedeckt werden. Die Pflege besteht in mehrmaligem Hakken. Kastenaussaat ist nur üblich, wenn man Schnittblumen ziehen will. Die Ringelblume braucht viel Wasser und liebt einen sonnigen, aber windgeschützten Standort.

Saatgut

Für den Anbau empfiehlt sich, bei der Wahl des Saatgutes auf eine orangefarbige Sorte mit gefüllten Blüten zu achten. Später kann man selber Saatgut gewinnen, indem man einige Blüten ausreifen läßt. Mit dem Pflükken kann man beginnen, sobald sich die inneren Früchte hellbraun verfärbt haben. Als Besonderheit der Ringelblume ist zu vermerken, daß sie 3 verschiedene Arten von Früchten hat. Diese unterscheiden sich voneinander durch Größe und Form. Sie keimen auch nicht gleich schnell. Aussortieren ist nicht empfehlenswert, am besten sät man in der natürlichen Zusammensetzung aus. Das Tausend-Korn-Gewicht ist wegen dieser Sameneigenheit großen Schwankungen unterworfen: zwischen 3,9 und 15,2 g. Es empfiehlt sich, das Saatgut öfters zu wechseln.

Erträge

An Flores Calendulae cum calycibus kann man ungefähr 10 bis 20 kg pro a, an getrockneten Zungenblüten etwa 4 bis 7 kg pro a ernten. Je öfter Sie durchpflücken, desto besseren Ertrag werden Sie haben. An getrocknetem Kraut erntet man 20 bis 30 kg pro a, an Saatgut 3 bis 6 kg pro a.

Für den Hausbedarf

Die Ringelblume sollte in keinem Hausgarten fehlen. Wer die gute Wirkung dieser Heilpflanze einmal kennengelernt hat, wird sie nicht mehr vermissen wollen. Es genügt, einmal auf ein Beet einige Samenkörner auszusäen. Wenn man nicht alle Blüten zu Beginn der Blütezeit pflückt, sondern einige ausreifen läßt, vermehren sie sich von selbst und stehen im nächsten Jahr wieder an Ort und Stelle oder in der Nachbarschaft da. Sie können aber für Ihren Bedarf an Blütendroge auch nur die Zungenblüten abzupfen und die Samen der Scheibenblüten ausreifen lassen.

Krankheiten und Schädlinge

Die Laubblätter der Ringelblume werden gelegentlich von Blattfleckenpilzen befallen, und auch der Mehltaupilz ist nicht selten in den Ringelblumenbeständen zu finden.

Wirkstoffe

Die Ringelblume enthält ätherisches Öl mit antibiotischer Wirkung, den Bitterstoff Calendulin, stickstoffhaltigen Schleim, Carotinoide und Flavonoide, Xantophylle, etwas Salizylsäure.

Heilwirkung

Die Ringelblume ist eine hervorragend narbenbildende und wundheilende, antisepti-

MELISSE
Melissa officinalis

ODERMENNIG
Agrimonia eupatoria

PFEFFERMINZE
Mentha piperita

RAUTE
Ruta graveolens

RINGELBLUME
Calendula officinalis

sche Heilpflanze und auch als entzündungshemmendes, erweichendes und blutreinigendes Mittel sehr geschätzt. Darüber hinaus ist sie wegen ihrer krampflösenden, menstruationsregulierenden, schweißtreibenden und gallenanregenden sowie harn- und wurmtreibenden Eigenschaften häufig in Verwendung.

In der Heilkunde

In der Medizin wird die Ringelblume hauptsächlich wegen ihrer entzündungswidrigen und krampflösenden Eigenschaften verwendet, wobei die Wundheilung durch die rasche Bildung von Granulationen beschleunigt wird. Diese günstige Wirkung stellt die Ringelblume als Heilpflanze gleichbedeutend neben die Arnika. Innerlich wird die Ringelblume bei Magenerkrankungen und Gallen- und Leberleiden angewandt, und zwar in Form eines Tees: 1 bis 2 Teelöffel frische oder getrocknete Blüten werden mit 1 Tasse heißem Wasser überbrüht und bis zu 10 Minuten ziehen gelassen. Ungesüßt und schluckweise getrunken, hilft dieser Aufguß auch bei Durchfall, Dickdarmentzündungen, Magengeschwüren und kann als schweißtreibendes Mittel bei fiebrigen Erkrankungen Hilfe bringen.

Als Hausmittel

In der Volksmedizin wird die Ringelblume in Form einer Tinktur oder eines Extrakts, vornehmlich aus frischen Blüten, zur Linderung krampfartiger Zustände des Verdauungstraktes und als Wurmmittel eingesetzt; darüber hinaus auch bei allen in der Heilkunde angeführten Leiden. Äußerlich nimmt man bei Hautgeschwüren einen Ringelblumenabsud zu Hilfe, für den 100 g Blätter in 1 l Wasser 30 Minuten gekocht werden. Nach dem Abkühlen Umschläge bereiten. Die Verwendung der Ringelblumensalbe als wundheilendes, rasch Narben bildendes und entzündungshemmendes Mittel bei eitrigen Geschwüren ist legendär. Hier 2 verschiedene Rezepte zur Herstellung der Salbe: Aus den frischen Blättern drückt man 1 Eßlöffel Saft aus und vermischt ihn sehr gut mit 250 g Butter. In Tiegel füllen und in den Kühlschrank stellen. Wenn Sie statt Butter Schweineschmalz verwenden wollen, dann nehmen Sie 1 Teil frische Blüten und Blätter auf 2 Teile Schmalz. Miteinander auslassen, durch ein Leinentuch abseihen und den Rückstand auspressen. Erkalten lassen und kühl aufbewahren.

In der Tiermedizin

Die bei Haustieren zur Behandlung von Geschwüren und offenen Stellen mit hervorragender Heilwirkung häufig verwendete Ringelblumensalbe wird auf folgende Weise zubereitet: 1 Teil zerquetschte Blütenköpfe wird mit 3 Teilen Wasser 3 Stunden gekocht. Dann 2 Teile Schweinefett zusetzen und nochmals so lange kochen lassen, bis das ganze Wasser verdampft ist. Etwas abkühlen lassen, durch ein Leinentuch passieren und in Tiegel abfüllen.

In der Homöopathie

Aus dem frischen, blühenden Kraut wird eine Essenz bereitet, das Homöopathikum *Calendula*, das innerlich in 2. bis 6. Potenz (dil D2 bis D6) bei entzündlichen Prozessen des Magens und der Leber und bei Drüsenschwellungen sowie innerlich und äußerlich zur Wundbehandlung, bei Quetschungen, bei Geschwüren und zur rascheren Abheilung verabreicht wird. Bei äußerlicher Anwendung wird 1 Teelöffel Urtinktur auf ½ Glas warmes Wasser empfohlen.

In der Küche

Als würzige Beigabe zu Salaten eignen sich nur die ganz jungen grünen Blätter, die älteren sind zu bitter. Die äußeren Blütenblätter werden manchmal als Ersatz für Safran gebraucht, und zwar zum Färben von Lebensmitteln, unter anderem für Fleischsuppen sowie Fischgerichte. Früher färbten die Bäuerinnen die selbstgemachte Butter damit leuchtend gelb. Das Färbemittel entstand durch das Verreiben der gelben Blüten mit gleichviel Kochsalz.

Für die Körperpflege

Zum Abschminken und Reinigen der Haut ist ein Aufguß aus Ringelblumen zu empfehlen: 50 g Blüten werden mit 1 l siedendem Wasser überbrüht und 15 Minuten ziehen gelassen. Nach dem Erkalten in Fläschchen füllen und als Reinigungslotion verwenden. Wer an Hühneraugen leidet, sollte 4mal täglich frische Ringelblumenblätter auflegen. Vorher ist jedoch das umliegende Gewebe mit einer Fettcreme zu salben, um die gesunde Haut vor der starken Wirkung des aus den Blättern austretenden Saftes zu schützen. Warzen können auf ähnliche Weise behandelt werden: Haut um die Warze eincremen, frische Ringelblumenblätter auf die Warze ausdrücken.

Auszüge

Ringelblumentinktur, 1 Teil Ringelblumenblüten mit 4 Teilen Alkohol angesetzt, wird äußerlich, und zwar zur Abheilung von langwierigen Wunden und Verletzungen, angewandt. Dazu läßt man einen Wattebausch mit der Tinktur vollsaugen, umhüllt ihn mit Leinwand und legt ihn auf die betroffene Stelle. Dann wird noch einmal ein Leinentüchlein und schließlich ein Verband angelegt. Täglich 1mal erneuern. Eine andere Methode, Ringelblumentinktur herzustellen, ist folgende: 1 Handvoll Blüten in ½ l 75%igem Weingeist 5 bis 6 Wochen ansetzen, dann abfüllen und mit destilliertem Wasser auf 40% verdünnen. Ein Leinentuch in den Ansatz tauchen, auf die eitrige Wunde legen und mit einem Wolltuch umwickeln. Diese Tinktur fördert das Wachstum des Granulationsgewebes und wird von manchen Ärzten sogar zur Behandlung von bösartigen und krebsartigen Geschwüren empfohlen.

In der pharmazeutischen Industrie

In der pharmazeutischen Industrie werden Ringelblumenblütenblätter wohl wegen ihrer leuchtendgelben Farbe als Schönungsmittel bei der Zusammensetzung von Tees verwendet. *Fertigpräparate:* Cesrasanol, Mycadox, Warondo-Wundsalbe.

Aus meiner Erfahrung

Bei frischen Wunden wirkt ein feuchter Verband mit einer Ringelblumenabkochung erstaunlich gut und rasch. Bei Abszessen und Furunkeln wird eine heiße „Calendula-Kompresse" aufgelegt, das ist ein in heißen Ringelblumentee getauchter und mit einem Leinentuch umwickelter Wattebausch, der nach dem Auflegen mit einem Wolltuch abgedeckt wird. Bei Frauen, die unter Menstruationsschmerzen leiden, hat sich ein Teegemisch aus 2 Teilen Ringelblume und 1 Teil Brennessel bestens bewährt. Für die so lästigen und gleichzeitig auch recht schmerzhaften Frostbeulen empfehle ich einen Breiumschlag mit gekochten Blüten der Ringelblume; der Umschlag wird mehrmals täglich lauwarm auf die Frostbeule gelegt und einige Minuten darauf belassen.

Naturschutz und gesetzliche Bestimmungen

Wer kennt es nicht, das bescheidene Bauerntöchterlein? Hübsch und schlicht, drängt es sich nicht auf. Stellt keine besonderen Ansprüche. Eine treue Magd des Herrn, immer bereit zu helfen. Hie und da ist sie aus den Gärten ausgesiedelt, hat Fuß gefaßt auf Anschüttungen. Selbst in Sandgruben habe ich sie schon gefunden. Lassen wir sie in der Natur wachsen. Nicht alle Blüten abreißen. Sie soll wachsen, wo sie will. Hauptsache, sie ist da. Nicht nur für das Heil des Menschen, sondern auch für sein Auge, sein Gemüt, seine Seele.

Aus meiner Kräuterapotheke

Frauentee – besonders zu empfehlen bei schmerzhafter Regel, bei inneren Entzündungen, bei Myomen, bei Entzündungen der Eileiter oder der Gebärmutter: Ringelblume 3 Teile, Frauenmantel 2 Teile, Salbei 1 Teil. Zubereitung durch Aufguß: 1½ Teelöffel mit ¼ l Wasser übergießen, 15 Minuten ziehen lassen, abseihen und täglich 1 bis 2 Tassen je nach Bedarf trinken.

Salbei, Echter
Salvia officinalis
Lippenblütler
ausdauernd

Volkstümliche Bezeichnungen

Altweiberschmecken, Chüechlichrut, Edelsalbei, Fischsalve, Gartensalbei, Gemeiner Salbei, Gschmackblattln, Götterspeise, Griechischer Tee, Heilsalbei, Königssalbei, Kreuzsalbei, Müsli, Muskatellerkraut, Muskatenkraut, Mutterkraut, Rauchsalbei, Rauhe Salbe, Salbenblätter, Sabikraut, Salf, Salfere, Salfet, Salgere, Salser, Salvei, Sälvel, Scharlachkraut, Scharleikraut, Schmale Sophie, Schuvensoibei, Selbinblätter, Selwe, Sophie, Sparleibblätter, Strauch der das Heil der Welt barg, Tugendsalbei, Zaferblätter, Zaffe, Zahnblätter, Zuffen, Zupfblatteln.

Namenerklärung

Am deutschen Wort Salbei ist seine direkte Ableitung aus dem lateinischen *salvia*, über althochdeutsch *salveia* und *salbeia*, deutlich zu erkennen, und *salvia* kommt vom lateinischen *salvare* = retten, heilen. Die vielfältigen Heilwirkungen trägt der Salbei also schon im Namen.

Kulturgeschichte

Die große Heilkraft des Salbeis ist der Menschheit seit Jahrtausenden bekannt. In sehr alten chinesischen Lehrbüchern wird er als „Gnade der Götter bei allen Krankheiten" bezeichnet. Die Griechen und Römer schätzten ihn hoch, wie uns Dioskurides und Plinius bezeugen. Vielleicht kam der Salbei sogar schon mit den Römern über die Alpen. Im 9. Jahrhundert jedenfalls war der Salbei bereits in ganz Europa verbreitet: die „Capitulare" Karls des Großen nennen ihn, Walafridus Strabo setzt ihn an die erste Stelle der Heilpflanzen im Klostergarten, und auch die Angelsachsen zogen ihn. Im 16. Jahrhundert wurde Salbei als Hilfe gegen so gut wie alle Krankheiten besonders den armen Leuten empfohlen, die sich einen Arzt nicht leisten konnten. Wegen seines Aromas war der Salbei seit jeher als Küchenkraut bekannt. Des starken Geruchs wegen galt der Salbei auch als Zaubermedizin, wobei häufig die Blätter gegessen wurden, auf die man vorher magische Sprüche schreiben mußte. Als Liebesmittel war der Salbei ebenfalls in Gebrauch. Zur Gesunderhaltung der Zähne war die Pflanze sehr lange in der Volksmedizin verbreitet. Das Karlsbader Wasser galt lange als schädlich für die Zähne, so daß es der Brauch war, sich nach dem Trinken die Zähne mit Salbeiblättern abzureiben. Deshalb wurde den Kurgästen auf allen Wegen zu den Brunnen von Blumenmädchen der Salbei angeboten. Nach einer Legende hat der Salbei seine Heilkräfte von der Muttergottes als Dank für seine Hilfe erhalten. Als alle Pflanzen ihr und dem Jesuskind auf der Flucht den Schutz verweigerten, neigte der Salbei seine Zweige über die Flüchtlinge und rettete sie so vor ihren Verfolgern.

Herkunft

Im Süden Europas, vor allem in Dalmatien, wächst der Salbei wild. Fast im ganzen übrigen Europa wird er kultiviert und kommt als Gartenflüchtling auch verwildert vor.

Fundort

In warmer, windgeschützter Lage auf steinigen, kalkhaltigen Böden, an steilen Hängen, auf Weinbergen, auf altem Gemäuer findet sich der verwilderte Salbei. Kultiviert in Gärten, in größerem Stil auch angebaut.

Merkmale

Der Echte Salbei ist ein stark verzweigter Halbstrauch; die jungen Sprossen und Blätter sind weißfilzig behaart und wirken dadurch silberfarben. Sie strömen beim Zerdrücken einen eigenartigen herben Geruch aus. Die vierkantigen, unten verholzten *Stengel* sind weißwollig behaart. Die gegenständigen, gestielten *Blätter* sind länglich-eiförmig, fein gekerbt und etwas runzelig. Die hellvioletten, selten weißen *Blüten* stehen an den Stengelspitzen in Scheinquirlen zu 4 bis 8 Stück. Die braune *Wurzel* ist verästelt und holzig. Die Pflanze erreicht eine *Höhe* von 50 bis 100 cm.

Der *Geruch* ist stark aromatisch und kampferartig herb, der *Geschmack* würzig, zusammenziehend und etwas bitter.

Verwechslungen

Da der Echte Salbei in Mitteleuropa praktisch nur kultiviert vorkommt, kann man ihn eigentlich nicht mit dem Wiesensalbei *(Salvia pratensis)*, der in trockenem Grasland häufig wächst, nicht verholzt ist und eher einen schwachen Geruch hat, verwechseln.

Blütezeit

Juni und Juli.

Samenreife

Wird angezeigt durch das Braunwerden der kleinen Nüßchen, ab etwa Ende Juli.

Erntezeit

Junge Blätter und Triebspitzen können den ganzen Sommer über geerntet werden. Der Hauptschnitt erfolgt kurz vor der Blüte, ein zweiter Schnitt spätestens im August. Der Salbei muß mit genügend Blättern in den Winter gehen; nur so kann er sich vor Kälte und Wintersonne schützen.

Ernte- und Sammelgut

Gesammelt werden die Blätter *(Folia Salviae)*.

Ernte- und Sammelvorschriften

Da der Salbei erst im 2. Jahr sein volles Aroma bekommt, werden im 1. Jahr nur im August die Triebspitzen geerntet. In den Folgejahren schneidet man möglichst früh, bei beginnender Blüte etwa Anfang Juni, um noch einen zweiten Schnitt erzielen zu können. Geschnitten wird mit der Sichel, im feldmäßigen Anbau wird maschinell gemäht. In jedem Fall darf nicht zu tief geschnitten werden, also oberhalb der verholzten Teile. Das Erntegut wird am besten im Schatten auf Trockenböden natürlich getrocknet, künstlich bei bis zu 35 °C. Für reine Blattdroge müssen die Blätter von den Stengeln entfernt werden. Dies ist vor allem im Großanbau zu arbeitsaufwendig, weswegen dort das ganze Kraut maschinell zerkleinert wird.

Anbau

Salbei bevorzugt mittleren, kalkhaltigen Boden in warmer, windgeschützter Lage. Auch im Halbschatten gedeiht Salbei noch verhältnismäßig gut. Die dort im Hochsommer geernteten Blätter enthalten sogar einen größeren Prozentsatz an ätherischem Öl. Der Salbei kann 3 bis 4 Jahre am selben Standort stehenbleiben. Die beste Vorfrucht sind gut gedüngte Hackfrüchte oder Gründüngung. Frischen Stallmist mag er nicht, aber Jauche kann nach Regen gegeben werden, jedoch zwischen den Pflanzenreihen und nicht direkt auf die Blätter. Im großflächigen Anbau wird ab April direkt auf den gut abgesetzten Acker im Abstand von 40 cm ausgesät. Die Saat läuft nach etwa 3 Wochen auf und benötigt zum Keimen verhältnismäßig viel Wasser. Man braucht etwa 20 kg Saatgut pro ha. Im März, April kann auch ins Frühbeet ausgesät werden, 2 kg Saatgut ergeben die für 1 ha nötigen Sämlinge. Sie müssen pikiert werden und kommen ins Freiland, sobald sie kräftig genug sind. Auch die Anzucht in Freilandsaatbeeten ist möglich. Hacken und Jäten sind notwendig, um den Boden offenzuhalten. Eine Frostschutzdecke im Spätherbst ist in rauhen Lagen ratenswert. Bei älteren Stökken ist es notwendig, im Frühjahr das überwinternde Kraut einzukürzen und beim ersten Hacken eine Volldüngergabe in den Boden einzuarbeiten. Eine leichte Kopfdüngung mit rasch wirkendem Stickstoff nach dem 1. Schnitt fördert einen schnelleren Wiederaustrieb. Dadurch wird der Ertrag des 2. Schnittes wesentlich erhöht. Eine vegetative Vermehrung des Salbei ist möglich, für feldmäßigen Anbau jedoch ungeeignet.

Saatgut

Zur Saatgutgewinnung läßt man im letzten Jahr der Nutzung des Bestandes den nötigen Teil zur Reife kommen. Gegen Mitte bis Ende Juli wird mit der Sichel vorsichtig geschnitten, da die Nüßchen leicht ausfallen. Nachreifen und trocknen lassen, anschließend die Nüßchen ausklopfen. Größere Mengen können auch ausgedroschen werden. Das Tausend-Korn-Gewicht beträgt 7,7 g. Sachgemäß geerntetes Saatgut hat nach 1jähriger Lagerungszeit noch eine hochwertige Keimfähigkeit. Erst vom 3. Jahr der Lagerung an läßt die Keimfähigkeit stark nach.

Erträge

Da im 1. Jahr nur einmal geschnitten werden kann, sind die Erträge an frischem Kraut mit 6 bis 8 t pro ha relativ gering. Bei zwei Schnitten in den beiden nächsten Jahren kommt man auf 16 bis 24 t pro ha. Dann nehmen die Erträge ab. In den zwei besten Ertragsjahren ergibt der Drogenertrag an *Her-*

ba Salviae 4 bis 6 t, an *Folia Salviae* 3 bis 4 t pro ha. Unter günstigen Bedingungen können auch noch höhere Erträge erzielt werden. Die Saatguterträge schwanken zwischen 1 000 und 1 200 kg pro ha.

Für den Hausbedarf

Salbeipflanzen eignen sich für den Steingarten. Sie können sogar unter Bäumen gezogen werden, wenn dort noch ein günstiger Lichteinfall vorhanden ist. Wegen der breitgefächerten Wirksamkeit der Salbeidroge sollte Salbei in jedem Garten wachsen. Gesät wird im April ins Frühbeet oder ab Mai ins Freiland. Die Jungpflanzen müssen schließlich in einem Abstand von 30 bis 40 cm ausgesetzt werden. Natürlich können Sie sich Salbeipflanzen auch bei Ihrem Gärtner besorgen. Später empfiehlt sich die Vermehrung durch Teilung älterer Pflanzen, oder Sie schneiden Stecklinge. Wenn Sie im Winter gut verrotteten Kompost streuen, wird es Ihnen der Salbei mit üppigem Wuchs danken.

Krankheiten und Schädlinge

Blattläuse und einige Raupenarten können Schäden an den Salbeipflanzen verursachen, auch treten gelegentlich Blatt- und Stengelflecken auf.

Wirkstoffe

Die Blätter enthalten 1,5 bis 2,5% ätherisches Öl, das zu 50% aus Thujon und weiters aus Kampfer, Linalool, Terpenen und Borneol besteht. Darüber hinaus finden sich in der Pflanze auch Bitterstoffe und Gerbstoffe.

Heilwirkung

Auswurffördernd, entzündungshemmend, keimtötend, leicht adstringierend, krampflösend, magenstärkend, menstruationsregulierend, schweißhemmend, blähungswidrig, wundheilend, gallenanregend, antidiabetisch, leicht durchfallhemmend, milchsekretionshemmend.

In der Heilkunde

Salbei ist eine vielseitig verwendbare, seit Jahrhunderten geschätzte Heilpflanze. In Form von Aufguß oder Absud wirkt sie bei Magen- und Darmstörungen, Durchfall, Katarrh der oberen Luftwege, übermäßiger Milchabsonderung, Nachtschweiß, Nervenschwäche (2 Eßlöffel der Droge auf ¼ l Wasser, überbrühen, eßlöffelweise einnehmen). Äußerlich als Gurgelmittel bei Hals- und Zahnfleischentzündungen, Angina, Insektenstichen und eiternden Wunden (je 20 bis 30 Tropfen der Tinktur, mit Wasser verdünnt). Man kann die Wirkung des Salbei noch beträchtlich verstärken, wenn man Salbei mit Kamille zu gleichen Teilen mischt und daraus einen Tee bereitet. Diese Mischung wirkt besonders gut bei Entzündungen im Mund- und Rachenraum.

Als Hausmittel

Alles über Salbei an Heilwirkung bisher Gesagte gilt auch für die Volksmedizin. Dazu kommt noch die Anwendung des Salbeis zur Unterstützung des Abstillens, da der Salbei die Milchsekretion unterbindet. Als Hausmittel gilt der Salbeitee zur Stärkung und Kräftigung von schwachen Kindern. Dabei wird der Tee mit Honig gesüßt. Ein gutes Mittel auch gegen Reizhusten. Bei eiternden Wunden empfiehlt sich, mehrmals täglich Salbeibäder zu nehmen. Der Salbeitee ist hervorragend geeignet, um die Behandlung von Zuckerkrankheit zu unterstützen, weil er eine regulierende Wirkung auf den Zuckergehalt im Blut hat. Auf Grund der im Salbei enthaltenen Gerbstoffe wirkt der Aufguß gut bei Durchfall, aber auch bei Leber- und Gallenbeschwerden. Die auswurffördernde Wirkung der Heilpflanze beseitigt Verschleimung des Magens und regt den Appetit an.

In der Tiermedizin

Salbeitee eignet sich hervorragend zum Auswaschen von eitrigen Wunden bei Tieren; man kann aber auch Salbei und Kamille zu gleichen Teilen verwenden. Bei Ausschlägen wäscht man die Haustiere mit einem Absud aus Salbei, Eichenrinde und Wermut.

In der Homöopathie

Das Homöopathikum *Salvia officinalis* wird aus frischen Blättern hergestellt und häufig als schweißhemmendes Mittel gebraucht. (Einige Tropfen dil D2 auf 1 Löffel Wasser.) Diese Essenz ist auch den Frauen bei Wechselbeschwerden zu empfehlen, ebenso bei alternder, erschlaffter Haut.

In der Küche

Die frischen Blätter gebraucht man zum Einlegen von Gurken, sie sind eine aromatische Ergänzung zu Salaten, Kräuterbutter und Käse. Salbei paßt zu Fisch- und Fleischgerichten, besonders zu Hammel, Wild und Geflügel. Dafür sind auch getrocknete Blätter geeignet. Maurice Mességué empfiehlt, ein Omelett mit Salbei zu versuchen und ihn in einer Suppe à la provençale ja nicht zu vergessen. Bei jeder Art der Verwendung von Salbei in der Küche muß jedoch beachtet werden, daß die Würzkraft sehr stark ist und man also vorsichtig damit umgehen muß. Ein großer Vorzug des Salbeis ist, daß die mit ihm gewürzten Speisen immer gut verträglich sind.

Für die Körperpflege

Salbeiabsud, als Kompresse lauwarm aufgelegt, erhöht die Spannkraft von schlaffer und empfindlicher Haut und beseitigt Hautrötungen. Zur Reinigung der Haut empfiehlt sich ein Auszug: 1 große Handvoll Salbeiblätter wird in Kölnisch Wasser eingelegt und ausgezogen. Von dieser Lösung fügt man 1 Eßlöffel dem Waschwasser hinzu. Der Salbei ist wie geschaffen für die Behandlung von fetter und unreiner Haut, da der darin enthaltene Kampfer adstringierend und reinigend wirkt. Zusammen mit Kamille kann man Salbei zu Gesichtskompressen verwenden. Auch als Badezusatz eignet sich Salbei hervorragend und pflegt und strafft die Haut.

Auszüge

Alkoholische Auszüge sind sehr beliebt. Im Verhältnis 1 : 4 wird Salbeidroge 10 bis 15 Tage lang in 75%igem Alkohol angesetzt. 1 Teelöffel dieser *Tinktur* auf 1 Würfel Zucker geträufelt, hilft bei starkem Schwitzen. Wer unter Schweißfüßen leidet, soll sich nach dem täglichen Fußbad mit dieser Tinktur einreiben. *Salbeiwein:* 2 Handvoll getrocknete Blätter mit 1 l Wein übergießen, 2 Wochen kühl und lichtgeschützt stehenlassen, dann abseihen, hilft bei Schnupfen, Katarrh und nervösen Zuständen, wenn man täglich 1 Gläschen davon vor dem Mittagessen trinkt. Salbei findet auch zur Herstellung von Likören Verwendung.

In der pharmazeutischen Industrie

Drogenbezeichnung: Salbeiblätter *(Folia Salviae)*, Salbeiöl *(Oleum Salviae)*. Der Salbei wird in der pharmazeutischen Industrie hauptsächlich zur Herstellung von Mund- und Gurgelwässern verwendet. *Fertigpräparate:* Cional-Kreussler, Salviathymol, Salvysat, Sweatosan, Vitosal Fluid, Thymodrosin, Ventrivert, Bormelin-Balsam.

Aus meiner Erfahrung

Neben dem Echten Salbei wird manchmal auch der Muskateller-Salbei *(Salvia sclarea)* benutzt. Er unterscheidet sich durch seinen muskatartigen Geruch, der etwas an Lavendel erinnert. Deshalb wurde er früher auch öfter zur Verbesserung des Weingeschmacks (zur Bereitung des „Muskatellers") herangezogen, heute findet der Muskateller-Salbei hauptsächlich in der Parfümindustrie Verwendung; seine Heilwirkung ist eher gering, aber als Zierpflanze im Garten ist er eine wahre Augenweide und wegen seines aromatischen Duftes sehr geschätzt.

Nicht übersehen

Wie bei manch anderen Heilpflanzen gilt auch beim Salbei die Regel, daß zu hohe Konzentration der Teeaufbereitung, also Überdosierung, und zu häufige Anwendung über einen längeren Zeitraum hinweg zu Vergiftungserscheinungen führen können. Daher bitte beachten: Nie zuviel und zu lange Salbei nehmen!

Naturschutz und gesetzliche Bestimmungen

Der Echte Salbei, ein Auswanderer aus den Klostergärten, ursprünglich ein Kind des Südens, ist heute in vielen Gärten daheim. Der Bruder aber, der Wiesensalbei, erfreut unser Auge in den Monaten Juni und Juli durch sein Blühen. Er hat weniger Heilkraft als der „Echte", aber er bringt Leben in die farbige Palette frühsommerlicher Schönheit der Natur. Das Zusammenlegen der Grundstücke, das Kommassieren, hat ihm stark zugesetzt. Die Feldraine sind verschwunden, brachliegende Feldzusammenstöße gibt es kaum noch. Wo soll er wachsen, der blaue Geselle? Auf Waldlichtungen, Kahlschlägen, in aufgelassenen Sandgruben und selbst in Steinbrüchen siedelt er sich wieder an. Lassen wir ihm sein Plätzchen. Nützen der Kulturfläche ist ein Gebot der Stunde, ja, das sehe ich ein. Aber auch die Wildpflanzen sollen leben.

Aus meiner Kräuterapotheke

Bei übermäßiger Schweißabsonderung: Salbeiblätter 3 Teile, Pappelknospen 2 Teile, Lavendelblüten 1 Teil. Auf folgende Weise wird der Tee zubereitet: Man nimmt 2 Teelöffel Mischdroge, gießt ¼ l kochendes Wasser darüber, läßt 15 Minuten ziehen und trinkt während des Tages 1 bis 2 Tassen schluckweise.

Schafgarbe
Achillea millefolium
Korbblütler
ausdauernd

Volkstümliche Bezeichnungen

Achillenkraut, Balsamgarbe, Bauchwehkraut, Berufkraut, Blutkraut, Blutstillkraut, Boanfraßkräutl, Dusendtacken, Fasankraut, Feldgarbe, Frauendank, Gachelkraut, Garbenkraut, Garrkraut, Gor, Gotteshand, Grensing, Grillengras, Heil aller Schäden, Judenkraut, Kachelkraut, Katzenkraut, Katzenschwanz, Kelkkräutl, Lämmerzunge, Leiterlichrut, Margaretenkraut, Müsechrut, Rippenkraut, Röhlk, Schafrippen, Schafzunge, Tausendblatt, Teekraut, Venusaugenbrauen.

Namenerklärung

Der erste Teil des Namens sagt, daß Schafe die Pflanze gerne fressen. Garbe kommt vom althochdeutschen *garwa* = die Heilende. *Achillea* geht auf den griechischen Helden Achilles zurück. Eine Erklärung dafür findet sich bei Plinius. Danach soll Achilles als Schüler des heilpflanzenkundigen Kentauren Chiron die wundheilende Kraft des Krautes benützt haben, um Telephos, den König der Myser, von einer Verwundung zu heilen. Nach einer anderen Version soll die Pflanze dem Achilles von der Göttin Aphrodite zur Heilung seiner eigenen Wunden angeraten worden sein. *Millefolium* heißt übersetzt „Tausendblatt" und bezieht sich auf die vielen kleinen Stengelblätter der Schafgarbe.

Kulturgeschichte

Wegen ihrer weiten Verbreitung wird die Schafgarbe von alters her in vielen Teilen der Welt hoch geschätzt. Etwa 2000 v. Chr. galt sie in China als Zaubermedizin und Wahrsagekraut. Die Indianer verwendeten die Schafgarbe schon vor der Ankunft der Weißen. In Europa ist der Gebrauch der Schafgarbe, vor allem als wundheilendes Kraut, seit dem Altertum überliefert. Dioskurides nennt die Pflanze *stratiotes chiliophyllos* = tausendblättriges Soldatenkraut. In Frankreich heißt sie noch heute „herbe à charpentier" = Zimmermannskraut, da dieser Berufsstand sehr stark Verletzungen ausgesetzt ist. Auch der Name „herbe de Saint-Joseph" hängt damit zusammen, soll doch nach einer Legende der heilige Josef, der ja Zimmermann war, durch die Schafgarbe, die ihm das göttliche Kind brachte, eine Wunde geheilt haben. In alten englischen Medizinbüchern scheint die Schafgarbe genauso auf wie in den Kräuterbüchern des 16. Jahrhunderts. Im bayerisch-österreichischen Raum meinte man, die rötlichblühende Schafgarbe sei für die Männer gut, die weißlichblühende für die Frauen; in letzterem Fall galt sie als besonders geeignetes Mittel gegen Weißfluß. Der Aberglaube bemächtigte sich der Pflanze in vieler Hinsicht. Man trieb damit den Teufel aus und glaubte, wenn sie ein Bestandteil der Gründonnerstag-Suppe sei, bleibe man das ganze Jahr über gesund. Gegen die Pest hängte man die Schafgarbe im Haus auf oder vor die Fenster. Am besten wachsen sollte sie an der Stelle, an der man am Weihnachtstag das Tischtuch ausschüttelte. Wohl wegen des Bitterstoffes benützte man die Schafgarbe im Norden Europas statt des Hopfens zum Bierbrauen. Die Samen fügte man auch als Konservierungsmittel dem Wein bei.

Herkunft

Auf der ganzen nördlichen Halbkugel verbreitet, wächst sie wild bis zum Polarkreis.

Fundort

Auf Weiden und Wiesen, trockenen Grasplätzen, an Weg- und Feldrainen, auf trockenem, sandigem Boden, an Böschungen und Abhängen, auf Geröllhalden, sogar noch hoch im Gebirge.

Merkmale

Die Schafgarbe hat einen einfachen oder wenig verzweigten aufrechten *Stengel*. An den Stengelenden stehen die kleinen *Blütenköpfe* in doldenartigen Blütenständen. Sie bestehen aus weißen bis rosa Zungenblüten und gelblichweißen Scheibenblüten. Die grundständigen, meist langgestielten *Blätter* sind länglich, die wechselständigen Stengelblätter sind ungestielt, 2- bis 3fach fein gefiedert mit spitzen Zipfeln. Der *Wurzelstock* ist am Boden dahinkriechend und verästelt. Die Pflanze erreicht eine *Höhe* bis 70 cm. Blüten und Blätter haben einen eigenartig feinen, würzigen *Geruch* und einen bitter-herben *Geschmack*.

Verwechslungen

Für den sehr oberflächlichen Beobachter ist eine Verwechslung mit dem Kümmel möglich, der ähnliche Blütenstände und ebenso fein gefiederte Blätter hat.

Blütezeit

Die Schafgarbe blüht von Anfang Juni bis zu den ersten Frösten im Oktober.

Samenreife

Die Samenreife ist unregelmäßig und zieht sich über Monate hin, bedingt durch die lange Blütezeit.

Erntezeit

Von Ende Juni bis Ende August. Später blühende Pflanzen ergeben keine hochwertige Droge mehr.

Ernte- und Sammelgut

Gesammelt wird das ganze blühende Kraut (*Herba Millefolii*) oder Blüten (*Flores Millefolii*) und Blätter (*Folia Millefolii*) getrennt.

Ernte- und Sammelvorschriften

Sammelt man das ganze Kraut, schneidet man es etwa eine Handbreit über dem Boden ab und hängt es gebündelt in einem luftigen Raum zum Trocknen auf. Verholzte Stengelteile müssen später aussortiert werden. Erntet man Blüten und Blätter (auch junge grundständige Blätter), so müssen sie in dünner Schicht zum Trocknen ausgebreitet werden. Die höchste zulässige Trocknungstemperatur ist 35 °C, da eine braun verfärbte Droge nicht verwendet werden kann. Vor Licht und Feuchtigkeit geschützt in dicht schließenden Gefäßen aufbewahren.

Anbau

Ich habe Schafgarbe nirgendwo in Kultur gesehen und auch noch nicht davon gehört, daß sie jemand versuchsweise kultiviert hätte. Ein Versuch würde sich aber bestimmt lohnen. Wenn die Pflanze auch nicht sehr ertragreich ist, so wächst sie doch rasch und

ist sehr ausdauernd. Die Schafgarbe ist nicht anspruchsvoll und widersteht extremen Wetterbedingungen. Auf ausgesprochen nassen Böden sollte man sie aber nicht anpflanzen.

Saatgut

Die länglichen und silbergrauen Früchte der Schafgarbe sind kleine, einsamige Schließfrüchte. Man sammelt die Trugdolden von wildwachsenden Pflanzen, sobald sie sich zu verfärben beginnen, trocknet sie im Halbschatten nach und rebelt dann die Samenkörner aus. Da die Schafgarbe in einigen Unterarten vorkommt, diese wahrscheinlich aber alle die gleichen Wirkstoffe, also auch die gleiche Heilwirkung haben, ist ein „sortenreines" Saatgut ohne Bedeutung.

Erträge

Diesbezüglich liegen mir keine Angaben vor, da die Schafgarbe meines Wissens nach bis jetzt feldmäßig noch nicht angebaut wird.

Für den Hausbedarf

Es ist empfehlenswert, im Hausgarten Schafgarbe zu ziehen. Ob als Abschluß des Alpinums oder auf Beete gesetzt, kann so der Bedarf an Teedroge und Gemüse gedeckt werden. Als Düngung genügt eine jährliche Gabe von gut verrottetem Kompost und 1- bis 2mal während des Sommers eine Jauchedüngung. So entstehen sehr kräftige Pflanzen, die viel Blattmaterial erzeugen und eine gutentwickelte Blütendolde aufweisen. Noch besser ist die Aussaat im Rasen, da sie stark verwildert. Die Schafgarbe ist nämlich trockenresistent und trittfest. Ist sie in Ihrem Garten einmal heimisch geworden, können Sie sie durch die Teilung der Wurzelstöcke älterer Pflanzen vermehren.

Krankheiten und Schädlinge

Unter ungünstigen Voraussetzungen kann Mehltau die Pflanzen befallen. Sie erscheinen staubig, weißgrau, und die Blätter sind dann nicht verwendbar. Raupen verschiedener Schmetterlinge können Fraßschäden verursachen.

Wirkstoffe

Ätherisches Öl mit dem blauen Cham-Azulen, der Bitterstoff Achillein, Gerbstoffe, Cholin, Furocumarin.

Heilwirkung

Stoffwechselorgane anregend, adstringierend

und entzündungshemmend bei geringfügigen Verletzungen und Wunden, antiseptisch, narbenbildend, krampflösend, harntreibend, blähungswidrig, verdauungsfördernd, menstruationsregulierend, appetitanregend.

In der Heilkunde

Die Schafgarbe ist ein vielseitiges Heilkraut, das bei den verschiedensten Beschwerden Hilfe bringen kann. Innerlich angewendet, und zwar in Form eines Aufgusses, wirkt die Schafgarbe bei Appetitlosigkeit, Magen- und Darmkatarrh, bei Gallenerkrankungen und gegen Nierenträgheit. Vor allem bei vielen Frauenkrankheiten, wie Weißfluß, Gebärmutterentzündung, Menstruationskrämpfen, sollte man zum Schafgarbentee greifen. 2 gehäufte Teelöffel Droge mit ¼ l siedendem Wasser überbrühen, 10 bis 15 Minuten ziehen lassen, dann abseihen und schluckweise trinken. Äußerlich verwendet man Schafgarbe bei Hautleiden und Wunden, in Form von Sitzbädern bei Erkrankungen der weiblichen Unterleibsorgane.

Als Hausmittel

Alle Anwendungsbereiche der Schafgarbe in der Heilkunde gelten auch in der Volksmedizin. Darüber hinaus wird der Schafgarbentee auch bei Bronchitis verabreicht und als Menstruationsregulativ, da die krampflösende Wirkung des in der Schafgarbe enthaltenen Cham-Azulens dabei zum Tragen kommt. Bei Blutandrang und Schwindel werden frisch gepflückte Blätter und Blüten zwischen Daumen und Zeigefinger fein zerrieben, in die Nase eingeführt und aufgeschnupft. Der Schmerz im Kopf wird bald gelindert sein. Gegen Hämorrhoiden und Frostbeulen wird gerne eine Salbe aus Schafgarbe empfohlen, die bei regelmäßiger Anwendung Erleichterung bringen kann. Zur Herstellung dieser Salbe läßt man 100 g Butter oder Butterschmalz zergehen und brät darin 20 g fein zerkleinerte Schafgarbenblüten oder -blätter, bis die Masse bräunlich wird. Dann abseihen, in Tiegel füllen und erstarren lassen.

In der Tiermedizin

Ein Teeaufguß aus Schafgarbe (1 Handvoll getrocknetes Kraut auf 1 l Wasser) bringt Haustieren, die unter Blähungen und Magen- und Darmkoliken leiden, bald Linderung. Überhaupt ist zu empfehlen, daß sowohl im Frisch- als auch im Trockenfutter genügend Schafgarbe enthalten ist, denn ihre Heilkraft ist enorm und macht den Viehbestand widerstandsfähiger gegen allfällige Krankheiten. Und vor Insektenplage kann man die Rinder schützen, wenn man sie mit frischem Schafgarbentee abreibt.

In der Homöopathie

Aus dem frischen, vor der Blüte gesammelten Kraut wird das Homöopathikum *Millefolium* hergestellt, das in Form von Urtinktur bis zur 6. Potenz bei Kreislaufstörungen, Blutstauungen, Blutungen in der Lunge und im Darm, bei Hämorrhoiden, bei Blasenentzündungen, Blutergüssen und zur Behandlung von Wunden und Geschwüren verabreicht wird. Auch bei Hauterkrankungen bringt das Homöopathikum Erfolg, ebenso wie bei Ohrenschmerzen und Nasenbluten.

In der Küche

Die jungen, ganz frischen Triebe der Schafgarbe eignen sich hervorragend, gemischt mit anderen Kräutern, zu einer Frühjahrskur. Es ist jedoch darauf zu achten, daß nur die ganz jungen Blätter verwendet werden, da das schon etwas ältere Kraut recht bitter schmecken kann. Überhaupt empfiehlt es sich, Schafgarbe in der Küche immer mit anderen Wildkräutern zu mischen, am besten mit Spitzwegerich und Sauerampfer, zur Bereitung eines würzigen Salates oder einer Gemüsespeise, wobei die kleinen Fiederblätter, 20 Minuten in Wasser gekocht, abgegossen und dann mit dem anderen Gemüse noch in Butter gedünstet werden. Als Gewürz kann man die jungen Blätter an Soßen und Suppen geben, aber auch Käseaufstriche bereichert die etwas herbe Schafgarbe sowohl geschmacklich wie auch als Vitaminspenderin.

Für die Körperpflege

Bei unreiner Haut, bei Akne und Hautflecken empfiehlt sich ein Schafgarbenaufguß zur innerlichen Anwendung. Überbrühen Sie 20 g getrocknete Blüten oder Blätter mit 1 l kochendem Wasser und lassen Sie 10 Minuten ziehen. Von diesem Aufguß trinken Sie täglich 3 Tassen, wobei die 1. Tasse in der Früh auf nüchternen Magen genommen werden soll. Sehr gut eignet sich dieser Aufguß auch bei Cellulitis. Zur Anregung der Blutzirkulation und des Kreislaufes kann man ein Vollbad mit einem konzentrierten Absud aus dem frischen, blühenden Kraut nehmen. 50 g auf 1 l Wasser, 10 Minuten kochen, dann abseihen und dem Badewasser zusetzen. Ein

Schafgarbenabsud (50 g frisches, zerkleinertes Kraut in 1 l Wasser 10 Minuten kochen lassen) fördert den Haarwuchs, wenn man sich damit täglich die Kopfhaut einreibt und den Haarboden massiert. Ein Gesichtswasser aus je 3 Fingerspitzen Schafgarbe und Pfefferminze (Absud bereiten) hilft bei fetter Haut und bei Kupferausschlag.

Auszüge

Die Schafgarbe kann sowohl für einen alkoholischen als auch für einen Ölauszug verwendet werden. Im Verhältnis 1 : 4 wird das frische oder getrocknete Kraut 14 Tage in Alkohol angesetzt, dann abgeseiht und abgefüllt. Äußerlich als *Tinktur* zum Einreiben bei Hauterkrankungen, Venenentzündungen, Kopfschmerzen; innerlich löffelweise genommen hilft der Auszug bei allen in der Heilkunde und in der Volksmedizin angeführten Anwendungsgebieten. Für den *Ölauszug* setzt man auch im Verhältnis 1 : 4 mit kalt gepreßtem Olivenöl an, läßt mindestens 1 Woche bei Zimmertemperatur stehen, seiht ab, preßt aus und verwendet dieses Schafgarbenöl zum Einreiben der Haut und zum Auflegen von Kompressen.

In der pharmazeutischen Industrie

Verwendet wird das ganze blühende Kraut ohne Wurzel, wobei die Apothekerware auch auf die dickeren Stengelteile verzichtet. Zuweilen werden auch nur die Blüten verarbeitet. *Fertigpräparate:* Aristochol, Cefakliman, Digestivum-Hetterich, Menodoron, Guttamar, Magentee Stada, Stomachysat Bürger.

Aus meiner Erfahrung

Schafgarbe eignet sich vorzüglich als Gewürz für die Zubereitung fetter Speisen, ganz besonders für Gänsebraten, Eintopfgerichte und Wurstwaren. Schafgarbe würzt nicht nur angenehm, sondern fördert vor allem die Verdauung, was auf den Bitterstoffgehalt der Schafgarbe zurückzuführen ist.

Nicht übersehen

Nach der Betonung der so vielseitigen guten Wirkung der Schafgarbe muß doch auch gesagt werden, daß bei der Verwendung durchaus Vorsicht am Platz ist. Bei innerem Gebrauch ist auf die genaue Dosierung zu achten; außerdem soll man Schafgarbentee nicht über einen längeren Zeitraum trinken. Es können sonst Kopfschmerzen und Hautausschläge auftreten. Besonders empfindlichen Personen ist dazu zu raten, Schafgarbe mit anderen Heilkräutern zu mischen bzw. eine Teekur mit reiner Schafgarbe nur mit ½ Teelöffel Droge auf mindestens 2 Tassen Wasser zu beginnen und dann sehr vorsichtig zu steigern. Alkohol und Koffein sollen in dieser Zeit überhaupt gemieden werden. Es gibt auch Menschen, die schon auf das Berühren der Pflanze mit Hautentzündungen oder einem bläschenartigen Ausschlag reagieren. Man nennt dies Badedermatitis, wobei auch andere Pflanzen diese Erscheinungen hervorrufen können.

Naturschutz und gesetzliche Bestimmungen

Der Ruf nach natürlichen Heilmitteln entflammt die Sammelleidenschaft nach Heilkräutern. Sammelt, aber schützt! Seid vernünftig! Dabei denke ich auch an das wertvolle Kraut für alle Organe im Oberbauch, die Schafgarbe. Nur Blätter, Blüten und die obersten weichen Teile des Stengels, die Blütenträger, gelten als Droge. Nur sie werden verwendet, nicht aber die Wurzel. Wozu gleich die ganze Pflanze ausreißen? Der Einfachheit halber? Weil man so alles zu Hause beisammen hat? Falsch. Stehen lassen, was man nicht unbedingt braucht. Das ist die Regel, auch bei der Schafgarbe.

Aus meiner Kräuterapotheke

Bei zu starker Regelblutung: Schafgarbenblüten und -blätter gemischt 3 Teile, Alantwurzel 2 Teile, Kamille 1 Teil. 1½ Teelöffel der Mischung wird mit ¼ l kochendem Wasser übergossen. 15 Minuten ziehen lassen, abseihen und 2 Tassen täglich trinken. Man startet diese Kur 1 Woche vor dem erwarteten Eintritt der Regel, mit deren Beginn man die Teekur absetzt.

Schöllkraut
Chelidonium maius
Mohngewächse
ausdauernd

Volkstümliche Bezeichnungen

Aflkraut, Augenkraut, Augenwurz, Blutkraut, Gallkraut, Gilbkraut, Goldkraut, Goldwurz, Gottesgabe, Gschwulstkraut, Herrgottsblatt, Hexenmilch, Kretzenkraut, Maikraut, Marienkraut, Milchkraut, Nagelkraut, Schälerkraut, Schälkraut, Schellkraut, Schindwurz, Schinnkraut, Schminkwurzel, Schwalbenkraut, Siegentod, Teufelskraut, Trudenmilchkraut, Warzenkraut.

Namenerklärung

Dem Schöllkraut begegnen wir im Althochdeutschen als *scelli-*, *scella-* und *scellinwurz*, wohl als Anlehnung an *scelle* = Schelle. Die Ableitung dürfte jedoch über mittellateinisch *celidonia* auf das griechische *chelidonion* zurückgehen. *Chelidon* = Schwalbe, was Dioskurides so erklärt, daß die Pflanze blühe, wenn die Schwalben kommen, und verwelke, wenn diese fortziehen. *Chelidonium* ist die lateinische Form des griechischen Wortes.

Kulturgeschichte

Mit *chelidonion* beschreibt bereits Dioskurides ganz unzweifelhaft das Schöllkraut. Im Mittelmeer war die Pflanze in unseren Breiten bestens bekannt, und in den Kräuterbüchern des 16. Jahrhunderts wird sie ausführlich besprochen. Der Saft des Krautes galt vornehmlich als Mittel zur Schärfung der Sehkraft und, offenbar infolge der Signaturenlehre, wegen seiner gelben Blüten und des gelben Saftes als Hilfe gegen Gelbsucht. Dieser Saft fand auch schon sehr bald seine Verwendung zur Beseitigung von Warzen. Oft war die Benützung des Krautes auch mit abergläubischen Riten verbunden. Man mußte täglich so viele Vaterunser beten, wie man Wurzeln der Pflanze in einem Säckchen bei sich trug. Sollte das Schöllkraut gegen Schwindsucht helfen, mußte noch Erde vom Friedhof mit dabei sein. Auch war die Pflanze ein Bestandteil von Zaubersalben, mit denen von Dämonen besessene Menschen behandelt wurden.

Herkunft

Findet sich fast auf der ganzen nördlichen Halbkugel.

Fundort

Als Siedlungszeiger wächst das Schöllkraut auf alten Mauern und Schuttplätzen, an Hekken und Zäunen, an Wegrändern und auf Ödland.

Merkmale

In der ganzen Pflanze findet sich ein gelber Milchsaft, der sich an der Luft rötlich verfärbt und giftig ist. Der aufrechte, hohe *Stengel* ist verzweigt und behaart. Die kleinen gelben *Blüten* haben 4 Blütenblätter und stehen in schütteren Dolden. Die *Grundblätter* sind langgestielt, die *Stengelblätter* wechselständig, fiederspaltig, am Rand gekerbt und an der Unterseite blaugrün. Der walzenförmige *Wurzelstock* ist verästelt, außen rotbraun und innen orangefarben. Die Pflanze erreicht eine *Höhe* bis zu 80 cm. Zerdrückt man das frische Kraut, dann ist der *Geruch* unangenehm scharf. In getrocknetem Zustand hingegen ist das Schöllkraut fast geruchlos, der *Geschmack* der ganzen Pflanze ist etwas scharf, bitter und lang anhaltend.

Verwechslungen

Mit anderen Pflanzen kann Schöllkraut kaum verwechselt werden, denn als sicheres Merkmal gilt der gelbrote Saft, der beim Abreißen des Stengels hervortritt.

Blütezeit

Das Schöllkraut blüht manchmal schon von März, normalerweise aber von April bis Oktober, ja sogar bis in den November hinein. Die Hauptblütezeit liegt jedoch in den Monaten Mai bis Juli.

Samenreife

Entsprechend der Hauptblütezeit ist die Hauptzeit der Samenreife von Mitte August bis Mitte September.

Erntezeit

Die günstigste Erntezeit für die Blattdroge sind die Monate April bis Juni.

Sammelgut

Das blühende Kraut (*Herba Chelidonii*) und die Wurzel (*Radix Chelidonii*).

Sammelvorschriften

Das Kraut wird geschnitten. Dabei muß man sich mit Handschuhen schützen. Günstig sind auch Schutzbrillen, da der Milchsaft die Hornhaut ätzen kann. Das Sammelgut muß streng getrennt von anderen Pflanzen getrocknet werden, und zwar möglichst rasch im Schatten, künstlich bei höchstens 35 °C. Die Aufbewahrung erfolgt in dicht schließenden Gefäßen, vor Licht und Feuchtigkeit geschützt.

Anbau

In den letzten 20 Jahren hat sich die Pflanzenheilkunde wieder vermehrt mit dem Schöllkraut beschäftigt. Man hat sich der guten Eigenschaften des Schöllkrautes erinnert, so daß viele Kräuterfreunde es an seinen natürlichen Standorten sammeln und dann als Droge verwerten. Großflächig wird das Schöllkraut nach meiner Kenntnis angebaut.

Saatgut

Die Früchte sind schotenartig und springen zweiklappig auf. Die Samen haben einen saftigen, kammförmigen Anhang, der von den Ameisen als Futter geschätzt wird. Auf diese Art kommt den Ameisen eine wichtige Funktion bei der Verbreitung der Pflanze zu. Will man das Schöllkraut im Garten anbauen, so sammelt man das Saatgut am besten von wildwachsenden Pflanzen.

Erträge

Da Schöllkraut auf größeren Flächen nicht angebaut wird, hat man in dieser Richtung keine Erfahrungen.

Für den Hausbedarf

Einem Heilkräuterfreund, der sich seine Heilpflanzen gerne aus dem eigenen Garten holt, empfehle ich das Ziehen des Schöllkrautes entlang der Hausmauer.

Krankheiten und Schädlinge

Es ist mir nicht bekannt, daß das Schöllkraut von nennenswerten Schädlingen heimgesucht wird.

Wirkstoffe

Eine Reihe von Alkaloiden, vor allem Chelidonin, Chelerythrin, Protopin, Berberin und andere. (Der Alkaloidgehalt im Kraut nimmt bei der Trocknung sehr stark ab, der reife Samen ist alkaloidfrei.) Weiters enthält das Schöllkraut ätherisches Öl, jedoch nur in geringer Menge.

Heilwirkung

Abführend, harntreibend, krampflösend, stoffwechselanregend, leber- und gallenanregend, blutdrucksenkend, beruhigend, hustenlindernd, keimtötend.

In der Heilkunde

Bei innerlicher Anwendung in Form eines Aufgusses (2 Teelöffel Schöllkraut mit ¼ l kochendem Wasser überbrühen, 10 Minuten ziehen lassen, 2- bis 3mal täglich 1 Tasse) hilft das Schöllkraut bei allen Arten von Gallenerkrankungen, wie Verschleimung und Entzündung der Gallenblase, bei Gallenkoliken, Nierenkoliken, Leber- und Milzbeschwerden, Krämpfen der Unterleibsorgane, Darmkatarrh und chronischem Husten. Auch bei Schlafstörungen und Nervenerkrankungen bringt der Aufguß Erleichterung. Aber bitte sparsam anwenden und Dosierung beachten! Äußerlich verwendet man den frisch gepreßten Saft bei Hauterkrankungen und als Einreibung bei Gicht und Rheuma sowie bei eiternden Geschwüren.

Als Hausmittel

In der Volksheilkunde wird das Schöllkraut vor allem zur Beseitigung von Warzen, gegen Hühneraugen und Schwielen eingesetzt. Diese äußerliche Anwendung ist durch die bakterizide Wirkung der Pflanze gerechtfertigt. Erst in jüngster Zeit begann man das Schöllkraut auch bei Asthmaanfällen zu nehmen, da es eine beruhigende und krampflösende Wirkung hat. Deshalb können auch Frauen, die unter starken Regelschmerzen leiden, Fußbäder mit Schöllkrautaufguß versuchen.

In der Tiermedizin

Bei Darmkatarrh und Wassersucht mischt man Pferden und Rindern 500 g und Schweinen 250 g des frischen, zerkleinerten Krautes unter das Futter. Bei Geschwüren, geschwollenen Drüsen und Hautausschlägen wird das Schöllkraut auch äußerlich angewandt, und zwar in Form von Abkochungen und Breiumschlägen mit Gerstenmehl.

In der Homöopathie

Das Homöopathikum *Chelidonium* wird aus der frischen Wurzel bereitet. Es ist ein hervorragendes Galle- und Lebermittel und bringt Hilfe bei Milzerkrankungen, wobei es vorwiegend in 3. Potenz (dil D3) verabreicht wird. Ferner gebraucht man *Chelidonium* bei Grippe, Bronchitis, Lungen- und Rippenfellentzündung sowie Magen- und Darmentzündung. Auch gegen Neuralgien, Gicht, Muskelrheumatismus und Hauterkrankung ist das Homöopathikum zu empfehlen. Man nimmt gewöhnlich 10 bis maximal 15 Tropfen, und zwar 3mal täglich.

Für die Körperpflege

Der frisch gepreßte Saft des Krautes kann, auf die Warze geträufelt, diese bald zum Verschwinden bringen; jedoch soll darauf geachtet werden, daß die umgebenden Hautpartien gut abgedeckt sind.

Auszüge

Schöllkrautwurzel und -kraut kann man im Verhältnis 1:4 in 75%igem Alkohol ansetzen, 14 Tage stehenlassen und nach dem Abseihen auf 36% mit destilliertem Wasser verdünnen. Dieser Auszug kann zu Einreibungen bei unreiner Haut, vor allem bei Akne, verwendet werden, ebenso auch bei Gicht und Rheuma.

In der pharmazeutischen Industrie

Die Droge wird in der pharmazeutischen Industrie zur Herstellung von Gallepräparaten und von dermatologischen Präparaten verwendet, die die Heilkunde bei schweren Hauterkrankungen verordnet. Darüber hinaus ist das Schöllkraut auch in einem Spritzmittel enthalten, mit dem man Blattläuse auf Zimmerpflanzen bekämpft. *Fertigpräparate:* Cheliforton, Chol-Kugeletten, Mediolax, Panchelidon.

Aus meiner Erfahrung

Schöllkraut verliert durch Lagerung sehr viel an Wirkkraft. Länger als 3 Monate sollte Schöllkraut nicht gelagert werden. Am besten ist es, Schöllkraut unmittelbar nach dem Ernten in die Gefriertruhe zu geben, so hat man durch viele Monate hindurch frische Heilpflanzen und kann sie auch dann verwenden, wenn das Schöllkraut in der Natur nicht mehr anzutreffen ist.

Nicht übersehen

Schöllkraut ist eine Giftpflanze! Wenn es bei sorgfältiger Anwendung des Schöllkrautes normalerweise auch nicht zu Nebenwirkungen kommt, so ist es doch ratsam, die Droge auch äußerlich sparsam und vorsichtig einzusetzen und vor innerlicher Verwendung unbedingt mit dem Hausarzt Rücksprache zu halten. Da es immer wieder vorkommt, daß Kinder beim Spielen im Freien an dem Milchsaft lecken, müssen sie davor gewarnt werden.

Naturschutz und gesetzliche Bestimmungen

Mit den Füßen zertreten, abgerissen und weggeworfen. Mit den Wurzeln nach oben, liegt es in der Sonne. So erlebe ich immer wieder das traurige Schicksal des Schöllkrautes. „Weil es ein Giftkraut ist", rechtfertigen sich manchmal die Peiniger. Und dann sind sie froh, wenn ihnen die Kraft des „giftiggelben" Saftes die lästigen Warzen vertreibt. Voreingenommenheit? Dunkler Schatten vergangener Jahrhunderte? Nein, leider gilt das auch heute noch. Aber die Pflanzen dürfen darunter nicht leiden, auch das Schöllkraut nicht.

Aus meiner Kräuterapotheke

Bei Rheuma: Schöllkraut 3 Teile, Birkenblätter 3 Teile, Odermennig 3 Teile. 2 Teelöffel der Mischung mit ¼ l kochendem Wasser übergießen, 15 Minuten ziehen lassen, abseihen und täglich 3 Tassen, jeweils 1 Stunde nach dem Essen, trinken. Den Kräuterrückstand kann man für den Abend zur Seite stellen, dann kurz aufwärmen, in ein Säckchen geben und für 4 Stunden auf die schmerzende Stelle legen. Die Stelle muß aber warm gehalten werden. Am besten benützt man dazu einen Thermophor.

Schwarzkümmel
Nigella sativa
Hahnenfußgewächse
einjährig

Volkstümliche Bezeichnungen

Echter Schwarzkümmel, Katharinenblume, Nardenkraut, Römischer Kümmel, Schwarzer Koriander, Schwarzer Kreuzkümmel.

Namenerklärung

Kümmel leitet sich von lateinisch *cuminum*, griechisch *kyminon*, ab, womit der schon im Altertum in den östlichen Mittelmeerländern verbreitete Römische Kümmel bezeichnet wurde. Der erste Teil des Namens kommt von den leuchtendschwarzen Samenkörnern. Der Gattungsname *Nigella* kommt von lateinisch *niger* = schwarz.

Kulturgeschichte

Von *kyminon* berichtet Dioskurides, doch fehlt eine Beschreibung der Pflanze. Plinius erzählt von dem antiken Aberglauben, daß *cuminum* besonders gut gedeihe, wenn man bei seiner Aussaat fluche. In der Landgüterordnung Karls des Großen wird Schwarzkümmel unter den Gewürzkräutern angeführt, die die Pächter der königlichen Güter zu pflanzen hatten. Jahrhundertelang war der Schwarzkümmel als Pfefferersatz und Gewürz, vor allem für Brot, weit verbreitet. Auch seine Heilwirkungen waren bekannt.

Herkunft

Heimisch in Südeuropa, Nordafrika und Westafrika. In Mitteleuropa vereinzelt feldmäßig angebaut und selten verwildert.

Fundort

Auf sonnigen Stellen mit genügend Feuchtigkeit.

Merkmale

Der aufrechte, verästelte *Stengel* ist mehr oder weniger behaart. Die *Blüten* stehen einzeln am Stengelende. Die „Blütenblätter" sind eigentlich Kelchblätter; sie sind weiß, mit grünlicher oder bläulicher Spitze. Die *Blätter* sind wechselständig, dreifach fiederteilig und fein gezipfelt. Die unteren sind gestielt, die oberen sitzend und von hellgrüner Farbe. Die *Wurzel* ist senkrecht und fadenförmig. Die *Höhe* ist maximal 50 cm. Der *Geruch* des Samens ist muskatähnlich, der *Geschmack* eher würzig.

Verwechslungen

Sind mit anderen Nigella-Arten, die zum Teil wild vorkommen, zum Teil als Zierpflanzen gezogen werden, möglich. Man betrachte daher genau die Abbildung.

Blütezeit

Juni bis August.

Samenreife

Bei früher Saat Ende August.

Erntezeit

Die Erntezeit ist der Beginn der Samenreife.

Ernte- und Sammelgut

Die reifen Früchte (*Semen Nigellae sativae*).

Ernte- und Sammelvorschriften

Sobald die Fruchtkapseln anfangen, sich braun zu verfärben, wird mit dem Mähen begonnen. Man mäht, solange die Bestände noch taunaß sind, um Samenverluste durch Ausfall weitgehend zu vermeiden. Das Nachtrocknen erfolgt auf dem Feld, dann wird eingefahren und gedroschen. Nach der Reinigung der Samen werden sie in dünner Schicht in einem dunklen Raum ausgebreitet, bis sie völlig trocken sind. Es muß öfters gewendet werden.

Anbau

Besonders geeignet sind sandige Lehmböden. Da frischer Stalldünger nicht vertragen wird, gedeiht Schwarzkümmel am besten in zweiter oder sogar dritter Tracht nach Hackfrüchten. Der Boden wird gut vorbereitet, und die Aussaat erfolgt im März, April, eventuell auch noch im Mai. Wird noch später ausgesät, reifen die Samen oft schlecht. Man sät in 20 cm Reihenabstand, wofür man 15 bis 20 kg Saatgut pro ha braucht. Zwei- bis dreimaliges Hacken ist nötig, dann schließt sich der Bestand. Da die Pflanze nicht sehr anspruchsvoll ist, genügt eine geringe Menge Mineraldünger.

Saatgut

Es empfiehlt sich, Saatgut zu kaufen, das meist aus südlichen Ländern eingeführt wird. Das Tausend-Korn-Gewicht schwankt zwischen 1,9 und 2,6 g. Das Saatgut muß vor Licht geschützt gelagert werden, da es sonst leicht hartschalig wird. So bleibt es 2 bis 3 Jahre keimfähig.

Erträge

Der Ertrag an Samen schwankt zwischen 3,4 und 4,8 t pro ha.

Für den Hausbedarf

Schwarzkümmel ist ein Exote im Hausgarten und daher interessant. Man kann ihn gemischt mit anderen einjährigen Sommerblühern auf ein eigenes „Sommerbeet" säen. Ich würde vorschlagen: Schwarzkümmel, Ringelblume, Portulak, Kapuzinerkresse, Basilikum und Boretsch, alles Heilkräuter, die man verwenden kann.

Krankheiten und Schädlinge

Sind mir keine bekannt.

Wirkstoffe

Der Schwarzkümmel enthält das Saponin Melanthin, den Bitterstoff Nigellin, Nigellon, ein unangenehm riechendes ätherisches Öl, sowie ein fettes Öl und Gerbstoff.

Heilwirkung

Schwarzkümmel wirkt harntreibend und blähungswidrig sowie wurmtreibend und menstruationsfördernd. Auch fördert er die Milchsekretion.

In der Heilkunde

Von der Verwendung des Schwarzkümmels in der Schulmedizin ist nichts bekannt.

Als Hausmittel

Tee aus Schwarzkümmelsamen regt Niere und Blase zu vermehrter Ausscheidung an, hilft gegen Blähungen, Durchfall und gegen Gallenkoliken. Bei mangelnder Milchsekretion wird dieser Tee auch mit gutem Erfolg den Wöchnerinnen verabreicht. Der Tee wird folgendermaßen zubereitet: 1 Teelöffel zerstoßene Samen wird mit ¼ l kochendem Wasser übergossen und 15 Minuten ziehen gelassen. Von diesem Aufguß trinkt man täglich 2 Tassen.

In der Tiermedizin

Eßlöffelweise auf das Futter geschüttet, kann der Aufguß aus Schwarzkümmel bei Haustieren als harntreibendes Mittel eingesetzt werden. Ein Absud des Samens fördert die Milchsekretion von Muttertieren; ich selbst habe diese Erfahrung bei Hündinnen gemacht. In den Trank gemischt, wirkt der Aufguß auch appetitanregend.

In der Homöopathie

Die Homöopathie stellt aus dem Samen des Schwarzkümmels eine Tinktur her, die als verdauungsfördernd gilt und bei unregelmäßiger Menstruation verabreicht wird. Auch bei Leber- und Darmentzündung ist eine Gabe der Tinktur hilfreich.

In der Küche

Der Schwarzkümmelsamen findet in der Küche als Pfefferersatz Verwendung, aber auch als Gewürz auf Backwaren, denn er fördert die Verdauung und wirkt blähungstreibend. Besonders in den südosteuropäischen Ländern wird der Schwarzkümmel sehr geschätzt.

Für die Körperpflege

Aus Schwarzkümmelsamen wird eine Essenz hergestellt, die in verdünnter Form als Gesichtswasser zur Reinigung und Pflege der Haut dient.

Auszüge

So bereitet man eine *Tinktur* aus Schwarzkümmelsamen: ½ l Alkohol (75%) mit 150 g zerstoßenen Samenkörnern in einer weithalsigen, gut verschließbaren Flasche gut durchmischen, ins Wohnzimmerfenster stellen und täglich durchschütteln. Nach 2 Wochen abseihen und mit destilliertem Wasser auf 36% abstimmen. Bei Blähungen und Verdauungsbeschwerden nimmt man je nach Bedarf 1 Eßlöffel der Tinktur. Äußerlich angewendet hilft diese Tinktur bei Gliederschmerzen und Rheumatismus.

In der pharmazeutischen Industrie

Schwarzkümmel wird bis jetzt nicht verwendet.

Aus meiner Erfahrung

Bei starken Gliederschmerzen empfehle ich, auf die schmerzenden Stellen gekochte, zerdrückte, besonders stärkehaltige Kartoffeln zu legen, dann die Stellen mit lauwarmem Wasser abzuwaschen, abzutrocknen und mit Schwarzkümmeltinktur gut einzureiben. Das macht man 3 Wochen hindurch, täglich wenigstens 1mal. Schwarzkümmel gehört zu den Heilkräutern, die von Frauen während der Schwangerschaft nicht genommen werden dürfen.

Nicht übersehen

In größeren Mengen ist der Schwarzkümmel giftig!

Naturschutz und gesetzliche Bestimmungen

Ein Blumenbeet an der Sonne in meinem Pfarrgarten, vor zwanzig Jahren. Damals lernte ich den Schwarzkümmel kennen und lieben. Es war Liebe auf den ersten Blick. Ein verliebter Pfarrer! Aber verliebt in eine Blume, ein Heilkraut. Die Heilkraft lernte ich erst später kennen und schätzen. Schützt ihn, den Schwarzkümmel, indem ihr ihn im eigenen Garten anbaut. Hinter einer Jägerkapelle im Horner Raum fand ich eine beachtliche Kolonie von Schwarzkümmel, mitten im Sommer, in der Hauptblütezeit. Einen Monat später wollte ich die Samen sammeln und ausstreuen. Doch als ich hinkam, waren alle Pflanzen verschwunden. Nur die aufgerissene Krume kündete von ihrem ehemaligen Standort und dem Egoismus der Menschen. Egoismus ist der ärgste Feind des Naturschutzes.

Aus meiner Kräuterapotheke

Bei Blähungen: Schwarzkümmelsamen 3 Teile, Echte Engelwurzwurzel 2 Teile, Fünffingerkraut 1 Teil. 2 Teelöffel Kräutermischung werden mit ¼ l kochendem Wasser übergossen und 1 Stunde stehengelassen. Abseihen und je nach Bedarf schluckweise 1 bis 2 Tassen täglich trinken.

ECHTER SALBEI
Salvia officinalis

SCHAFGARBE
Achillea millefolium

SCHÖLLKRAUT
Chelidonium maius

SCHWARZKÜMMEL
Nigella sativa

STIEFMÜTTERCHEN
Viola tricolor

Stiefmütterchen
Viola tricolor
Veilchengewächse
ein- oder zweijährig

Volkstümliche Bezeichnungen

Ackerdenkeli, Ackermühli, Ackerveilchen, Adeli, Aenkeli, Dankeblümchen, Denkblümlein, Denggeli, Denkeli, Dreifaltigkeitsblume, Dreifaltigkeitskraut, Dreifarbiges Veilchen, Dreisamveilchen, Feldstiefmütterchen, Feldveigerl, Flockenblume, Frauenschühlein, Freisamkraut, Freisamveilchen, Garböcklein, Gichtkraut, Jelängerjelieber, Jesusblümlein, Kathrinchen, Samtadali, Samtblümlein, Samtveieli, Samtveigerl, Schwelkeblume, Schwiegerli, Siebenfarbenblume, Stiefkinder, Stiefkindle, Tag- und Nachtveigerl, Tausendschön, Unnütze Sorge, Wildes Stiefmütterchen.

Namenerklärung

Stiefmütterchen ist die Verkleinerungsform von Stiefmutter, wie die Pflanze früher genannt wurde. Die Bezeichnung ist relativ jung, sie ist erst seit dem 18. Jahrhundert nachweisbar. Erklärt wird sie folgendermaßen: Die beiden obersten Blütenblätter sind die beiden Stühle, die die Stiefmutter für sich beansprucht, die anschließenden werden von ihren Töchtern besetzt, während sich die Stieftöchter das unterste Blatt, also einen Stuhl, teilen müssen. Nach einer anderen Auffassung nannte man ursprünglich nur das gelbe Veilchen „Stiefmutter", wegen der Farbe, die Neid und Eifersucht bedeutet. Die Benennung ging dann auch auf das dreifarbige Veilchen über. *Viola* heißt auf Latein das Veilchen, denn zu dieser Familie gehört das Stiefmütterchen, und *tricolor* = dreifarbig.

Kulturgeschichte

Von den klassischen Schriftstellern werden verschiedene Veilchenarten genannt, in den Beschreibungen ist aber das Stiefmütterchen nicht klar zu erkennen. Unmißverständlich beschrieben finden wir die Pflanze dann in den Kräuterbüchern des 16. Jahrhunderts, jedoch unter anderen Namen. Brunfels schreibt in seinem „Kreuterbuch" 1534: „Dreifaltigkeitsblümlin haben iren namen von irer farb / welche an blümlin dreyerley erscheint." Zu diesem Namen gibt es auch eine hübsche Legende. Die unter dem Getreide wachsende Pflanze hatte einen unvergleichlich guten Duft. Da die Leute also seinetwegen das Korn zertraten, bat das Blümlein die Dreifaltigkeit, ihm den Duft zu nehmen. Das geschah auch, doch durfte nun das Blümlein den Namen der Dreifaltigkeit tragen. 1586 steht bei Matthiolus über das Stiefmütterchen zu lesen: „Es hilfft den jungen Kindern / die mit dem Freisch oder Vergicht belästigt sind / daher nennet mans Freisam oder Freischamkraut." Als Mittel gegen die „Fraisen", krampfartige Anfälle, besonders epilepsieähnliche Anfälle kleiner Kinder, war das Stiefmütterchen noch lange in Gebrauch, wie es überhaupt in der volkstümlichen Kinderheilkunde Verwendung fand, vor allem gegen Milchschorf und auch gegen Keuchhusten.

Herkunft

In ganz Europa bis in den hohen Norden heimisch, aber auch auf der übrigen nördlichen Halbkugel.

Fundort

Wildwachsend sehr häufig auf Äckern und Brachfeldern, auf Wiesen und Weiden. Auch in den Gartenkulturen tritt das Stiefmütterchen als „Unkraut" auf. Gelegentlich wird es auch kultiviert.

Merkmale

Der aufrechte *Stengel* ist hohl und meist verzweigt. Die langgestielten *Laubblätter* sind herz- bis eiförmig, die oberen mehr lanzettlich, alle am Rand gekerbt. Die etwas kleineren *Nebenblätter* sind fiederspaltig mit einem den Laubblättern ähnelnden Endabschnitt. Aus den Blattachseln wachsen Stiele, an deren Ende die *Blüten* sitzen. Sie haben einen Durchmesser von 1 bis 3 cm und bestehen aus 5 Kronblättern von hellgelber, weißlicher, rosa oder violetter Farbe. Ein und dieselbe

Pflanze kann verschiedenfarbige Blüten tragen. Das sehr feine *Wurzelsystem* besteht aus weißlich-hellbraunen Haupt- und Seitenwurzeln, die stark verzweigt und reich befasert sind. Das Stiefmütterchen kann eine Höhe bis zu 30 cm, in Ausnahmefällen sogar bis zu 40 cm erreichen. Die Pflanze hat fast keinen *Geruch*, am ehesten kann er als grasähnlich bezeichnet werden. Der *Geschmack* ist schwach süßlich.

Verwechslungen

Verwechslungen sind kaum möglich, außer man hat im Rasen verwildert wachsende Gartenstiefmütterchen. Die im Rasen wachsenden Pflanzen werden aber immer größere Blüten haben. Es ist nicht ratsam, diese für Drogenzwecke zu verwenden, wenn auch die Versuchung naheliegt, größere und schönere Blüten zu sammeln.

Blütezeit

Die Blütezeit reicht von April bis September, manchmal auch bis in den Oktober hinein.

Samenreife

Die Samen reifen etwa 6 Wochen nach der Blüte.

Erntezeit

Das blühende Kraut kann laufend gesammelt werden, im feldmäßigen Anbau wird 2- bis 3mal geschnitten, und zwar in der 2. Maihälfte, Anfang Juli und eventuell noch einmal ab Ende August.

Ernte- und Sammelgut

Das blühende Kraut (*Herba Violae tricoloris*), die Blüten (*Flores Violae tricoloris*). Die reinen Stiefmütterchenblüten sind als Droge bedeutend wertvoller. Für den Normalgebrauch in der Pharmazie aber wird das ganze Kraut mit den Blüten verwendet. Zu beachten ist, daß keine Samenkapseln dabei sind. Fallweise verlangt die pharmazeutische Industrie *Herba Violae tricoloris cum radices*, also Kraut samt Wurzel, oder auch Wurzel allein, *Radix Violae tricoloris*.

Ernte- und Sammelvorschriften

Die Blütenernte kann nur händisch erfolgen. Das blühende Kraut erntet man mit Sichel oder Sense. Im feldmäßigen Anbau kann auch mit dem Grasmäher geschnitten werden. Dies ist aber nur möglich, wenn die Bestände völlig unkrautfrei sind. Die Wurzel-

ernte oder auch die Ernte des ganzen Krautes mit der Wurzel ist sehr arbeitsaufwendig, da nur mit dem Spaten geerntet werden kann. Die Wurzeln müssen gut gesäubert werden. Getrocknet werden kann auf dem Feld, was bei sonnigem Wetter nicht sehr lange dauert. Eine Trocknung unter Dach ist jedoch empfehlenswerter. Dazu wird das Erntegut in dünner Schicht ausgebreitet. Künstlich getrocknet wird bei mäßiger Temperatur bis zu 40 °C. Trocken und lichtgeschützt aufbewahren.

Anbau

Das Stiefmütterchen ist punkto Boden nicht anspruchsvoll und stellt daher auch an die Vorfrucht keine besonderen Ansprüche. Wird es als Hauptkultur angebaut, erfolgt die Aussaat bis spätestens Ende Mai. Die dafür benötigte Saatgutmenge ist 30 bis 35 g pro a bei einem Reihenabstand von 25 bis 30 cm. Leicht anwalzen. Je nach Bodenfeuchtigkeit läuft die Saat in 3 bis 4 Wochen auf. Es ist auch eine Herbstaussaat möglich, die nach Getreide oder anderen früh zu erntenden Feldfrüchten erfolgen kann. Wenn diese Herbstaussaat sich bis zum Winter gut entwickelt, braucht sie keinen Frostschutz und wächst im Frühjahr sehr rasch. Die Pflege besteht in mehrmaligem Hacken zur Unkrautfreihaltung. Eventuelle Handelsdüngergaben müssen vor der Aussaat erfolgen, da die Jungpflanzen sonst unter Verbrennungen leiden. Nach dem Schnitt ist eine schwache Kopfdüngung mit Stickstoff empfehlenswert.

Saatgut

„Nichts hat zwei Längen", so lautet ein altes Sprichwort und das gilt auch beim feldmäßigen Anbau des Stiefmütterchens. Will man Saatgut ernten, muß man auf den 1. Krautschnitt verzichten. Die Reifung der Kapseln tritt unregelmäßig in den Monaten Juni und Juli ein. Auch platzen sie sehr leicht, weshalb es notwendig ist, den Bestand öfters durchzupflücken. Ein guter Rat: Beginnen sich die Kapseln zu bräunen, soll mit der Ernte begonnen werden. Man gibt das Erntegut am besten in Holz- oder Plastikkästen oder Steigen, die mit Papier abgedeckt werden. Sind diese Kästen luftdurchlässig, d. h. mit fingerbreiten Spalten oder Löchern versehen, so trocknet die Droge sehr schnell. Der Boden jedoch muß dicht sein, weil die Samenkörner sonst verlorengehen. Beim Trocknen platzen die Kapseln von selbst, so daß das Saatgut nur noch gereinigt werden muß. Zu früh geerntetes Saatgut keimt sehr schlecht, und man hat dann bei der Aussaat große Verluste in Kauf zu nehmen.

Erträge

Wie bereits erwähnt, können 2 bis 3 Ernten erwartet werden; danach richten sich auch die Drogenerträge. Bei zeitiger Herbstaussaat und günstiger Witterung kann mit 3 Schnitten gerechnet werden, was einen Ertrag von 500 kg frischem Kraut pro a ergibt, das sind zirka 100 kg pro a *Herba Violae tricoloris*. Saatguterträge: 0,6 bis 1 kg pro a.

Für den Hausbedarf

Ich habe in meinem Garten die Erfahrung gemacht, daß das Stiefmütterchen gerne in Beeten von mehrjährigen Stauden wächst, wenn man dort nicht zu fleißig und zu oft jedes Unkraut entfernt. Im Halbschatten anderer Pflanzen gedeiht es sehr gut und wird ziemlich hoch. Man kann es vermehren, indem man die dort wachsenden Exemplare zur Reife kommen läßt. Dann läßt man die Pflanze an Ort und Stelle selbst aussäen, oder man sammelt die Samen und streut sie in mehrjährige Blumenbeete ein.

Krankheiten und Schädlinge

Das Stiefmütterchen ist an und für sich sehr widerstandsfähig. Ich habe aber in meinem Garten, vor allem im Spätsommer, häufig Mehltaubefall feststellen können. Außerdem soll vereinzelt ein Rostpilz auftreten und Blütengallenbildung durch eine Fliegenart.

Wirkstoffe

Die im Stiefmütterchen zur Wirkung kommenden Stoffe sind ein ätherisches Öl mit Salizylsäureverbindungen und mit dem Glykosid Gaultherin, weiters Flavonoide, Gerbstoffe, Bitterstoffe und Schleim.

Heilwirkung

Das Stiefmütterchen wirkt in erster Linie blutreinigend, aber auch harntreibend, abführend, schweißtreibend und fiebersenkend. Darüber hinaus ist es auch auswurffördernd, stoffwechselanregend, kräftigend und narbenbildend.

In der Heilkunde

Obwohl schon seit dem Mittelalter in der Volksheilkunde verwendet, geriet das Stiefmütterchen in der wissenschaftlichen Medizin fast in Vergessenheit. Man kann mit Recht sagen, es wurde „als Stiefkind behandelt". Das Stiefmütterchen wird vor allem eingesetzt bei Bronchitis, Blasen- und Nierenleiden, bei Hauterkrankungen wie Ekzemen, Akne und Hautflechte, als Tee bei Milchschorf der Säuglinge, entweder direkt mit Milch vermischt, oder indirekt, nämlich von der stillenden Mutter getrunken.

Als Hausmittel

Obwohl Stiefmütterchenkraut in der Heilkunde nur zögernd angewandt wird, weil es zu wenige markante Inhaltsstoffe aufweist, wird es in der Volksheilkunde schon seit alters her voll eingesetzt, und zwar bei Hautkrankheiten, Harnbeschwerden, Gicht und Rheuma, bei Arterienverkalkung und verschiedenen Blutkrankheiten, bei Nervenschwäche und Erschöpfungszuständen sowie bei nervösen Herzbeschwerden. Als allgemeine Regel der Zubereitung gilt: 2 Teelöffel Stiefmütterchenkraut und -blüten auf ¼ l Wasser. Das kochende Wasser wird über die Droge gegossen, 15 Minuten ziehen gelassen, abgeseiht und täglich 1 bis 3 Tassen getrunken. Bei Milchschorf der Kinder wendet man am besten äußerlich einen Umschlag an. Dazu werden 3 Teelöffel zerquetschte, klein zerschnittene Pflanzen mit 2 Teelöffel Kuhmilch vermischt und 4 Stunden lang aufgelegt. Bei allen Nervenerkrankungen hat sich folgende Teemischung bewährt: 2 Teile Stiefmütterchenkraut und -blüten, 1 Teil Nußblätter und 1 Teil Melissenblätter. Der Tee wird als Aufguß, 1½ Teelöffel für ¼ l Wasser, zubereitet. Täglich morgens 1 Tasse trinken und eventuell 1 weitere Tasse vor dem Schlafengehen.

In der Tiermedizin

Das Stiefmütterchen findet in der Tierheilkunde nicht sehr oft Verwendung, jedoch kann man die harntreibenden, wundheilenden und entzündungshemmenden Eigenschaften der Pflanze auch bei den Tieren mit gutem Erfolg einsetzen. Ein Aufguß aus Stiefmütterchen in den Trank gemischt, leitet Schadstoffe aus Niere und Blase ab. Umschläge mit der Abkochung gemacht, werden Ekzeme zum Abheilen bringen.

In der Homöopathie

Die Homöopathie stellt aus der frischen blühenden Pflanze das Homöopathikum *Viola tricoloris* her, das bei Hautausschlägen, Ekzemen, Drüsenschwellungen und bei Milchschorf eingesetzt wird. Besonders gut bewährt sich das Mittel auch bei anderen Hauterkrankungen von Kindern. Man verabreicht entweder die Urtinktur oder die 3. Potenz (dil D3), und zwar mehrmals täglich 5 bis 10 Tropfen. Äußerliche Anwendung in Form von Umschlägen ist auch empfehlenswert. Bei Erwachsenen bringt das Homöopathikum auch bei Rheuma, Blasenbeschwerden und Durchfall gute Heilerfolge.

In der Küche

Wegen der blutreinigenden Wirkung des Stiefmütterchens können die zarten, frischen Blätter in Suppen gegeben werden. Nicht mitkochen, sondern die Suppe vom Feuer nehmen, die feingeschnittenen Blätter untermischen und einige Minuten stehenlassen. Auch im Kräuterquark, den man sich selbst abmischt, sollten frische Blätter des Stiefmütterchens enthalten sein; um die Wirkung zu erhöhen, fügt man auch noch frische Blätter von Schafgarbe, Löwenzahn und Brennessel hinzu. Zur Unterstützung einer Frühjahrsentschlackungskur eignet sich dieser Kräuterquark ganz ausgezeichnet; wenn man noch Kornbrot und einen Kräutertee dazu nimmt, wird man nach den langen, vitaminarmen Wintermonaten wieder Spannkraft und Lebensfreude finden.

Für die Körperpflege

Für ein hautreinigendes Bad werden 2 Handvoll geschnittene Droge mit 3 l kochendem Wasser übergossen, 15 Minuten ziehen gelassen und der abgeseihte Aufguß dem Badewasser zugefügt. Wer unter Akne leidet, sollte einen Aufguß von Stiefmütterchen (50 g getrocknete Blüten und Blätter gemischt auf 1 l siedendes Wasser, 10 Minuten ziehen lassen) trinken. Zusätzlich kann man den Aufguß auch äußerlich anwenden, indem man die von Akne befallenen Stellen mehrmals täglich damit betupft. Bei fahler Gesichtshaut und unreiner Haut empfiehlt sich ein Absud von der Pflanze (15 g Droge in 1 l Wasser 5 Minuten kochen), der schluckweise getrunken wird. Bei Kopfflechte oder Grind ist eine Waschung mit Stiefmütterchen sehr wirksam: 50 g Droge in 1 l siedendem Wasser ziehen lassen, Haar und Haarboden mehrere Male täglich damit waschen. Darüber hinaus einen Stiefmütterchenabsud (10 g Droge in 1 l Wasser 5 Minuten kochen, 10 Minuten ziehen lassen) trinken. Damit kann der Grind

beseitigt und Haarausfall, bedingt durch die Kopfflechte, hintangehalten werden.

Auszüge

Stiefmütterchentinktur: Stiefmütterchenblätter und -blüten werden fein zerschnitten oder zerquetscht, eventuell mit Hilfe eines Nudelwalkers, und dann im Mischverhältnis 1 : 4 mit 75%igem Obstbrand übergossen. In eine weithalsige Flasche füllen, 14 Tage an der Sonne stehenlassen, abseihen und mit destilliertem Wasser je nach Bedarf auf 40, 28 oder 18% verdünnen. Dann läßt man den Auszug noch 1 Monat im dunklen Keller stehen, bevor er benützt werden kann. Täglich 1 bis 3 Schnapsgläschen gegen die unter Hausmittel angegebenen Leiden trinken. *Stiefmütterchenwein:* 3 Eßlöffel feinzerschnittene Stiefmütterchenblüten und -blätter werden in 1 l süßem Weißwein 24 Stunden lang angesetzt. Nach dem Abseihen ist der Wein genußfertig und hilft vor allem älteren Leuten bei Atembeschwerden. Stamperlweise getrunken, befreit der Wein auch von zähem Brustschleim.

In der pharmazeutischen Industrie

In der pharmazeutischen Industrie wird Stiefmütterchendroge vor allem wegen ihrer harntreibenden Wirkung für Teegemische und andere Präparate verarbeitet. *Fertigpräparate:* Befelka-Öl, Carilaxan. Bisco-Zitron, Bronchitussin, Inconturina, Psorifug Salbe Rp, Saluslax.

Aus meiner Erfahrung

Bei der Bereitung eines Tees zur Linderung von Schmerzen, besonders bei Gicht und Rheuma, kann auch die Wurzel des Stiefmütterchens mit verwendet werden, und zwar 2 Eßlöffel getrocknetes oder frisches blühendes Kraut vermischt mit Wurzel auf ¼ l Wasser. Der Aufguß wird 15 Minuten zugedeckt ziehen gelassen, dann abgeseiht und über den Tag verteilt schluckweise getrunken.

Nicht übersehen

Nicht alle Menschen vertragen Stiefmütterchendrogen, bei manchen kann es zu allergischen Hautkrankheiten kommen. Sobald man jedoch den Gebrauch der Pflanze absetzt, beruhigt sich die Haut wieder. Wenn während der 3wöchigen Frühjahrsteekur, in der Stiefmütterchen enthalten ist, Beschwerden auftreten, so sollte man das Stiefmütterchen durch eine andere blutreinigende Droge ersetzen. Bei hautempfindlichen Menschen ist Vorsicht geboten, wenn Stiefmütterchen-absud als Badezusatz verwendet wird. Wenn möglich nur in geringer Dosierung!

Naturschutz und gesetzliche Bestimmungen

Ich lernte sie kennen, die Vertriebenen aus ihrer Heimat, bei den „Neun Drachen" in Kaolung, Hongkong. Aus China geflüchtet, heimatlos geworden. Daß es so etwas noch gibt, ist die größte Schande unseres Jahrhunderts. Wehrlose weichen brutaler Gewalt. Und im Reich der Pflanzen? Überall, wo das Stiefmütterchen daheim war, auf Kartoffel-äckern, Getreide- und Kleefeldern, wird die todbringende Waffe des Giftes eingesetzt. Und der Mensch triumphiert, er glaubt sich als Sieger, denn die Felder sind „unkrautfrei" geworden. Wenn ich ein wildwachsendes Stiefmütterchen sehe, dann lächle ich. Wäre es nicht schön, mehr Grund zum Lächeln zu haben?

Aus meiner Kräuterapotheke

Bei Ausschlägen, Hautunreinheiten im Gesicht sowie auch am ganzen Körper und bei Milchschorf der Kinder: Stiefmütterchenkraut und -blüten 3 Teile, Kamille 2 Teile, Schlehenblüten 1 Teil. Für Erwachsene nimmt man 2 Teelöffel der Mischung, übergießt mit ¼ l kochendem Wasser, läßt 15 Minuten ziehen, seiht ab und trinkt täglich 2 Tassen vor dem Essen. Für Kinder darf man nur die Hälfte der Kräutermischung nehmen, und diese Dosis teilt man auf den ganzen Tag auf; je nach dem Alter des Kindes verabreicht man 1 bis 3 Eßlöffel des Tees.

Stockrose
Althaea rosea
Malvengewächse
zweijährig

Volkstümliche Bezeichnungen

Bauerneibisch, Baummalve, Baumrose, Gartenmalve, Halsrose, Herbstrose, Jungfernrose, Pappelrose, Roseneibisch, Rosenpappel, Schirarose, Schwarze Malve, Schwarze Stockrose, Schwarzpappel, Stockmalve.

Namenerklärung

Die stattliche Pflanze hat ihren Namen davon, weil sie aussieht, als wüchsen Rosen am Stock.

Kulturgeschichte

Über den Weg der Stockrose durch die Jahrtausende ist wenig bekannt. Man kann jedoch annehmen, daß sie wie so viele Pflanzen des östlichen Mittelmeerraumes über Italien nach Mitteleuropa gelangte. Mehrere Botaniker des 19. Jahrhunderts meinten, daß unter den „malvas" der „Capitulare de villis" Karls des Großen die Stockrose zu verstehen sei. Gesichert ist diese Annahme allerdings nicht. 1551 bildet Hieronymus Bock in seinem „Kreutterbuch" die Stockrose ab, und zwar unter dem Namen Ernrosen = Ernterosen, weil sie um die Erntezeit blüht. Er beschreibt auch ihre Heilwirkungen. Dem Gebiet des Aberglaubens ist dagegen zuzuweisen, daß die Früchte der Stockrose, mit Essig und Öl eingenommen, gegen den Biß giftiger Tiere helfen sollen. Die Blätter zerrieb man in Öl und legte sie auf Brandwunden.

Herkunft

Ursprünglich aus China stammend, wächst die Stockrose verwildert im Orient, in den Balkanländern und auf Kreta.

Fundort

Die Stockrose ist in Mitteleuropa Gartenzierpflanze, wird aber auch kultiviert.

Merkmale

Die Pflanze entwickelt im 1. Jahr nur eine Blattrosette, im 2. Jahr treibt sie einen hohen, wenig verästelten Stengel, der etwas rauhhaarig ist. Die langgestielten Laubblätter sind graugrün, haarig-filzig und runzelig. Sie haben einen herzförmigen Grund und sind 5- bis 7lappig. Die einfachen oder gefüllten, bis zu 9 cm im Durchmesser großen Blüten stehen einzeln oder zu zweit bis viert in den oberen Blattachseln und bilden eine lockere Ähre. Die Blütenfarbe ist dunkelviolett bis kaminrot, aber auch gelb oder weiß. Die dünne, weißliche Wurzel ist spindelförmig und dringt mit ihren Verästelungen tief in den Boden. Die Stockrose kann eine Höhe bis zu 2,5 m erreichen. Die Blüten haben fast keinen Geruch, der Geschmack ist schleimig und etwas herb.

Verwechslungen

Verwechslungen mit anderen Malvengewächsen können wegen der außergewöhnlichen Höhe der Pflanze kaum vorkommen.

Blütezeit

Juni bis Oktober.

Samenreife

Die Früchte zeigen durch Braunfärbung ihre Reife an.

Erntezeit

Die Blüten erntet man etwa 5 Monate lang, wobei die Haupternte in den Juli fällt.

Ernte- und Sammelgut

Gesammelt werden Stockrosenblüten mit Kelch (Flores Malvae arboreae cum calycibus), Stockrosenblätter ohne Kelch (Flores Malvae arboreae sine calycibus).

Ernte- und Sammelvorschriften

Ab dem 2. Vegetationsjahr muß in der Haupterntezeit Juli täglich oder wenigstens jeden 2. Tag durchgepflückt werden. Später genügt es, alle 4 bis 5 Tage abzuernten. Die intensive Durchpflückung ist notwendig, da die Blüten sich innerhalb von 24 Stunden vollständig öffnen und von einer guten Drogenqualität verlangt wird, daß die Blüten noch nicht völlig aufgeblüht sind, sondern noch „glokkenartig" am Stiel stehen. Da die Blüten nicht taufeucht geerntet werden dürfen, sind die warmen Mittagsstunden die beste Sammelzeit. Die Blüten können mit oder ohne Kelch gepflückt werden, die kelchfreie Droge ist jedoch die wertvollere. Beim Pflücken ist Vorsicht am Platz, da die Stockrose stark von Bienen besucht wird. Die Trocknung erfolgt entweder im Schatten oder künstlich, im letzteren Fall beginnt man bei 70° und senkt dann die Temperatur langsam auf 40 °C ab. Nach dem Trocknen werden die Blüten aufgeschüttelt und täglich mehrmals gewendet. Schließlich wird die Blattdroge vorsichtig in Fässer gedrückt, deren Boden für einen längeren Aufbewahrungszeitraum mit Kalk bedeckt sein soll.

Anbau

Für den Anbau der Stockrose eignen sich in erster Linie tiefgründige, humusreiche Böden in warmer, sonniger Lage. Wegen der Höhe der Pflanzen sollte man einen windgeschützten Standort wählen. Als Vorfrucht eignen sich gut gedüngte Hackfrüchte, auch ein Anbau in Stallmist ist günstig. Man sät bereits im März ins kalte Mistbeet oder von April bis Juni auf Freilandsaatbeete aus. 30 bis 40 g Saatgut sind erforderlich, um Pflanzgut für 1 a heranzuziehen. Die Sämlinge werden von Mai bis September im Abstand 50 mal 40 cm ins Freiland gepflanzt. Nach jeweils 2 Reihen sollte der Abstand 70 cm betragen, zur Erleichterung der Ernte. Da die Sämlinge im 1. Vegetationsjahr nur Blattrosetten treiben, können zwischen den Reihen Gemüse oder einjährige Heil- und Gewürzpflanzen angebaut werden. Die Pflanzen von den Saatbeeten verpflanzt man im frühen Herbst oder im nächsten Frühjahr. Wegen der Nässe- und Frostempfindlichkeit der Stockrose empfiehlt es sich, für eine Frostschutzdecke zu sorgen. Das hohe Nährstoffbedürfnis der Pflanze verlangt in jedem Frühjahr eine schwache Kopfdüngung, Kompostgaben im Herbst sind ratsam. Die Pflegearbeiten beschränken sich auf öfteres Hacken. Ganz allgemein gilt: je gartenmäßiger die Pflege, desto länger die Nutzung. So können die Bestände 3 Jahre und älter werden.

Saatgut

Will man Saatgut gewinnen, läßt man 8 bis 10 große, gefüllte, dunkelfarbige Blüten von gesunden Pflanzen ausreifen. Das Tausend-Korn-Gewicht schwankt zwischen 9 und 12,2 g. Die Keimfähigkeit bleibt 2 bis 3 Jahre erhalten.

Erträge

Die Erträge an kelchfreier Droge sind etwa 6 bis 12 kg pro a. Mit Kelch werden etwa ⅓ höhere Erträge erzielt. Der Saatgutertrag beläuft sich auf 4 bis 7,5 kg pro a.

Für den Hausbedarf

In windgeschützter Lage ist eine Stockrosengruppe nicht nur die Zierde des Gartens, sondern liefert auch den nötigen Ertrag für die Selbstversorgung. Als beste Düngung erweist sich das Verteilen von grobem Kompost zwischen den einzelnen Pflanzen im Herbst. Im Frühjahr muß der Kompost eventuell zerkleinert werden. Dann, während der Vegetation, am besten nach einem warmen Regen, ein Flüssigdung: verdünnte Jauche. Aber nicht auf die Blätter spritzen! Stockrosen eignen sich zur Anpflanzung entlang von Zäunen, als Hintergrund von Rabatten und am Garteneingang. Die Stockrose sät sich leicht selbst aus.

Krankheiten und Schädlinge

Der Rostpilz kann durch Pustelbildung an Stengeln und Blättern die Entwicklung der Pflanze stark behindern. Malvenblattflöhe verursachen Fraßschäden an Stengeln und Blättern; die Blütenstände können vom Rüsselkäfer geschädigt werden, und die Raupe der Malvenmotte frißt gelegentlich die Samen aus.

Wirkstoffe

Die Stockrose enthält sehr viel Schleimstoffe, etwas Gerbstoff, Bitterstoff und den Anthocyanfarbstoff Althaein.

Heilwirkung

Infolge des hohen Schleimgehaltes ist die Stockrose wegen ihrer hustenreizlindernden und krampflösenden Eigenschaften geschätzt. Darüber hinaus wirkt die Pflanze auch entzündungshemmend, schmerzlindernd und leicht abführend.

In der Heilkunde

Die Stockrose findet in der Heilkunde vornehmlich als Hustenmittel Verwendung, allerdings meist gemischt mit anderen schleimlösenden Drogen.

Als Hausmittel

Pfarrer Kneipp empfiehlt einen Absud der Stockrosendroge, auch gemischt mit Königskerze, gegen Verschleimung der Luftwege und als Gurgelwasser. Auch zu Dämpfen bei Ohrenschmerzen ist dieser Absud hilfreich (10 g auf ½ l kochendes Wasser). Bei Stuhlverstopfung kann ein Aufguß aus Stockrosenblüten Linderung bringen, ebenso bei zu starker Regel und bei Kopfschmerzen.

In der Tiermedizin

Stockrosenaufguß wird bei Tieren für Umschläge bei Verletzungen verwendet. Die Stockrosenblätter können dem Milchvieh unter das Futter gemischt werden.

In der Homöopathie

Die Homöopathie bereitet aus der Stockrose eine Essenz, die bei Brustverschleimung und starkem Husten gegeben wird.

In der Küche

Früher verwendete man die purpurroten bis schwarzvioletten Blüten der Stockrose als Färbemittel für Wein und Speisen.

Für die Körperpflege

Bei leicht entzündlicher und unreiner Haut empfiehlt sich ein Vollbad, dem ein konzentrierter Aufguß aus Stockrosenblüten beigegeben wurde.

Auszüge

Wer unter Heuschnupfen leidet, sollte einen alkoholischen Auszug aus den Blütenblättern der Stockrose bereiten, und zwar im Verhältnis 1 : 4. Davon 4- bis 6mal täglich 1 Eßlöffel voll einnehmen.

In der pharmazeutischen Industrie

Die pharmazeutische Industrie verwendet die Stockrose zur Herstellung von hustenreizlindernden Mitteln. *Fertigpräparat:* Frubiapect Rp.

Aus meiner Erfahrung

Stockrosentee wird nach folgender Vorschrift bereitet: 2 Teelöffel geschnittene Stockrosenblüten übergießt man mit ¼ l kochendem Wasser, läßt 10 Minuten ziehen und trinkt den Tee 3mal täglich mit 1 Eßlöffel Honig gesüßt bei Husten, Heiserkeit und Asthma. Man kann Stockrose aber auch mit Kamille, Pfefferminze und Huflattichblättern zu gleichen Teilen mischen und einen Aufguß daraus bereiten. Bei Ermüdung empfehle ich 2 Teelöffel Stockrosenblüten in ¼ l Wein zu kochen und schluckweise zu trinken. Dieser Wein dient auch als Mundspülung bei Zahnschmerzen.

Nicht übersehen

Zur Blutreinigung im Frühjahr und im Herbst trinke man Stockrosentee (im Aufguß, 1 Teelöffel auf ¼ l Wasser), mit Honig gesüßt.

Naturschutz und gesetzliche Bestimmungen

Dort grüßt sie über den Gartenzaun, die „Rose am Stock". Ihre Verbreitung und Erhaltung liegt in Menschenhand. Man sieht die Stockrose so selten. Das könnte anders werden. Irgendwo im eigenen Garten ließe sich ein Plätzchen finden. Viele Menschen würden sich darüber freuen. Und am meisten Sie selber, wenn Sie sie pflanzen.

Aus meiner Kräuterapotheke

Bei Husten und Heiserkeit: Stockrosenblüten 3 Teile, Blüten des Wohlriechenden Veilchens 2 Teile, Thymian 1 Teil. ¼ l kochendes Wasser über 2 Teelöffel der Mischung gießen, 15 Minuten ziehen lassen, abseihen und 3 Tassen täglich warm trinken.

Tausendguldenkraut
Centaurium minus
Enziangewächse
ein- und zweijährig

Volkstümliche Bezeichnungen

Aderntee, Agrinken, Allerweltsheil, Apothekerblum, Aurin, Biberkraut, Bitterkraut, Centorelle, Erdgalle, Fieberkraut, Gallkraut, Gartenheide, Geschoßkraut, Gottesgnadenkraut, Himmelsblume, Hundertgüldenkraut, Laurinkraut, Magenkraut, Magreiten, Margaretenblume, Muttergotteschrut, Muttergotteskraut, Piferkraut, Potrak, Roter Aurin, Rotes Garbenkraut, Rötling, Rotorinkrut, Sanktorikraut, Santor, Schmeckeblume, Sinögge, Sintau, Tausendkraft, Tollhundskraut, Tsantali, Unserer Lieben Frau Bettstroh, Unserer Lieben Frau Wegstroh, Verschreikräutel.

Namenerklärung

Der Name Tausendguldenkraut soll auf ein Mißverständnis der lateinischen Bezeichnung *centaurium* zurückgehen. Man teilte dieses Wort in *centum* = hundert und *aurum*- = Gold. Daraus wurde das Hundertguldenkraut und später, weil Zusammensetzungen mit tausend volkstümlicher waren, das Tausendguldenkraut, als welches es erstmals im 15. Jahrhundert bezeichnet wird. Zusätzlich drückt der Name die hohe Wertschätzung aus, die man der Pflanze wegen ihrer Heilkraft entgegenbrachte. *Centaurium* geht laut Plinius auf den heilkundigen Kentauren Chiron zurück, der damit Pfeilwunden heilte.

Kulturgeschichte

Dioskurides schreibt, daß *kentaureion* ein gutes Wundmittel sei, gallige und dicke Säfte abführe, die Menstruation fördere und sein Saft gegen Augenleiden hilfreich sei. Über die Jahrhunderte hinweg finden sich die Anwendungen in den alten Kräuterbüchern wieder und gelten auch noch zum Teil heute in der Volksheilkunde. Unter dem Namen *centaurea* bei der heiligen Hildegard ist wohl auch das Tausendguldenkraut zu verstehen. Eine ganz genaue Beschreibung der Pflanze liefert Hieronymus Bock im 16. Jahrhundert. Mit der Kultivierung hatte er allerdings kein Glück:

„Es hat mir auch nie wöllen wachsen / wie offt ichs gesäet habe." Eine bisher unbekannte Heilwirkung nennt dann im 17. Jahrhundert Grimmelshausen in seinem „Ewigwährenden Kalender", wenn er Tausendguldenkraut als Mittel gegen Tollwut erwähnt. Wohl wegen der roten Blüten sagte man dem Kraut antidämonische Wirkung nach, z. B. um Gewitter abzuhalten oder die Schafe vor Verzauberung zu schützen. Ganz im Sinne des Namens sollte man das Tausendguldenkraut im Geldtäschchen tragen. Es mußte aber unbedingt während des Mittagsläutens gepflückt worden sein; dann wurde einem ein Jahr lang das Geld nicht ausgehen.

Herkunft

Das Tausendguldenkraut kommt, außer im Norden, in ganz Europa vor.

Fundort

Wildwachsend auf sonnigen Waldlichtungen, Kahlschlägen und Wiesen bis in eine Höhenlage von 1 400 m. Gelegentlich auch kultiviert.

Merkmale

Die Pflanze bildet zunächst nur eine Rosette verkehrt-eiförmiger, kurzgestielter *Laubblätter* aus. Daraus wächst, meist erst im 2. Jahr, der aufrechte, vierkantige, oben verzweigte *Stengel*. An ihm sitzen kreuzgegenständig die länglichen, spitzen, am Rande glatten *Stengelblätter*. Die rosaroten *Blüten* stehen am Ende der Stengel in Trugdolden und öffnen sich nur bei Sonnenschein. Die kleine, zarte *Wurzel* ist hellgelb und verästelt. Sie sitzt sehr locker in der Erde, worauf beim Pflücken zu achten ist. Die *Höhe* der Pflanze ist 10 bis 50 cm, der *Geruch* ist schwach würzig und der *Geschmack* scharf bitter.

Verwechslungen

Das Tausendguldenkraut kann mit Pflanzen anderer Gattungen kaum verwechselt werden.

Blütezeit
Von Juli bis September, auch noch im Oktober.

Samenreife
Ab August bis Oktober.

Erntezeit
Da das blühende Kraut geerntet wird, ist die Blütezeit die Erntezeit.

Ernte- und Sammelgut
Das ganze blühende Kraut *(Herba Centaurii minoris)*.

Ernte- und Sammelvorschriften
Das ganze blühende Kraut wird am besten zwischen 11 und 13 Uhr, also in der Mittagszeit, an einem sonnigen Tag 5 cm über dem Boden vorsichtig abgeschnitten, damit man nicht die ganze Pflanze mit der Wurzel ausreißt. Bei Reinkultur schneidet man mit der Sichel, sonst mit Messer oder Schere. Einige Pflanzen läßt man zur Selbstaussaat stehen. Zum Trocknen wird das Erntegut in dünner Schicht ausgebreitet, oder man bündelt es und hängt es auf. Getrocknet werden kann sowohl im Schatten als auch in der Sonne oder künstlich bei 40 bis 50 °C. In jedem Fall muß man darauf achten, daß die Droge nicht braun wird.

Anbau
Am besten gedeiht das Echte Tausendguldenkraut auf kalkreichen, lehmigen Böden in sonniger, feuchter Lage. Für eine feldmäßige Kultur, die aber selten ist, eignet sich am besten eine frisch umbrochene Wiese. Eine Art Halbkultur ist die Einsaat in Wiesen, die man am besten im Herbst vornimmt. Die sehr feinen Samen werden mit einem Streckmittel wie etwa lockere Komposterde oder Sägespäne dünn ausgesät. Gute Ernteergebnisse in der Reinkultur können erzielt werden, wenn man Sämlinge im Kasten zieht. Die Aussaat erfolgt im Frühsommer; im Juli, August wird pikiert, und die Sämlinge überwintern unter Glas. Im zeitigen Frühjahr pflanzt man in 20 cm Reihenentfernung im Abstand von etwa 10 cm büschelweise ins Freiland. Der Arbeitsaufwand ist groß, wird aber zur Samengewinnung empfohlen.

Saatgut
Den Samen des Tausendguldenkrautes sammelt man am besten ab Ende August von gut entwickelten Pflanzen. Man trocknet ihn gut im Halbschatten an windgeschützter Stelle (Dachboden oder Schuppen), indem man die Samenstände auf Papier auslegt. Nach einigen Tagen mit der Hand ausreiben, die Spreu weggeben und die Samenkörner in einem trockenen, dunklen Gefäß aufbewahren. Das Tausend-Korn-Gewicht ist auf Grund der Winzigkeit der Samen äußerst gering und schwankt zwischen 0,003 und 0,014 g.

Erträge
Ertragswerte liegen nur von Reinkultur vor. An Krautdroge erhält man 8 bis 15 kg pro a, an Saatgut 2 bis 3 kg pro a.

Für den Hausbedarf
Das Tausendguldenkraut sollte in der Wiese hinter dem Haus einen ständigen Platz finden, doch darf die Wiese vor der Ernte des Tausendguldenkrautes nicht gemäht werden. Die Pflanze wirkt nicht nur durch ihre zarte Schönheit anziehend, sie ist auch ein schätzenswertes Hausmittel.

Krankheiten und Schädlinge
Das Tausendguldenkraut wird nur sehr wenig von Schädlingen heimgesucht. Durch Mehltaubefall wird die Pflanze unansehnlich und ist für Drogengewinnung nicht mehr brauchbar.

Wirkstoffe
Das Tausendguldenkraut enthält das Bitterstoffglykosid Erytaurin und den Bitterstoff Erythrocentaurin sowie ein Alkaloid und ein Flavonoid, etwas ätherisches Öl.

Heilwirkung
Das Tausendguldenkraut wirkt appetitanregend, kräftigend, verdauungsfördernd, magenstärkend, blähungstreibend, blutbildend und fiebersenkend. Die Steigerung der Magensaftsekretion erfolgt schon von der Mundschleimhaut aus. Besonders bewährt ist die Pflanze wegen ihrer gallensekretionsfördernden und leberanregenden Eigenschaften.

In der Heilkunde
Das Tausendguldenkraut ist wegen der in großer Menge enthaltenen Bitterstoffe ein ausgezeichnetes Magenmittel und sehr hilfreich bei allen Erkrankungen im Magen- und Darmbereich, wie Magenkatarrh, Magengeschwür, Appetitlosigkeit, Sodbrennen und Blähungen. Auch reguliert es den Gallenfluß

und hat eine gute Heilwirkung bei Leberleiden. Bei all diesen Erkrankungen empfiehlt sich der Tausendguldenkrauttee, der allerdings besser wirkt, wenn er kalt ausgezogen wird. Man übergießt 1 gehäuften Teelöffel des zerschnittenen Krautes mit 1 Tasse Wasser und läßt das Ganze 10 Stunden lang stehen. Der Tee soll vor den Mahlzeiten zimmerwarm getrunken werden. Auch bei Blutarmut und Gicht kann Tausendguldenkrauttee angewendet werden. Äußerlich gebraucht man einen Aufguß von Tausendguldenkraut zu Waschungen und Umschlägen bei Hautunreinheiten.

Als Hausmittel

Eine Mischung zu gleichen Teilen von Tausendguldenkraut und Johanniskraut empfiehlt sich bei Blutarmut, Rachitis und bei Haut- und Lymphknotenleiden der Kinder. 2- bis 3mal täglich 1 Tasse des Aufgusses schluckweise trinken (1 Teelöffel der Mischdroge auf ¼ l Wasser, mit Honig süßen). Bei hartnäckiger Stuhlverstopfung und Leberleiden kann am Abend ein Klistier aus einem Absud von Tausendguldenkraut, Löwenzahn und Quecke (zu gleichen Teilen) lauwarm verabreicht werden. Für Zuckerkranke ist es zwar unabdinglich, in ärztlicher Behandlung zu stehen, doch kann als unterstützende Maßnahme auch ein Tausendguldenkrautabsud genommen werden: 20 g Droge in 1 l kochendem Wasser mehrmals aufwallen lassen. Von diesem Absud trinkt man täglich jeweils 1 Tasse vor den Mahlzeiten.

In der Tiermedizin

Bei Blutharnen der Pferde oder Rinder sollte der Landwirt Tausenguldenkraut unter das Grünfutter oder das Heu mischen. Auch zum Reinigen von Wunden kann Tausendguldenkraut in Form von Tee verwendet werden, wobei anschließend ein feuchter Umschlag auf die erkrankte Stelle gelegt wird. Tausendguldenkrauttee in den Trank gegeben, hilft den Haustieren bei Durchfall.

In der Homöopathie

Das Homöopathikum *Centaurium* wird in 1. oder 2. Potenz vornehmlich bei Magenerkrankungen sowie bei Leber- und Gallenleiden verordnet.

In der Küche

Auf Grund seiner appetitanregenden und verdauungsfördernden Eigenschaften kann das Tausendguldenkraut auch in der Küche, jedoch nur äußerst sparsam, eingesetzt werden. Da es sehr bitter schmeckt, sind nur die ganz jungen Blätter als Beigabe zu Salaten geeignet.

Für die Körperpflege

Ein Aufguß von Tausendguldenkraut eignet sich vortrefflich als Badezusatz bei Übermüdung und unreiner Haut. Auch in Fußbäder kann man Tausendguldenkraut geben, um gegen Ermüdung anzukämpfen. Zur Förderung des Haarwuchses empfiehlt sich die äußerliche Anwendung eines Aufgusses (je 5 g Tausendguldenkraut und Gartenkresse auf 1 l siedendes Wasser).

Auszüge

Bei Verdauungsstörungen, Appetitlosigkeit, Sodbrennen und bei allen anderen Beschwerden im Magen- und Darmtrakt empfehle ich ein altes Hausrezept für einen *Magenbitter:* 150 g Tausendguldenkraut, 100 g Rhabarberwurzel, 100 g Wacholderbeeren, 50 g Schafgarbenkraut, 30 g Kalmuswurzel, 20 g Wermutkraut. Die Wurzeln werden fein zerschnitten und die Beeren zerquetscht. Diese zerkleinerte Kräutermischung gibt man in eine 5-l-Flasche, gießt 2½ l 90%igen Weingeist darüber und läßt 2 Tage lang ziehen. Anschließend wird von 1½ l abgekochtem, ausgekühltem Wasser und 1 kg Zucker eine Zuckerlösung bereitet. Die Lösung aufkochen und abkühlen lassen. Sobald sie klar ist, zum Kräuteransatz gießen und diesen gut durchschütteln. Die gut verschlossene Flasche für 4 Wochen an einen warmen Ort stellen und täglich 2- bis 3mal gut durchrühren. Schließlich wird der Flascheninhalt abgeseiht, der Rückstand ausgepreßt und der Magenbitter in Flaschen abgefüllt. Davon trinkt man jeweils 1 Stunde vor den Mahlzeiten 1 kleines Gläschen. Wem der Alkoholgehalt im Magenbitter zu stark ist, kann sich auch einen *Tausendguldenkrautwein* zubereiten: 60 g Tausendguldenkraut, 40 g Kamillen und 40 g fein zerschnittene Orangenschalen. Diese Kräutermischung wird mit dem Saft von 2 Orangen und 1½ l gutem Weißwein übergossen und an die Sonne gestellt. Nach 3 Wochen ist der Kräuterwein trinkfertig.

In der pharmazeutischen Industrie

Tausendguldenkraut wird zur Herstellung verschiedener Medikamente verwendet. *Fertigpräparate:* Magentee Stada, Cholagogum vegetabile Nattermann, Stomachicum vegetabile Nattermann, Ventrodigest.

Aus meiner Erfahrung

Tausendguldenkrauttee wirkt nur bitter, also ohne Zucker- oder Honigzusatz, getrunken. Meist muß man sich anfangs dazu überwinden, doch gewöhnt man sich bald an den bitteren Geschmack. Es gibt kaum ein besseres natürliches Mittel für die Behandlung von Gastritis, für einen sogenannten müden Magen und für zahlreiche Verdauungsbeschwerden, die mit Appetitlosigkeit und mangelnder Magensaftabsonderung einhergehen. Selbst die Gallenblase wird zu erhöhter Leistung angeregt. Da das Tausendguldenkraut zu einer gesunden Verdauung beiträgt, verleiht es dadurch auch Lebensfreude und gibt neuen Lebensmut, denn in einem gesunden Körper wohnt eben ein gesunder Geist, und schließlich spiegelt sich das körperliche Wohlbefinden in einem ausgeglichenen Seelenzustand wider. Folgende Teemischung möchte ich empfehlen: 5 Teile Tausendguldenkraut, 4 Teile Odermennig, 2 Teile Kalmuswurzel, 1 Teil Pfefferminze, 1 Teil Wermut, 1 Teil Melisse und 1 Teil Kornblumenblüten. Davon jeweils 1 Tasse ½ Stunde vor jeder Mahlzeit. Ein zusätzlicher Rat für Studenten: Vor Prüfungen tagsüber mehrere Male schluckweise Tausendguldenkrauttee trinken.

Nicht übersehen

Es ist darauf zu achten, daß die angegebenen Dosierungen nicht überschritten werden, weil sonst die überaus günstigen Wirkungen umschlagen können.

Naturschutz und gesetzliche Bestimmungen

Jäger, Heger und Förster lächeln, wenn sie mich belauschen. „Deo gratis et Mariae" (Gott und Maria sei gedankt), spreche ich kniend auf modernd duftendem Waldboden, wenn ich dem Tausendguldenkraut begegne. Vor einigen Jahren noch war dies eine Seltenheit. Seitdem aber sammle ich eifrig den Samen und streue ihn an regennassen Tagen aus. So wächst das Tausendguldenkraut freudig, ganze Kolonien bildend. Und ich freue mich daran; aber nicht nur ich, auch die anderen – das wieder freut mich. Es gibt so viele Gründe, sich zu freuen im Einerlei des Alltags. Außerdem: In der Schweiz steht das Tausendguldenkraut unter Naturschutz.

Aus meiner Kräuterapotheke

Bei Gedächtnisschwäche: Tausendguldenkraut 3 Teile, Kalmus 2 Teile, Melisse 1 Teil. Dieser Tee ist ein ausgesprochener „Morgentee". Am Abend übergießt man 1½ Teelöffel der Mischung mit ¼ l kaltem Wasser und läßt den Auszug die ganze Nacht stehen. Am nächsten Morgen seiht man ab, wärmt den Tee auf und trinkt ihn ½ Stunde vor dem Frühstück.

Thymian, Echter
Thymus vulgaris
Lippenblütler
ausdauernd

Volkstümliche Bezeichnungen

Bienenkraut, Chölm, Demut, Feldkümmel, Feldkölle, Gartenthymian, Gundelkraut, Hühnerdarm, Hühnerklee, Hühnerpolei, Immenkraut, Kleiner Dost, Kostez, Küchenwürze, Kunerle, Kuttelkraut, Marienbettstroh, Marienkräutel, Römischer Quendel, Spanisches Kundelkraut, Steinmajoran, Wilder Zimt, Wurstkraut, Wilder Rosmarin, Zimis.

Namenerklärung

Thymian könnte man mit Räucherwerk erklären, wenn man über das lateinische *thymus* auf das griechische *thymos* zurückgeht, *thyo* = räuchern. Tatsächlich wurde mit Thymian früher zur Abwehr von Ungeziefer viel geräuchert. Manche verfolgen die Spur noch weiter zurück und meinen die Wurzel des Namens im ägyptischen Wortstamm *tham* zu finden, der in Hieroglyphenform Duft bedeutet.

Kulturgeschichte

Die alten Ägypter bauten Thymian-Arten an, da sie damit, wegen des stark aromatischen Duftes der Pflanze, die Mittel zur Leichenkonservierung parfümierten. Von verschiedenen Thymian-Arten berichten auch die Schriftsteller des klassischen Altertums. Diese Stellen sind aber nicht so eindeutig, daß man sie mit Sicherheit auf unsere Pflanze beziehen kann. Der Thymian dürfte jedoch wie viele andere Heilkräuter des Mittelmeerraumes durch die Benediktiner über die Alpen gekommen sein. Die Verwendung des Thymians vor allem als Hilfe gegen Keuchhusten ist schon lange bekannt und wohl der Grund dafür, daß die Pflanze in die Pharmakopöen Eingang fand.

Herkunft

Der Echte Thymian ist in den Mittelmeerländern heimisch, im übrigen Europa wird er kultiviert.

Fundort

In den südeuropäischen Ländern wildwachsend auf Felsenheiden bis in eine Höhe von 1 000 m, gelegentlich auch höher; in Mitteleuropa in Gärten und selten verwildert auf Brachland in sonniger Lage.

Merkmale

Der Thymian ist ein immergrüner Halbstrauch mit aufrechten, stark verholzenden *Ästen*. Die gegenständigen *Laubblätter* sind kurz- oder ungestielt, eiförmig bis lineal, vor allem unterseits filzig behaart und am Rand eingerollt. Die hellrosa bis hellvioletten *Blüten* stehen in den Blattachseln in Scheinquirlen. Der ganze Blütenstand erinnert an eine Ähre. Der Thymian hat eine kräftige, verholzte *Pfahlwurzel*. Die *Höhe* der Pflanze ist 20 bis 40 cm, der *Geruch* ist angenehm aromatisch, der *Geschmack* ist gewürzhaft und etwas bitter.

Verwechslungen

Da der Thymian bei uns nur angebaut wird, sind Verwechslungen schwer möglich. Der einheimische Feldthymian (*Thymus serpyllum*) ist leicht an seinem kriechenden Wuchs zu erkennen.

Blütezeit

Von Mai bis in den Herbst hinein.

Samenreife

Tritt mit der Bräunung der Früchte ein, und zwar von August bis September.

Erntezeit

Kurz vor oder zu Beginn der Blüte, das ist im Mai oder Juni. Unter günstigen Bedingungen kann im September noch einmal geerntet werden.

Ernte- und Sammelgut

Gesammelt werden die Blätter und die Blüten (*Herba Thymi*).

Ernte- und Sammelvorschriften

Im 1. Vegetationsjahr sollte man, überhaupt

bei später Aussaat, von einem Schnitt absehen. Da der Gehalt an ätherischem Öl in den frühen Nachmittagsstunden am höchsten ist, sollte das Kraut zu dieser Zeit mit Sichel oder Heckenschere etwa 1 Handbreit über dem Boden abgeschnitten werden. Beim Herbstschnitt muß man daran denken, daß der Thymian nicht ganz frosthart ist, und darf deshalb nicht zu tief schneiden. Eine Feldtrocknung ist nur in besonders trockenen Jahren möglich, im allgemeinen wird im Schatten getrocknet oder künstlich bei 35 °C.

Anbau

Für den Anbau kommen vor allem leichte, lehmig-sandige und kalkhaltige Böden in Frage. Der genügsame Thymian darf nicht auf zu nahrhaftem Boden angebaut werden, weil dies negative Einflüsse auf das Aroma zur Folge hat. Man sät entweder Anfang März in den Kasten aus oder im April auf ein Freilandsaatbeet in sonniger Lage. Dünn säen, anwalzen und gut feucht halten. Anfang Mai sind die jungen Pflänzchen so kräftig, daß sie im Abstand von 15 mal 25 cm ins Freiland verpflanzt werden können. Beim feldmäßigen Anbau erfolgt die Aussaat Ende März, Anfang April im Reihenabstand von 25 cm. Pro ha braucht man 8 bis 10 kg Saatgut. Der Boden ist durch mehrmaliges Hacken offen und vor allem unkrautfrei zu halten. Nach dem 1. Schnitt mit Stickstoff in löslicher Form zu düngen, ist vorteilhaft.

Saatgut

Saatgut sollte man auf jeden Fall erst im 2. Vegetationsjahr ernten. Es ist wichtig, den richtigen Zeitpunkt einzuhalten, und zwar wenn sich die untersten Früchte bräunen, da die Nüßchen leicht ausfallen. Nachreifen lassen und dann ausklopfen. Das Tausend-Korn-Gewicht ist je nach Sorte verschieden, die Keimfähigkeit bleibt 2 bis 3 Jahre erhalten.

Erträge

Die Erträge sowohl an Kraut als auch an Saatgut schwanken sehr stark, und zwar je nach der Zahl der Schnitte und der Wahl der Sorte.

Für den Hausbedarf

Normalerweise genügt 1 Thymianstock pro Person als Küchengewürz und zur Teezubereitung. Thymian kann im Alpinum gepflanzt werden, ebenso auf Trockenmauern. Man kann die Pflanze aber auch im Blumentopf ziehen. Sie können ihn aussäen oder Jungpflanzen kaufen. Später können Sie ältere Pflanzen teilen.

Krankheiten und Schädlinge

Hie und da tritt ein Rostpilz auf. Blattläuse und Raupen verschiedener Schmetterlinge richten gelegentlich Schaden an. Größte Schäden können durch die Quendelseide verursacht werden, die durch das Saatgut verschleppt wird. Befallene Pflanzen muß man abmähen und anschließend mit 15- bis 20%iger Eisenvitriollösung spritzen. Nur so kann man dieses Schmarotzers Herr werden.

Wirkstoffe

Thymian enthält in allen Pflanzenteilen ein ätherisches Öl, das *Oleum Thymi*, das zu 40% aus Thymol, weiters aus Carvacrol, Cymol und Borneol besteht; daneben Gerbstoffe und Bitterstoffe.

Heilwirkung

Antiseptisch, auswurffördernd, krampflösend, schleimlösend, harntreibend, durchfallhemmend, wurmwidrig, menstruationsregulierend, appetitanregend, magenstärkend, gallenanregend, narbenbildend, kräftigend, hautpflegend, nervenstärkend.

In der Heilkunde

Innerlich wird Thymian vor allem als Expektorans, also als auswurfförderndes Mittel, bei Husten, Keuchhusten und Magenverschleimung angewandt. Auch bei Reizhusten auf nervöser Grundlage, bei Gastritis, Blähungen und Durchfall bringt das Thymianextrakt (3mal täglich 10 bis 20 Tropfen) Heilerfolge. Den Thymiantee, der für die gleichen Erkrankungen eingesetzt wird, bereitet man folgendermaßen: 1 gehäuften Teelöffel Thymiankraut mit ¼ l kochendem Wasser überbrühen und 15 Minuten ziehen lassen. 3 Tassen täglich mundwarm trinken. Äußerlich wird der Tee in Form von Umschlägen bei Wunden und als Gurgelmittel gebraucht.

Als Hausmittel

Die Volksheilkunde bedient sich des Thymians, als Aufguß bereitet, bei allen Arten von Krämpfen, als Nervenstärkung, bei Erkältungskrankheiten und Blähungen sowie bei Kopfschmerzen und zur allgemeinen Kräftigung; äußerlich zur Herstellung von Kräuterkissen und als Auflage bei Geschwüren und Phlegmonen.

In der Tiermedizin

Zur Magen- und Darmstärkung ist Thymiantee auch für Tiere geeignet; besonders bei Hunden hat er sich gut bewährt. Gegen Nieren- und Harnwegerkrankungen bei Pferden legt man warme Kompressen aus einem Thymianaufguß auf. Ziegen, die an Koliken laborieren, mischt man den krampflösenden Thymian ins Futter.

In der Homöopathie

Aus der frischen, blühenden Pflanze stellt die Homöopathie eine Urtinktur her, die bei Husten und Magenbeschwerden, manchmal auch in 1. oder 2. Potenz, verabreicht wird.

In der Küche

Thymian ist ein wichtiges und beliebtes Küchengewürz. Wegen seiner starken Würzkraft sollte man damit sparsam umgehen. Hervorragend geeignet ist er zu Fleisch, zu Soßen, für Gemüsegerichte, Suppen und zu Kartoffeln in jeder Form. Auch Wild und Truthahn können damit eine besondere Note gewinnen. Die Mexikaner lieben Thymian vor allem in ihren Bohneneintöpfen. Thymian wird mitgekocht. Wollen Sie sehr aromatischen Kräuteressig selbst zubereiten, so verwenden Sie dazu neben Estragon und Melisse auch den Thymian.

Für die Körperpflege

Die antiseptischen und hautpflegenden Eigenschaften sind dafür verantwortlich, daß man ihn sehr gerne als Badezusatz verwendet. Thymian öffnet und reinigt die Poren und reguliert die Tätigkeit der Talgdrüsen, wodurch Entzündungen der Haut entgegengewirkt werden kann. In Form von Auflagen und Kompressen hilft Thymian bei Akne. Ein hautfreundliches Rasierwasser, das gleichzeitig pflegend wirkt, kann man selbst herstellen, indem man Thymiandroge in 75%igem Alkohol im Verhältnis 1 : 4 ansetzt, 14 Tage auf die Fensterbank stellt, dann abseiht, auspreßt und mit destilliertem Wasser auf 36% verdünnt. Noch einige Tropfen Kölnisch Wasser oder Lavendeltinktur hinzufügen.

Auszüge

Thymiantinktur kann auf 2 Arten hergestellt werden. Man setzt Thymian entweder in Weingeist oder Öl an und gebraucht die Tinktur zu Einreibungen bei Rheumatismus. In der Industrie wird der Thymian zum Aromatisieren von Likören verwendet.

In der pharmazeutischen Industrie

Wegen seiner antiseptischen Wirkung findet Thymian bei der Erzeugung von Zahnpasten, Mundwässern und Seifen Verwendung; seine Duftnote wird in der Parfümerieindustrie vor allem für Kölnisch Wasser verwendet. *Fertigpräparate:* Gastricholan, Pectamed, Pertussin, Pininolin, Thymipin, Rheumyl.

Aus meiner Erfahrung

Wegen seines kräftigen Aromas wird Thymian sehr gerne als Hauptgewürz verwendet; am besten passen dazu noch Petersilie, Knoblauch und Zwiebeln. Mit Majoran verträgt er sich nicht, da die Geschmackskomponenten nicht miteinander harmonieren.

Nicht übersehen

Auch beim Thymian gilt die Warnung, daß man die angegebenen Dosierungen einhalten und die Droge, in welcher Form auch immer, nicht über einen zu langen Zeitraum einnehmen soll. So kann es bei zu langer und zu intensiver Anwendung des Thymians durch den Gehalt an Thymol bei dazu disponierten Menschen zu einer Überfunktion der Schilddrüse kommen. Bei blutarmen Menschen kann eine Überdosierung auch zu Stoffwechselstörungen führen.

Naturschutz und gesetzliche Bestimmungen

Der Echte Thymian, im Süden zu Hause, wird bei uns nur in Gärten gezogen. Sein Bruder aber, der Wilde Thymian, auch Sandthymian genannt, besser bekannt unter der Bezeichnung Quendel, ist an trockenen Böschungen und Wiesen gar nicht selten. Am besten gedeiht er auf alten, unbewohnten Ameisenhaufen. Hier hat er auch den höchsten Heilwert. Gesammelt wird das ganze Kraut während der Blüte, aber ohne Wurzel. Beim Sammeln ist Vorsicht geboten. Zu leicht wird die ganze Pflanze samt den Wurzeln aus der Erde gehoben. Ein leerer Platz bleibt zurück. Nicht nur heuer. Oft Jahre hindurch. Das sollte man beim Sammeln bedenken.

Aus meiner Kräuterapotheke

Zur Erhaltung der geistigen Frische, zur Stärkung des körperlichen Wohlbefindens, kurz als allgemeines Stimulans: Thymian 3 Teile, Löwenzahnblüten 2 Teile, Ysop 1 Teil. 1½ Teelöffel der Mischdroge mit ¼ l kochendem Wasser überbrühen, 15 Minuten ziehen lassen, abseihen. Täglich schluckweise 1 bis 3 Tassen trinken.

Wegwarte, Gemeine
Cichorium intybus
Korbblütler
ausdauernd

Volkstümliche Bezeichnungen

Arme-Sünder-Blume, Blaue Distel, Faule Grete, Faule Magd, Hansl am Weg, Hartmann, Hasenmilch, Hindeg, Hindläufte, Hundsläufte, Irenhart, Kaffeekraut, Rauher Heinrich, Samenbrand, Sonnendraht, Sonnenkraut, Sonnenwedel, Sonnenwende, Sonnenwirbel, Struwelpeter, Verfluchte Jungfer, Wasserwart, Wegleuchte, Weglueg, Wegluge, Wegweiser, Wilder Endifi, Zichorie, Zigeunerblume, Zigori, Zigurn, Zwangskräutel.

Namenerklärung

Der Name Wegwarte spricht eigentlich für sich selbst, da die Pflanze ihren bevorzugten Standort am Wegrand hat. Der fast gleich häufig gebrauchte Name Zichorie ist eine direkte Eindeutschung des lateinischen *cichorium*, das sich vom arabischen Wort *chicouryeh* herleitet. *Intybus,* von griechisch *intybos*, ordnet die Wegwarte den Endiviengewächsen zu. Endivie ist ein Lehnwort aus dem Französischen und geht auf diesem Weg direkt auf das griechische *intybos* zurück. Die Salatpflanze Endivie ist schließlich die Zuchtform einer südeuropäischen Schwesterart der Wegwarte.

Kulturgeschichte

Die eher unscheinbare Wegwarte gehört zu den ältesten bekannten Nutzpflanzen und steht seit Jahrtausenden für verschiedene Zwecke in Gebrauch. Im alten Ägypten wurde nicht nur das Kraut als Gemüse gegessen, man wußte auch schon um den Heilwert dieser Pflanze. Die Araber kochten die Wurzel und aßen sie. Im Altertum verwendete man die Wurzeln der Wegwarte gegen Nieren- und Leberleiden. Im 18. Jahrhundert war die Pflanze auf Empfehlung von Linné gegen so unterschiedliche Leiden wie Melancholie, Hypochondrie, Schwindsucht, Hämorrhoiden und Podagra in Gebrauch. Sie wurde deshalb in die Pharmakopöen aufgenommen. In dasselbe Jahrhundert fällt auch die „Erfindung" des Zichorienkaffees durch den Hofgärtner Timme aus Thüringen. So steht es in einem Kochbuch aus dem Jahre 1722. Ein Major von Heine aus Braunschweig brachte es dann 1770 sogar dahin, daß man ihm die Herstellung patentierte. Friedrich der Große förderte den Anbau der Wegwarte zur Verwertung als Kaffee-Ersatz, um die Staatsfinanzen durch den verminderten Kaffeeimport zu schonen. Daher wurde dieser Ersatz auch „Preußischer Kaffee" genannt. Seine zweite Hochblüte erlebte der Zichorienkaffee in Europa, als Napoleon die Kontinentalsperre als Kampfmaßnahme gegen England verhängte. Und auch in den beiden Weltkriegen mußte man auf die gerösteten Wurzeln der Wegwarte zurückgreifen. Um die Wegwarte ranken sich viele sagenhafte Entstehungsgeschichten. Ein Mädchen soll so lange treu am Wege auf seinen Liebsten gewartet haben, bis sich der Himmel erbarmte und es in die blaue Blume verwandelte. Nach anderen Varianten trauerte eine Frau um ihren Mann, oder einer Prinzessin war ihr Geliebter untreu geworden, und sie wollte nicht leben und nicht sterben und wurde deshalb verwandelt. In Schlesien erzählt man die Legende, daß Jesus von einem Mädchen, das er um einen Trunk bat, barsch abgewiesen wurde, denn es warte auf seinen Bräutigam. Als dieser dann kam, stand nur noch eine Blume da, die nun warten muß, bis der Herr einst wiederkommt, um sie zu erlösen. Der Wegwarte wurden im Aberglauben wundersame Gaben zugeschrieben. Mit einem Hirschgeweih am Peterstag gegraben, sollte man mit ihr die Liebe der Personen erlangen, die man damit berührte. Am Jakobstag (25. Juli) mit einem Goldstück gegraben, machte sie stich- und schußfest und sogar unsichtbar. Schließlich bekamen die so seltenen weißen Wegwarten eine besondere Bedeutung im Volksglauben. Man hielt sie nicht nur für verwunschene gute Menschen (die vielen blauen hingegen für böse), sondern wer eine fand, sollte sie sofort anbinden, um das gewonnene Glück zu halten.

STOCKROSE
Althaea rosea

TAUSENDGULDENKRAUT
Centaurium minus

ECHTER THYMIAN
Thymus vulgaris

GEMEINE WEGWARTE
Cichorium intybus

WERMUT
Artemisia absinthium

Herkunft

Die ursprüngliche Heimat dürfte das Mittelmeergebiet oder Vorderasien sein. Heute ist die Wegwarte fast über die ganze Erde verschleppt.

Fundort

An Hecken, Weg- und Waldrändern, auf Äckern, Weiden und trockenen Wiesen, Feldrainen, Böschungen und Brachland.

Merkmale

Im 1. Jahr erscheinen grundständige, kurzgestielte *Blätter*, die zugespitzt, grob gezähnt und mehr oder weniger behaart sind. Der aufrechte, behaarte *Stengel* ist kantig und verzweigt. Die kleinen *Stengelblätter* sind lanzettlich und am Rand gesägt. Die hellblauen, selten weißen *Blüten* stehen an den Zweigenden oder sitzen in den Blattachseln. Die fleischige *Pfahlwurzel* reicht tief in den Boden. Die *Höhe* der Pflanze ist 30 bis 150 cm. Das Kraut und die Wurzel haben fast keinen *Geruch*, der *Geschmack* ist bitter.

Verwechslungen

Das blühende Kraut kann kaum mit anderen Korbblütlern verwechselt werden. Die grundständigen Blätter ähneln jedoch stark denen des Löwenzahns, sind aber im Unterschied zu diesen behaart, vor allem unterseits.

Blütezeit

Juli bis September.

Samenreife

Ab September.

Erntezeit

Die Wurzel wird im Herbst geerntet, von angebauten Pflanzen allerdings erst im 2. Vegetationsjahr. Das blühende Kraut und die Blüten von Juli bis September.

Ernte- und Sammelgut

Gesammelt werden die Wurzel (*Radix Cichorii*), das Kraut (*Herba Cichorii*) und die Blüten (*Flores Cichorii*).

Ernte- und Sammelvorschriften

Wenn man das Kraut sammelt, schneidet man nicht die ganze Pflanze ab, sondern nur die Blätter und Blüten mit den oberen Stengelteilen. Kraut und Blüten trocknet man natürlich an einem luftigen, schattigen Ort oder künstlich bei mäßigen Temperaturen.

Die Wurzel erntet man, sobald die Blätter zu vergilben beginnen. Die Blätter sichelt man ab, dann werden die Wurzeln gerodet. Sie müssen gut gewaschen werden, dann schnitzeln. Die Trocknung erfolgt langsam, meist bei künstlicher Wärme von 40 bis 50 °C. Da die getrockneten Wurzelschnitzel wasseranziehend sind, müssen sie entsprechend sorgfältig gelagert werden.

Anbau

Die Wegwarte bevorzugt tiefgründige, ausreichend feuchte Böden, gedeiht aber auch noch auf lehmigem Sandboden. Als Vorfrucht am besten geeignet ist eine mit Stallmist gedüngte Hackfrucht. Das für die Aussaat vorgesehene Feld muß sorgfältig vorbereitet werden. Eine zu frühe Aussaat ist wegen der Frostempfindlichkeit der Wegwarte nicht zu empfehlen, die günstigste Zeit ist also bis Anfang Mai. Die Aussaat erfolgt in einer Reihenentfernung von 30 bis 35 cm, dafür braucht man 4 bis 5 kg Saatgut pro ha. Später müssen die Jungpflanzen auf 15 bis 20 cm vereinzelt werden. Die Düngung erfolgt wie bei den Zuckerrüben. Mehrmaliges Hacken ist notwendig.

Saatgut

Will man Saatgut gewinnen, werden die im 1. Jahr gezogenen Stecklinge in nicht zu warmen Mieten überwintert. Im Frühjahr werden sie ausgepflanzt, ergeben besonders kräftige Pflanzen und damit gutes Saatgut. Das Tausend-Korn-Gewicht beträgt 1,3 bis 1,5 g.

Erträge

Da vor allem Trockenheit den Ertrag negativ beeinflußt, können die Erträge stark schwanken. Durchschnittswerte pro ha sind für frische Wurzeln 30 bis 60 t, für das Kraut 25 bis 35 t und für das Saatgut 400 bis 1 000 kg.

Für den Hausbedarf

In manchen einschlägigen Werken findet man die unterschiedliche Bezeichnung Wegwarte für die wildwachsende Pflanze und Zichorie für die im Garten gezogene Heilpflanze. Es sei an dieser Stelle ausdrücklich vermerkt, daß Blätter und Blüten für Heilzwecke in der Wildnis gesammelt werden sollen. Man kann die Pflanze natürlich auch im Mischrasen des Gartens stehen haben. Die feldmäßig gezogene Wegwarte oder Zichorie hingegen dient als Gemüse und Kaffee-Ersatz. Zusammenfassend möchte ich sagen: Sollten Sie im eigenen Garten Wegwarte pflanzen, um Blätter, Stengelenden und Blüten sowie auch die Wurzel heilkundlich zu verwerten, dann säen Sie den Samen „wild" in die Wiese „hinter dem Haus". Am besten tun Sie das im Herbst nach Regen, indem Sie mit einem Rechen oder einem anderen handlichen Gerät leicht einharken. Wenn Sie die Wurzel als Kaffee-Ersatz verwenden wollen, dann bauen Sie die Pflanze beetmäßig an. Dazu möchte ich Ihnen das Rezept meiner Großtante, die 1934 im Alter von 97 Jahren starb, geben: Zichorienwurzel nach 2jähriger Kultur aus der Gartenerde ausgraben, reinigen (mit Wasser soll dabei sehr sparsam umgegangen werden), am besten mit einem Stück Holz den Schmutz abkratzen, mit einem trockenen Tuch abreiben, spalten, auffädeln und in einem vor Sonne geschützten Raum trocknen; eventuell bei künstlicher Temperatur bis zu 50 °C nachtrocknen. Meine Großtante pflegte die Wurzeln auf Schnüren aufzufädeln und in ihrer Wohnstube von Tram zu Tram zu hängen. Für mich war das nicht nur ein interessanter Anblick, sondern auch der Geruch beeindruckte mich. Dann trocknete sie Feigen und Apfelschalen. Für die Apfelschalen genügen die einfachen, manchmal sogar unansehnlichen Bauernsorten, keinesfalls sollte man dazu gespritzte und hochgezüchtete Äpfel verwenden (Berner Rosenapfel, Falks Gulderling, Zigeunerapfel, Schöner von Boskop eignen sich gut). Die Zichorienwurzeln werden im Backrohr geröstet, in kleine Stücke gebrochen und ebenso wie die Apfelschalen mit der Kaffeemühle gerieben. Die Feigen mahlt man mit der Mohnmühle. Das Mischverhältnis beträgt 2 Teile Wegwartewurzeln und je 1 Teil Apfelschalen und Feigen. Dann wird alles durchgeknetet, zu einem Wecken geformt und im Backrohr nachgetrocknet. Davon kann man stückweise herunterbrechen oder aber nochmals mahlen und dann das Pulver für die Kaffeebereitung verwenden. Dieses alte Rezept von meiner Großtante Agnes kann ich bestens empfehlen. Ich war 16 Jahre alt, als sie es mir verriet.

Krankheiten und Schädlinge

Die Wegwarte leidet im großen und ganzen wenig unter Schädlingen. Ab und zu treten im Herbst der Echte und der Falsche Mehltau und ein Rostpilz auf. Gelegentlich werden die jungen Pflanzen von Rüsselkäfern befallen.

Wirkstoffe

Hauptsächlich Bitterstoff (Intybin) und viel Inulin, Glykoside, Cholin, ein ätherisches Öl und in den Blüten der blaue Farbstoff Anthocyan.

Heilwirkung

Wegwarte wirkt gallenanregend, schweiß- und harntreibend, verdauungsfördernd, blutreinigend, abführend und magenstärkend, appetitanregend, kräftigend, blähungstreibend.

In der Heilkunde

Bei Verdauungsbeschwerden, Magen- und Darmkatarrh und bei Hautunreinheiten findet die Wegwarte noch vereinzelt Verwendung. Auch ist sie ein gutes Heilkraut bei Leber- und Milzbeschwerden. Ihr weiteres Anwendungsgebiet ist jedoch die Volksheilkunde. In der Schulmedizin ist ihre Bedeutung stark zurückgegangen.

Als Hausmittel

Die in der Heilkunde leider viel zuwenig eingesetzte Pflanze findet in der Volksmedizin große Beachtung, und das zu Recht, denn auf Grund des hohen Bitterstoffgehaltes wird die Magensaftsekretion angeregt, was zur Linderung vieler Magen- und Darmerkrankungen führt. Darüber hinaus wird der Allgemeinzustand gekräftigt, und der Körper ist in der Lage, von sich aus mit gewissen Entzündungserscheinungen fertig zu werden. Das erklärt auch die Anwendung der Wegwarte bei Zwölffingerdarmgeschwüren, bei Beschwerden von Leber und Galle, bei Hämorrhoiden und als Blutreinigungsmittel. Die Pflanze wird meist in Form eines Tees verabreicht, und zwar gibt man 1 gehäuften Teelöffel von Blättern, Blüten und zerkleinerten Wurzelteilen der Wegwarte in ¼ l kaltes Wasser und läßt kurz aufkochen. 2 bis 3 Tassen täglich schluckweise trinken. Der hohe Inulingehalt in der Pflanze macht die Wegwarte für Diabetiker sehr verträglich (Inulin ist nicht aus Traubenzucker aufgebaut!), weshalb man die Wegwarte, als Gemüse verarbeitet, gerne Zuckerkranken reicht. Dadurch kann sogar der Blutzuckerspiegel merklich gesenkt werden.

In der Tiermedizin

Zur Kräftigung von Haustieren mischt man frische Wegwarteblätter unters Futter. Ziegen, die an Nieren- und Harnwegerkrankun-

gen leiden, gibt man Wegwarte. Zichorien-
wurzelabsud wird bei Freßunlust der Tiere
mit Erfolg angewendet. Klein geschnitten
können sie auch dem Hundefutter beigegeben werden.

In der Homöopathie
Die Homöopathie bereitet aus der frischen
Wurzel eine Essenz, die bei Leber- und Gallenleiden sowie bei Verdauungsbeschwerden
verabreicht wird, und zwar als Urtinktur oder
bis zur 2. Potenz.

In der Küche
Die ganz jungen, frischen Blätter der wildwachsenden Wegwarte können im Frühjahr
gesammelt und entweder roh als Salat oder
gekocht als Wildgemüse serviert werden. Ältere Blätter eignen sich nicht dazu, da sie
bereits bitter schmecken. Köstlich ist auch
eine Wegwartesuppe, wofür die geputzten,
gewaschenen Blätter ¾ Stunde in gewürzter
Brühe gekocht werden. Die vielseitigen Verwendungsmöglichkeiten der Wegwarte in
der Küche sind ein wahrer Segen für Zuckerkranke, die mit der an Inulin so reichen und
daher blutzuckersenkenden Pflanze ihren
Speisezettel sehr gut variieren können. Für
Diabetiker und ebenso für Leberkranke ist
der aus der kultivierten Wegwarte hergestellte Ersatzkaffee ein außerordentlich bekömm-
liches Getränk.

Für die Körperpflege
Frischer Wegwartesaft hilft Hautunreinheiten
zu beseitigen. Man betupft die Stellen und
läßt den Saft eintrocknen. Zur Hautpflege
kann man Wegwarteaufguß trinken; man
brüht 10 g Blattdroge mit 1 l kochendem
Wasser und läßt 10 Minuten ziehen.

Auszüge
Ein *alkoholischer Auszug*, der zur allgemeinen
körperlichen Stärkung beiträgt, wird auf folgende Weise zubereitet: Wegwartewurzel,
Löwenzahnwurzel und Fenchelsamen werden zu gleichen Teilen gemischt und davon
40 g in 2 l Wasser gekocht. Nach mehrmaligem Aufwallen 3 Stunden stehenlassen,
dann abseihen, den Rückstand auspressen
und die Flüssigkeit kalt stellen. Dann fügt
man so viel 90%igen Alkohol hinzu, daß eine
40%ige alkoholische Lösung erreicht wird.
Man kann auch bis auf 18% verdünnen. Die
so gewonnene alkoholische Lösung wird für
2 Wochen auf die Fensterbank gestellt und

anschließend kühl und dunkel gelagert. Für
Wegwartegeist zum äußerlichen Gebrauch, für
Einreibungen bei Gliederschmerzen und
Rheumatismus, wird im Verhältnis 1 : 4 Blatt-
und Wurzeldroge mit 50%igem Alkohol an-
gesetzt und schließlich auf 40% verdünnt.

In der pharmazeutischen Industrie
Wegwartewurzelextrakt ist Bestandteil zahl-
reicher pharmazeutischer Produkte, jedoch
wird zu diesem Zweck nur die Wurzel wildwachsender Pflanzen verarbeitet. *Fertigpräparate:* Eupond Rp, Bilisan, Salus Gastrin
Tee, Zet 26.

Aus meiner Erfahrung
Ich habe in einem alten Kräuterbuch ein
Rezept gefunden, das bei Harnverhalten helfen soll, und möchte es als wirklich brauchba-
res Mittel empfehlen: Schneiden Sie Blätter
von Wegwarte und Petersilie sehr klein und
bereiten Sie daraus durch Aufguß einen Tee,
den Sie schluckweise über den Tag verteilt
trinken. Der Tee ist nicht nur harntreibend,
sondern reinigt auch das Blut. Mein besonderer Rat an Diabetiker: Trinken Sie jeden
Morgen 1 Tasse Wegwarteaufguß als Frühstückstee!

Nicht übersehen
Wegwarte in Kultur gezogen, dient in erster
Linie als Kaffeezusatz und -Ersatz, nicht aber
als Heilkraut! Als Heilkraut nur die wildwachsenden Pflanzen verwenden!

Naturschutz und gesetzliche Bestimmungen
Auf Feld- und Waldwegen, sogar von den
Rädern schwerer Fahrzeuge niedergedrückt,
wächst sie noch, die Wegwarte. Ein Sinnbild
menschlicher Willenskraft, alles Schwere zu
ertragen und nicht aufzugeben. Sie ist heute,
Gott sei Dank, nicht selten. Trotzdem schützen, nicht ausrotten. Die geduldig Wartende
am Wegesrand sollte den gehetzten Menschen unserer Zeit ein Zeichen sein.

Aus meiner Kräuterapotheke
Mildes Abführmittel: Wegwartewurzel 3 Teile,
Holunderblüten 2 Teile, Gänseblümchenblü-
ten 1 Teil. 2 Teelöffel der Mischung mit ¼ l
kaltem Wasser ansetzen, aufkochen, 15 Minuten ziehen lassen, abseihen. 3 Wochen
hindurch morgens nach dem Aufstehen und
abends nach dem Abendessen je 1 Tasse
trinken. Dann einige Tage aussetzen und
wenn nötig diese Kur wiederholen.

211

Wermut
Artemisia absinthium
Korbblütler
ausdauernd

Volkstümliche Bezeichnungen

Absinth, Absinthenkraut, Aetsch, Alsem, Artenheil, Birmet, Bitterals, Bitterer Beifuß, Bitterkraut, Eberreis, Else, Elsenkraut, Eltz, Gottvergeß, Grabekraut, Heilbitter, Hilligbitter, Kampferkraut, Kittelkraut, Magenkraut, Mottenstock, Ölde, Schweizertee, Wärmede, Wermat, Wermot, Wiegenkraut, Wolfszausert, Wörmke, Wurmkraut, Würmlekraut, Wurmtod, Würmut.

Namenerklärung

Der Name Wermut, althochdeutsch *werimote* oder *weramote*, stammt wahrscheinlich von der wärmenden Kraft der Pflanze her und hieß vielleicht einst schlechthin „Wärmet", der Wärmende. *Artemisia* wird auf Artemis, die griechische Göttin der Jagd, zurückgeführt, die auch für Frauenleiden zuständig war und das Wermutkraut empfohlen haben soll. *Absinthium* kommt vom griechischen *apsinthion*, das „Mißvergnügen" bedeutet, wohl im Zusammenhang mit dem bitteren Geschmack der Pflanze.

Kulturgeschichte

Im alten Ägypten war die dort heimische Wermut-Art der Göttin Isis geweiht und spielte bei Kultfesten eine Rolle. Mit der in der Bibel mehrfach erwähnten bitteren Pflanze als Symbol des Bitteren und Widerwärtigen dürfte eine Verwandte unserer Pflanze gemeint sein. Dioskurides spricht von den erwärmenden, adstringierenden und verdauungsfördernden Eigenschaften des Wermuts. Plinius berichtet davon, daß der Sieger des Wettrennens mit Stiergespannen, das anläßlich des jährlich stattfindenden Festes zu Ehren Jupiters veranstaltet wurde, auf dem Kapitol einen Wermuttrank zu sich nahm. Daraus läßt sich die hohe Wertschätzung der Pflanze bei den Römern ablesen. Aus dem Lehrgedicht des Abtes Walafridus Strabo geht hervor, daß der Wermut im 9. Jahrhundert bereits nördlich der Alpen in den Gärten gedieh. Konrad von Megenberg hielt ein Rezept für Tinte mit Wermut fest: „welcher schreiber sein tinten damit seudet, waz püecher oder prief er da mit schreibt, diu magent die mäus niht." Außerdem wurde der Wermut im Mittelalter dazu benützt, um die Wirkung von Alkohol zu neutralisieren und um aus Kleidungsstücken das Ungeziefer zu vertreiben. Im Aberglauben galt der Wermut als gutes Mittel, um böse Geister von sich und seinem Haus fernzuhalten. Auch hielt man die appetitanregende Kraft des Krautes für so groß, daß man sich die Blätter in die Schuhe legte. Denn schon allein das Gehen darauf sollte den Appetit wiederbringen. Der Rauch des Wermutkrautes auf dem Herdfeuer sollte Hagel vertreiben.

Herkunft

Der Wermut stammt aus Südeuropa, vor allem aus dem östlichen Mitteleuropa, und aus Kleinasien; heute in fast ganz Europa, außer im hohen Norden, verwildert; wird auch angebaut.

Fundort

In wärmeren Gegenden auf steinigen Hängen, auf Schutt und an Wegrändern. Gedeiht von der Ebene bis ins Gebirge, besonders in Gebieten mit einer Niederschlagsmenge unter 1 000 mm.

Merkmale

Der Wermut ist ein silbergrauer Halbstrauch mit einer Rosette grundständiger *Blätter*. Diese sind gestielt, 2- bis 3fach fiederteilig mit lanzettlichen Zipfeln. Der seidig-filzige *Stengel* ist locker beblättert. Die *Stengelblätter* sind einfach fiederschnittig und werden nach oben zu kleiner. Die kurzgestielten kugeligen *Blütenköpfe* sind nickend und bilden eine Rispe. Sie bestehen aus kleinen gelben Röhrenblüten. Die kurze *Wurzel* ist sehr ästig. Die Pflanze kann eine *Höhe* von 1 m, vereinzelt aber sogar bis zu 1,5 m erreichen. Der *Geruch* ist stark aromatisch, der *Geschmack* herb und bitter.

Verwechslungen

Der Wermut hat eine gewisse Ähnlichkeit mit dem nahe verwandten, viel häufigeren Beifuß (*Artemisia vulgaris*), der aber viel weniger behaart ist.

Blütezeit

Juli bis September.

Samenreife

Die Verfärbung der Früchte zeigt die Samenreife an, was etwa 6 bis 8 Wochen nach der Blütezeit eintritt.

Erntezeit

Juli bis August.

Ernte- und Sammelgut

Gesammelt werden die unteren jungen Blätter und die blühenden Zweigspitzen (*Herba Absinthii*), zur Verarbeitung in der Industrie wird das ganze Kraut mit den Stengeln geerntet (*Herba Absinthii cum stipites*).

Ernte- und Sammelvorschriften

Geerntet werden sollte bei trockenem Wetter. Außer dem Hauptschnitt ist manchmal im Herbst noch ein Blattschnitt möglich, bei dem die nicht mehr zur Blüte gelangten Triebe geerntet werden. Der Schnitt erfolgt mit Sichel oder Heckenschere, bei größeren Flächen auch maschinell, und zwar in einer Höhe, daß keine verholzten Stengel ins Erntegut gelangen. Gegebenenfalls muß man die Stiele noch einmal eine Handbreit über dem Boden nachmähen, damit die Pflanze von unten wieder austreibt. Bei schönem Wetter kann auf dem Feld, eventuell auf Trockengestellen, getrocknet werden. Trocknet man künstlich, so wegen des ätherischen Öls nur bei mäßiger Temperatur (35 °C).

Anbau

Der Wermut bevorzugt sonnige, trockene Lagen; er gedeiht auch auf Böden, die sich für sonstige landwirtschaftliche Nutzung nicht eignen, z. B. auf aufgelassenen Weinbergen. Wird auf dem Feld angebaut, so muß dieses gartenmäßig hergerichtet werden. Dann kann man ab April an Ort und Stelle im Abstand von 50 cm aussäen. Da der Wermut langsam anwächst, ist die Pflege zur Unkrautfreihaltung aufwendig. Darum ist es günstiger, ihn auszupflanzen. Dazu sät man entweder im März in den Kasten aus (200 bis 500 g Saatgut bringen die Sämlinge für 1 ha), oder im April, Mai auf ein Freilandsaatbeet im Abstand von 20 cm (1 bis 1,5 kg Saatgut pro ha). Aus dem Kasten wird im Mai, Juni in 50 mal 30 cm Abstand ausgepflanzt, aus dem Freilandsaatbeet im August, September oder bei zu trockener Witterung im März oder April des darauffolgenden Jahres. Auch die Stockteilung älterer Pflanzen ist möglich, für den feldmäßigen Anbau aber nicht unbedingt zu empfehlen. Zur Pflege mehrmals hacken. Im 1. Jahr sollte man eine leichte Frostschutzdecke geben.

Saatgut

Zur Gewinnung von Saatgut läßt man einen Teil des Feldbestandes reifen und erntet im August, September, wenn sich die Früchte verfärben, am besten mit der Sichel. Man sollte besser zeitiger schneiden, um den Ausfall der Früchte zu verhindern. Dann muß man auf dem Feld nachtrocknen und nachreifen lassen. Anschließend kann man dreschen. Das Tausend-Korn-Gewicht beträgt etwa 0,09 g; das Saatgut bleibt 3 bis 4 Jahre keimfähig.

Erträge

Die Erträge an Krautdroge schwanken zwischen 4 und 10 t pro ha, für arzneiliche Verwertung 700 bis 1 000 kg pro ha. Der Saatgutertrag beträgt etwa 2 kg pro a.

Für den Hausbedarf

1 bis 2 Stauden Wermut im Hausgarten genügen, um den Bedarf einer Familie zu decken. Eine Anzahl Pflanzen „mögen" die Nachbarschaft des Wermuts nicht und gedeihen in seiner Nähe nicht gut. Man pflanzt deshalb Wermut am besten allein, z. B. mitten in der Grünfläche. Dabei ist aber darauf zu achten, daß der Boden um die Pflanze herum gut gelockert und auch durch die ganze Vegetationsperiode hindurch offen gehalten wird. Besonderes Augenmerk ist auf das „Einnisten" der Quecke zu richten, da diese bei Überhandnehmen die Wüchsigkeit der Wermutpflanzen stark beeinträchtigt und den Ertrag erheblich mindert.

Krankheiten und Schädlinge

Blattfleckenpilze und ein Rostpilz können Schäden an Blättern und Stengeln verursachen. Fraßschäden durch Raupen wurden sowohl an Blättern als auch an Wurzeln beobachtet, eine bestimmte Raupenart frißt auch die Blütenköpfchen aus.

Wirkstoffe

Der Wermut enthält ein ätherisches Öl mit den wichtigen Bestandteilen Thujon, Thujol, Azulen und Phellandren sowie das Bitterstoffglykosid Absinthiin, den Bitterstoff Absinthin und etwas Gerbstoff.

Heilwirkung

Die Blüten wirken schweiß- und harntreibend, menstruationsregulierend, fiebersenkend, keimtötend und wurmwidrig; die Blätter blutstillend, adstringierend und schmerzlindernd. Außerdem wird Wermut als verdauungsförderndes, gallen- und leberanregendes und magenwirksames Mittel empfohlen.

In der Heilkunde

Der Wermut ist auf Grund des hohen Bitterstoffgehaltes ein ausgezeichnetes Magenmittel, das vornehmlich bei allen Arten von Magen- und Darmerkrankungen, bei Leber- und Gallenleiden, bei Appetitlosigkeit und Völlegefühl Verwendung findet. Wer unter Würmern leidet, sollte eine Kur mit Wermutabsud machen (1 Teelöffel Krautdroge mit ¼ l kochendem Wasser überbrühen, 10 Minuten ziehen lassen; 3mal täglich 1 Tasse). Auch nach Gallenkoliken empfiehlt sich dieser Teeaufguß. Jedoch nur wenige Tage kurmäßig trinken!

Als Hausmittel

In der Volksheilkunde wird Wermut vor allem bei Magenbeschwerden, Leberleiden und Erkrankungen der Gallenblase verwendet. Innerlich angewandt, bringt Wermuttee Erleichterung bei Gicht, Blutarmut, Fieberanfällen und bei Menstruationsstörungen. Äußerlich helfen Umschläge bei Blutergüssen und Geschwüren.

In der Tiermedizin

Der Wermut kann in der Tiermedizin sehr vielfältig angewendet werden. So gibt man Haustieren, die unter Blähungen leiden, 1 Handvoll Wermut und 2 Handvoll Kamillenblüten in warmem Bier zu trinken. Wegen seiner fiebersenkenden Eigenschaften wird Wermut unter das Futter gemischt. Bei Ausschlägen wäscht man das Fell der Haustiere mit einem Absud aus Wermut und Eichenrinde. Bei Läusen werden die Tiere abgewaschen und anschließend mit Wermutpulver eingepudert. Frische oder getrocknete Krautdroge verfüttert man bei Freßunlust, bei Koli-

ken und Verdauungsstörungen. Zur Desinfektion und raschen Narbenbildung empfiehlt sich ein Absud von Wermut (50 g Blüten und Blätter auf 1 l Wasser) zur Waschung.

In der Homöopathie

Aus den frischen, jungen Blättern und Blüten wird das Homöopathikum *Absinthium* bereitet, das in 2. bis 4. Potenz (täglich 3mal 10 Tropfen) bei Verdauungsstörungen, Blutarmut, gegen Würmer, bei nervösen Störungen aber auch bei epileptischen Anfällen verabreicht werden kann.

In der Küche

Als Gewürz wird Wermut wegen seines intensiv bitteren Geschmacks nur selten und nur in sehr kleinen Mengen gebraucht. Für fette Fleischspeisen genügt 1 Messerspitze des getrockneten Krautes, das mitgekocht wird, um die Verdauung zu erleichtern. Manche Cocktailgetränke kann man mit einem frischen Wermutblatt verfeinern. Besonders beliebt ist auch der Wermutwein.

Für die Körperpflege

Wermut wird in der Körperpflege kaum verwendet, da der Bitterstoffgehalt so hoch ist. Hervorragend geeignet ist die Pflanze allerdings zur äußerlichen Anwendung nach Insektenstichen, wobei zuerst der Stachel entfernt werden muß und dann die Stichstelle mit frischen, zerstoßenen Blättern von Wermut abgerieben wird.

Auszüge

Wermut wird gerne in Wein angesetzt. Zur Herstellung des *Wermutweines* nimmt man 20 g Wermutkraut auf 1 l Weißwein, läßt ihn bis zur gewünschten Stärke ziehen, seiht ab. Diesen selbst zubereiteten Wein soll man den gekauften immer vorziehen. Diese gekauften Wermutweine werden oft mit minderwertigem Weißwein hergestellt und erzeugen, statt heilend und wohltuend zu wirken, Kopfschmerzen und Magenbeschwerden. Folgende *Wermuttinktur* hat als Magenmittel schon gute Dienste geleistet: 10 g Wermutkraut, je 4 g fein zerkleinerte Kalmuswurzel und Enzianwurzel sowie 4 g Orangenschalen 8 Tage lang in 200 g Weingeist ansetzen, dann abseihen. Bei Magenbeschwerden nimmt man von dieser Tinktur 15 bis 20 Tropfen mit ebensoviel Wasser 2- bis 4mal am Tag. Auch als Umschlag für offene Wunden,

Verstauchungen und Quetschungen ist diese Tinktur geeignet.

In der pharmazeutischen Industrie
Wermutpräparate sind im Handel erhältlich, und zwar Wermuttee, Wermutsaft, Wermutwein und Wermuttropfen. *Fertigpräparate:* Neurochol-Dragees, Neurochol-Tropfen, Aristochol, Digestivum-Hetterich, Enterosanol, Gallemolan, Kyttagast, Stomachysat, Uzarogall.

Aus meiner Erfahrung
Vielen Menschen ist der Geschmack des Wermuttees unerträglich oder „abscheulich“. Mit Zucker oder Honig zu süßen ist jedoch sinnlos, da der bitter-herbe Geschmack nicht verschwindet. Deshalb empfehle ich folgende Mischung: Wermut 3 Teile, Melisse 2 Teile, Tausendguldenkraut 3 Teile, Pfefferminze 3 Teile, Quendel 1 Teil. Dieser Mischtee eignet sich zur Anwendung bei den gleichen Beschwerden wie der reine Wermuttee. Nach einem alten Rezept für Wermutwein wird dieser besonders gut, wenn man ihn zur Zeit der Weinlese herstellt, indem man den Wermut mit dem Most vergären läßt. Übrigens: Wie auch andere Kräuterweine sollte man Wermutwein besser vormittags als abends zu sich nehmen.

Nicht übersehen
Schwangeren Frauen und stillenden Müttern sowie allen, die an Magen- oder Darmblutungen leiden, ist vom Gebrauch des Wermuts in jeder Form dringend abzuraten. Da das ätherische Öl des Wermuts bei übermäßigem Gebrauch zu bleibenden Gehirnschäden führen kann, ist auf genaueste Dosierung zu achten und darf dieser nur kurzzeitig eingesetzt werden. Diese Tatsache ist der Grund dafür, daß die Likörindustrie das Wermutöl nicht mehr verwenden darf, da der Genuß von Absinth in der 2. Hälfte des 19. Jahrhunderts zu großen gesundheitlichen Schäden führte.

Naturschutz und gesetzliche Bestimmungen
Wermut und Baldrian wandern. Sie suchen sich neue Gebiete, wo sie vor einigen Jahren noch nicht verwildert zu finden waren. Ich habe sie genau beobachtet und freue mich über ihr Kommen. Sie wandern mir entgegen, von der Weingegend herauf ins Waldviertel; der Baldrian eher zaghaft und wählerisch, denn er bleibt lieber in windgeschützten Tälern; der Wermut hingegen etwas dreist, herausfordernd und vor kargem Sandboden und windoffenen Lagen nicht zurückschreckend. Er, der bittere Geselle, das Magenkraut. Beim Sammeln bitte bedenken: Wegen seiner starken Bitterkraft genügen wenige Zweige, um den Bedarf für einen Winter pro Person zu decken. Ein mittelgroßer Stock genügt meist für eine ganze Familie. Daher nicht wahllos sammeln, soviel braucht man gar nicht. Lassen Sie ihn lieber stehen. Auch andere wollen ernten. Außerdem: In der Schweiz steht der Wermut unter Naturschutz!

Aus meiner Kräuterapotheke
Bei Eingeweidewürmern: Wermut 3 Teile, Gundelrebe 2 Teile, Anissamen 1 Teil. 2 Teelöffel der Mischdroge wird mit ¼ l Wasser übergossen; 15 Minuten ziehen lassen, abseihen und 2 Tassen pro Tag schluckweise trinken. Die Kur soll folgendermaßen vor sich gehen: einen Tag Tee trinken, am nächsten Morgen 1 Löffel Olivenöl einnehmen, am 3. Tag wieder Tee trinken, am 4. Tag in der Früh wieder 1 Eßlöffel Olivenöl zu sich nehmen. 1 Woche aussetzen, dann die Kur wiederholen. Sind nach diesen 2 Wochen die Eingeweidewürmer nicht abgegangen, soll man es ein 2. Mal versuchen.

ANHANG

Verzeichnis der Heilwirkungen

abführend
Benediktendistel
Eibisch
Fenchel
Kornblume
Liebstöckel
Schöllkraut
Stiefmütterchen
Stockrose
Wegwarte

adstringierend
Beinwell
Frauenmantel
Hauhechel
Johanniskraut
Odermennig
Raute
Salbei
Schafgarbe
Wermut

antidiabetisch
Alant
Salbei
Tausendguldenkraut
Wegwarte

antiseptisch
Dost
Hauhechel
Kamille
Pfefferminze
Ringelblume
Schafgarbe
Thymian

aphrodisierend
Fenchel
Pfefferminze

appetitanregend
Basilienkraut
Benediktendistel
Bibernelle
Dill
Dost
Engelwurz
Enzian
Fenchel
Kornblume
Liebstöckel
Löwenzahn
Melisse
Odermennig
Raute
Schafgarbe
Tausendguldenkraut
Thymian
Wegwarte

augenstärkend
Baldrian
Fenchel
Königskerze
Raute

auswurffördernd
Alant
Brennessel
Eibisch
Engelwurz
Königskerze
Liebstöckel
Salbei
Stiefmütterchen
Thymian

belebend
Arnika
Königskerze
Kornblume
Melisse
Pfefferminze
Raute
Stockrose
Tausendguldenkraut

beruhigend
Baldrian
Dill
Eibisch
Enzian
Fenchel
Herzgespann

Kamille
Klatschmohn
Königskerze
Melisse
Raute
Schöllkraut

blähungswidrig
Basilienkraut
Dill
Dost
Engelwurz
Fenchel
Herzgespann
Kamille
Liebstöckel
Melisse
Pfefferminze
Salbei
Schafgarbe
Schwarzkümmel
Tausendguldenkraut
Thymian
Wegwarte

blutbildend
Alant
Brennessel
Frauenmantel
Herzgespann
Tausendguldenkraut

blutdruckregulierend
Löwenzahn

blutdrucksenkend
Raute
Schafgarbe

blutreinigend
Alant
Bibernelle
Brennessel
Engelwurz
Frauenmantel
Hauhechel
Klette
Königskerze
Kornblume

Liebstöckel
Löwenzahn
Ringelblume
Stiefmütterchen
Stockrose
Wegwarte

blutstillend
Arnika
Wermut

blutungsfördernd
Raute

desodorierend
Kamille

drüsenanregend
Frauenmantel
Löwenzahn
Thymian

durchfallhemmend
Bibernelle
Brennessel
Dost
Frauenmantel
Herzgespann
Odermennig
Salbei
Schwarzkümmel
Thymian

entgiftend
Bibernelle
Engelwurz

entschlackend
Brennessel
Löwenzahn
Stiefmütterchen

entspannend
Baldrian
Melisse

entwässernd
Dill
Dost

entzündungshemmend
Arnika
Beinwell
Dill
Dost
Eibisch
Frauenmantel
Johanniskraut
Kamille
Liebstöckel
Odermennig
Ringelblume
Salbei
Schafgarbe
Stockrose

erfrischend
Melisse
Pfefferminze

erweichend
Beinwell
Eibisch
Klatschmohn
Königskerze
Ringelblume

fiebersenkend
Benediktendistel
Frauenmantel
Stiefmütterchen
Tausendguldenkraut
Wermut

gallenanregend
Enzian
Klette
Liebstöckel
Löwenzahn
Melisse
Odermennig
Pfefferminze
Ringelblume
Salbei
Schöllkraut
Tausendguldenkraut
Thymian
Wegwarte
Wermut

gärungswidrig
Enzian
Pfefferminze

gefäßdichtend
Raute

haarpflegend
Kamille
Kornblume

haarwuchsfördernd
Brennessel
Klette
Schafgarbe
Tausendguldenkraut

harntreibend
Benediktendistel
Bibernelle
Dill
Engelwurz
Enzian
Frauenmantel
Hauhechel
Klette
Königskerze
Kornblume
Liebstöckel
Löwenzahn
Odermennig
Raute
Ringelblume
Schafgarbe
Schöllkraut
Schwarzkümmel
Stiefmütterchen
Thymian
Wegwarte
Wermut

hautpflegend
Baldrian
Brennessel
Dost
Eibisch
Frauenmantel
Hauhechel
Johanniskraut
Kamille
Kornblume
Liebstöckel
Pfefferminze
Ringelblume
Salbei
Schwarzkümmel
Thymian

hautreinigend
Brennessel
Dost
Eibisch
Frauenmantel
Hauhechel

Johanniskraut
Klette
Königskerze
Kornblume
Liebstöckel
Melisse
Odermennig
Pfefferminze
Raute
Ringelblume
Salbei
Schafgarbe
Schwarzkümmel
Stiefmütterchen
Stockrose
Tausendguldenkraut
Wegwarte

hautreizend
Brennessel
Enzian
Raute

heilungsfördernd
Arnika
Odermennig

herzberuhigend
Baldrian
Herzgespann
Raute

herzstärkend
Arnika
Frauenmantel
Hauhechel
Herzgespann
Liebstöckel

hustenmildernd
Beinwell
Eibisch
Salbei
Schafgarbe
Stockrose

hustenstillend
Basilienkraut
Königskerze

keimtötend
Pfefferminze
Salbei
Schafgarbe
Wermut

knochenbildend
Beinwell

kräftigend
Beinwell
Brennessel
Enzian
Frauenmantel
Melisse
Pfefferminze
Raute
Salbei
Stiefmütterchen
Tausendguldenkraut
Thymian
Wegwarte

krampflösend
Baldrian
Basilienkraut
Bibernelle
Dill
Dost
Fenchel
Herzgespann
Johanniskraut
Kamille
Klatschmohn
Königskerze
Liebstöckel
Melisse
Odermennig
Pfefferminze
Raute
Ringelblume
Salbei
Schafgarbe
Schöllkraut
Stockrose
Thymian

kreislaufanregend
Arnika
Schafgarbe

kreislaufregulierend
Enzian

leberanregend
Liebstöckel
Löwenzahn
Melisse
Odermennig
Pfefferminze
Raute
Schöllkraut
Tausendguldenkraut
Wermut

magenstärkend
Baldrian

Benediktendistel
Dill
Engelwurz
Enzian
Kamille
Liebstöckel
Melisse
Pfefferminze
Raute
Salbei
Tausendguldenkraut
Thymian
Wegwarte

magenwirksam
Frauenmantel
Wermut

menstruations-
fördernd
Liebstöckel
Schwarzkümmel

menstruations-
regulierend
Engelwurz
Frauenmantel
Kamille
Raute
Ringelblume
Salbei
Schafgarbe
Schwarzkümmel
Stockrose
Thymian
Wermut

milchabsonderungs-
hemmend
Salbei

milchsekretions-
fördernd
Basilienkraut
Dill
Fenchel
Frauenmantel
Schwarzkümmel

narbenbildend
Beinwell
Frauenmantel
Ringelblume
Schafgarbe
Stiefmütterchen
Thymian

nervenberuhigend
Baldrian
Basilienkraut

Herzgespann
Johanniskraut
Kamille
Klatschmohn
Liebstöckel
Melisse
Pfefferminze

nervenstärkend
Arnika
Baldrian
Engelwurz
Fenchel
Melisse
Pfefferminze
Raute
Thymian

nierenanregend
Alant
Bibernelle
Dost
Hauhechel
Schwarzkümmel

potenzstärkend
Pfefferminze

reizlindernd
Eibisch

schlaffördernd
Baldrian
Basilienkraut
Dill
Herzgespann
Johanniskraut
Königskerze
Melisse
Raute
Schafgarbe

schleimlösend
Alant
Beinwell
Benediktendistel
Bibernelle
Brennessel
Dost
Eibisch
Enzian
Fenchel
Herzgespann
Johanniskraut
Klatschmohn
Liebstöckel
Pfefferminze
Salbei

Schafgarbe
Stiefmütterchen
Stockrose
Thymian

schmerzlindernd
Baldrian
Dill
Hauhechel
Kamille
Königskerze
Pfefferminze
Raute
Stockrose
Wermut

schmerzstillend
Eibisch
Johanniskraut
Melisse
Pfefferminze

schweißhemmend
Salbei

schweißtreibend
Basilienkraut
Engelwurz
Hauhechel
Kamille
Klette
Löwenzahn
Melisse
Ringelblume
Stiefmütterchen
Wegwarte
Wermut

stoffwechselanregend
Alant
Brennessel
Dost
Hauhechel
Liebstöckel
Löwenzahn
Odermennig
Schafgarbe
Schöllkraut
Stiefmütterchen

stuhlfördernd
Engelwurz
Enzian
Stockrose
Tausendguldenkraut

tonisch
Fenchel

Kamille
Liebstöckel

verdauungsanregend
Alant
Benediktendistel
Bibernelle
Dill
Dost
Enzian
Fenchel
Johanniskraut
Klette
Löwenzahn
Raute
Schafgarbe
Wegwarte

verdauungsfördernd
Basilienkraut
Kamille
Kornblume
Melisse
Schöllkraut
Tausendguldenkraut
Wermut

wundheilend
Arnika
Basilienkraut
Beinwell
Bibernelle
Frauenmantel
Hauhechel
Johanniskraut
Kamille
Klette
Odermennig
Raute
Ringelblume
Salbei
Schafgarbe

wurmwidrig
Alant
Fenchel
Odermennig
Pfefferminze
Raute
Ringelblume
Schwarzkümmel
Thymian
Wermut

zellbildend
Beinwell

221

Verzeichnis der Krankheiten

Abszesse
Engelwurz
Kamille
Ringelblume

Akne
Brennessel
Hauhechel
Klette
Schafgarbe
Schöllkraut
Stiefmütterchen
Thymian

Alkoholvergiftung
Engelwurz
Liebstöckel

Angina
Bibernelle
Königskerze
Salbei

Angina pectoris
Arnika
Herzgespann

Angstzustände
Herzgespann
Königskerze

Appetitlosigkeit
Alant
Basilienkraut
Benediktendistel
Engelwurz
Enzian
Löwenzahn
Schafgarbe
Tausendguldenkraut
Wermut

Appetitmangel
Dost

Arterienverkalkung
Frauenmantel
Stiefmütterchen

Arthritis
Benediktendistel

Asthma
Bibernelle
Königskerze
Schöllkraut

Atemnot
Herzgespann
Raute

*Atemwege,
Beschwerden der*
Eibisch
Königskerze
Stiefmütterchen

*Atemwege,
Verschleimung der*
Alant
Herzgespann
Klatschmohn
Stiefmütterchen
Stockrose

*Atmungsapparat,
Erkrankungen des*
Alant
Königskerze

Aufstoßen
Enzian

Augenentzündungen
Eibisch
Kamille
Königskerze
Kornblume
Löwenzahn
Raute

*Augenschmerzen,
neuralgische*
Kamille

Augenschwäche
Baldrian

Bauchgrimmen
Dill
Liebstöckel

Bauchkolik
Eibisch

Bauchschmerzen
Dill

Beine, geschwollene
Liebstöckel

Beine, offene
Beinwell

Beklemmungszustände
Herzgespann

Beulen
Melisse

Bindehautentzündung
Kamille

Blähungen
Basilienkraut
Dill
Dost
Engelwurz
Enzian
Fenchel
Kamille
Liebstöckel
Melisse
Pfefferminze
Schwarzkümmel
Tausendguldenkraut
Thymian

Blasenbeschwerden
Kornblume
Stiefmütterchen

Blasenentzündung
Schafgarbe

Blasenkatarrh
Basilienkraut

Blasenleiden
Liebstöckel
Odermennig
Stiefmütterchen

Blasensteine
Bibernelle
Brennessel
Eibisch
Hauhechel
Klette

Blutandrang zum Kopf
Raute
Schafgarbe

Blutarmut
Arnika
Beinwell
Benediktendistel
Brennessel
Frauenmantel
Herzgespann
Tausendguldenkraut
Wermut

Blutergüsse
Arnika
Beinwell
Johanniskraut
Melisse
Schafgarbe
Wermut

Bluthochdruck
Raute

Blutkrankheiten
Stiefmütterchen

Blutstauungen
Schafgarbe

Blutverlust
Beinwell

Brandwunden
Beinwell
Eibisch
Johanniskraut
Königskerze

Bronchialasthma
Eibisch

Bronchialkatarrh
Alant
Beinwell
Eibisch
Fenchel
Klatschmohn
Königskerze

Bronchitis
Bibernelle
Eibisch
Fenchel
Klatschmohn
Königskerze
Schafgarbe
Schöllkraut
Stiefmütterchen

Brustfellentzündung
Engelwurz

Brustschmerzen
Eibisch

Cellulitis
Schafgarbe

Darmbeschwerden
Benediktendistel
Fenchel
Frauenmantel
Johanniskraut
Kamille
Tausendguldenkraut

Darmblutungen
Schafgarbe

Darmentzündung
Alant
Schöllkraut
Schwarzkümmel

Darmerkrankungen
Kamille
Tausendguldenkraut
Wegwarte
Wermut

Darmgeschwüre
Brennessel

Darmkatarrh
Odermennig
Pfefferminze
Schafgarbe
Schöllkraut
Wegwarte

Darmkrämpfe
Baldrian
Dill
Raute

Darmleiden
Odermennig

Darmstörungen
Pfefferminze
Salbei

Darmträgheit
Eibisch

Darmverschleimung
Alant

Depressionen
Engelwurz
Johanniskraut

Dickdarmentzündung
Ringelblume

Drüsenschwellung
Ringelblume
Stiefmütterchen

Durchfall
Alant
Arnika
Beinwell
Bibernelle
Dost
Frauenmantel
Herzgespann
Odermennig
Pfefferminze
Ringelblume
Salbei
Schwarzkümmel
Stiefmütterchen
Thymian

Eileiterentzündung
Ringelblume

Eiterungen, chronische
Beinwell

Ekzeme
Brennessel
Klette
Pfefferminze
Stiefmütterchen

Ekzeme, chronische
Löwenzahn

Entzündungen
Dill
Wegwarte

Epilepsie
Wermut

Erbrechen
Pfefferminze

Erkältung
Eibisch
Königskerze
Pfefferminze
Thymian

Erregungszustände
Baldrian
Dill

Erschöpfungszustände
Engelwurz
Enzian
Melisse
Stiefmütterchen
Stockrose

Fieber
Basilienkraut
Frauenmantel
Kamille
Ringelblume
Wermut

Frauenerkrankungen
Raute
Schafgarbe

Frostbeulen
Benediktendistel
Ringelblume
Schafgarbe

Frühjahrsmüdigkeit
Brennessel

Furunkulose
Arnika
Eibisch
Kamille
Klette
Königskerze
Ringelblume

Gallenbeschwerden
Benediktendistel
Brennessel
Salbei
Wegwarte
Wermut

**Gallenblasen-
entzündung**
Enzian
Schöllkraut

**Gallenblasen-
verschleimung**
Schöllkraut

Gallenerkrankungen
Odermennig
Schafgarbe
Schöllkraut
Tausendguldenkraut

Gallenkolik
Odermennig
Pfefferminze
Schöllkraut
Schwarzkümmel
Wermut

Gallenleiden
Benediktendistel
Johanniskraut
Klette
Löwenzahn
Pfefferminze
Ringelblume
Wermut

Gallenschmerzen
Melisse

Gallenstauung
Enzian
Odermennig

Gallensteine
Brennessel
Eibisch
Hauhechel

Klette
Löwenzahn
Odermennig

Gastritis
Königskerze
Tausendguldenkraut
Thymian

Gebärmutterentzündung
Ringelblume
Schafgarbe

Gedächtnisschwäche
Tausendguldenkraut

Gelbsucht
Benediktendistel

Gelenksrheumatismus
Brennessel
Hauhechel

Gelenksschmerzen
Kornblume
Raute

Gerstenkorn
Kamille

Geschwülste
Beinwell
Kamille

Geschwüre
Beinwell
Benediktendistel
Engelwurz
Melisse
Odermennig
Raute
Ringelblume
Schafgarbe
Thymian
Wermut

Gesichtsneuralgien
Kamille
Klatschmohn
Königskerze

Gicht
Arnika
Brennessel
Engelwurz
Frauenmantel

Hauhechel
Johanniskraut
Klette
Löwenzahn
Odermennig
Raute
Schöllkraut
Stiefmütterchen
Tausendguldenkraut
Wermut

Gliederschmerzen
Brennessel
Kamille
Klatschmohn
Melisse
Pfefferminze
Schwarzkümmel
Wegwarte

Grippe
Beinwell
Bibernelle
Eibisch

Haarausfall
Brennessel
Kamille
Klette
Stiefmütterchen

Halsbeschwerden
Eibisch

Halsentzündung
Arnika
Basilienkraut
Bibernelle
Dill
Fenchel
Königskerze
Kornblume

Halsschmerzen
Pfefferminze

Hämorrhoiden
Dill
Engelwurz
Kamille
Königskerze
Schafgarbe
Wegwarte

Harnbeschwerden
Hauhechel

Liebstöckel
Stiefmütterchen

Harnlassen,
schmerzhaftes
Eibisch

Harnsäure, übermäßige
Hauhechel

Harnverhaltung
Hauhechel
Wegwarte

Hautausschläge
Engelwurz
Hauhechel
Stiefmütterchen

Hautausschläge,
juckende
Dost

Hautentzündung
Basilienkraut
Beinwell
Kamille
Thymian

Hauterkrankungen
Alant
Arnika
Benediktendistel
Klette
Schafgarbe
Schöllkraut
Stiefmütterchen

Hautflechte
Stiefmütterchen

Hautflecken
Schafgarbe

Hautjucken
Alant
Hauhechel
Klette
Odermennig
Pfefferminze

Hautrötungen
Basilienkraut
Salbei

Hautunreinheiten
Alant
Beinwell

Eibisch
Klette
Königskerze
Liebstöckel
Melisse
Odermennig
Raute
Salbei
Schafgarbe
Stiefmütterchen
Stockrose
Tausendguldenkraut
Thymian
Wegwarte

Heiserkeit
Arnika
Bibernelle
Dost
Eibisch
Klatschmohn
Pfefferminze
Stockrose

Herzbeschwerden,
nervöse
Baldrian
Herzgespann
Melisse
Pfefferminze
Raute
Stiefmütterchen

Herzklopfen
Herzgespann
Pfefferminze
Raute

Herzkranzgefäße,
Erkrankungen der
Arnika
Hauhechel

Herzrhythmusstörungen
Melisse

Herzschwäche
Hauhechel
Herzgespann

Herzstörungen
Benediktendistel
Melisse

Heuschnupfen
Stockrose

224

Hexenschuß
Arnika
Baldrian
Johanniskraut

Hühneraugen
Ringelblume
Schöllkraut

Husten
Alant
Arnika
Bibernelle
Dost
Eibisch
Fenchel
Klatschmohn
Königskerze
Kornblume
Liebstöckel
Pfefferminze
Stockrose
Thymian

Husten, chronischer
Alant
Schöllkraut

Hysterie
Baldrian
Engelwurz
Herzgespann

Insektenstiche
Eibisch
Melisse
Salbei
Wermut

Ischias
Brennessel

Katarrh
Bibernelle
Klatschmohn
Salbei

Kehlkopfentzündung
Dill
Klatschmohn

Keuchhusten
Dost
Eibisch
Thymian

Knochenbrüche
Beinwell

Knochenverletzungen
Beinwell

Koliken
Johanniskraut
Kamille
Königskerze
Liebstöckel
Melisse

Kopfflechte
Stiefmütterchen

Kopfhautschuppen
Brennessel
Klette
Kornblume

Kopfschmerzen
Baldrian
Dill
Kamille
Königskerze
Kornblume
Löwenzahn
Pfefferminze
Schafgarbe
Stockrose
Thymian
Wermut

Körperschwäche, allgemeine
Alant
Raute

Krampfadern
Arnika
Odermennig
Raute

Krampfzustände
Fenchel
Kamille
Raute
Thymian

Kreislaufstörungen
Raute

Kreuzschmerzen
Baldrian

Kupferausschlag
Schafgarbe

Leberbeschwerden
Benediktendistel

Brennessel
Salbei
Schöllkraut
Wegwarte

Leberentzündung
Ringelblume
Schwarzkümmel

Lebererkrankungen
Pfefferminze

Leberleiden
Benediktendistel
Kornblume
Löwenzahn
Odermennig
Ringelblume
Tausendguldenkraut
Wermut

Luftwege, Katarrh der
Fenchel
Odermennig
Salbei

Lungenblutungen
Beinwell
Schafgarbe

Lungenentzündung
Schöllkraut

Lungenerkrankungen
Alant
Benediktendistel

Lungenkatarrh
Eibisch

Lungenschwäche
Eibisch

Lungenverschleimung
Brennessel
Engelwurz

Lymphknotenleiden der Kinder
Tausendguldenkraut

Magenbeschwerden
Basilienkraut
Benediktendistel
Dost
Fenchel
Johanniskraut
Kamille

Melisse
Tausendguldenkraut
Thymian

Magenentzündung
Bibernelle
Ringelblume
Schöllkraut

Magenerkältung
Pfefferminze

Magenerkrankungen
Kamille
Tausendguldenkraut
Wegwarte
Wermut

Magengeschwüre
Beinwell
Brennessel
Ringelblume
Tausendguldenkraut

Magenkatarrh
Odermennig
Schafgarbe
Tausendguldenkraut
Wegwarte

Magenkolik
Dill
Königskerze

Magenkrämpfe
Baldrian
Beinwell
Dill
Engelwurz
Königskerze
Liebstöckel

Magenleiden
Pfefferminze
Ringelblume

Magensäure, zuwenig
Enzian

Magenschleimhautentzündung
Odermennig

Magenschmerzen
Dill
Liebstöckel
Melisse
Pfefferminze

Magenschwäche
Alant
Engelwurz
Enzian

Magenstörungen
Arnika
Pfefferminze
Salbei

Magenträgheit
Frauenmantel

Magenverschleimung
Benediktendistel
Bibernelle
Engelwurz
Salbei
Thymian

Magenverstimmung
Arnika
Basilienkraut

Magersucht
Engelwurz

*Menstruations-
beschwerden*
Alant
Frauenmantel
Kamille
Liebstöckel
Raute
Ringelblume
Schafgarbe
Schwarzkümmel
Wermut

Migräne
Dill
Liebstöckel
Melisse
Pfefferminze

*Milchknoten
in der Brust*
Melisse

Milchschorf
Stiefmütterchen

Milzbeschwerden
Schöllkraut
Wegwarte

Mundentzündungen
Dost
Odermennig
Salbei

Mundgeruch
Pfefferminze

Muskelrheumatismus
Schöllkraut

Muskelschmerzen
Kamille

*Muskelverspannungen,
rheumatische*
Beinwell

Myom
Ringelblume

Nachtschweiß
Melisse
Salbei

Narbenschmerzen
Beinwell

Nasenbluten
Schafgarbe

*Nebenhöhlenent-
zündung und -eiterung*
Kamille

Nervenentzündung
Brennessel
Melisse

Nervenschmerzen
Johanniskraut

Nervenschwäche
Baldrian
Enzian
Herzgespann
Salbei
Stiefmütterchen
Thymian

Nervenerkrankungen
Engelwurz
Johanniskraut
Schöllkraut
Stiefmütterchen

Nervöse Beschwerden
Engelwurz
Herzgespann
Johanniskraut
Melisse
Salbei

Nervöse Störungen
Baldrian
Wermut

Nervöse Unruhe
Basilienkraut
Herzgespann

Nervosität
Arnika
Dill
Königskerze

Nesselfieber
Brennessel

Neuralgien
Kamille
Löwenzahn
Schöllkraut

Nierenentzündung
Hauhechel

Nierenerkrankungen
Basilienkraut
Hauhechel

Nierenkolik
Schöllkraut

Nierenleiden
Benediktendistel
Kornblume
Liebstöckel

Nierenschmerzen
Löwenzahn

Nierensteine
Brennessel
Eibisch
Hauhechel
Klette
Liebstöckel

Nierenträgheit
Kornblume
Schafgarbe

Nikotinvergiftung
Engelwurz
Liebstöckel

Ohnmachtsanfälle
Baldrian

Ohrenschmerzen
Kamille
Königskerze
Schafgarbe
Stockrose

Parodontose
Beinwell

Periodenschmerzen
Kamille
Pfefferminze
Ringelblume

Phantomschmerzen
Beinwell

Phlegmone
Arnika
Thymian

Pickel
Eibisch

Quetschungen
Beinwell
Melisse
Raute
Ringelblume
Wermut

Quetschwunden
Arnika

Rachenentzündung
Dost
Odermennig
Salbei

Rachitis
Tausendguldenkraut

*Regelblutung,
zu starke*
Schafgarbe
Stockrose

Reizhusten
Alant
Eibisch
Salbei
Thymian

Rheumatismus
Arnika
Brennessel

Engelwurz
Frauenmantel
Hauhechel
Johanniskraut
Klette
Königskerze
Liebstöckel
Löwenzahn
Melisse
Raute
Schöllkraut
Schwarzkümmel
Stiefmütterchen
Thymian
Wegwarte

Rippenfellentzündung
Engelwurz
Schöllkraut

Rißwunden
Beinwell

Rückenschmerzen
Raute

*Schilddrüsen-
beschwerden*
Hauhechel

Schlaflosigkeit
Baldrian
Basilienkraut
Dill
Engelwurz
Herzgespann
Johanniskraut
Melisse

Schlafstörungen
Baldrian
Dill
Klatschmohn
Melisse
Pfefferminze
Raute
Schöllkraut

Schleimhautentzündung
Kamille

Schnarchen
Melisse

Schnittwunden
Arnika

Schnupfen
Basilienkraut
Pfefferminze
Salbei

*Schweißabsonderung,
übermäßige*
Salbei

Schweißfüße
Salbei

Schwellungen
Dill

Schwielen
Schöllkraut

Schwindel
Basilienkraut
Melisse
Raute
Schafgarbe

Sehnenzerrung
Raute

Sehschwäche
Raute

Sodbrennen
Alant
Enzian
Tausendguldenkraut

Stirnhöhlenentzündung
Kamille

Stoffwechselstörungen
Löwenzahn

Stuhlverstopfung
Basilienkraut
Benediktendistel
Engelwurz
Enzian
Liebstöckel
Stockrose
Tausendguldenkraut
Wegwarte

Übelkeit
Enzian

Unterleibsbeschwerden
Baldrian

Frauenmantel
Raute

*Unterleibsorgane,
Krämpfe der*
Schöllkraut

Venenentzündung
Schafgarbe

*Verdauungs-
beschwerden*
Dost
Engelwurz
Kamille
Liebstöckel
Löwenzahn
Schwarzkümmel
Tausendguldenkraut
Wegwarte

Verdauungsschwäche
Enzian

Verdauungsstörungen
Benediktendistel
Kornblume
Tausendguldenkraut
Wermut

Verdauungsträgheit
Benediktendistel

Verletzungen
Arnika
Ringelblume
Schafgarbe

Verstauchungen
Arnika
Wermut

Völlegefühl
Enzian
Melisse
Wermut

Warzen
Ringelblume
Schöllkraut

Wassersucht
Brennessel
Hauhechel
Liebstöckel
Löwenzahn

Wechselbeschwerden
Baldrian
Frauenmantel
Herzgespann
Salbei

Weißfluß
Basilienkraut
Schafgarbe

Wetterfühligkeit
Kamille

Wunden
Arnika
Basilienkraut
Beinwell
Bibernelle
Dost
Frauenmantel
Hauhechel
Johanniskraut
Kamille
Klette
Königskerze
Odermennig
Pfefferminze
Ringelblume
Salbei
Schafgarbe
Thymian
Wermut

Wurmkrankheiten
Ringelblume
Wermut

Zahnfleischentzündung
Kornblume
Salbei

Zahnschmerzen
Hauhechel
Kamille
Stockrose

Zuckerkrankheit
Alant
Frauenmantel
Salbei
Tausendguldenkraut
Wegwarte

*Zwölffingerdarm-
geschwüre*
Beinwell
Wegwarte

Verzeichnis der deutschen und lateinischen Pflanzennamen

234

Heilkräuterkundige – Leben und Wirken

Agricola, Georgius 1494–1555. Eigentlich Georg Bauer, war Mineraloge, einer der ersten Bergbautechniker und Arzt. Zuerst Stadtarzt in Joachimsthal, dann Bürgermeister von Chemnitz. Hauptwerke: „De natura fossilium" 1546, „De re metallica" 1556.

Albertus Magnus 1193(1207?)–1280. Albert Graf von Bollstädt. Dominikanermönch, Denker und Naturforscher. War von 1260 bis 1262 Bischof von Regensburg. Bahnbrecher des Aristotelismus. Sein Lebenswerk, „Opera omnia", umfaßt 38 Bände.

Avicenna Ibn Sina 980–1037. Arabischer Philosoph und Arzt. Hauptwerk: „Canon medicinae".

Bock, Hieronymus 1498–1554. 1539 erschien sein mit mehr als 500 Bildern illustriertes Kräuterbuch „New Kreutterbuch von underscheydt, würckung und namen der kreütter so in Teutschen landen wachsen".

Brunfels, Otto 1488–1534. Deutscher Prediger, Arznei- und Pflanzenforscher. Karthäusermönch, wurde später Stadtarzt von Bern. Verfasser des Werkes „Contrafayt Kreuterbuch", in dem er sein umfassendes Wissen auf dem Gebiet der Heilkräuterkunde darlegte. Diese erste mit Holzschnitten bebilderte Beschreibung der deutschen Pflanzen war schon zu seiner Zeit sehr beliebt.

Chiron. In der griechischen Sage ein Kentaur, der Heilwissenschaft kundig, lebte in einer Höhle des Peliongebirges und war Erzieher der Helden Herakles und Jason.

Dioskurides, Pedanios. Lebte im 1. Jahrhundert n. Chr. Leibarzt Kaiser Neros. Verfasser eines grundlegenden medizinischen Werkes.

Galen, Galenus 130–201(210?). Griechisch-römischer Arzt. Leibarzt des Kaisers Marc Aurel. Ging als „Klassiker" der medizinischen Literatur in die Geschichte ein. Sein Lebenswerk, „Opera omnia", umfaßt 30 Bände.

Grimmelshausen, Hans Jakob Christoffel von 1620–1676. Ursprünglich Protestant, trat er schon früh zum Katholizismus über. Einer der größten deutschen Dichter des Barockzeitalters. Hauptwerke: „Der abenteuerliche Simplicissimus" 1669, „Der seltsame Springinsfeld" 1670.

Hildegard von Bingen 1098–1179. Nonne, später Äbtissin der Benediktinerinnen. Gottbegnadete Seherin und Mystikerin, schrieb sie ihre Werke unter „göttlichem Diktat". Sie durfte „die Geheimnisse der Schöpfung und Erlösung schauen, die Wunder der Natur, die Funktion des menschlichen Körpers, die Ursachen der Krankheiten und welche Mittel er, der Schöpfer, zur Behebung der Krankheiten in die Natur gelegt hat" (Gottfried Hertzka, So heilt Gott). Gott nahm Hildegard in eine harte Schule. Sie litt selbst unter schweren Krankheiten. Der Auftrag Gottes lautete: „Schreibe, was du siehst! Tu kund die Wunder, die du erfahren! Schreibe sie auf und sprich!" 1934 von Papst Pius XI. heiliggesprochen. Ihre medizinischen Hauptwerke sind „Physica" und „Causae et Curae".

Hippokrates 460–375 v. Chr. Bedeutendster Arzt der Antike und Begründer der Ärzteschule von Kos, deren Mitglieder Hippokratiker genannt wurden. Der Hippokratische Eid der Ärzte geht auf ihn zurück.

Hufeland, Christoph Wilhelm 1762–1836. Deutscher Arzt, zunächst in Weimar, später Professor für Pathologie und Therapie in Jena. Hufeland lehrte die Ganzheitsbetrachtung des Menschen, die heute wieder zu Ansehen kommt. Hauptwerk: „Makrobiotik, oder die Kunst, sein Leben zu verlängern".

Karl der Große 742–814. Im frühen Mittelalter ist Kaiser Karl der Große eine Schlüsselfigur in der Entwicklung der Heilpflanzenkunde und in deren praktischer Anweisung und Durchführung. Seine Verordnungen „Capitulare de villis imperialibus" beschreiben den Anbau von Heil- und Gewüzpflanzen, aber auch den Anbau und die Pflege von Obstbäumen und Beerensträuchern in den Wirtschafts- und Bauerngärten. Durch den Weitblick des Verfassers und durch die Vervollkommnung durch seine Nachfolger, besonders seinen Sohn Ludwig den Frommen, sind diese Schriften auch heute noch eine unvergleichlich wertvolle Grundlage für alle weiteren Forschungen. Unter seiner Regierungszeit hat sich vor allem der Benediktinerorden als Verbreiter „der Kräuter aus den Klostergärten" einen verdienstvollen Namen gemacht.

Kneipp, Sebastian 1821–1897. Pfarrer von Wörishofen. 1886 erscheint sein erstes Buch, „Meine Wasserkur". Es hat bis heute mehr als 600 000 Exemplare Auflage erlebt und wurde in viele Sprachen übersetzt. Das Werk ist in drei Teile gegliedert: I. Wasseranwendung, II. Apotheke, III. Krankheiten. 1889 folgt das Buch mit dem gebieterischen Titel „So sollt ihr leben!", mit dem Pfarrer Kneipp seine Lehre vom gesunden Leben begründet. Ein weiteres Werk, der „Pflanzenatlas", enthält sämtliche in der Volksheilkunde gebräuchlichen Heilpflanzen und deren naturgetreue bildliche Darstellung. 1894 erscheint „Mein Testament für Gesunde und Kranke", eine Weiterentwicklung seiner Wasserkur. Sebastian Kneipp war ein ausgezeichneter Volksredner. Noch mit 70 Jahren unternahm er zahlreiche Reisen durch ganz Europa, die Triumphzügen glichen. In Rom bat ihn Papst Leo XIII. um sein Urteil über seinen Gesundheitszustand und nahm seinen Rat an. Am 24. August 1897, kurz nach dem Tode Pfarrer Kneipps, wurde in Wörishofen der Kneippbund gegründet, der bereits am Gründungstag 76 Vereine mit 10 100 Mitgliedern zählte.

Künzle, Johann 1857–1945. Kräuterpfarrer. Der gebürtige Schweizer gilt als Erneuerer der Kräuterheilmethoden. Glaube und Rechtschaffenheit waren für ihn ein „Heilkraut der Gesellschaft". Er hat der Heilkräuterkunde und der Anwendung von Heilkräutern in der ersten Hälfte des 20. Jahrhunderts zum Durchbruch verholfen. Seine Schriften: „Chrut und Unchrut" (Kraut und Unkraut) – wurde ein Welterfolg; „Das große Kräuter-

heilbuch", Ratgeber für gesunde und kranke Tage, durchgesehen und ergänzt von Dr. med. R. F. Weiß, einem anerkannten Fachmann der Phytotherapie (Heilpflanzenkunde) – ist bis heute ein Standardwerk.

Linné, Carl von 1707–1778. Schwedischer Naturforscher und königlicher Leibarzt. Sein „botanisches System" hat auch heute noch Gültigkeit.

Marcellus Empiricus um 400. Gallischer Schriftsteller aus Bordeaux, der in seinem Hauptwerk, „De medicamentis", zahlreiche „Sympathiemittel" anführt, die auch heute noch manchmal im Volk verwendet werden.

Matthiolus, Petrus Andreas 1501–1577. Leibarzt Kaiser Ferdinands I. Sein „Kommentar zu Dioskurides" war einer der größten buchhändlerischen Erfolge seiner Zeit. Sein Hauptwerk hieß „New Kreuterbuch" (1563), wurde aber kurzweg nur „Mattioli" genannt. Viele Teerezepte von heute lehnen sich an Matthiolus an.

Megenberg, Konrad von um 1370. Domherr zu Regensburg. Sein Hauptwerk, „Buch der Natur", ist die erste in deutscher Sprache verfaßte Naturgeschichte, mit interessanten Abhandlungen über die Heilkräuter.

Ovid (Publius Ovidius Naso) 43 v. Chr. bis 18 n. Chr. Römischer Dichter. Hauptwerke: „Metamorphosae" (Verwandlungen), „Ars amandi" (Liebeskunst), „Epistolae ex Ponto" (Briefe aus dem Pontus).

Paracelsus, Theophrastus Bombastus 1493–1541. Baumbast von Hohenheim. Bedeutender Arzt und Naturforscher. Er stellte die sogenannte Signaturenlehre auf, nach der jede Pflanze durch Farbe oder Aussehen einen Hinweis auf ihre Verwendbarkeit gibt. Seine Grundüberzeugung war der Glaube an die wunderbare Selbsthilfe der Natur. Seine Maxime lautete, der Arzt habe dort einzugreifen, wo die *vis vitalis,* die Lebenskraft, erlahme. Er erkannte als erster die Bedeutung der chemischen und physikalischen Grundlagen des Lebendigen; damit bekämpfte er das bloße Buchwissen der Scholastik. Er verfaßte mehrere bedeutende Werke.

Petronius gest. 66. Römischer Schriftsteller. Lebte am Hofe Kaiser Neros als *arbiter elegan-*

tiarum (Meister der Kunst feinsten Lebensgenusses). Hauptwerk: „Saturae", ein satirischer Roman über die zügellosen Sitten der römischen Kaiserzeit.

Plinius der Ältere (Gaius Secundus Plinius) 23–79. Berühmter Staatsmann und Schriftsteller. Er schrieb ein 37bändiges naturwissenschaftliches Werk, „Naturalis historia"; 12 Bände davon beschreiben Heilpflanzen. Seine Werke sind zum Großteil erhalten und noch immer von naturhistorischer Bedeutung. Plinius kam beim Ausbruch des Vesuvs im Jahre 79 in Pompeji ums Leben.

Salerner Schule. War die „Pflanzstätte" aller medizinischen Fakultäten Europas. Es entstanden umfangreiche Kompendien in Versen. Die Hochblüte dieser Schule fällt in das 11. bis 13. Jahrhundert.

Strabo, Walafridus. Wird auch „der Schielende" genannt. Er steht unter den Kräuterkennern des Mittelalters in vorderster Reihe. Als Abt des Klosters Reichenau am Bodensee pries er in lateinischen Versen die Heilkraft der Pflanzen. Sein Werk „Hortulus" (Gärtchen) beschreibt die 23 wichtigsten Heilpflanzen des Klostergartens, es ist mit zahlreichen Holzschnitten illustriert.

Theophrast von Eresos 371–287 v. Chr. Griechischer Naturphilosoph und Schüler von Plato und Aristoteles.

Vergil (Publius Vergilius Maro) 71–19 v. Chr. Geboren in Mantua, römischer Dichter. Seine Schriften weisen ihn als guten Beobachter und Kenner der Natur aus, vor allem „Bucolica" (Hirtengedichte) und „Georgica" (Gedichte vom Landbau).

Literaturverzeichnis

Adamo, Lonicero, Kreuterbuch. Gedruckt zu Frankfurt am Mayn durch Matthaeum Kempffern. In Verlegung Vincentii Steinmeyers 1630.

Bardorff, Wilhelm, Blick ins Buch der Natur. Das große Bestimmungsbuch für Pflanzen und Tiere. Berlin 1961.

Besler, Hortus Eystettensis MDCCXIII.

Bianchini, F., Corbetta, F., und Pistoia, M., Der Große Heilpflanzenatlas. München 1978.

Boros, Georges, Heil- und Teepflanzen. 3. Auflage, Stuttgart 1980.

Boros, Georges, Unsere Küchen- und Gewürzkräuter. Beschreibung, Anbau, Verwendung. 3. Auflage, Stuttgart 1975.

Braun, Hans, Heilpflanzen-Lexikon für Ärzte und Apotheker. Stuttgart 1978.

Buchner, Greet, Gesundheit fängt im eigenen Garten an. Bad Homburg o. J.

Chang Chung-ching, Chin-kuei yao-liao fang lun (200 Rezepte aus dem Goldenen Schrein). Peking 1973.

Dagobert, Kräuterbüchlein. Küchenkräuter, Heilkräuter, Rezepte. Graz 1974.

Faber, Stephanie, Das Rezeptbuch für Naturkosmetik. Wien 1974.

Felsko, Elsa M., Blumenfibel. München 1956.

Frank, I. K., Besinnlich und heiter: Bewährte Mittel und Kräuter. Wien o. J.

Furlenmeier, Martin, Wunderwelt und Heilpflanzen. Zürich 1978.

Geheimnisse und Heilkräfte der Pflanzen. DAS BESTE, Stuttgart 1978.

Geßner, Otto, Die Gift- und Arzneipflanzen von Mitteleuropa (Pharmakologie, Toxikologie, Therapie). Heidelberg 1953.

Gööck, Roland, Gewürze und Kräuter von A–Z. Frankfurt am Main o. J.

Gräb, Rudolf, Heilpflanzen und ihre medizinische Verwendung. Stuttgart 1968.

Heeger, Erich Fürchtegott, Handbuch des Arznei- und Gewürzpflanzenbaues – Drogengewinnung. Berlin 1956.

Heilkräuter ums Haus. Aus der Serie: Säulen deiner Gesundheit. Hrsg. vom Verein Freunde der Heilkräuter, Karlstein o. J.

Helm, Eve Marie, Feld-, Wald- und Wiesenkochbuch. Erkennen, Sammeln, Zubereiten und Einkochen von Wildgemüsen und Wildfrüchten. München 1978.

Hertzka, Gottfried, So heilt Gott. Die Medizin der hl. Hildegard von Bingen als neues Naturheilverfahren. Stein am Rhein o. J.

Huibers, Jaap, Kräuter gegen Kopfschmerzen. Freiburg im Breisgau 1978.

Koepf – Pettersson – Schaumann, Biologisch-dynamische Landwirtschaft. Stuttgart 1974.

Köhlein, Fritz, Pflanzen vermehren. Stuttgart 1972.

Kölbl, Konrad, Kräuterfibel. Grünwald bei München 1961.

Kreuter, Marie-Luise, Kräuter und Gewürze aus dem eigenen Garten. Anbau, Ernte, Verwendung. Wien 1979.

Kreuter, Marie-Luise, Nimm Rosen zum Dessert. Genf 1976.

Kronfeld, M., Zauberpflanzen und Amulette. Ein Beitrag zur Culturgeschichte und Volksmedicin. Wien 1898.

Künzle, Johann, Das Große Kräuter-Heilbuch. Durchgesehen und ergänzt von Dr. med. R. F. Weiß. Olten 1961.

Lassel, M., Kräutergold. Die guten und bewährten Gesundheitskräuter. Kolbermoor 1941.

Lexikon der Heilpflanzen. Köln 1977.

Lexikon der Küchen- und Gewürzkräuter. München 1977.

Löffler, Helmut, Das Hausbuch der Naturheilkunde. Wien 1975.

Löffler, Helmut, Naturheilkunde von A bis Z. Wien 1977.

Losch, Fr., Kräuterbuch: Unsere Heilpflanzen in Wort und Bild. München o. J.

Mabey, Richard, Bei der Natur zu Gast. Ein Führer zu den eßbaren Wildpflanzen Mitteleuropas. Köln 1978.

Marzell, Heinrich, Neues illustriertes Kräuterbuch. Eine Anleitung zur Pflanzenkenntnis unter besonderer Berücksichtigung der in der Heilkunde, im Haushalt und in der Industrie verwendeten Pflanzen sowie ihrer Volksnamen. Reutlingen 1935.

Marzell, Heinrich, Unsere Heilpflanzen, ihre Geschichte und ihre Stellung in der Volkskunde. Ethnobotanische Streifzüge. Freiburg im Breisgau 1922.

Mességué, Maurice, Das Mességué Heilkräuter-Lexikon. Wien 1976.

Mességué, Maurice, Die Kräuter von Maurice Mességué für Gesundheit und Schönheit. Bearbeitet von Dr. med. Karl Knauer. Karlsruhe 1979.

Meyer-Camberg, Ernst, Das praktische Lexikon der Naturheilkunde. München 1977.

Ming Wong, Handbuch der chinesischen Pflanzenheilkunde. Freiburg im Breisgau 1978.

Neuner, Hans, Gesundheit aus der Natur. Wörgl o. J.

Neunteufel, Herta, Hausarzneien im Barock. Graz 1978.

Neuthaler, Heinrich, Das Neue Kräuterbuch. Gesund durch Heilkräuter und moderne Naturheilkunde. Salzburg 1978.

Neuw vollkommentlich Kreuterbuch, Bauhinum Casparum Doctorem. Gedruckt zu Frankfurt am Mayn Durch Paulum Jacobi. In Verlegung Johann Dreutels Anno MDCXXV.

Nielsen, Harald, und Hancke, Verner, Heilpflanzen in Farbe. Finden und erkennen, sammeln und anwenden. München 1977.

Nylando, Petro, Neues Medicinalisches Kräuterbuch. Osnabrück bey Joh. Georg Schwändern Anno 1678.

Oertel – Bauers, Heilpflanzen-Taschenbuch. Bonn am Rhein 1934.

Ortus Sanitatis 1511. Limitierte deutsche Ausgabe, 2 Bände, Würzburg 1978.

Pahlow, Apotheker M., Das Große Buch der Heilpflanzen. Gesund durch die Heilkräfte der Natur. München 1979.

P'ei Chien und Chon T'ai-yen, Chung-kuo yao yung chih-wu chik (Die in der Pharmakologie verwendeten chinesischen Heilpflanzen). 2 Bände, Peking 1956.

Perger, H. Ritter von, Deutsche Pflanzensagen. Stuttgart 1864.

Raithelhuber, Jörg, Arzneikräuter und Wildgemüse erkennen und benennen. Niedernhausen 1979.

Rogler, August, Kräutersegen. Gesundheit durch Heilkräuter. Wien o. J.

Ryff, H., und Gualcherum, M., Reformierte Deütsche Apoteck. Gedruckt zu Straßburg durch Josiam Rihel MDLXXIII.

Scharzenberger, Heinrich, Die Heilkräuter und ihre praktische Anwendung für Haus und Hof. Trofaiach 1936.

Schauenberg, Paul, und Paris, Ferdinand, Heilpflanzen. Erkennen – Anwenden. München 1970.

Schönfelder, Peter und Ingrid, Der Kosmos Heilpflanzenführer. Europäische Heil- und Giftpflanzen. Stuttgart 1980.

Schwarz, Urs, Der Naturgarten. Hrsg. vom World Wildlife Fund. Frankfurt am Main 1980.

Seidenschwanz, Lorenz, Die häusliche Naturheilkunde. Salzburg 1978.

Shen Nung pen-ts'ao ching (Das klassische Buch der Materia Medica, dem legendären Kaiser Shen Nung zugeschrieben). Peking 1955.

Sieg, Hilde, Gottessegen der Kräuter einst und immerdar. Berlin o. J.

Synonyma-Lexikon der Heil- und Nutzpflanzen. Hrsg. von Franz Berger. Wien 1954/55.

Waldegg, Michael, Gesund durch Gewürze. Innsbruck 1968.

Willfort, Richard, Gesundheit durch Heilkräuter. Erkennung, Wirkung und Anwendung der wichtigsten einheimischen Heilpflanzen. 13. Auflage, Linz 1973.

Wolf, Helmut, und Proksch, Trude, Heilkräuter für Gesunde und Kranke. Innsbruck 1980.

Ziegler, Rolf, Das große farbige Buch der Heilpflanzen und ihre Anwendung. Wien 1980.

Zimmerer, E. M., Kräutersegen. Donauwörth 1978.